V&R Academic

Schriften zum
Internationalen Privatrecht
und zur Rechtsvergleichung

Band 43

Herausgegeben im

European Legal Studies Institute /

Institut für Europäische Rechtswissenschaft /

Institut pour le droit en Europe

der Universität Osnabrück

von

Professor Dr. Dr. h. c. mult. Christian von Bar, FBA, MAE,

Professor Dr. Christoph Busch,

Professor Dr. Hans Schulte-Nölke, MAE, und

Professor Dr. Dr. h. c. Fryderyk Zoll

Jolanta Schürmeyer

Die Insolvenzgeldvorfinanzierung

Ein Sanierungsinstrument für polnische
Insolvenzverfahren?

V&R unipress

Universitätsverlag Osnabrück

Bibliografische Information der Deutschen Nationalbibliothek

Die Deutsche Nationalbibliothek verzeichnet diese Publikation in der Deutschen
Nationalbibliografie; detaillierte bibliografische Daten sind im Internet über
http://dnb.d-nb.de abrufbar.

ISSN 2198-7041
ISBN 978-3-8471-0785-9

Weitere Ausgaben und Online-Angebote sind erhältlich unter: www.v-r.de

**Veröffentlichungen des Universitätsverlags Osnabrück
erscheinen im Verlag V&R unipress GmbH.**

Druck und Bindung: CPI books GmbH, Birkstraße 10, D-25917 Leck

Gedruckt auf alterungsbeständigem Papier.

Inhalt

Tabellenverzeichnis

Abkürzungsverzeichnis

a. A.	anderer Ansicht
a. a. O.	am angegebenen Ort
a.E.	am Ende
a.F.	alte/alter Fassung
ABl. EG	Amtsblatt der Europäischen Gemeinschaften (Ausgabe C: Mitteilungen und Bekanntmachungen; Ausgabe L: Rechtsvorschriften)
Abs.	Absatz
AEUV	Vertrag über die Arbeitsweise der Europäischen Union vom 25.03.1957 (ABl. EG C 326/47 v. 26.10.2012)
AFG	Arbeitsförderungsgesetz vom 25.06.1969 (RGBl. nr. 21, S. 195)
allg.	allgemein/allgemeiner
Alt.	Alternative
Anm.	Anmerkung
ArbR	Arbeitsrecht
Art.	Artikel
BA	Bundesagentur für Arbeit
BAG	Bundesarbeitsgericht
BetrVG	Betriebsverfassungsgesetz vom 25.09.2001 (BGBl. I S. 2518)
BGB	Bürgerliches Gesetzbuch vom 18.08.1896 (BGBl. I S. 42, S. 2909; 2003 I S. 738)
BGBl.	Bundesgesetzblatt
BGH	Bundesgerichtshof
BIP	Biuletyn Informacji Publicznej – Polnisches Dokumentations- und Informationssystem
BR-Drucks.	Bundesratsdrucksachen, Verhandlungen des Bundesrates
BSG	Bundessozialgericht
BT-Drucks.	Bundestagsdrucksachen, Verhandlungen des Deutschen Bundestages
bzw.	beziehungsweise
CRRU	Centralny Rejestr Restrukturyzacji i Upadłości – Zentrales Register für Restrukturierungen und Insolvenzen
d.h.	das heißt
ders.	derselbe

Dz. U.	Dziennik Ustaw – Polnisches Gesetzblatt, zitiert mit Jahresangabe, Nummer und Position
DZWiR	Deutsche Zeitschrift für Wirtschafts- und Insolvenzrecht
EAS	Europäisches Arbeits- und Sozialrecht, Loseblattsammlung von Rechtsvorschriften, systematischen Darstellungen, Entscheidungen von Oetker, Hartmut und Preis, Ulrich (Hrsg.)
Einl.	Einleitung
EP	Edukacja Prawnicza – Juristische Schulung, Zeitschrift
EuGH	Gerichtshof der Europäischen Union
EuInsÜ	EU-Übereinkommen über Insolvenzverfahren
EuInsVO 2000	Verordnung (EG) Nr. 1346/2000 des Rates vom 29.05.2000 über Insolvenzverfahren
EuInsVO 2015	Verordnung (EU) 2015/848 des Europäischen Parlaments und des Rates vom 20. Mai 2015 über Insolvenzverfahren
EuZW	Europäische Zeitschrift für Wirtschaftsrecht
FA	Fachanwalts
ff.	folgende
FGSP	Fundusz Gwarantowanych Świadczeń Pracowniczych – Fonds für garantierte Arbeitnehmeransprüche
Fn.	Fußnote
GP	Dziennik Gazeta Prawna – Polnische Tageszeitung über das Rechtsgeschehen
GDS	Gdańskie Studia Prawnicze – Danziger Rechtsstudien, Zeitschrift der juristischen Fakultät der Universität Danzig
GesO	Gesamtvollstreckungsordnung vom 06.06.1990 (BGBl. I 1991, S. 1186–1190, außer Kraft mit Wirkung vom 01.01.1999)
GS	Gedächtnisschrift
HS	Halbsatz
InsArbR	Insolvenzarbeitsrecht
InsG-DA	Durchführungsanweisungen Insolvenzgeld der Bundesagentur für Arbeit
InsO	Insolvenzordnung vom 5.10.1994 (BGBl. I S. 2866)
InsRL	Richtlinie 2008/94/EG des Europäischen Parlaments und des Rates vom 22.10.2008 über den Schutz der Arbeitnehmer bei Zahlungsunfähigkeit des Arbeitgebers (ABl. EG L 283/36 vom 28.10.2008)
InsVV	Insolvenzrechtliche Vergütungsverordnung vom 19. August 1998 (BGBl. I S. 2205), zuletzt geändert durch Artikel 3 des Gesetzes vom 13. April 2017 (BGBl. I S. 866)
jew.	jeweils
JOR	Jahrbuch für Ostrecht (Zeitschrift)
juris	Rechtsportal, online zugänglich
jurisPR	Anmerkungen zu Gerichtsentscheidungen aus dem Rechtsportal juris
JuS	Juristische Schulung (Zeitschrift)
k.c.	Kodeks Cywilny vom 23.04.1964 (Dz.U. 1964, Nr. 16, Pos. 93 m. Ä.) – polnisches Zivilgesetzbuch

k.p.	Kodeks pracy vom 26.06.1974 r. Kodeks pracy (Dz.U. 1974, Nr. 24, Pos. 141 m.Ä.) – polnisches Arbeitsgesetzbuch
k.p.a.	Kodeks Postępowania Administracyjnego vom 14.06.1960 (Dz.U. 1960, Nr. 30, Pos. 168 m.Ä.) – polnisches Gesetz über das Verwaltungsverfahren
k.p.c.	Kodeks postępowania cywilnego vom 17.11.1964 (Dz.U. 1964, Nr. 43, Pos. 296 m.Ä.) – polnisches Gesetz über den Zivilprozess
k.r.o.	Kodeks rodzinny i opiekuńczy vom 25.02.1964 (Dz.U. 1964, Nr. 9, Pos. 59 m.Ä.) – polnisches Familien- und Betreuungsgesetzbuch
k.z.	Kodeks zobowiązań vom 27.10.1933, Dz.U. 1933, Nr. 82, Pos. 598 – polnisches Gesetz über Schuldverhältnisse, aufgehoben
KKW	Knickrehm/Kreikebohm/Waltermann, Kommentar zum Sozialrecht
KO	Konkursordnung vom 20.05.1898 (RGBl. 612; BGBl. III/FNA 311–4), aufgehoben
legalis	System informacji prawnej Legalis – juristische Datenbank des Verlags CH. Beck zum polnischen Recht
lex	System informacji prawnej Lex – juristische Datenbank des Verlags Wolters Kluwer zum polnischen Recht
m.Ä.	mit Änderungen
MoP	Monitor Prawniczy – Rechtsblatt, Zeitschrift
MoPr	Monitor Prawa Pracy – Zeitschrift für das Arbeitsrecht
MSiG	Monitor Sądowy i Gospodarczy – Amtsblatt für Veröffentlichungen von Eintragungen im Handelsregister und sonstigen amtlichen und gerichtlichen Bekanntmachungen
MüKo	Münchener Kommentar
NJW	Neue Juristische Wochenzeitschrift
NVwZ	Neue Zeitschrift für Verwaltungsrecht
NZA	Neue Zeitschrift für Arbeitsrecht
NZI	Neue Zeitschrift für das Recht der Insolvenz und Sanierung
OSP	Orzecznictwo Sądów Polskich – Entscheidungen der polnischen Gerichte, Zeitschrift
OVG	Oberverwaltungsgericht
p.b.	Ustawa – Prawo Bankowe vom 29.08.1997 (Dz. U. 1997, Nr. 140, Pos. 939 m.Ä.) – polnisches Gesetz über das Bankrecht
p.r.	Ustawa – Prawo restrukturyzacyjne vom 15.05.2015 (Dz.U. 2015, Pos. 978 m.Ä.) – polnisches Gesetz über das Restrukturierungsrecht
p.u.	Ustawa – Prawo upadłościowe vom 28.02.2003 (Dz. U. 2003, Nr. 60, Pos. 535, Dz. U. 2015, Pos. 233 m.Ä.) – polnisches Gesetz über das Konkursrecht, gültig ab dem 01.01.2016
p.u.n.	Prawo upadłościowe i naprawcze vom 28.02.2003 (Dz.U. 2003, Nr. 60, Pos. 535 m.Ä.) – polnisches Gesetz über das Konkurs- und Sanierungsrecht in der bis zum 31.12.2015 geltenden Fassung
p.u.s.p.	Prawo o ustroju sądów powszechnych vom 27.07.2001 (Dz.U. 2001, Nr. 98, Pos. 1070 m.Ä.) – polnisches Gesetz über die Verfassung der ordentlichen Gerichte

p.w.k.c.	Ustawa – Przepisy wprowadzające Kodeks Cywilny vom 23.04.1964 (Dz.U. 1964, Nr 16, poz. 94 m.Ä.) – polnisches Einführungsgesetz zum Zivilgesetzbuch
PiZS	Praca i Zabezpieczenie Społeczne – Arbeit und soziale Sicherheit, Zeitschrift
PL	Przegląd Legislacyjny – Überblick der Legislative, Zeitschrift der Kanzlei des Präsidenten des Ministerrates
PPH	Przegląd Prawa Handlowego – Rundschau des Handelsrechts, Zeitschrift
pr. ukł.	Rozporządzenie Prezydenta Rzeczypospolitej – Prawo o postępowaniu układowym vom 24.10.1934 (Dz.U. 1934, Nr. 93, Pos. 836 m.Ä.) – Verordnung des Präsidenten der Republik Polen über das Vergleichsverfahren, aufgehoben
RabelsZ	Rabels Zeitschrift für ausländisches und internationales Privatrecht
SA	Sąd Apelacyjny – Berufungsgericht
SGb	Die Sozialgerichtsbarkeit, Zeitschrift
SN	Sąd Najwyższy – das Oberste Gericht der Republik Polen
SozPlG	Gesetz über den Sozialplan im Konkurs- und Vergleichsverfahren vom 20.02.1985 (BGBl. I, S. 369; BGBl. III/FNA 311–8, aufgehoben)
SPC	System Prawa Cywilnego – mehrbändiges Werk zum System des Zivilrechts
SPH	System Prawa Handlowego – mehrbändiges Werk zum System des Handelsrechts
SPP	System Prawa Prywatnego – mehrbändiges Werk zum System des Privatrechts
SPrP	Studia Prawa Prywatnego – Studien des Privatrechts, Zeitschrift
SR	Sąd Rejonowy – Amtsgericht
TFUE	Traktat o funkcjonowaniu Unii Europejskiej – Vertrag über die Arbeitsweise der Europäischen Union vom 25.03.1957 (ABl. EG C 326/47 v. 26.10.2012)
u.e.r.	Ustawa o emeryturach i rentach z Funduszu Ubezpieczeń Społecznych vom 17.12.1998 (Dz. U. 1998, Nr. 162, Pos. 1118 m.Ä.) – polnisches Gesetz über Altersrente und sonstige Renten aus dem Sozialversicherungsfonds
u.f.p.	Ustawa o finansach publicznych vom 27.08.2009 (Dz.U. 2009, Nr. 157, Pos. 1240 m.Ä.) – polnisches Gesetz über die öffentlichen Finanzen
u.k.r.s.	Ustawa o Krajowym Rejestrze Sądowym vom 20.08.1997 (Dz.U. 1997, Nr. 121, Pos. 769 m.Ä.) – polnisches Gesetz über das Zentrale Gerichtsregister
u.k.s.c.	Ustawa o kosztach sądowych w sprawach cywilnych vom 28.07.2005 (Dz.U. 2005, Nr. 167, Pos. 1398 m.Ä.) – polnisches Gesetz über die Gerichtskosten in Zivilsachen
u.o.r.p.	Ustawa o ochronie roszczeń pracowniczych w razie niewypłacalności pracodawcy vom 13.07.2006 (Dz.U. 2006, Nr. 158, Pos. 1121 m.Ä.) – polnisches Gesetz über den Schutz der Arbeitnehmeransprüche bei Zahlungsunfähigkeit des Arbeitgebers

u.s.d.g.	Ustawa o swobodzie działalności gospodarczej vom 02.07.2004 (Dz.U. 2004, Nr. 173, Pos. 1807 m.Ä.) – polnisches Gesetz über die wirtschaftl. Betätigungsfreiheit
u.s.u.s.	Ustawa o Systemie Ubezpieczeń Społecznych vom 13.10.1998 (Dz.U. 1998, Nr. 137, Pos. 887 m.Ä.) – polnisches Gesetz über das System der Sozialversicherungen
u.s.w.	Ustawa o samorządzie województwa vom 05.06.1998 (Dz.U. 1998, Nr. 91, Pos. 576 m.Ä.) – polnisches Gesetz über die Selbstverwaltung der Woiwodschaften
u.z.r.s.	Ustawa o szczególnych zasadach rozwiązywania z pracownikami stosunków pracy z przyczyn niedotyczących pracowników vom 13.03.2003 (Dz.U. 2003, Nr. 90, Pos. 844 m.Ä.) – polnisches Gesetz über die besonderen Grundsätze betreffend die Auflösung von Arbeitsverhältnissen aus arbeitnehmerunabhängigen Gründen
Vorbem.	Vorbemerkung
VwR	Verwaltungsrecht
VwVfG	Verwaltungsverfahrensgesetz vom 23.01.2003 (BGBl. I S. 102)
WiRO	Wirtschaft und Recht in Osteuropa, Zeitschrift
WM	Wertpapier-Mitteilungen, Zeitschrift für Wirtschafts- und Bankrecht
WSA	Wojewódzki Sąd Administracyjny – Verwaltungsgericht der Woiwodschaft (mit Nennung der jew. Woiwodschaft)
ZEuP	Zeitschrift für Europäisches Privatrecht
ZIAS	Zeitschrift für ausländisches und internationales Arbeits- und Sozialrecht
ZInsO	Zeitschrift für das gesamte Insolvenzrecht
ZIP	Zeitschrift für Wirtschaftsrecht
ZNURz	Zeszyty Naukowe Uniwersytetu Rzeszowskiego. Seria prawnicza – Wissenschaftszeitschrift der Universität in Rzeszów, rechtswissenschaftliche Serie
ZUS	Zakład Ubezpieczeń Społecznych – polnische Sozialversicherungsanstalt

Danksagungen

Ich bedanke mich herzlich bei meinem Doktorvater, Herrn Prof. Dr. Dr. h.c. Zoll, der mir diese Arbeit ermöglicht, sie gefördert und unterstützt hat. Meinem Zweitgutachter, Herrn Prof. Dr. Lars Leuschner danke ich sehr für die zügige Erstellung des Zweitgutachtens.

Herrn Dr. Marek Porzycki, Herrn Dr. Jacek Lachner und Herrn Jerzy Sławek danke ich insbesondere für die fachlichen Informationen zum polnischen Insolvenzrecht und der polnischen insolvenzlichen Praxis.

Frau Prof. Dr. Małgorzata Gersdorf und Herrn Dr. Michał Raczkowski danke ich für ihre fachlichen Antworten zum polnischen Arbeitsrecht, die mir die Tür in das polnische Fondsgesetz geöffnet haben.

Herrn Leslaw Woszczak danke ich für seine weiterführenden und sehr hilfreichen Übersetzungsvorschläge.

Den Eheleuten Herrn Dr. Frank Krüger und Beate Krüger möchte ich für die Motivation, weiterzumachen und ihre Unterstützung danken.

Zuletzt darf ich meinen Ehemann nicht vergessen. Ohne seinen unerschöpflichen Optimismus wäre diese Arbeit nicht zustande gekommen.

Jolanta Schürmeyer, 2018

Einführende Bemerkungen

Die Arbeit befasst sich mit der Frage, ob das Instrument der in Deutschland praktizierten Insolvenzgeldvorfinanzierung in das polnische Rechtssystem übertragen werden kann bzw. als ein Denkmodell zur Entwicklung einer ähnlichen Konstruktion in Betracht kommt.

Grund für diese Frage ist der in der deutschen Rechtspraxis bedeutsame Nebeneffekt der Insolvenzgeldvorfinanzierung: die Erhöhung der Chancen der Unternehmenssanierung[1]. Da sich der polnische Gesetzgeber mit dem neuen polnischen Insolvenzrecht zum Ziel gesetzt hat, die Anzahl der Unternehmenssanierungen in Krisenfällen zu erhöhen[2], ist die Frage nach einem Sanierungsinstrument in polnischen Insolvenzverfahren von erheblichem gesetzgeberischen, aber auch praktischen Interesse.

Die vorgelegte Arbeit setzt den Schwerpunkt auf die insolvenzliche Krisenbewältigung im frühen Stadium zwischen der Stellung des Insolvenzantrags und der Eröffnung des Insolvenzverfahrens[3]. In diesem Stadium wird die Insolvenzgeldvorfinanzierung in der deutschen Rechtspraxis zur Unterstützung der Sanierung eingesetzt.

Unter dem Begriff der Sanierung[4] versteht man in der Betriebswirtschaft

---

1 Cranshaw, jurisPR-InsR 3/2011, bezeichnet die Insolvenzgeldvorfinanzierung als eines der wesentlichen Sanierungsinstrumente.

2 Vgl. die Begründung des Gesetzesentwurfs der polnischen Regierung zum Gesetz über das Restrukturierungsrecht v. 09.10.2014, Druck Nr. 2824 (*Rządowy projekt ustawy – Prawo restrukturyzacyjne, druk nr 2824 z dnia 9 października 2016 r.*), einsehbar online unter: http://orka.sejm.gov.pl/Druki7ka.nsf/0/2978B4B7B0ADFEFDC1257D78003BAB71/%24File/2 824.pdf (Abruf v. 05.03.2017).

3 Dieses Stadium bezeichnet man auch als Vorverfahren, (Insolvenz-) Antragsverfahren, Eröffnungsverfahren, vorläufiges Insolvenzverfahren. Der polnische Terminus lautet: *postępowanie w przedmiocie otwarcia postępowania restrukturyzacyjnego* für das Restrukturierungsverfahren und *postępowanie w przedmiocie ogłoszenia upadłości* für das Konkursverfahren.

4 Der Begriff »Sanierung« leitet sich von den lateinischen Begriffen *»sanatio«*, *»sanitas«* ab und bedeutet »Heilung«, vgl. Georges/Baier, Lat.-deutsch. Handwörterbuch; Heinichen, Lat.-deutsch. Schulwörterbuch.

allgemein die Rettung eines Unternehmens aus der Krise oder den Prozess der Bewältigung einer Unternehmenskrise, die mit Hilfe des Insolvenzrechts (insolvenzlich) oder außerhalb eines Insolvenzverfahrens (außerinsolvenzlich) erfolgen kann[5].

Eine Unternehmenskrise ist ein zeitlich begrenzter, autonom verlaufender Prozess von unterschiedlicher Dauer, der ungewollt und ungeplant die Existenz eines Unternehmens sowie dominante Ziele wie insbesondere die Zahlungsfähigkeit und die (langfristige) Erzielung eines Mindestgewinns oder einer Mindestrendite gefährdet. Der Ausgang dieses Prozesses (Vernichtung oder Rettung des Unternehmens) ist am Beginn der Krise nicht bzw. nicht eindeutig absehbar.[6]

Die Nutzung der Insolvenzgeldvorfinanzierung zur Unterstützung der Sanierung eines Unternehmens in der Krise ergibt sich daraus, dass der Betrieb für eine gewisse Zeit ohne Personalkosten fortgeführt werden kann. Dadurch wird der Erhalt von Arbeitsplätzen finanziell erleichtert, so dass das Vermögen des Unternehmens geschont wird und gleichzeitig Vermögenswerte erhalten und geschaffen werden.

Die Insolvenzgeldvorfinanzierung als insolvenzliche Sanierungshilfe wird sowohl zum (Teil-)Erhalt des bisherigen Unternehmens samt Rechtsträger (Teil-Unternehmenserhalt, Innensanierung) als auch für die (Teil-)Veräußerung des Unternehmens an einen neuen Rechtsträger (als übertragende Sanierung[7] bezeichnet) eingesetzt. Die zuletzt genannte Form der Sanierung wird in Polen als Liquidation durch Unternehmensveräußerung (*likwidacja w drodze sprzedaży przedsiębiorstwa*) oder als geplante Liquidation (*przygotowana likwidacja*) bezeichnet[8].

Sozialpolitisch betrachtet steht der Vorrang der insolvenzlichen Unternehmenssanierung gegenüber der Zerschlagung eines Unternehmens außer Frage. Denn anders als die Zerschlagung des Unternehmens hat dessen Sanierung

---

5 Krystek/Moldenhauer, S. 140, 141. Der Begriff der Sanierung wird in der deutschen Rechtsliteratur jedoch nicht einheitlich verwendet, vgl. Uhlenbruck/*Zipperer*, Kommentar zur InsO, § 270b, Rn. 13. Zipperer versteht den Begriff ergebnisoffen. Er versteht darunter sehr weitgehend, dass Sanierung so viel bedeutet, als dass damit den im Unternehmen gebundenen Ressourcen die wirtschaftlich produktivste Verwendung im Sinne der Gläubiger zugeführt wird.

6 Krystek/Moldenhauer, S. 26–28.

7 So die verwendete Begrifflichkeit im deutschen Insolvenzrecht, auch als »Fremdsanierung« bezeichnet. Erstmalig prägte Schmidt, ZIP 1980, S. 328 ff. (336) den Begriff der übertragenden Sanierung.

8 Die übertragende Sanierung ist eine Sonderform der Liquidation (Ahrens, Gehrlein, Ringstmeier/*Lind*, FA-Kommentar InsR, § 157, Rn. 4). Es geht darum, die zur Fortführung nötigen Vermögensgegenstände an einen neuen Rechtsträger zu verkaufen und die nicht betriebsnotwendigen Vermögenswerte der Liquidation zuzuführen, vgl. Icks/Kranzusch, S. 6 (http://www.ifm-bonn.org//uploads/tx_ifmstudies/IfM-Materialien-195_2010.pdf, Abruf v. 10.10.2017).

neben der geordneten Gläubigerbefriedigung regelmäßig einen weiteren erstrebenswerten Effekt: Sie führt zum Erhalt von Arbeitsplätzen[9].

Die Beantwortung der Ausgangsfrage verlangt die Untersuchung der relevanten Vorschriften aus den sich überschneidenden Rechtsgebieten des jeweiligen nationalen Arbeits-, Sozial- und Insolvenzrechts sowie aus dem, diese Rechte flankierenden europäischen Recht. Die Arbeit wird vor diesem Hintergrund wie folgt gegliedert:

Der erste Teil gibt zunächst einen geschichtlichen Überblick über die Entstehung der gesetzlichen Regelungen der Garantieleistungen[10] in der Arbeitgeberinsolvenz. Dem schließt sich die Darstellung der wesentlichen Merkmale und des Sanierungseffekts der Insolvenzgeldvorfinanzierung an.

Im zweiten Teil der Arbeit wird das für die Ausgangsfrage relevante europäische Recht dargestellt. Die Darstellung erfolgt insbesondere vor dem Hintergrund, dass die nationalen Lohnausfallersatzrechte und die Insolvenzgeldvorfinanzierung mit dem europäischen Recht vereinbar sein müssen. Darüber hinaus wird auf Teile der Europäischen Insolvenzverordnung geblickt, die für die Betrachtung von deutsch-polnischen Insolvenzen im vierten Teil relevant sein werden.

Der dritte Teil befasst sich mit dem polnischen Lohnausfallersatzrecht, dem das deutsche Lohnausfallersatzrecht[11] gegenüber gestellt wird. Eine darüber hinausgehende Darstellung des Arbeitnehmerschutzes innerhalb des Insolvenzverfahrens erfolgt nicht[12]. Es wird lediglich auf die Privilegierung der Arbeitnehmeransprüche im jeweiligen Sachkontext eingegangen[13].

Im vierten Teil wird für ein besseres Verständnis deutsch-polnischer Unternehmensinsolvenzen ein kurzer Ausschnitt aus dem polnischen Insolvenzrecht dargestellt. Sodann werden Auswirkungen der unterschiedlichen nationalen Lohnausfallersatzrechte auf die Unternehmenssanierung mithilfe von Insolvenzgeld bei deutsch-polnischen Unternehmensinsolvenzen untersucht.

Bedingt durch die ernüchternden Ergebnisse des vierten Teils und vor dem

---

9 So auch die Begründung des Gesetzesentwurfs der polnischen Regierung zum Gesetz über das Restrukturierungsrecht v. 09.10.2014, Drucks. Nr. 2824.

10 Gemeint sind Leistungen i.S.d. Richtlinie 2008/94/EG, im Folgenden wird der plastischere, wenn auch ungenaue Begriff »Lohnersatzleistungen« bzw. »Arbeitsentgeltersatzleistungen« verwendet.

11 In der deutschen Praxis oft als »Insolvenzgeldrecht« bezeichnet.

12 S. zu diesem Thema im polnischen Recht: Tomanek, Stosunki pracy.

13 S. für Polen Art. 342 ff. des polnischen Gesetzes über das Konkursrecht v. 28.02.2003 (Dz. U. 2015 Pos. 233 m.Ä.) und für Deutschland vor dem Inkrafttreten der Insolvenzordnung die Vorschriften der §§ 59 Abs. 1 Nr. 2, 3, 61 Abs. 1 Nr. 1 der Konkursordnung v. 20.05.1898 (KO, RGBl. 612; BGBl. III/FNA 311-4). § 4 des Gesetz über den Sozialplan im Konkurs- und Vergleichsverfahren v. 20.02.1985 (SozPlG, BGBl. I, S. 369; BGBl. III/FNA 311-8), bzw. für die neuen Bundesländer in §§ 13, 17 Abs. 3 Nr. 1 der Gesamtvollstreckungsordnung v. 06.06. 1990 (GesO, BGBl. I 1991, S. 1186-1190).

Hintergrund der Frage nach der Nutzung der Insolvenzgeldvorfinanzierung als ein gedankliches Denkmodell für polnisches Recht wird im fünften Teil untersucht, wie eine die Sanierung unterstützende Vorfinanzierung von Arbeitsentgelten in Polen aussehen könnte. Es werden die dafür relevanten Rechtsinstitute des polnischen Arbeits- und Zivilrechts betrachtet und geprüft, ob sie die Entstehung eines solchen Instruments begünstigen, erschweren oder gar unmöglich machen.

Im letzten Teil findet sich eine Zusammenfassung der Ergebnisse.

Teil I:
Die geschichtliche Entwicklung des Lohnausfallschutzes und die Insolvenzgeldvorfinanzierung

A. Die geschichtliche Entwicklung des Lohnausfallschutzes

Die gesetzlichen Regelungen, die Ersatzleistungen an Arbeitnehmer bzw. ihnen gleichgestellte Personen zum Schutz vor Lohnausfall bei Zahlungsunfähigkeit des Arbeitgebers vorsehen, werden in der vorliegenden Arbeit als Lohnausfallersatzrechte oder Lohnausfallschutzsystem bezeichnet.

Das Lohnausfallschutzsystem entwickelte sich in Polen, in Deutschland und in Europa zu unterschiedlichen Zeiten.

I. Entstehung des Insolvenzschutzsystems in Deutschland und in der Europäischen Union

Deutschland war eines der ersten europäischen Staaten, die ein Lohnausfallschutzsystem eingeführt haben. Erster europäischer Staat überhaupt war die Niederlande, die in den Jahren 1966/1967 eine volle Lohnsicherung beim Konkurs des Arbeitgebers eingeführt hat. Ihr folgten Schweden, Dänemark, Finnland, Norwegen, Frankreich und schließlich die Bundesrepublik Deutschland.[14]

Mit dem Inkrafttreten des Gesetzes über Konkursausfallgeld am 20. Juli 1974[15] wurde das damals als Konkursausfallgeld bezeichnete Insolvenzgeld als Ersatzleistung eingeführt. Es war bis zum 31. 12. 1998 im Arbeitsförderungsgesetz[16] in den Vorschriften der §§ 141a ff. AFG geregelt. Parallel zum Inkrafttreten der Insolvenzordnung[17] wurden diese Normen mit Wirkung zum 1. Januar 1999

---

14 Birk, RabelsZ 39 (1975), S. 605 ff. (607).
15 Gesetz über Konkursausfallgeld (Drittes Gesetz zur Änderung des Arbeitsförderungsgesetzes) vom 17. Juli 1974, BGBl. I, S. 1481–1486.
16 Arbeitsförderungsgesetz vom 25. Juni 1969, BGBl. I S. 582, das zuletzt durch Artikel 8 des Gesetzes vom 16. Dezember 1997, BGBl. I S. 2970, geändert worden ist (AFG).
17 Insolvenzordnung vom 5. Oktober 1994, BGBl. I S. 2866, die zuletzt durch Artikel 16 des Gesetzes vom 20. November 2015, BGBl. I S. 2010, geändert worden ist (InsO).

durch die Vorschriften der §§ 183 ff. SGB III[18] ersetzt. Seit dem 01.04.2012 finden sich die Vorschriften über das Insolvenzgeld in den §§ 165–172 SGB III[19]. In Deutschland spricht man vor allem von einer Lohnausfall-, Insolvenzausfall- oder Insolvenzgeldversicherung.

Bereits in § 141 k AFG aus dem Jahr 1974 gab es die Möglichkeit der Vorfinanzierung des Arbeitsentgelts vor der Eröffnung des Insolvenzverfahrens. Die Vorschrift regelte den Übergang des Konkursausfallgeldanspruchs mit dem Arbeitsentgeltanspruch und schränke die Vorfinanzierung des Arbeitsentgelts zum Schutz vor Rechtsmissbrauch eingeschränkt. So bestimmte § 141 k Abs. 2 a S. 1 AFG, dass der Anspruch auf Konkursausfallgeld nur bestand, wenn der neue Gläubiger nicht zugleich Gläubiger des Arbeitgebers oder an dessen Unternehmen beteiligt war. Satz 2 der Vorschrift bestimmte, dass dies auch gilt, wenn Satz 1 durch andere Gestaltungen umgangen wird.

Das deutsche war neben dem niederländischen Recht »Vorbild und Maßstab« der europarechtlichen Vorschriften[20], die am 20. Oktober 1980 durch die Richtlinie des Rates 80/987/EWG erlassen wurden[21]. Eine Änderung erfuhr diese Richtlinie im Jahr 2002 durch den Erlass der Richtlinie 2002/74/EG vom 23. September 2002[22]. Am 22. Oktober 2008 wurde die bis heute geltende kodifizierte Fassung der Richtlinie 2008/94/EG erlassen[23]. Keine der Richtlinien enthält Regelungen zur Vorfinanzierung von Arbeitsentgelt durch Dritte.

II.   Entstehung des Insolvenzschutzsystems in Polen

Erstmals durch das Gesetz vom 29. Dezember 1993 über den Schutz der Arbeitnehmeransprüche bei Zahlungsunfähigkeit des Arbeitgebers (Fondsgesetz 1993)[24] führte man in Polen Ersatzleistungen an Arbeitnehmer (und ihnen

---

18 Das Dritte Buch Sozialgesetzbuch – Arbeitsförderung, Artikel 1 des Gesetzes vom 24. März 1997, BGBl. I S. 594, 595, das durch Artikel 1 des Gesetzes vom 31. Juli 2016, BGBl. I S. 1939, geändert worden ist (SGB III).

19 Hauck/Noftz/ *Voelzke*, Kommentar zum SGB III, § 165, Rn. 4.

20 Dauses/*Eichenhofer*, EU-Wirtschaftsrecht, D.III., Rn. 79.

21 Richtlinie des Rates vom 20. Oktober 1980 zur Angleichung der Rechtsvorschriften der Mitgliedsstaaten über den Schutz der Arbeitnehmer bei Zahlungsunfähigkeit des Arbeitgebers, ABl. EG L 283/23 v. 28.10.1980.

22 Richtlinie 2002/74/EG des Europäischen Parlaments und des Rates vom 23. September 2002 zur Änderung der Richtlinie 80/987/EWG des Rates zur Angleichung der Rechtsvorschriften der Mitgliedsstaaten über den Schutz der Arbeitnehmer bei Zahlungsunfähigkeit des Arbeitgebers, ABl. EG L 270/10 v. 08.10.2002.

23 Richtlinie 2008/94/EG des Europäischen Parlaments und des Rates vom 22. Oktober 2008 über den Schutz der Arbeitnehmer bei Zahlungsunfähigkeit des Arbeitgebers (kodifizierte Fassung), ABl. EG L 283/36 v. 28.10.2008.

24 *Ustawa z dnia 29 grudnia 1993 r. o ochronie roszczeń pracowniczych w razie niewypłacalności*

gleichgestellte Personen) eines zahlungsunfähigen Arbeitgebers ein, die aus einem Fonds, dem Fonds für garantierte Arbeitnehmeransprüche (*Fundusz Gwarantowanych Świadczeń Pracowniczych*)[25] ausgezahlt wurden.

Das polnische Gesetz wurde an das Übereinkommen der Internationalen Arbeitsorganisation Nr. 173 vom 23. Juni 1992[26] angelehnt unter Mitberücksichtigung der Richtlinie 80/987/EWG[27].

Davor gab es in Polen keinen gesetzlichen Schutz von Arbeitsentgeltansprüchen bei Zahlungsunfähigkeit des Arbeitgebers[28]. Das ist damit zu erklären, dass eine bedeutende Mehrheit der Arbeitgeber staatlich war[29]. Einem staatlichen Unternehmen drohte selten Zahlungsunfähigkeit, da seine finanzielle Situation nicht unmittelbar vom erwirtschafteten Gewinn abhing[30]. Die Arbeitsentgelte waren durch die Verstaatlichung der Unternehmen faktisch geschützt.

Dieser Schutz fiel mit der Einführung der privaten Marktwirtschaft und damit einhergehend mit der Entstehung privater Unternehmen weg[31].

Ein Insolvenzschutzsystem wurde notwendig, denn die mit einem generellen Insolvenzrisiko belasteten privaten Arbeitgeber sahen in ihrer Unternehmensstruktur keinen Schutz des Arbeitnehmers vor Lohnausfall vor, sollten sie einmal zahlungsunfähig werden.

Erste Arbeiten am Lohnausfallschutzsystem begannen im Sozialen Dialog (*dialog społeczny*) zwischen der Regierung, den größten Gewerkschaften und Arbeitgeberverbänden, der im Oktober 1992 begann. Im Rahmen dieser Arbeiten wurde am 22.10.1993 eine soziale Verständigung in Form eines Paktes über die Umwandlung von staatlichen Unternehmen (*Pakt o przedsiębiorstwie państwowym w trakcie przekształcania*) erzielt, in der über die Entstehung des Fonds entschieden wurde.[32]

Das Fondsgesetz 1993 wurde im Jahr 2006 durch das gleichnamige Gesetz über den Schutz der Arbeitnehmeransprüche bei Zahlungsunfähigkeit des Ar-

---

pracodawcy, Dz.U. 1994 r. nr 1, poz.1, nachfolgend auch als Fondsgesetz 1993 bezeichnet; zu einleitenden Bemerkungen und zur Übersetzung des Gesetzes vgl. Kraft, Thurner, Paintner, WiRO 2002, S. 370–375; zum Überblick über die Lohnsicherung im Konkursfall zur damaligen Rechtslage vgl. Zoll/ Kraft/Thurner, Polnisches Insolvenzrecht, Wien 2002, S. 148ff.

25 Im Folgenden als Fonds bezeichnet oder als FGSP abgekürzt.
26 Übereinkommen der Internationalen Arbeitsorganisation Nr. 173 vom 25. Juni 1992 über den Schutz der Forderungen der Arbeitnehmer bei Zahlungsunfähigkeit ihres Arbeitgebers, online auf dem Portal der Schweizer Regierung abrufbar unter: https://www.admin.ch/opc/de/classified-compilation/19920172/index.html (Abruf v. 13.09.2016).
27 Gersdorf, Prawo pracy, Art. 1 u.o.r.p.
28 Krajewski, Kommentar zu u.o.r.p. 1993, S. 5.
29 Kaleta, Kommentar zu u.o.r.p., Art. 1, Anm. 1.
30 Kaleta, Kommentar zu u.o.r.p., Art. 1, Anm. 1.
31 Gersdorf, Niewypłacalność pracodawcy, S. 16; Krajewski, Kommentar zu u.o.r.p. 1993, S. 10.
32 S. BIP des Ministeriums für Familie, Arbeit und Sozialpolitik unter: www.dialog.gov.pl/dialog-krajowy/porozumienia-spoleczne-w-polsce/ (Abruf v. 27.09.16).

beitgebers vom 13.07.2006[33] novelliert und trat am 01.10.2006 in Kraft. Da die Gesetzesänderungen keine grundlegenden Änderungen beinhalten, können die zur alten Rechtslage ergangenen Gerichtsentscheidungen zur Gesetzesauslegung grundsätzlich herangezogen werden.

Ziel der Novellierung waren die Umsetzung der Richtlinie 2002/74/EG des Europäischen Parlaments und des Rates vom 23.09.2002, die Anpassung an das Gesetz über Konkurs- und Sanierungsrecht aus dem Jahr 2003 sowie an das neue Gesetz über die Freiheit der wirtschaftlichen Betätigung[34].

Das heute geltende Gesetz setzt die Richtlinie 2008/94/EG[35] um und wurde zuletzt am 20.07.2017[36] geändert. Hauptziel der letzten Änderung war die Beschleunigung der finanziellen Hilfe an die Arbeitnehmer[37]. Eine Regelung über die Vorfinanzierung der Arbeitsentgelte enthält das Gesetz nicht.

III.   Zusammenfassung

Es entstand zunächst ein Schutzsystem in der Bundesrepublik Deutschland, dem folgten die Europäische Gemeinschaft und schließlich die Republik Polen. Erst die Änderung der rechts- und wirtschaftspolitischen Verhältnisse in Polen machte die Einführung eines Insolvenzschutzsystems erforderlich.

Eine Vorfinanzierung der Arbeitsentgelte durch einen privaten Dritten im insolvenzlichen Eröffnungsverfahren, die in Deutschland als Insolvenzgeldvorfinanzierung funktioniert, sieht die europäische Richtlinie nicht vor. Auch hat sich in Polen eine solche Vorfinanzierung (noch) nicht entwickelt[38].

---

33 Bzgl. der ersten Fassung des Gesetzestextes vgl. Dz. U. 2006, Nr. 158, Pos. 1121 (*Ustawa z dnia 13 lipca 2006 r. o ochronie roszczeń pracowniczych w razie niewypłacalności pracodawcy*). Das Gesetz wird im Folgenden mit den Anfangsbuchstaben »u.o.r.p.« abgekürzt oder als Fondsgesetz bezeichnet.

34 Vgl. die Begründung des Regierungsentwurfs – Ustawa o ochronie roszczeń pracowniczych w razie niewypłacalności pracodawcy, Druck Nr. 497 v. 13.04.2006; Gersdorf, PL, Nr. 4(56)/2006, S. 65ff. (65).

35 Richtlinie 2008/94/EG des Europäischen Parlaments und des Rates vom 22.10.2008 über den Schutz der Arbeitnehmer bei Zahlungsunfähigkeit des Arbeitgebers, zuletzt geändert am 08.10.2015. Im Folgenden auch als »Insolvenzschutzrichtlinie« bezeichnet oder als RL 2008/94/EG bzw. InsRL abgekürzt.

36 Dz. U. 2017 Pos. 1557. Am 24.05.2017 wurde auf der Internetseite der polnischen Regierung unter https://www.premier.gov.pl/wydarzenia/decyzje-rzadu/projekt-ustawy-o-zmianie-ustawy-o-ochronie-roszczen-pracowniczych-w-razie-0.html (Abruf v. 10.10.2017) veröffentlicht, dass der Ministerrat den Regierungsentwurf angenommen hat.

37 Vgl. die Begründung des Entwurfs über die Änderung des Gesetzes auf der Internetseite der polnischen Regierung (BIP Rządowego Centrum Legislacji) unter: https://legislacja.rcl.gov.pl/projekt/12290353/katalog/12381139 (Abruf v. 17.10.2017).

38 Dies aus der deutsch-polnischen Rechtspraxis bestätigend: Bunk, EuZW 2009, S. 478 (478);

B. Die Insolvenzgeldvorfinanzierung

Mit dem Begriff der Insolvenzgeldvorfinanzierung wird eine in der Praxis entwickelte Rechtskonstruktion beschrieben, in der ein finanzierungsbereiter Dritter (meist ein Kreditinstitut) in der Zeit nach Stellung des Insolvenzantrags die unerfüllten Arbeitsentgeltansprüche erwirbt und den Arbeitnehmern im Gegenzug Geldbeträge in Höhe ihrer rückständigen und fälligen oder zukünftigen Nettoarbeitsentgelte im Laufe des Vorverfahrens auszahlt. Mit der Übertragung des Arbeitsentgeltanspruchs geht der Insolvenzgeldanspruch auf den leistenden Dritten über, welcher von der Bundesagentur für Arbeit (BA) zu Gunsten des Dritten erfüllt wird. Der Grund der Kreditinstitute für die Vorfinanzierung liegt darin, dass sie dafür eine entsprechende Vergütung in Form von Bankgebühren erhalten[39].

Dem vorläufigen Insolvenzverwalter steht gem. § 3 Abs. 1 b). InsVV eine den Regelsatz übersteigende Vergütung zu, wenn der Verwalter das Unternehmen fortgeführt hat und die Masse nicht entsprechend größer geworden ist.

Die Vorfinanzierung von Arbeitsentgelt in der Krise des Arbeitgebers hat in Deutschland eine lange Tradition. Bereits vor Eintritt der Konkursausfallgeldversicherung 1974 wurde die Lohnvorfinanzierung als Kreditierungs- und Sicherungsinstrument für in Zahlungsprobleme geratene Unternehmen verwendet[40] und in der Rechtsprechung anerkannt[41].

Auch in der heutigen deutschen Praxis stellt die Vorfinanzierung ein beliebtes Instrument dar, um kriselnde Unternehmen bei ihrer Sanierung zu unterstützen.

Die Lohnvorfinanzierung als Kreditmittel wird durch die Vorschrift des § 170 Abs. 1, 4 SGB III begünstigt, wonach mit der Übertragung des Arbeitsentgeltanspruchs grundsätzlich auch der Insolvenzgeldanspruch übergeht (Akzessorietät[42]). Damit erhält der Vorfinanzierende den Anspruch auf Insolvenzgeld als ein Sicherungsmittel[43].

Die praktische Relevanz der Insolvenzgeldvorfinanzierung zeigt sich darin, dass in den Jahren 2002 bis 2006 jährlich zwischen 41 % und 46,8 % des Insolvenzgeldes vorfinanziert wurde[44].

---

ders. ZInsO 2011, S. 1136ff. (1141); ders. http://www.openpr.de/pdf/407619/Insolvenzgeld vorfinanzierung-Jetzt-auch-in-Polen-moeglich.pdf (Abruf v. 10.10.2017).

39 Vgl. auch Klüter, WM 2010, 1483 (1491).

40 Gagel/*Peters-Lange*, Kommentar zu SGB III § 170, Rn. 63; Kuhn/Uhlenbruck, KO, Vorbem. Rn. 72 k.

41 Vgl. BAG, Urt. v. 24.01.1964, Az. 5 AZR 258/63.

42 Hauck/Noftz/*Voelzke*, Kommentar zum SGB III, § 165, Rn. 163; Mutschler/*Schmidt*, Kommentar zum SGB III, § 170, Rn. 1.

43 Gagel/*Peters-Lange*, Kommentar zu SGB III, § 170, Rn. 65.

44 Schüssler/Klose, S. 14, Tabelle 2–1, abrufbar unter: http://www.econstor.eu/bitstream/10419 /55830/1/Insolvenzgeld.pdf (Abruf v. 10.10.2017).

Bei der Gestaltung der Insolvenzgeldvorfinanzierung wird zwischen einer kollektiven und einer individuellen Insolvenzgeldvorfinanzierung unterschieden. Im Rahmen einer kollektiven Vorfinanzierung werden die unerfüllten Arbeitsentgeltansprüche aller im Betrieb beschäftigten Arbeitnehmer durch einen Vorfinanzierenden gleichzeitig vorfinanziert. Damit hat diese Gestaltungsart der Vorfinanzierung in der Praxis weitaus größere Bedeutung für die Sanierung eines Unternehmens als die sog. individuelle Vorfinanzierung[45]. Bei Letzterer kümmert sich jeder Arbeitnehmer selbst um die Vorfinanzierung seines Arbeitsentgelts. Dies geschieht meist über die jeweilige Hausbank jedes einzelnen Arbeitnehmers.

I.   Vertragsgestaltung

Es haben sich in der Rechtspraxis zwei Gestaltungsvarianten herausgebildet, das Forderungskaufverfahren und das Kreditierungsverfahren[46]. Sämtliche organisatorischen Schritte werden durch den vorläufigen Insolvenzverwalter durchgeführt. In beiden Fällen geht bei der Übertragung des Arbeitsentgelts der Insolvenzgeldanspruch auf den Vorfinanzierenden über[47].

1.   Kreditierungsverfahren

Beim Kreditierungsverfahren gewährt der Vorfinanzierende dem Arbeitnehmer ein Darlehen in Höhe des fälligen oder künftigen insolvenzgeldfähigen Nettolohns[48] (§§ 488 ff. BGB). Zur Sicherheit tritt der Arbeitnehmer seine unerfüllten bzw. künftigen (Vorausabtretung) Nettolohnforderungen bis zur Höchstgrenze des § 167 Abs. 1 SGB III i. V. m. § 341 IV SGB III an den Vorfinanzierenden ab. Tritt das Insolvenzereignis ein und wird das Insolvenzgeld beantragt, erfolgt die Tilgung dadurch, dass der Vorfinanzierende sich aus der Insolvenzgeldzahlung der BA befriedigt.

Im Urteil vom 8. April 1992 hat das Bundessozialgericht[49] erwogen, künftig beim Darlehensvertrag das Abtretungsverbot des § 400 BGB anzuwenden und damit seine bisherige Rechtsprechung zu ändern.

Gem. § 400 BGB kann eine Forderung nicht abgetreten werden, soweit sie der Pfändung nicht unterworfen ist. Es handelt sich um zwingendes Recht[50]. Lohn-

---

45 Muschiol, ZInsO 2016, S. 248 ff. (248).
46 Roos, NZI 2015, S 55 ff. (57).
47 Roos, NZI 2015, S 55 ff. (57).
48 Roos, NZI 2015, S 55 ff. (57).
49 BSG, Urt. v. 08. 04. 1992, Az. 10 RAr 12/91, Rn. 34 (juris).
50 Palandt/Grüneberg, § 400, Rn. 1.

und Gehaltsforderungen sind nach §§ 850 ff. ZPO zum Schutz der Arbeitnehmer und ihrer Familien nur begrenzt pfändbar. Sie können bei Erreichen der Pfändungsfreigrenze nicht abgetreten werden[51]. Zweck des § 400 BGB ist es, dass dem Inhaber der unpfändbaren Forderung durch Verfügungen und Verpflichtungen sein Existenzminimum nicht genommen werden kann[52].

Folge der Anwendung des § 400 BGB auf das Kreditierungsverfahren wäre es, dass die Sicherungsabtretung des Arbeitsentgeltanspruchs gem. § 134 BGB nichtig wäre, soweit die Pfändungsfreigrenzen überschritten würden.

Das BSG hat seine Erwägung damit begründet, dass der Arbeitnehmer beim Kreditierungsverfahren damit rechnen müsse, einem Rückzahlungsanspruch aus dem Darlehensvertrag gem. § 488 Abs. 1 S. 2 BGB (ggf. in Verbindung mit §§ 491 ff. BGB) ausgesetzt zu werden, wenn der zur Sicherheit abgetretene Nettolohnanspruch nicht zur Insolvenzgeldzahlung führe. Demgegenüber bestehe ein solches Rückzahlungsrisiko beim Forderungskaufverfahren nicht.[53]

Die Ansicht des Gerichts ist nicht überzeugend.

Ein Rückzahlungsrisiko für den Fall, dass der Insolvenzgeldanspruch durch den Vorfinanzierenden nicht realisiert werden kann, besteht sowohl beim Darlehens- als auch beim Forderungskaufvertrag gleichermaßen[54]. Die Praxis schließt dieses Risiko dadurch aus, dass ein regressloser Kauf bzw. Darlehen vereinbart wird.

Nach ständiger Rechtsprechung ist die Vorschrift des § 400 BGB in solchen Fällen teleologisch zu reduzieren, in denen der Zedent vom Zessionar eine wirtschaftlich gleichwertige Leistung erhält[55] und es sich dabei um eine endgültige Zuwendung handelt[56]. Mit dieser zweckbestimmten Einschränkung wird der Zweck des § 400 BGB – die Sicherung der Lebensgrundlage[57]- gewahrt. Es bestehen dann keine Risiken mehr, vor denen der Arbeitnehmer geschützt werden müsste.

Eine teleologische Reduktion ist auch beim Kreditierungsverfahren vorzunehmen. Eine gleichwertige Gegenleistung in Form des Darlehensbetrages liegt dann vor, wenn der Betrag im Zeitpunkt der Abtretung des Arbeitsentgeltanspruchs bereitgestellt wird, so dass der Arbeitnehmer den Betrag unmittelbar

---

51 Die Pfändungsfreigrenze liegt ab dem 01.07.2017 bei 1.139,99 €, vgl. file:///C:/Users/schue/ AppData/Local/Microsoft/Windows/INetCache/IE/NFH4X8G3/Pfaendungsfreigrenzen_Ar beitseinkommen_Juli2017.pdf (Abruf v. 10.10.2017).
52 RGE 146, 338 ff. (401–402); Palandt/Grüneberg, § 400, Rn. 1.
53 BSG, Urt. v. 08.04.1992, Az. 10 RAr 12/91, Rn. 33 (juris).
54 Hoyningen-Huene, SGb 1992, 622 ff. (627).
55 BAG, NJW 1980, 1642 ff. (1652); BSG, Urt. v. 23.10.1984, Az. 10 RAr 6/83, Rn. 12; BSG, Urt. v. 08.04.1992, Az. 10 RAr 12/91, Rn. 29 (jew. juris).
56 BSG, Urt. v. 08.04.1992, Az. 10 RAr 12/91, Rn. 33–34 (juris).
57 RGE 146, 338 ff. (401–402); BGH, Urt. v. 10.12.1951, Az. GSZ /51, Rn. 2; BAG, Urt. v. 24.01. 1964, Az. 5 AZR 258/63, Rn. 5 (jew. juris); Palandt/Grüneberg, § 400, Rn. 1.

erhält. Eine endgültige Zuwendung erfolgt dann, wenn die Leistung rückabwicklungsfest ist, so dass kein Rückzahlungsrisiko besteht[58]. Das ist auch der Fall, wenn die Parteien ein regressloses Darlehen vereinbaren.

Seit dieser BSG-Entscheidung spielt das Kreditierungsverfahren in der Praxis jedoch kaum eine Rolle mehr[59]. Ein weiterer Grund des Rückgangs dieser Vorfinanzierungsvariante liegt darin, dass im Falle der Darlehensvergabe anders als beim Abschluss eines Kaufvertrages eine Bonitätsprüfung des Darlehensnehmers vorgenommen wird, was bei einer kollektiven Vorfinanzierung sehr zeitaufwändig sein kann[60].

2.   Forderungskaufverfahren

Im Zuge des sog. Forderungskaufverfahrens verkauft der Arbeitnehmer seine fälligen oder künftigen insolvenzgeldfähigen Nettolohnforderungen bis zur Höchstgrenze des § 167 Abs. 1 SGB III an den Vorfinanzierenden (§§ 433, 453 BGB) und tritt sie an diesen ab. Der Arbeitnehmer erhält den entsprechenden Betrag als Kaufpreis ausbezahlt. Der Vorfinanzierende wird Inhaber der unerfüllten Lohnforderungen.

Mit Stellung des Insolvenzgeldantrags durch den Vorfinanzierenden gehen die Arbeitsentgeltansprüche von ihm auf die BA über (§§ 323 Abs. 1 S. 1, 324 Abs. 3 SGB III). Dem Vorfinanzierenden stehen dann die Ansprüche auf Insolvenzgeld zu.

Auch beim Forderungskaufverfahren wird der Abtretungsausschluss des § 400 BGB teleologisch reduziert.

3.   Zusammenfassung und Schlussfolgerungen

In der deutschen Praxis hat sich das Forderungskaufverfahren etabliert.

Beide Vertragsgestaltungen verlangen die Abtretung der Arbeitsentgeltansprüche und die teleologische Reduktion des in § 400 BGB geregelten Abtretungsausschlusses. Die Vorfinanzierung ist praxistauglich, weil mit dem Arbeitsentgeltanspruch der Insolvenzgeldanspruch gem. § 170 Abs. 1 SGB III übergeht, der dem Vorfinanzierenden als Sicherungsmittel dient.

Wesentliche Merkmale der Vorfinanzierung nach dem deutschen Recht sind damit die Abtretbarkeit des Arbeitsentgeltanspruchs, die Akzessorietät des Insolvenzgeldanspruchs zum Arbeitsentgeltanspruch sowie der gesetzliche Übergang des Arbeitsentgeltanspruchs auf die Bundesagentur für Arbeit.

---

58 Klüter, WM 2010, S. 1483 ff. (1486).
59 K. Schmidt/Uhlenbruck/*Wittig*, Die GmbH in der Krise, Abschnitt E., Rn. 5.346.
60 Obermüller/Kuder, Insolvenzrecht in der Bankpraxis, Rn. 5.244.

Das polnische Arbeitsrecht sieht in Art. 84 des polnischen Arbeitsgesetz-buchs[61] (k.p.) vor, dass ein Arbeitnehmer weder auf seine Rechte auf Arbeits-entgelt verzichten noch diese Rechte auf eine andere Person übertragen darf. Der Arbeitsentgeltanspruch ist daher nach dem polnischen Recht nicht ab-tretbar. Eine Vorfinanzierung des Arbeitsentgeltes im Eröffnungsverfahren wird in Polen so wie sie in Deutschland ausgestaltet ist, deshalb nicht möglich sein.

II.   Zustimmungserfordernis der Bundesagentur für Arbeit, § 170 Abs. 4 SGB III

Gem. § 170 Abs. 4 S. 1 SGB III bedarf der Übergang des Insolvenzgeldanspruchs auf den Vorfinanzierenden zwingend der Zustimmung der BA. Dann geht der Insolvenzgeldanspruch mit dem Übergang des Arbeitsentgeltanspruchs auf den Vorfinanzierenden kraft Gesetzes über (§ 170 Abs. 1, 4 SGB III). Ohne diese vorgeschaltete Zustimmung der BA erwirbt der Vorfinanzierende den Insol-venzgeldanspruch nicht (§ 170 Abs. 4 SGB III). Bei diesem Erwerb nach § 170 Abs. 1 SGB III handelt es sich um einen originären Rechtserwerb, der nicht vom Arbeitnehmer abgeleitet wird[62].

1.   Zweck der Zustimmung

Mit dem Zustimmungserfordernis soll eine arbeitsplatzerhaltende Sanierung ermöglicht, gleichzeitig aber auch eine missbräuchliche Verwendung der Vor-finanzierung verhindert werden[63].

Eine missbräuchliche Verwendung läge beispielsweise vor, wenn mit ver-längertem Eigentumsvorbehalt gesicherte Gläubiger (Absonderungsberechtig-te) die Arbeitsentgelte vorfinanzieren würden, um ihre Waren durch die Insol-venzgeldvorfinanzierung fertigstellen zu lassen.

Dieser Zweck hat zur Folge, dass eine Zustimmung bei der individuellen

---

61 *Ustawa z dnia 26 czerwca 1974 r. – Kodeks Pracy, Dz. U. nr 24, poz. 141 ze zm.* (Arbeitsge-setzbuch vom 26. Juni 1974, D.U. 1974, Nr. 24, Pos. 141 m.Ä.), die letzte konsolidierte Fas-sung datiert vom 08.09.2016, veröffentlicht im Dz.U. 2016 Pos. 1666 m.Ä.; im Folgenden wird das Gesetz mit den Anfangsbuchstaben k.p. abgekürzt.

62 Cranshaw, ZInsO 2013, 1493 ff. (1497).

63 Vgl. Gesetzesentwurf der Fraktionen der CDU/CSU und F.D.P., Entwurf eines Gesetzes zur Reform der Arbeitsförderung (Arbeitsförderungs-Reformgesetz – AFRG) vom 18.06. 1996, BT-Drucks. 13/4941 S. 188; Beck/Depré/*Braun/Wierzioch*, Praxis der Insolvenz, § 29, Rn. 104.

Vorfinanzierung von der herrschenden Literaturansicht entgegen dem Wortlaut des § 170 Abs. 4 S. 1 SGB III nicht für erforderlich gehalten wird[64].

Die individuelle (dezentrale) Vorfinanzierung dient nämlich vordergründig dem einzelnen Interesse des Arbeitnehmers, die Zeit des Entgeltausfalls zu überbrücken[65].

Lediglich die kollektive (zentrale) Vorfinanzierung verfolgt vordergründig den Zweck, den Betrieb mit Hilfe der Verwertung der Arbeitsentgeltansprüche zu sanieren[66].

2.   Positive Prognose des Arbeitsplatzerhalts und ihre Auswirkung in der Praxis

Die Bundesagentur für Arbeit darf entsprechend dem Zweck der Vorfinanzierung dieser nur zustimmen, wenn eine positive Prognose über den Erhalt eines erheblichen Anteils an Arbeitsplätzen festgestellt wird, § 170 Abs. 4 S. 2 SGB III.

§ 170 Abs. 4 SGB III ist als ein Verbot der Vorfinanzierung mit Erlaubnisvorbehalt (Zustimmungsvorbehalt) ausgestaltet[67]. Der Antragsteller hat bei Vorliegen der gesetzlichen Voraussetzungen einen Anspruch auf die Erteilung der Zustimmung[68]. Es handelt sich um ein präventives Verbot mit Erlaubnisvorbehalt.

Der frühere § 141k II a AFG normierte demgegenüber eine generelle Erlaubnis der Vorfinanzierung mit Verbotsvorbehalt[69].

Die Durchführungsanweisungen der BA zum Insolvenzgeld sehen vor, dass eine Entscheidung über die Zustimmung innerhalb eines sehr kurzen Zeitraums von 1 bis 2 Tagen getroffen werden soll[70].

Trotz der nach § 20 Abs. 1 S. 1 SGB X bestehenden Amtsermittlungspflicht der BA kommt der Stellungnahme des vorläufigen Insolvenzverwalters bei der Prognosefeststellung der BA in der Praxis eine herausragende Bedeutung zu[71].

Die Ablehnungsquote der BA bei Vorfinanzierungsanträgen des vorläufigen Insolvenzverwalters ist sehr gering[72]. So hat die BA im Jahr 2002 bei 3.589

---

64 Hase, WM 2000, S. 2231 ff. (2231); Klüter, WM 2010, S. 1483 (1485); KKW/*Mutschler*, Kommentar zum SozR, § 170 SGB III, Rn. 16; InsG-DA zu § 170 SGB III, Ziff. 3.1, Abs. 2.
65 Hase, WM 2000, S. 2231 ff. (2231).
66 Hase, WM 2000, S. 2231 ff. (2231).
67 Gagel/*Peters-Lange*, Kommentar zum SGB III § 170 Rn. 74; Grepl, S. 191.
68 Gagel/*Peters-Lange*, Kommentar zum SGB III, § 170, Rn. 74.
69 Grepl, S. 191.
70 InsG-DA, § 170, Ziff. 3.2. Abs. 7.
71 Schmidt/Uhlenberg/*Wittig*, Die GmbH in der Krise, Abschnitt E. Rn. 5.352.
72 Höhl, jurisPR-SozR 19/2009, Anm. 2.

gestellten Anträgen auf Zustimmungserteilung in 3.206 Fällen die Zustimmung erteilt[73]. Dies ist in rund 89 % der Fälle.

Die Entscheidungspraxis der BA kann daher als sanierungsfreundlich bezeichnet werden[74].

Der Zweck der Zustimmung – der Erhalt eines erheblichen Teils der Arbeitsplätze – wird nach einer Untersuchung von Schüssler/Klose im Jahr 2003 bei 35 % der insgesamt untersuchten Fälle von 2.670 erreicht. Bei 17 % der Fälle wurden Arbeitsplätze in einer geringeren Anzahl erhalten. In 48 % der Fälle wurden keine Arbeitsplätze erhalten.[75]

Das ist als positiv zu bewerten. Zwar sind die Prognoseentscheidungen nicht immer richtig. Dies ist jedoch der Schwierigkeit geschuldet, komplexe Prognosen innerhalb kürzester Zeit von 1–2 Tagen zu treffen.

3. Zusammenfassung

Das Zustimmungserfordernis verhindert eine rechtsmissbräuchliche Verwendung der Insolvenzgeldvorfinanzierung für Einzelgläubigerinteressen. Es stellt zudem sicher, dass dabei der Zweck des erheblichen Arbeitsplatzerhalts verfolgt wird.

III. Risiken der Insolvenzgeldvorfinanzierung

Die Insolvenzgeldvorfinanzierung birgt für den Vorfinanzierenden das rechtliche und tatsächliche Risiko, dass er mit seinem Sicherungsmittel ausfällt. Dies ist insbesondere im Rahmen der Vertragsgestaltung angemessen zu berücksichtigen.

1. Rücknahme des Insolvenzantrags

Eines der Risiken, bei dem der Vorfinanzierende mit seinem Sicherungsmittel ausfällt, liegt darin, dass der Insolvenzantrag zurückgenommen wird.

Der Insolvenzantrag in Form eines Eigenantrags kann gem. § 13 Abs. 2 InsO bis zur Eröffnung des Insolvenzverfahrens oder bis zur rechtskräftigen Abweisung des Antrags innerhalb der Grenzen des Rechtsmissbrauchs[76] zurückgenommen werden. Ein Fremdantrag kann vom Gläubiger unter der in § 14 Abs. 1

---

73 Braun/Wierzioch, ZIP 2003, 2001 ff. (2007) unter Berufung auf die Bundesagentur als Quelle.
74 Peters-Lange, Sozialrecht in der Insolvenz, S. 95, Rn. 209.
75 Schüssler/Klose, S. 6, Tabelle 5.3–2, abrufbar unter: https://www.econstor.eu/bitstream/1041 9/55830/1/Insolvenzgeld.pdf (Abruf v. 10.10.2017).
76 BGH NJW-RR 2008, 1439–1440 (Beschluss vom 10.07.2008, Az. IX ZB 122/07).

S. 2 InsO genannten Einschränkung[77] ebenfalls zurückgenommen bzw. für erledigt erklärt werden[78]. Der praktisch relevante Fall, wonach ein Gläubiger regelmäßig dann seinen Antrag zurücknimmt, wenn der Insolvenzschuldner seine Verbindlichkeit ausgeglichen hat, die den Insolvenzantrag begründet hatte, tritt durch die Novellierung des § 14 Abs. 1 S. 2 InsO nicht mehr ohne Weiteres ein, weil sein Antrag nicht allein wegen Erfüllung der Verbindlichkeit unzulässig wird. Eine aktive Rücknahme durch den Gläubiger bleibt jedoch weiterhin möglich.

Folge der Rücknahme bzw. Erledigterklärung ist, dass das Gericht nur noch über die Kosten beschließt, § 4 InsO i. V. m. § 269 bzw. § 91 a ZPO. Das Verfahren wird dann nicht eröffnet. Auch wird der Antrag nicht mangels Masse abgewiesen.

Kommt es auch nicht zur vollständigen Beendigung der Betriebstätigkeit des Schuldners, tritt kein Insolvenzereignis ein, so dass es an einer Voraussetzung für die Insolvenzgeldzahlung fehlt.

Dies hat zur Folge, dass die vom Vorfinanzierenden ausgezahlten Geldbeträge nicht über das Insolvenzgeld gedeckt werden können.

Dieses Ausfallrisiko wird in der Rechtspraxis dadurch minimiert, dass empfohlen wird, eine Vorfinanzierung nur in den Fällen eines Eigenantrags vorzunehmen. Gleichzeitig soll der Insolvenzschuldner im Rahmenvertrag verpflichtet werden, den Antrag nicht zurückzunehmen[79].

---

77 In der Fassung des § 14 Abs. 1 S. 2 InsO vor dem 29.03.2017 wurde der Antrag trotz Erfüllung der Verbindlichkeit, die Grund der Antragstellung war, dann weiterhin zulässig, wenn in einem Zeitraum von zwei Jahren vor der Antragstellung bereits ein Antrag auf Eröffnung gestellt worden ist (Erstantrag) und der Gläubiger auch die vorherige Antragstellung glaubhaft macht. Da ein Antrag bei Gläubigerbefriedigung mangels Rechtsschutzbedürfnisses unzulässig werden würde, sollte Unzulässigkeit bei Vorliegen eines Erstantrags nicht vorliegen. Mit Änderung dieser Vorschrift durch das Gesetz zur Verbesserung der Rechtssicherheit bei Anfechtungen nach der Insolvenzordnung und nach dem Anfechtungsgesetz vom 29.03.2017 (BGBl. I 2017, S. 654ff.) wird der Antrag nicht allein dadurch unzulässig, dass die Forderung erfüllt wird. Der Antrag bleibt also zulässig, ohne dass es eines Erstantrages bedarf, obwohl für den Gläubiger wegen Erfüllung seiner Forderung kein Rechtsschutzbedürfnis für die Antragstellung vorliegt. Dadurch sollte die frühzeitige Abklärung der Zahlungsunfähigkeit gefördert werden (»Stärkung des Gläubigerantragsrechts«, vgl. Begründung des Gesetzesentwurfs der Bundesregierung vom 16.12.2015, Drucks. 18/7054, S. 14).

78 Dies folgt aus dem Rechtsgedanken des § 13 Abs. 2 InsO, vgl. BGH, Beschluss v. 26.06.2008, Az. IX ZB 238/07, Rn. 5; BGH, Beschluss v. 11.11.2004, Az. IX ZB 258/03, Rn. 5 (juris).

79 Klüter, WM 2010, 1483 (1488).

2. Ablehnung des Insolvenzgeldantrags

Wird der Antrag auf Auszahlung des Insolvenzgeldes ganz oder teilweise abgelehnt, hat dies zur Folge, dass die Arbeitsentgeltansprüche von der BA auf den Arbeitnehmer bzw. den Zessionar zurückfallen. Die (Teil-)Ablehnung stellt eine auflösende Bedingung für den Übergang des Arbeitsentgeltanspruchs dar.

Ist der Arbeitsentgeltanspruch wirtschaftlich wertlos, fällt der Vorfinanzierende mit seiner Forderung aus.

Hier ist eine vertragliche Regelung im Rahmenvertrag dergestalt notwendig, dass bei (Teil-)Ablehnung eine Erstattung der vorfinanzierten Beträge durch den Insolvenzverwalter erfolgt.

3. Vorausverfügungen über die Arbeitsentgeltansprüche

Ein weiteres Risiko für den Vorfinanzierenden kann darin liegen, dass der Arbeitnehmer zuvor über seine Arbeitsentgeltansprüche verfügt oder diese gepfändet werden.

Vorausverfügungen der Arbeitnehmer über ihre Arbeitsentgeltansprüche führen gem. § 170 Abs. 1 SGB III dazu, dass der akzessorische Anspruch auf Insolvenzgeld gegen die BA dem Erwerber direkt zusteht. Bei einer Pfändung oder Verpfändung des Arbeitsentgeltanspruchs wird gem. § 170 Abs. 2 SGB III ebenfalls der Insolvenzgeldanspruch mit erfasst.

Da ein gutgläubiger Erwerb von Forderungen grundsätzlich nicht möglich ist, hat die Vorausverfügung bzw. vorherige Pfändung zur Folge, dass der Vorfinanzierende nichts erwirbt.

Zwar haftet der Arbeitnehmer als Verkäufer dem Vorfinanzierenden gem. §§ 433, 435, 453 BGB für das Nichtbestehen des Anspruchs, sollte ein regressloser Kauf nicht vereinbart worden sein.

Die Werthaltigkeit der Regressansprüche hängt jedoch entscheidend von der Bonität des Arbeitnehmers ab, so dass hier mit einem Ausfallrisiko zu rechnen ist.

Dieses Ausfallrisiko kann in der Praxis nicht völlig ausgeschlossen werden. Die Praxis kann sich nur damit helfen, dass der Arbeitnehmer im Rahmenvertrag zusichert, dass keine Abtretung / Pfändung / Verpfändung vorliegt und dies der Arbeitgeber bestätigt. Eine Haftung aus der Zusicherung ist allerdings ebenfalls von der Bonität des Arbeitnehmers abhängig.

4. Zinsen und Kosten als einfache Insolvenzforderungen

Die Zinsen und Kosten, die durch die Vorfinanzierung entstehen, sind grundsätzlich nur einfache Insolvenzforderungen. Anders ist dies nur beim Vorliegen eines starken vorläufigen Insolvenzverwalters, oder wenn das Insolvenzgericht dem vorläufigen Insolvenzverwalter eine Einzelermächtigung zur Begründung von Masseverbindlichkeiten für die Insolvenzgeldvorfinanzierung erteilt.

Ein Risiko besteht insoweit nicht.

5.   Missbrauchsrisiko

Problematisch ist, dass das SGB III, anders als die Vorschrift des § 141 k Abs. 2 a AFG, die Gläubiger des Arbeitgebers oder an dessen Unternehmen Beteiligte, von einer Vorfinanzierung der Arbeitsentgelte nicht mehr ausschließt[80]. Dadurch könnte das Risiko bestehen, dass insbesondere Absonderungsgläubiger die Vorfinanzierung vornehmen, damit bestehende Aufträge abgearbeitet oder eine Ausproduktion erfolgen kann und dadurch ihre Ansprüche werthaltiger werden, ohne dass tatsächlich objektiv eine Sanierungsmöglichkeit besteht.

Ein weiteres Missbrauchsrisiko liegt darin, dass die Insolvenzgeldvorfinanzierung die vorläufigen Insolvenzverwalter dazu verleiten kann, sie nicht zur Sanierung, sondern ausschließlich dazu zu nutzen, eine für die Insolvenzeröffnung unzureichende Masse erst durch die Betriebsfortführung anzureichern. Auch kann die Insolvenzgeldvorfinanzierung einen Anreiz darstellen, das Vorverfahren in die Länge zu ziehen und auf diese Weise eine möglicherweise schnellere Umsetzung von Verkäufen nicht zu realisieren[81].

Diesen Risiken versucht man dadurch zu begegnen, dass die BA die Zustimmung verweigern kann, sollten keine guten Fortführungsaussichten bestehen.

6.   Zusammenfassung

Ausfallrisiken des Vorfinanzierenden können durch entsprechende Vereinbarungen mit dem vorläufigen Insolvenzverwalter weitgehend ausgeschlossen werden.

Das Ausfallrisiko wegen Vorausverfügung des Arbeitsentgeltanspruchs bzw. seiner Pfändung kann allerdings nicht reduziert werden.

Missbrauchsrisiken können durch die Zustimmungsverweigerung der BA eingedämmt werden.

---

80 Beck/Depré/*Braun/Wierzioch*, Praxis der Insolvenz, § 29, Rn. 104.
81 Icks/Kranzusch, S. 126 (http://www.ifm-bonn.org//uploads/tx_ifmstudies/IfM-Materialien-195_2010.pdf, Abruf v. 13.10.2017).

IV.   Insolvenzgeldvorfinanzierung als Sanierungsinstrument

Nach Stellung eines Insolvenzantrags über das Vermögen eines Arbeitgebers wird die Arbeitnehmer häufig allein die sofortige Zahlung der Arbeitsentgelte dazu motivieren können, im insolventen Unternehmen weiter zu arbeiten[82]. Durch ihre Weiterarbeit wird überhaupt erst die Möglichkeit geschaffen, das Unternehmen trotz Insolvenz fortzuführen und dadurch zu sanieren.

Die Praxis hat aus diesem Grund ein großes Interesse daran, das Arbeitsentgelt bis zur Eröffnung des Insolvenzverfahrens vorzufinanzieren.

Sicherheiten für die Kreditgeber kann ein insolventes Unternehmen meist nicht bieten. Als Sicherungsmittel wurde deshalb schon früher die in § 141k Abs. 1 AFG (heute § 170 Abs. 1 SGB III) vorgesehene Möglichkeit der vorherigen Verfügung über das Konkursausfallgeld genutzt und der Arbeitsentgeltanspruch gemeinsam mit dem Anspruch auf Konkursausfallgeld übertragen.

1.   Der Sanierungseffekt

Die so vorgenommene Vorfinanzierung führt dazu, dass das Unternehmen zunächst ohne Personalkosten fortgeführt werden kann. Das ist die zentrale Voraussetzung des vorläufigen Insolvenzverwalters, das Unternehmen im Eröffnungsverfahren überhaupt fortführen zu können[83]. Die Vorfinanzierung schafft dadurch im Rahmen des Vorverfahrens regelmäßig genügend Liquidität, die es dem Insolvenzverwalter auch noch im eröffneten Insolvenzverfahren trotz auflaufender Masseverbindlichkeiten erlaubt, das Unternehmen fortzuführen[84].

Der Sanierungseffekt der Vorfinanzierung ergibt sich daraus, dass der durch das Insolvenzgeldrecht vorgegebene Bezugszeitraum von drei Monatslöhnen ausgeschöpft werden kann. Die Zahlung des Insolvenzgeldes nach der Eröffnung des Insolvenzverfahrens (ohne Vorfinanzierung) kann dagegen nicht flexibel mit Sanierungsversuchen abgestimmt werden, weil die Betragshöhe und der Bezugszeitraum mit der Verfahrenseröffnung bereits feststehen.

Da die auf die Bundesagentur für Arbeit übergegangenen Arbeitsentgeltansprüche aus dem Vorverfahren (§ 38 InsO, ggf. gem. § 55 Abs. 3 S. 1 InsO) nur einfache Insolvenzforderungen sind[85], führt dieser Umstand zur Schonung der Insolvenzmasse. Hierdurch werden die Chancen, das Insolvenzverfahren zu eröffnen, erhöht.

---

82   K. Schmidt/Uhlenbruck/*Wittig*, Die GmbH in der Krise, Abschnitt E. Rn. 5.333.
83   Hützen/Poertzgen, ZInsO 2010, 1719 (1719); Icks/Kranzusch, S. 12 (http://www.ifm-bonn. org//uploads/tx_ifmstudies/IfM-Materialien-195_2010.pdf, Abruf v. 12.02.2017), die das Insolvenzgeld als fortführungsbegünstigend bezeichnen.
84   Westpfahl/Goetker/Wilkens, Rn. 68.
85   Klüter, WM 2010, 1483 (1487); MüKo InsO/*Hefermehl*, § 55 InsO, Rn. 236.

Die oben beschriebenen Wirkungen haben dazu geführt, dass aus einer Maßnahme für die Arbeitnehmer auch ein Sanierungsinstrument für die Unternehmen geworden ist[86]. Des Weiteren hat diese Finanzierungsform dazu beigetragen, dass die Geschäftsfortführung im Insolvenzverfahren gleichwertig neben der Zerschlagung des Unternehmens steht[87].

Die Vorfinanzierung des Insolvenzgeldes wird in der Praxis als ein wichtiges Sanierungsinstrument angesehen[88]. Für Kilger ist die Vorfinanzierung ein »selbstverständliches Instrumentarium« eines jeden Verwalters[89]. Nach einer im Sommer 2007 durch das KOHORTEN-Institut stattgefundenen Befragung gaben 98 % der befragten 106 Insolvenzverwalter an, dass das Insolvenzgeld die größte Hilfe zur Förderung der Sanierung sei[90].

2.   Kritik des Sanierungseffekts

Der Umstand, dass das Insolvenzgeld durch die Vorfinanzierung zu einem Sanierungsinstrument für Unternehmen geworden ist, wird jedoch teilweise stark kritisiert.

a)   Alleinige Arbeitgeberfinanzierung

Kritisiert wird insbesondere, dass ein gesamtwirtschaftliches Ziel, wie es die Sanierung von insolventen Unternehmen darstellt, allein auf Kosten von solventen Arbeitgebern über die Arbeitgeberumlage finanziert wird (vgl. § 358 Abs. 1 SGB III).

Angezweifelt wird vor diesem Hintergrund einmal die Verfassungsmäßigkeit der alleinigen Finanzierung des Insolvenzgeldes durch andere Arbeitgeber.

Höhl argumentiert, dass die Finanzierung nur durch eine bestimmte Gruppe sachwidrig sei, weil angesichts der mit vorfinanziertem Insolvenzgeld verfolgten gesamtwirtschaftlichen Ziele die Allgemeinheit herangezogen werden müsste.[91] Die Begründung für eine alleinige Arbeitgeberfinanzierung entfalle, weil sich das Insolvenzgeld von seinem Sicherungszweck für ansonsten ungesicherte erarbeitete Löhne entferne und stattdessen eine Unternehmensfortführung bewirke[92]. Der eigentliche Zweck der alleinigen Arbeitgebervorfinanzierung – der

---

86 Cranshaw, Einflüsse des Europ. Rechts, S. 1339.
87 K. Schmidt/Uhlenbruck/*Wittig*, Die GmbH in der Krise, Abschnitt E. Rn. 5.335.
88 Cranshaw, jurisPR-InsR 3/2011 Anm. 1.; Westpfahl/Goetker/Wilkens, Rn. 1303; Muschiol, ZInsO 2016, S. 248ff. (248).
89 Kilger, KTS 1989, 495 (499).
90 Vgl. die Veröffentlichung der Euler Hermes Kreditversicherungs-AG, Wirtschaft Konkret Nr. 418: »Rettung aus der Insolvenz«, S. 7, 13 (www.wirtschaft-konkret.de, eingesehen am 23.06.16).
91 Hoehl, jurisPR-SozR 9/2007, Anm. 3.
92 Hoehl, jurisPR-SozR 9/2007, Anm. 3.

Schutz des vorleistungspflichtigen Arbeitnehmers[93] – sei deshalb gestört[94]. Auch entfalle das zweite Begründungselement der alleinigen Arbeitgebervorfinanzierung: die Verursachung des Lohnausfalls durch den Arbeitgeber[95]. Denn nicht mehr der Arbeitgeber, sondern der vorläufige Insolvenzverwalter führe das Unternehmen fort (vgl. § 22 Abs. 1, 2 InsO), so dass dieser und nicht der Arbeitgeber für den Lohnausfall ursächlich sei[96].

Dieser Argumentation folgt die ständige Rechtsprechung nicht. Danach ist die Erhebung und Berechnung der Insolvenzgeldumlage, insbesondere die alleinige Finanzierung durch die Arbeitgeber, verfassungsgemäß[97].

Verstöße gegen Art. 14 Abs. 3, 3 Abs. 1, 12, 2 Abs. 1 GG liegen nach der Rechtsprechung nicht vor.

Art. 14 GG (Eigentumsgarantie) sei nicht tangiert, weil das Grundrecht nicht das Vermögen gegen die Belastung mit öffentlichen Geldleistungspflichten schütze. Sie berühren erst dann die Eigentumsgarantie, wenn sie einen konfiskatorischen Charakter haben, was bei der Umlagezahlung nicht der Fall ist[98]. Der Umlagesatz für das Kalenderjahr 2018 beträgt lediglich 0,06 % des rentenpflichtigen Einkommens[99].

Die Finanzierung nur durch die Arbeitgeber und nicht auch durch die Arbeitnehmer verstoße nicht gegen den Gleichheitsgrundsatz aus Art. 3 Abs. 1 GG. Die Inanspruchnahme nur der Arbeitgeber sei sachgerecht, da sie dem Ausgleich objektiver Verletzung der Lohnzahlungspflicht der Arbeitgeber diene[100].

Auch die Berufsfreiheit in Art. 12 Abs. 1 GG sei nicht verletzt, weil schon der Schutzbereich nicht eröffnet sei. Es liege hier nämlich keine Regelung mit objektiv berufslenkender Tendenz vor. Die Insolvenzgeldvorschriften seien im

---

93 Gesetzesentwurf der Bundesregierung, Entwurf eines Gesetzes über Konkursausfallgeld (Drittes Gesetz zu Änderung des Arbeitsförderungsgesetzes) vom 01.03.1974, BT-Drucks. 7/1750, S. 11.

94 Hoehl, jurisPR-SozR 19/2009, Anm. 2.

95 Gesetzesentwurf der Bundesregierung, Entwurf eines Gesetzes über Konkursausfallgeld (Drittes Gesetz zu Änderung des Arbeitsförderungsgesetzes) vom 01.03.1974, BT-Drucks. 7/1750, S. 11.

96 Hoehl, jurisPR-SozR 9/2007, Anm. 3; ders., jurisPR-SozR 19/2009 Anm. 2.

97 BVerfG, Beschl. v. 02.02.2009, 1 BvR 2553/08; BVerfG, Beschl. v. 05.10.1993, Az. 1 BvL 34/81; BVerfG, Beschl. v. 18.09.1978, Az. 1 BvR 638/78; BSG, Urt. v. 29.05.2008, Az. B 11a AL 61/06 R, Rn. 19; BSG, Urt. v. 09.05.2006, Az. B2U 34/05 R; BSG, Urt. v. 01.03.1978, Az. 12 RK 14/77, Rn. 16–20 (jew. juris).

98 BSG, Urt. v. 29.05.2008, Az. B 11a AL 61/06 R.

99 S. Verordnung zur Festsetzung des Umlagesatzes für das Insolvenzgeld für das Kalenderjahr 2018 vom 27.09.2017.

100 BSG, Urteil vom 21.10.1999, Az. B 11/10 AL 8/98 R, Rn. 19; LSG Baden-Württemberg, Urteil vom 22.08.2005, Az. L 1 U 4519/04, Rn. 18 (jew. juris); s. dazu auch Cranshaw, jurisPR-InsR 21/2006, Anm. 6.

Hinblick auf die Berufswahl und die Berufsausübung neutral. Sie zielen nicht auf die Art und den Inhalt der wirtschaftlichen Betätigungsfreiheit.[101]

Ein Eingriff in die wirtschaftliche Betätigungsfreiheit von Unternehmen gem. Art. 2 Abs. 1 GG sei schließlich auch nicht gegeben. Die aufzubringenden Beiträge seien nicht unverhältnismäßig[102].

Die Insolvenzgeldumlage stelle auch keine unzulässige Sonderabgabe dar, sondern stehe im Einklang mit Art. 74 Abs. 1 Nr. 12 GG[103].

b)   Wettbewerbsverzerrung/Wettbewerbsvorteil

Ferner wird kritisiert, dass die Fortführung insolventer Unternehmen ohne Personalkosten zu einer Wettbewerbsverzerrung führe. Mangels Personalkosten, die regelmäßig die höchsten Kosten eines Unternehmens darstellen, können die insolventen Unternehmen auf dem Markt Leistungen zu Preisen anbieten, mit denen die Mitbewerber nicht konkurrieren können. Die insolventen Unternehmen erhielten damit einen nicht zu rechtfertigenden Wettbewerbsvorteil.

Die rechtspolitische Brisanz wird dadurch verstärkt, dass die auf die BA übergegangenen Arbeitsentgeltansprüche in den Fällen des § 55 Abs. 3 InsO zu Insolvenzforderungen herabgestuft werden. Wegen der Regelung des § 55 Abs. 2 InsO wären diese Ansprüche an sich Masseforderungen und müssten aus der Masse vorab befriedigt werden. Cranshaw spricht insoweit davon, dass die Regelung des § 55 Abs. 3 InsO das Risiko einer Staatsbeihilfe in sich berge[104]. Bei der Durchführung der Insolvenzgeldvorfinanzierung im Vorverfahren tritt insoweit ein »Subventionierungseffekt«[105] ein, der die Betriebsfortführungen meist erst ermögliche[106].

3.   Stellungnahme

Das Problem des Wettbewerbsvorteils wird im Rahmen der Prüfung der Vereinbarkeit mit dem europäischen Beihilfeverbot im nächsten Teil dieser Arbeit untersucht. Darauf wird verwiesen.

---

101 BSG, Urteil vom 21.10.1999, Az. B 11/10 AL 8/98 R, Rn. 21 (juris).
102 BSG, Urteil vom 21.10.1999, Az. B 11/10 AL 8/98 R, Rn. 22 (juris).
103 BVerfG, Urt. v. 05.10.1993, Az. 1 BvL 34/81; BSG, Urt. v. 21.09.2000, Az. B 11 AL 95/99 R.
104 Cranshaw, ZInsO 2013, 1493ff. (1494). Die Begründung von Masseverbindlichkeiten im Vorverfahren ist allerdings in der Rechtspraxis selten, weil sie nur durch einen vorläufigen »starken« Insolvenzverwalter (d.h. einem vorläufigen Verwalter mit Verwaltungs- und Verfügungsbefugnis i.S.v. § 22 Abs. 1 S. 1 InsO) begründet werden können, vgl. dazu Ahrens/Gehrlein/Ringstmeier/Homann, FA-Kommentar InsR, § 55 InsO, Rn. 24; Andres/Leithaus/Dahl/Leithaus, Kommentar zur InsO § 55 Rn. 11 sowie Uhlenbruck/Sinz, Kommentar zur InsO, § 55, Rn. 92ff.
105 MüKo InsO/Hefermehl, § 55 InsO, Rn. 235.
106 MüKo InsO/Hefermehl, § 55 InsO, Rn. 235.

Die alleinige Arbeitgeberfinanzierung des Insolvenzgeldes ist unter Verweis auf die Argumentation des BVerfG verfassungsgemäß.

Auch bei der Vorfinanzierung gleicht die Insolvenzgeldzahlung nur die anstehende (in der Ursache bereits angelegte) oder schon eingetretene objektive Verletzung der Lohnzahlungspflicht durch den Arbeitgeber aus[107]. Die von Hoehl vertretene Ansicht, wonach der vorläufige Insolvenzverwalter die Nichtzahlung des Arbeitsentgelts selbst verursache, greift zu kurz und berücksichtigt nicht die der Nichtzahlung zugrundeliegenden und bereits vorher durch das insolvente Unternehmen angelegten Ursachen.

Bei der Betrachtung der Insolvenzgeldvorfinanzierung ist zu berücksichtigen, dass alle insolvenzfähigen Arbeitgeber die Insolvenzgeldumlage bezahlen, einst also auch das insolvent gewordene Unternehmen, welches mithilfe der Vorfinanzierung saniert werden soll. Damit wird die Sanierungshilfe durch Insolvenzgeld nicht nur auf Kosten anderer Mitbewerber, sondern auch durch den Insolvenzverursacher selbst mitfinanziert.

Es können alle Unternehmen von der Sanierungschance durch die Insolvenzgeldumlage profitieren, wenn sie einmal in eine finanzielle Schieflage geraten. Das rechtfertigt bereits die alleinige Arbeitgeberfinanzierung.

---

107 BSG, Urteil vom 29.05.2008, Az. B 11a AL 61/06 R, Rn. 24. A.A. Hoehl, jurisPR-SozR 19/ 2009, Anm. 2, der in der alleinigen Arbeitgeberfinanzierung der Vorfinanzierung eine Verletzung des Art. 3 Abs. 1 GG sieht.

Teil II:
Der europäische Rahmen

Die Europäische Union gibt ihren Mitgliedsstaaten einen rechtlichen Rahmen vor, innerhalb dessen sie ihr Recht gestalten können. Für die Ausgangsfrage dieser Arbeit ist insbesondere die Vereinbarkeit der Insolvenzgeldvorfinanzierung mit dem Rahmen des Beihilfenrechts und des europäischen Insolvenzschutzsystems von Relevanz.

A. Vereinbarkeit der Vorfinanzierung mit dem Beihilfeverbot

Der Nebeneffekt der Erhöhung von Sanierungschancen durch die Insolvenzgeldvorfinanzierung ist zunächst dahingehend zu untersuchen, ob das Instrument gegen das EU-Beihilfenrecht verstößt[108].

I. Grundsätzliches zum europäischen Beihilfenrecht

Das EU-Beihilfenrecht gehört zum europäischen Wettbewerbsrecht[109]. Gem. Art. 3 Abs. 1 b). des Vertrages über die Arbeitsweise der Europäischen Union[110] (AEUV) liegt die Zuständigkeit für das Wettbewerbsrecht ausschließlich bei der Europäischen Union. Das Wettbewerbsrecht wird in den Vorschriften der Art. 101 bis 109 AEUV sowie in sekundären Rechtsvorschriften geregelt. Die Art. 107 bis 109 AEUV enthalten das Beihilfenrecht.

Ziel der europäischen Wettbewerbspolitik ist es, das Funktionieren des europäischen Marktes sowie seine Einheit sicherzustellen. Dazu gehört es, die Monopolisierung bestimmter Märkte zu unterbinden, Absprachen zwischen

---

108 Zum Konflikt von nationalem Arbeitsförderungsrecht und dem europäischen Wettbewerbsrecht umfassend: Nielandt, Das SGB III als Konfliktfeld von Sozial- und Wettbewerbsrecht.
109 Grabitz/Hilf/Nettesheim/*von Wallenberg/Schütte*, Kommentar zum AEUV, Art. 107, Rn. 1.
110 ABl. EG C 326/47 v. 26. 10. 2012.

Unternehmen mit dem Ziel, den Markt zu beherrschen, zu verhindern, auf allen Märkten der Mitgliedsstaaten einen Wettbewerb zu gleichen Bedingungen zu schaffen, die wirtschaftliche Effizienz zu fördern sowie ein günstiges Klima für Innovationen und technischen Fortschritt herzustellen.[111]

Um diese Ziele erreichen zu können, erlässt die EU verschiedene Maßnahmen, wovon eine das Beihilfenrecht darstellt.

Das EU-Beihilfenrecht ist insbesondere von dem oben genannten Ziel geprägt, einen Wettbewerb zu gleichen Bedingungen zu schaffen. Es soll die Wettbewerbsgleichheit zwischen den Unternehmen schützen, die eine unkontrollierte Beihilfepraxis der Mitgliedstaaten stören würde[112]. Der Wettbewerb innerhalb des Binnenmarktes soll vor Verfälschungen geschützt werden, die durch staatliche Beihilfen an Unternehmen und Produktionszweige entstehen[113]. Leistungsfähige Unternehmen sollen vor wirtschaftlich nicht zu rechtfertigenden Benachteiligungen geschützt werden, die durch den Einsatz von staatlichen Mitteln etwa zu Gunsten anderer nicht leistungsfähiger Unternehmen entstehen[114].

Gem. Art. 107 Abs. 1 AEUV ist die Gewährung von Beihilfen durch die Mitgliedstaaten grundsätzlich untersagt. Von diesem Verbot sind in Absatz 2 eine Legalausnahme/Bereichsausnahme und in Absatz 3 eine Ausnahme in Form eines Ermessenstatbestands vorgesehen. Die mitgliedstaatliche Beihilfengewährung steht somit hinsichtlich der Neubeihilfen unter einem präventiven Verbot mit Erlaubnisvorbehalt[115].

II.   Die einzelnen Voraussetzungen des Beihilfetatbestands

Eine verbotene Beihilfe liegt vor, wenn alle Voraussetzungen des Art. 107 Abs. 1 AEUV kumulativ[116] vorliegen.

Gem. Art. 107 Abs. 1 AEUV sind staatliche oder aus staatlichen Mitteln gewährte Beihilfen gleich welcher Art, die durch die Begünstigung bestimmter Unternehmen oder Produktionszweige den Wettbewerb verfälschen oder zu verfälschen drohen, mit dem Binnenmarkt unvereinbar, soweit sie den Handel

---

111 Ranacher/Staudigl/Frischhut/*Kerle*, S. 189–190.
112 Koenig/Kühling, NJW 2000, 1065 ff. (1065).
113 Geiger/Khan/Kotzur/*Eisenhut*, Kommentar zum EUV, AEUV, Art. 107 AEUV, Rn. 1; Grabitz/Hilf/Nettesheim/*von Wallenberg/Schütte*, Kommentar zum AEUV, Art. 107, Rn.
114 Ranacher/Staudigl/Frischhut/*Kerle*, S. 191.
115 Groeben/Schwarze/Hatje/*Kliemann*, Kommentar zum europ. Unionsrecht, Art. 107 AEUV, Rn. 2; Koenig/Kühling, NJW 2000, 1065 ff. (1065) spricht generell vom »Verbot mit Genehmigungsvorbehalt« ohne Einschränkung auf die Neubeihilfen.
116 Wróbel/*Kurcz*, Kommentar zu TFUE, Art. 107, Nr. 107.5. (lex).

zwischen den Mitgliedstaaten beeinträchtigen und in den Verträgen nichts anderes bestimmt ist.

1. Begünstigung gleich welcher Art

Das zentrale Tatbestandsmerkmal des Art. 107 Abs. 1 AEUV ist der Begriff der Begünstigung[117], der nach dem EuGH weit auszulegen ist (»Beihilfen gleich welcher Art«)[118]. Darunter ist eine wie auch immer geartete Gewährung eines geldwerten Vorteils zu verstehen, die nicht durch eine entsprechende/angemessene, marktgerechte Gegenleistung des Begünstigten kompensiert wird[119] (Einseitigkeit der Leistung[120]). Eine Beihilfe liegt deshalb nicht vor, wenn die staatliche Maßnahme den Grundsätzen des marktwirtschaftlichen Handelns entspricht[121].

Als Gegenleistung ist nicht eine Leistung im Synallagma gemeint, sondern es genügt ein wirtschaftlicher, tatsächlicher und wechselseitiger Zusammenhang von Leistung und Gegenleistung[122].

Der EuGH und die Kommission erfassen alle Maßnahmen, die Belastungen von Unternehmen mindern, die diese selbst tragen müssten, unter den Begriff der Begünstigung[123]. Inbegriffen ist also nicht nur eine Vorteilsgewährung, sondern auch eine Nachteilsverminderung[124]. Der verfolgte Zweck der Begünstigung ist irrelevant[125], da es allein auf die Wirkung der begünstigenden Maßnahme ankommt[126].

---

117 Koenig/Kühling, NJW 2000, 1065 ff. (1065).
118 EuGH, Urt. v. 23.02.1961, Rs. C-30/59, S. 46 u.a.; Groeben/Schwarze/Hatje/*Kliemann*, Kommentar zum Europ. Unionsrecht, Art. 107 AEUV, Rn. 6.
119 Geiger/Khan/Kotzur/*Eisenhut*, Kommentar zum EUV/AEUV, Art. 107 AEUV, Rn. 8 (in Rn. 10 mit Beispielen für Beihilfen); Koenig/Kühling, NJW 2000, 1065 ff. (1066).
120 Groeben/Schwarze/Hatje/*Kliemann*, Kommentar zum Europ. Unionsrecht, Art. 107 AEUV, Rn. 13.
121 Grabitz/Hilf/Nettesheim/*von Wallenberg/Schütte*, Kommentar zum AEUV, Art. 107, Rn. 17, 52.
122 Koenig/Kühling, NJW 2000, 1065 ff. (1066).
123 St. EuGH-Rsp., grundlegend EuGH, Urt. v. 23.02.1961, Rs. 30/59; ferner EuGH Urt. v. 15.03. 1994, C-387/92, Rn. 14; EuGH, Urt. v. 01.12.1998, Rs. C-200/97; EuGH, Urt. v. 17.06.1999, Rs. C-75/97 (jew. juris); Streinz, JuS 2000, 390 ff. (391); Ranacher/Staudigl/Frischhut/*Kerle*, S. 191; Geiger/Khan/Kotzur/*Eisenhut*, Kommentar zum EUV/AEUV, Art. 107 AEUV, Rn. 8.
124 Wróbel/*Kurcz*, Kommentar zu TFUE, Art. 107, Nr. 107.5.1.(lex).
125 Geiger/Khan/Kotzur/*Eisenhut*, Kommentar zum EUV/AEUV, Art. 107 AEUV, Rn. 8.
126 Ständige Rechtsprechung der europäischen Gerichte, vgl. EuGH, Urt. v. 03.03.2005 – C-172/ 03, Rn. 46; EuGH, Urt. v. 29.04.2004, C-159/01, Rn. 51; EuG, Urt. v. 11.07.2002 – T-152/99, Rn. 158 – Hijos de Andres Molina; EuGH, Urt. v. 24.02.1987 – C-310/85, Rn. 8 (jew. juris).

2.   Staatlich oder aus staatlichen Mitteln gewährt

Ferner müssen die Mittel staatlich gewährt werden, oder es müssen staatliche Mittel sein. Der Begriff der staatlichen Mittel oder aus staatlichen Mitteln gewährten Hilfe ist weit zu verstehen[127]. Erfasst sind nicht nur Beihilfen des Mitgliedsstaates selbst, sondern auch solche, die durch vom Staat benannte oder errichtete öffentliche oder private Einrichtungen, gleich welcher Rechtsform, gewährt werden[128]. Erforderlich ist, dass die Beihilfegewährung mit staatlichen Finanzmitteln in Zusammenhang gebracht werden kann, so dass die Beihilfe dem Staat zugerechnet werden kann[129]. Die Vergünstigungen müssen also zum einen unmittelbar oder mittelbar aus staatlichen Mitteln gewährt werden[130] und zum anderen dem Staat zuzurechnen sein[131].

Die Begünstigung muss freiwillig[132] erfolgen. An einem Zurechnungszusammenhang fehlt es deshalb, wenn der Staat durch sein Verhalten seiner Verpflichtung nachkommt und einen Rechtsakt des europäischen Gesetzgebers ausführt[133].

3.   Selektivität der Maßnahme

Des Weiteren muss die Begünstigung bestimmte Unternehmen oder Produktionszweige betreffen und damit eine selektive Wirkung haben (sog. Bestimmtheit/Spezialität/Selektivität der Maßnahme). Das Merkmal ist in Abgrenzung zu allgemeinen legislativen wirtschaftlichen Maßnahmen zu verstehen[134]. Allgemeine legislative Maßnahmen, also allgemeine staatliche Hilfen, kommen anders als selektive Maßnahmen der gesamten Wirtschaft zugute[135] (allgemeine Wirtschaftsförderung[136]). Zu nennen sind z. B. der Ausbau der Infrastruktur, die Erschließung von Gewerbegebieten und die Schaffung von Berufsausbildungszentren[137]. Eine staatliche Beihilfe liegt demnach nicht vor, wenn die Maßnahme

---

127 Groeben/Schwarze/Hatje/*Kliemann*, Kommentar zum Europ. Unionsrecht, Art. 107 AEUV, Rn. 8.

128 EuGH, Urt. v. 14.10.1987, C 248/84, Rn. 17 (juris); Groeben/Schwarze/Hatje/*Kliemann*, Kommentar zum Europ. Unionsrecht, Art. 107 AEUV, Rn. 17.

129 Groeben/Schwarze/Hatje/*Kliemann*, Kommentar zum Europ. Unionsrecht, Art. 107 AEUV, Rn. 17.

130 EuGH, Urt. v. 21.03.1991, Rs. C-303/88, Rn. 11 (juris).

131 EuGH, Urt. v. 15.07.2004, Rs. C-345/02, Rn. 35 (juris).

132 Wróbel/*Kurcz*, Kommentar zu TFUE, Art. 107, Nr. 107.5.1.(lex).

133 EuG, Urt. v. 05.04.2006, Rs. T-351/02 (Deutsche Bahn), Rn. 102 (juris).

134 Grabitz/Hilf/Nettesheim/*von Wallenberg/Schütte*, Kommentar zum AEUV, Art. 107, Rn. 41.

135 Koenig/Kühling, NJW 2000, S. 1065 ff. (1068); Wróbel/*Kurcz*, Kommentar zu TFUE, Art. 107, Nr. 107.1.(lex).

136 Geiger/Khan/Kotzur/*Eisenhut*, Kommentar zum EUV/AEUV, Art. 107 AEUV, Rn. 14.

137 Koenig/Kühling, NJW 2000, S. 1065 ff. (1068).

unterschiedslos allen Unternehmen im Inland unabhängig vom Gegenstand ihrer Tätigkeit zugutekommt[138].

Selektivität liegt demgegenüber vor, wenn die zu untersuchende Regelung wegen ihrer Konzeption oder wegen der tatsächlichen Anwendung nicht alle Unternehmen oder Industriezweige erfasst, auch wenn sie diese prinzipiell innerhalb des Regelungstatbestandes erfassen könnte[139]. Spezialität kann auch darin liegen, dass der Vorteil sich aus einer Ermessensentscheidung[140] der Behörde oder aus einer Ausnahme von den allgemeinen Vorschriften ergibt, die nicht durch die Natur oder den inneren Aufbau des Systems gerechtfertigt ist[141]. Es werden mithin drei Kriterien herangezogen, um allgemeine Maßnahmen von selektiven Maßnahmen zu unterscheiden: das Kriterium des Ausnahmecharakters, das Ermessen der Behörde und faktische Auswirkungen[142].

Auch eine abstrakt-generelle Regelung wie ein Gesetz, das finanzielle Hilfe für alle Unternehmen in Schwierigkeiten vorsieht und insoweit einen allgemeinen Charakter hat[143], führt durch Ausübung dort eingeräumten Ermessens zu selektiver Begünstigung, weil sich die Hilfe nicht automatisch aus der Anwendung dieses Gesetzes für alle ergibt, sondern aus der Ermessensentscheidung der betreffenden öffentlichen Stellen folgt, die dadurch bestimmte Unternehmen begünstigen können[144]. Eine staatliche Maßnahme, die der Behörde einen Ermessensspielraum für die Entscheidung über den Erhalt der Begünstigung belässt, ist deshalb selektiv[145].

4. Beeinträchtigung des innergemeinschaftlichen Handels

Schließlich muss die Maßnahme geeignet sein, sich auf den grenzüberschreitenden Handel, also über den beihilfegewährenden Mitgliedsstaat hinaus, auszuwirken[146]. Dieses grenzüberschreitende Element liegt bei Beihilfen an ledig-

---

138 EuGH, Urt. v. 08.11.2001, Rs. C-143/99, Rn. 35 – Adria-Wien-Pipeline; Geiger/ Khan/ Kotzur/*Eisenhut*, Kommentar zum EUV/AEUV, Art. 107 AEUV, Rn. 14.

139 Koenig/Kühling, NJW 2000, S. 1065 ff. (1068).

140 Immenga/Mestmäcker/*Mestmäcker/Schweitzer*, Wettbewerbsrecht, Art. 107 AEUV, Rn. 188.

141 Immenga/Mestmäcker/*Mestmäcker/Schweitzer*, Wettbewerbsrecht, Art. 107 AEUV, Rn. 196; Koenig/Kühling, NJW 2000, S. 1065 ff. (1069).

142 Nielandt, S. 124.

143 EuG, Urteil vom 11.07.2002 -T-152/99, Rn. 157 (Hijos de Andres Molina).

144 EuG, Urteil vom 11.07.2002 -T-152/99, Rn. 157 (Hijos de Andres Molina); Geiger/Khan/ Kotzur/*Eisenhut*, Kommentar zum EUV/AEUV, Art. 107 AEUV, Rn. 14.

145 EuGH, Urteil vom 26.09.1996 -C-241/94, Rn. 22–25; Wróbel/*Kurcz*, Kommentar zu TFUE, Art. 107, Nr. 107.5.3.(lex).

146 EuGH, Urt. v. 17.09.1980, Rs. 730/79 -Philip Morris; Geiger/Khan/Kotzur/*Eisenhut*, Kommentar zum EUV/AEUV, Art. 107 AEUV, Rn. 16; Koenig/Kühling, NJW 2000, S. 1065 ff. (1069).

lich auf einem lokalen Markt agierende Unternehmer nicht vor[147]. Zudem hat die Kommission in der Verordnung über »De-minimis«-Beihilfen eine »Bagatell- grenze« festgelegt, bis zu deren Höhe eine Beihilfe nicht notifiziert werden muss, weil es in diesem Fall an ausreichender Spürbarkeit der Beihilfe fehlt[148]. Die Grenze liegt bei 200 000 Euro pro Unternehmen während einer Dreijahresperi- ode[149].

5.   (Drohende) Wettbewerbsverfälschung

Als Folge der Maßnahme muss eine (drohende) Wettbewerbsverfälschung festzustellen sein. Sie liegt vor, wenn sich die Wettbewerbssituation des be- günstigten Unternehmens gegenüber bestehenden anderen Unternehmen tat- sächlich oder potentiell verbessert, oder wenn neuen Unternehmen der Marktzutritt erschwert wird[150]. Die potentielle Verfälschung muss dabei hin- reichend konkret sein[151]. Die Maßnahme muss tatsächlich oder potentiell in ein bestehendes oder möglicherweise zur Entstehung kommendes Wettbewerbs- verhältnis eingreifen und damit den Ablauf des Wettbewerbs verändern[152].

III.   Vereinbarkeit des Insolvenzgelds

Die Frage nach der Vereinbarkeit der Insolvenzgeldvorfinanzierung mit dem Beihilfenrecht ist zu verneinen, wenn bereits die Regelungen über das Insol- venzgeld nicht mit dem EU-Recht zu vereinbaren sind. Sie sind deshalb vor- rangig zu prüfen.

Bei der Prüfung ist das Verhalten der Bundesagentur für Arbeit am Verhalten eines privaten Gläubigers, der sich in derselben Situation wie die BA befindet, zu messen[153].

---

147 Koenig/Kühling, NJW 2000, S. 1065 ff. (1070).
148 Geiger/Khan/Kotzur/*Eisenhut,* Kommentar zum EUV/AEUV, Art. 107 AEUV, Rn. 16.
149 Geiger/Khan/Kotzur/*Eisenhut,* Kommentar zum EUV/AEUV, Art. 107 AEUV, Rn. 16.
150 Geiger/Khan/Kotzur/*Eisenhut,* Kommentar zum EUV/AEUV, Art. 107 AEUV, Rn. 16.
151 EuGH, Urt. v. 14.10.1987, Az. 248/84, Rz. 18 – Borken-Bocholt; Geiger/Khan/ Kotzur/*Ei-senhut,* Kommentar zum EUV/AEUV, Art. 107 AEUV, Rn. 16.
152 Koenig/Kühling, NJW 2000, S. 1065 ff. (1069).
153 Vgl. EuGH, Urt. v. 29.04.1999, C-342/96, Rn. 46 – Tubacex; EuGH, Urt. v. 29.06.1999, C- 256/97, Rn. 24 – DMT (jew. juris); Cranshaw, Einflüsse des Europ. Rechts, S. 1327.

1. Die Regelungen über das Insolvenzgeld

Durch die Auszahlung des Insolvenzgeldes nach Eintritt des Insolvenzereignisses wird ein geldwerter Vorteil ohne eine entsprechende Gegenleistung zu Gunsten der Arbeitnehmer und nicht zu Gunsten von Unternehmen (Arbeitgebern) gewährt. Daher liegt begrifflich auf den ersten Blick schon keine Beihilfe vor[154]. Schließlich werden mit dem Insolvenzgeld lediglich rückständige Arbeitsentgeltansprüche erfüllt, so dass kein unmittelbarer Vorteil zu Gunsten eines Unternehmens oder von Produktionszweigen vorliegt. Deutlich wird dies in Konstellationen, in denen die Insolvenzgeldleistungen bei bereits erfolgter Betriebseinstellung gezahlt werden, oder in Konstellationen, in denen bereits rückständige Arbeitsentgeltansprüche für drei Monate vorliegen[155].

Der Arbeitgeber wird dadurch auch nicht von seiner Zahlungspflicht befreit, die man als einen geldwerten Vorteil ansehen könnte, weil die Arbeitsentgeltansprüche auf die Bundesagentur für Arbeit übergehen und im Insolvenzverfahren von ihr geltend gemacht werden[156].

Als ein Vorteil könnte anzusehen sein, dass die BA die unerfüllten Arbeitsentgeltansprüche bis zur Beitragsbemessungsgrenze der Rentenversicherung vollständig deckt, obwohl diese Ansprüche als Insolvenzforderungen (§ 38 InsO) oder gemäß § 55 Abs. 3 S. 1 InsO regelmäßig weniger werthaltig sind als deren Nominalwert. Art. 5 RL 2008/94/EG bestimmt, dass die Mitgliedstaaten die Einzelheiten des Aufbaus, der Mittelaufbringung und der Arbeitsweise der Garantieeinrichtungen selbst festlegen. Der europäische Gesetzgeber verlangt nicht, dass die Garantieleistungen den gleichen wirtschaftlichen/faktischen Wert haben müssen wie die gesicherten Entgeltansprüche. Zurecht stellt die EU-Kommission daher klar, dass es sich um eine Modalität der Umsetzung der Richtlinie 2008/94/EG handelt[157], weil diese nicht verlangt, dass die Garantieeinrichtung ihr Geld zurückerhalten soll.

Aus diesem Grund ist es auch nicht schädlich, dass die BA in der Regel wertlose Arbeitsentgeltansprüche erhält.

Ausschlaggebendes Argument ist jedoch, dass die Vorteilsgewährung oder

---

154 Cranshaw, jurisPR-InsR 4/2009, Anm. 2.
155 Vgl. auch Nielandt, S. 146.
156 Cranshaw, Einflüsse des Europ. Rechts, S. 1335.
157 Entscheidung der EU-Kommission, K(2009)8707 »Staatliche Beihilfe NN 55/2009 – Deutschland: Angebliche staatliche Beihilfe durch Insolvenzgeld und seine Finanzierung«, Rn. 16. Gegen diese Entscheidung erhob die Phoenix-Reisen GmbH und Deutscher Reiseverband eV (DRV) eine Nichtigkeitsklage, die jedoch wegen Unzulässigkeit mit Beschluss vom 11.01.2012 (Rs. T-58/10) abgewiesen wurde.

Nachteilsverminderung ohne eine Rechtspflicht des Staates erfolgen muss, um eine Beihilfe darzustellen[158].

Vorliegend besteht aufgrund der Insolvenzschutzrichtlinie eine Rechtspflicht des Staates, entsprechende Garantiezahlungen zu gewähren.

Die Sicherung der Arbeitsentgeltansprüche ist durch die Insolvenzschutzrichtlinie gewollt, so dass es widersprüchlich wäre, würde man diesen Umstand gleichzeitig als mit dem Beihilfeverbot unvereinbar ansehen[159].

Zur Bejahung der Vereinbarkeit des Insolvenzgeldes mit dem Beihilfenrecht kommt auch die EU-Kommission in ihrer Entscheidung vom 19.11.2009[160]. Nach ihrer Ansicht fehlt es an einer »staatlich oder aus staatlichen Mitteln« gewährten Maßnahme[161], weil die Zahlung des Insolvenzgeldes nicht dem Staat zuzurechnen, sondern auf einen Rechtsakt des Unionsgesetzgebers zurückzuführen sei[162]. Die Kommission hebt hervor, dass Deutschland mit den Bestimmungen zum Insolvenzgeld lediglich die Insolvenzschutzrichtlinie umgesetzt habe, ohne über das geforderte Maß hinauszugehen. Die Insolvenzgeldzahlungen haben deshalb keine autonome Entscheidung des deutschen Staates zur Grundlage, weswegen sie diesem auch nicht zugerechnet werden können.[163]

Beim Insolvenzgeld handelt es sich zudem um eine Zahlungserleichterung allgemeiner Art, da sie allen Unternehmen in gegebener Situation zugutekommt. Solche Zahlungserleichterungen fallen nicht unter den Beihilfebegriff[164].

2.   Ergebnis

Die Zahlung von Insolvenzgeld ist nicht als verbotene Beihilfe i.S.d. Art. 107 AEUV anzusehen[165]. Es fehlt am Merkmal der staatlichen Mittel oder aus staatlichen Mitteln gewährten Hilfe sowie an der Selektivität der Maßnahme.

---

158 Groeben/Schwarze/Hatje/*Kliemann*, Kommentar zum Europ. Unionsrecht, Art. 107 AEUV, Rn. 14.

159 BSG ZInsO 2000, S. 174, Leitsatz 5 der Redaktion (BSG, Urt. v. 21.10.1999, Az. B 11/10 AL 8/98 R.).

160 EU-Kommission, K(2009)8707.

161 EU-Kommission, K(2009)8707, Rn. 14.

162 EU-Kommission, K(2009)8707, Rn. 15.

163 EU-Kommission, K(2009)8707, Rn. 17.

164 EuGH, Urt. v. 29.06.1999, Rs. C-256/97, Rn. 28 – DMT (juris).

165 BSG ZInsO 2000, S. 174 (Urt. v. 21.10.1999 – B 11/10 AL 8/98 R); BSG, Urt. v. 29.05.2008, B 11a AL 61/06 R (Leitsätze 1 und 2); Obermüller/Kuder, Insolvenzrecht in der Bankpraxis, Rn. 5.426; EU-Kommission, K(2009)8707.

IV. Vereinbarkeit der Insolvenzgeldvorfinanzierung

Schwieriger ist die Frage nach der Vereinbarkeit der Insolvenzgeldvorfinanzierung mit dem Beihilfeverbot zu beantworten. Sanierungsrelevant ist die Konstellation, in der zukünftige Arbeitsentgelte, die erst im Rahmen des Vorverfahrens erarbeitet werden, vorfinanziert werden.

1. Begünstigung

Arbeitnehmer, die bei einer Betriebsfortführung im Vorverfahren für den Arbeitgeber unentgeltlich weiterarbeiten, da ihre laufenden Arbeitsentgelte vorfinanziert werden, verschaffen dem Unternehmen eine gewisse Liquidität, die es ohne eine Sicherheit, welche das Insolvenzgeld darstellt, nicht bekommen würde[166]. Insofern liegt in der Möglichkeit der Insolvenzgeldvorfinanzierung ein mittelbarer finanzieller Vorteil zu Gunsten des Unternehmens.

Die Vorfinanzierung der Arbeitsentgelte funktioniert in der Praxis nur deswegen so gut, weil mit dem verkauften und abgetretenen Arbeitsentgeltanspruch[167] der akzessorische Insolvenzgeldanspruch quasi als Sicherungsmittel grundsätzlich übergeht (§ 170 Abs. 1 SGB III). Für den Übergang bedarf es jedoch bei kollektiver Vorfinanzierung der Zustimmung der BA (vgl. § 170 Abs. 4 S. 1 SGB III)[168].

Aufgrund der Zustimmung werden die in der Insolvenz regelmäßig wertlosen Arbeitsentgeltansprüche erst werthaltig und damit verkehrsfähig gemacht[169].

Insoweit hat die Erteilung der Zustimmung Beihilferelevanz.

Ein Vorteil i. S. d. Beihilferechts könnte ferner in der Herabstufung der Massezu Insolvenzforderungen gem. § 55 Abs. 3 InsO liegen.

a) Zustimmung bei Kollektivvorfinanzierung

Die Erteilung der Zustimmung führt dazu, dass der finanzierungsbereite Dritte das privatrechtliche Rechtsgeschäft (meist in Gestalt des Forderungskaufs) mit den Arbeitnehmern des insolventen Unternehmens eingeht[170]. Erst infolge der Zustimmung geht der Insolvenzgeldanspruch über (vgl. § 170 Abs. 4 S. 1 SGB III), so dass der Vermögenswert der abgetretenen Forderung in Form des zusätzlichen Sicherungswertes steigt.

Für den Arbeitgeber bringt die Werterhöhung durch die Erteilung der Zu-

---

166 Vgl. auch Nielandt, S. 146.
167 Praxisrelevant ist das sog. Forderungskaufverfahren, das bereits dargestellt wurde.
168 Wie oben bereits ausgeführt, ist Fällen der individuellen Vorfinanzierung eine Zustimmung nicht erforderlich.
169 Cranshaw, Einflüsse des Europ. Rechts, S. 1337 a.E.–1338.
170 Cranshaw, Einflüsse des Europ. Rechts, S. 1338.

stimmung dann einen Vermögensvorteil, wenn er dadurch den Betrieb ohne Personalkosten fortführen kann. Es muss daher eine Konstellation vorliegen, in der noch nicht erarbeitete Arbeitsentgeltansprüche vorfinanziert werden. Die Vorfinanzierung bereits erarbeiteter (rückständiger) Ansprüche stellt ihn nicht besser dar als im Falle der üblichen Insolvenzgeldzahlung.

Eine mittelbare Begünstigung ist bei der Vorfinanzierung von noch nicht erarbeiteten Arbeitsentgeltansprüchen zu bejahen.

b)   Herabstufung der Masse- zu Insolvenzforderung

Eine weitere Art von Vorteilsgewährung könnte in der Regelung des § 55 Abs. 3 S. 1 InsO zu sehen sein[171]. Nach dieser Vorschrift kann die Bundesagentur für Arbeit Arbeitsentgeltansprüche nur als Insolvenzgläubigerin geltend machen, wenn ein Fall des § 55 Abs. 2 InsO vorliegt, so dass die Ansprüche nach § 169 SGB III auf sie übergehen.

§ 55 Abs. 2 InsO regelt eine Ausnahme von dem Grundsatz[172], dass Masseverbindlichkeiten nur nach der Eröffnung des Insolvenzverfahrens begründet werden können. Gem. § 55 Abs. 2 InsO werden Masseverbindlichkeiten schon im Antragsverfahren begründet, wenn ein vorläufiger (»starker«) Insolvenzverwalter i. S. d. § 22 Abs. 1 InsO bestellt wird, oder wenn ein vorläufiger (»schwacher«) Insolvenzverwalter die Gegenleistung aus einem Dauerschuldverhältnis in Anspruch genommen hat.

Damit werden die auf die BA übergegangenen Arbeitsentgeltansprüche trotz ihres Charakters als Masseforderungen (§ 55 Abs. 2 Ins) zu Insolvenzforderungen herabgestuft. Die BA nimmt dadurch faktisch einen niedrigeren Rang ein als andere Gläubiger in ihrer Position.

Diese gesetzlich vorgeschriebene Herabstufung bewirkt eine Schonung der Masse durch Reduzierung von Personalkosten. Die Vorschrift wirkt damit faktisch wie eine Schuldenreduktion. Eine Vorteilsgewährung ist deshalb zu bejahen.

c)   Ergebnis

Bei der Fortführung eines Betriebes im Vorverfahren führt die Zustimmung zur Vorfinanzierung von noch nicht erarbeiteten Arbeitsentgelten zu einem konkreten mittelbaren vermögenswerten Vorteil für das Unternehmen. Eine Vorteilsgewährung stellt auch die Herabstufung von Masse- in Insolvenzforderungen gem. § 55 Abs. 3 InsO dar.

---

171 Dazu Cranshaw, Einflüsse des Europ. Rechts, S. 1336; ders. jurisPR 4/2009, Anm. 2.
172 Uhlenbruck/*Sinz*, Kommentar zur InsO, § 55, Rn. 10; MüKo InsO/*Hefermehl*, § 55 InsO, Rn. 15; Andres/Leithaus/Dahl/*Leithaus*, Kommentar zur InsO, § 55, Rn. 3.

2. Staatlich oder aus staatlichen Mitteln gewährt

Die Mittel der Vorfinanzierung stammen nicht unmittelbar aus der Staatskasse, weil sie von einem privaten Dritten zur Verfügung gestellt werden. Die Sicherung des privatrechtlichen Rechtsgeschäfts erfolgt jedoch durch die Zustimmung der BA, die einen *Verwaltungsakt (mit Drittwirkung)* und damit ein öffentliches Handeln darstellt[173].

Ein Zurechnungszusammenhang zwischen der Begünstigung und dem deutschen Staat ist daher zu bejahen.

3. Selektivität der Maßnahme

Die Zustimmung der BA und die Herabstufung der Forderungen dürfen ferner keine selektive Wirkung haben.

§ 55 Abs. 3 InsO sieht von der Herabstufung weder eine Ausnahme vor, noch wird der BA ein Entscheidungsspielraum eingeräumt. Die Herabstufung erfolgt für alle Unternehmen aller Branchen, die insolvent geworden sind und deren Sanierung durch einen vorläufigen Insolvenzverwalter eingeleitet wird[174].

§ 55 Abs. 3 InsO hat daher keine selektive Wirkung.

Problematischer ist die Vorschrift des § 170 Abs. 4 S. 2 SGB III. Danach darf die Bundesagentur für Arbeit der Übertragung oder Verpfändung von Ansprüchen auf Arbeitsentgelt nur dann zustimmen, wenn Tatsachen die Annahme rechtfertigen, dass durch die Vorfinanzierung der Arbeitsentgelte ein erheblicher Teil der Arbeitsstellen erhalten bleibt. Die Vorschrift verlangt eine positive Prognoseentscheidung der BA[175].

Die selektive Wirkung wäre dann zu bejahen, wenn der BA bei der Zustimmungserteilung ein Beurteilungs- und/oder ein Ermessensspielraum zukäme, so dass dadurch eine Freiwilligkeit der Vorteilsgewährung vorläge. Die Ausübung des jeweiligen Handlungsspielraums würde zu einer selektiven Begünstigung bestimmter Unternehmen führen.

a) Beurteilungsspielraum

Nach herrschender Ansicht besteht kein gerichtlich nicht überprüfbarer Beurteilungsspielraum (auf der Tatbestandsebene) für die BA in Bezug auf die Frage,

---

173 Eicher/Schlegel/*Estelmann*, Kommentar zum SGB III, § 170, Rn. 86; Brand/*Kühl*, Kommentar zum SGB III, § 170, Rn. 4; Mutschler/*Schmidt*, Kommentar zum SGB III, § 170, Rn. 35.

174 BAG NZA 2002, 90 ff. (93).

175 So auch Mutschler/*Schmidt*, Kommentar zum SGB III, § 170, Rn. 35.

wie der Erhalt eines erheblichen Teils von Arbeitsstellen prognostiziert werden kann[176].

Ein Beurteilungsspielraum wird der BA nämlich lediglich bei Begriffen zuerkannt, die eine Prognose unter Berücksichtigung »planerischer und wertender Elemente sowie der künftigen Entwicklung des Arbeitsmarktes«[177] erfordern[178].

Die Prognose über den Erhalt eines wesentlichen Teils der Arbeitsplätze erfordert demgegenüber eine betriebswirtschaftliche Prüfung im Hinblick auf die Ertragskraft und die Erhaltung des Unternehmens[179] sowie eine marktstrategische Orientierung, wofür die BA, die für die Arbeitsmarktentwicklung und deren Beobachtung zuständig ist, nicht den erforderlichen Sachverstand hat[180]. Eine solche betriebswirtschaftliche Prüfung wird vielmehr vom vorläufigen Insolvenzverwalter vorgenommen.

Die BA ist insofern auf seine Mitwirkung und die anderer fachkundiger Stellen angewiesen. Die Prognoseentscheidung der BA ist deshalb gerichtlich voll überprüfbar[181].

In Bezug auf die Frage, welche Zahl von Arbeitsstellen als »erheblich« anzusehen ist, muss die BA eine Auslegung vornehmen, da es sich dabei um einen unbestimmten Rechtsbegriff handelt. Als Orientierungshilfe wird hier die Mindestgrenze in Höhe von 10 Prozent zu erhaltender Arbeitsplätze genannt (in Anlehnung an § 112a BetrVG)[182].

Bei der Erheblichkeitsprüfung ist die arbeitsmarktpolitische Entwicklung in der betroffenen Branche und Region zu beachten. Eine Beurteilung darüber, welche Anzahl von Arbeitsplätzen in der jeweiligen Region als erheblich angesehen werden kann, wird nur die örtliche Agentur für Arbeit aufgrund ihrer besonderen Orts- und Sachkenntnis abgeben können[183].

Ein Teil der Literatur ist daher der Ansicht, dass der BA im Rahmen der Erheblichkeitsprüfung ein gerichtlich nicht überprüfbarer Beurteilungsspielraum zukomme[184].

Insofern kann die behördliche Auslegung des Erheblichkeitsbegriffs dazu

---

176 Mutschler/*Schmidt*, Kommentar zum SGB III, § 170, Rn. 35; Gagel/*Peters-Lange*, Kommentar zum SGB III, § 170, Rn. 75; KKW/*Mutschler*, Kommentar zum SozR, § 170 SGB III, Rn. 15; Hauck/Noftz/*Voelzke*, Kommentar zum SGB III, § 170 Rn. 56; Brand/*Kühl*, Kommentar zum SGB III, § 170, Rn. 14; a. A. Eicher/Schlegel/*Estelmann*, Kommentar zum SGB III, § 170 Rn. 94.

177 Gagel/*Peters-Lange*, Kommentar zum SGB III, § 170, Rn. 75.

178 BSG, Urt. v. 5.6.1997, Az. 7 RAr 100/95.

179 Mutschler/*Schmidt*, Kommentar zum SGB III, § 170, Rn. 35.

180 Gagel/*Peters-Lange*, Kommentar zum SGB III, § 170, Rn. 75.

181 Gagel/*Peters-Lange*, Kommentar zum SGB III, § 170, Rn. 75; Hauck/Noftz/ *Voelzke*, Kommentar zum SGB III, § 170 Rn 56.

182 InsG-DA, § 170, Rn. 3.2., Abs. 8.

183 Gagel/*Peters-Lange*, Kommentar zum SGB III, § 170, Rn. 78.

184 Gagel/*Peters-Lange*, Kommentar zum SGB III, § 170, Rn. 78.

führen, dass bestimmte Unternehmen bevorzugt werden und damit eine Selektion stattfindet.

Allerdings handelt es sich bei der Verwendung unbestimmter Rechtsbegriffe um eine übliche Gesetzestechnik, die, je nachdem, wer die Auslegung vornimmt, selektiv wirken kann. Die Auslegung unbestimmter Rechtsbegriffe stellt daher keine Ausnahme von allgemeinen Vorschriften dar. Sie ist zudem gerichtlich voll überprüfbar.

Sie kann deswegen nicht dazu führen, dass eine Maßnahme als selektiv i. S. d. Beihilferechts angesehen wird.

b)   Ermessensspielraum

Der Wortlaut des § 170 Abs. 4 S. 2 SGB III, wonach die BA nur zustimmen darf, wenn… spricht für einen Ermessensspielraum dahin gehend, dass die BA bei einer positiven Arbeitsplatzprognose eine Zustimmung erteilen darf, aber nicht muss.

Ob einer Behörde ein Ermessensspielraum zukommt, ist eine Frage der Auslegung insbesondere der gesetzlichen Ermächtigung zum Erlass des in Frage stehenden Verwaltungsaktes[185]. Dabei ist vom Wortlaut der Vorschrift auszugehen[186]. Worte wie »darf« in der Ermächtigungsvorschrift sind Indizien für das Vorliegen eines Ermessensspielraums[187]. Dieses Wortlaut-Indiz ist jedoch nicht immer verlässlich und kann daher widerlegt werden[188]. Es ist vielmehr eine umfassende Auslegung vorzunehmen, ob und in welcher Form der Gesetzgeber Ermessen wirklich einräumen wollte[189]. So kann sich aus dem Zweck der Regelung oder aus dem Zusammenhang mit anderen Vorschriften eine strikte Bindung ergeben[190].

Es ist nicht Zweck des § 170 Abs. 4 S. 2 SGB III, der Arbeitsagentur einen gewissen Handlungsspielraum einzuräumen. Vielmehr bezweckt die Vorschrift, arbeitsplatzerhaltende Sanierungen zu ermöglichen und dabei eine missbräuchliche Inanspruchnahme zu verhindern[191].

Der gesetzgeberische Wille bei der Entstehung der Vorschrift war, dass ein Insolvenzgeldanspruch, dem ein zur Vorfinanzierung übertragener oder ver-

---

185 Kopp/*Ramsauer*, Kommentar zum VwVfG, § 40, Rn. 12 und 41.
186 Kopp/*Ramsauer*, Kommentar zum VwVfG, § 40, Rn. 41.
187 Erichsen/Ehlers-Jestaedt, Allg. VwR, § 10, Rn. 56; Kopp/*Ramsauer*, § 40, Rn. 41; OVG Münster, NVwZ 1989, S. 1177.
188 Erichsen/Ehlers-Jestaedt, Allg. VwR, § 10, Rn. 56.
189 Mann/Sennekamp/Uechtritz-Schönenbroicher, § 40 VwVfG, Rn. 29.
190 Kopp/*Ramsauer*, Kommentar zum VwVfG, § 40, Rn. 41.
191 Vgl. Begründung des Regierungsentwurfs zum Arbeitsförderungs-Reformgesetz – AFRG, BR-Drucks. 550/96, S. 188.

pfändeter Anspruch zugrunde lag, »nur noch[192]« bei einer Zustimmung der BA
bestehen sollte. Die gesetzliche Formulierung sollte deutlich machen, dass die
Zustimmung für andere Zwecke der Vorfinanzierung als zum Arbeitsplatzerhalt
(etwa zur Begünstigung von bestimmten Gläubigern) nicht erteilt werden darf,
mithin ein Zustimmungsverbot gilt[193]. Aus der Formulierung »darf« folgt, dass
es der BA ausschließlich bei Vorliegen der näher beschriebenen Arbeitsplatzprognose erlaubt ist, zuzustimmen.

Es handelt sich um ein Verbot mit Erlaubnisvorbehalt[194], welches an die BA
gerichtet ist.

Daraus ist zu folgern, dass der Behörde kein Ermessensspielraum zukommt[195].

c) Zwischenergebnis

Sowohl die Herabstufung der Arbeitsentgeltansprüche von Masse- in Insolvenzforderungen als auch die Erteilung der Zustimmung zur Vorfinanzierung
haben keine selektive Wirkung.

4. Entscheidung der EU-Kommission

Die EU-Kommission kam in ihrer Entscheidung vom 19.01.2009[196] ebenfalls zu
dem Ergebnis, dass die Insolvenzgeldvorfinanzierung keine staatliche Beihilfe
darstelle. Allerdings wurde dieses Instrument nicht in seinem ganzen Umfang
erfasst und teilweise sogar falsch verstanden.

Die Kommission ging bei ihrer Prüfung davon aus, dass bei der Insolvenzgeldvorfinanzierung der Insolvenzgeldanspruch von den Arbeitnehmern an
vorfinanzierungsbereite Dritte gegen Hingabe eines Darlehens abgetreten werde
und die BA der Abtretung des Insolvenzgeldanspruchs zustimmen müsse[197].

Die Kommission gelangt auf dieser sachlichen Grundlage zu dem Ergebnis,

---

192 Vgl. Begründung des Regierungsentwurfs zum Arbeitsförderungs-Reformgesetz – AFRG,
BR-Drucks. 550/96, S. 188.
193 Gagel/*Peters-Lange*, Kommentar zum SGB III, § 170, Rn. 76.
194 Gagel/*Peters-Lange*, Kommentar zum SGB III, § 170, Rn. 74.
195 Str., wie hier: KKW/*Mutschler*, Kommentar zum SozR, § 170 SGB III, Rn. 14; Mutschler/
Schmidt, Kommentar zum SGB III, § 170, Rn. 34; Gagel/*Peters-Lange*, Kommentar zum SGB
III, § 170, Rn. 74; K. Schmidt/Uhlenbruck/*Wittig*, Die GmbH in der Krise, Rn. 5.349–5.350;
Hauck/Noftz/*Voelzke*, Kommentar zum SGB III, § 170, Rn. 57; a. A. vertreten Brand/*Kühl*,
Kommentar zum SGB III, § 170, Rn. 16, der sich allerdings nur auf den Wortlaut der
Vorschrift stützt; ferner Nielandt, S. 155 ohne eine (vertiefte) Begründung; ferner Klüter,
WM 2010, 1483ff. (1488).
196 Entscheidung der EU-Kommission v. 19.01.2009, K(2009)8707 »Staatliche Beihilfe NN 55/
2009 – Deutschland: Angebliche staatliche Beihilfe durch Insolvenzgeld und seine Finanzierung«.
197 EU-Kommission, K(2009)8707, Rn. 6–7.

dass die Vorfinanzierung lediglich eine Modalität der Umsetzung der Richtlinie 2008/94/EG darstelle, bei der der für Richtlinien bestehende legislative Ermessensspielraum genutzt wurde[198].

Es wird bereits das Merkmal der »Begünstigung« vereint, weil nach Ansicht der Kommission die Abtretbarkeit des künftigen Insolvenzgeldanspruchs keinen zusätzlichen Vermögenswert darstelle. Dieser sei der Forderung ohnehin schon immanent[199].

Ferner wird das Merkmal der staatlichen Gewährung bzw. dem Zurechnungszusammenhang zwischen dem Vorteil und dem Staat verneint, weil die Vorfinanzierung durch private Dritte erfolge[200].

Die Vorfinanzierung sei deshalb als eine Maßnahme außerhalb der Insolvenzgeldbestimmungen stehend anzusehen. Diese werden lediglich deshalb relevant, weil der Insolvenzgeldanspruch als Sicherheit diene[201].

Auch die Zustimmung habe keine beihilferechtliche Relevanz, da es sich nicht um eine Zustimmung zu einer staatlichen Beihilfe handele, sondern lediglich zu einem rein privatrechtlichen Rechtsgeschäft, welches die Sicherungsabtretung des Insolvenzgeldanspruchs darstelle[202].

Völlig unberücksichtigt blieb die Herabstufung der übergegangenen Arbeitsentgeltansprüche.

5.   Ergebnis

Die Insolvenzgeldvorfinanzierung stellt keine verbotene Beihilfe gem. § 107 AEUV dar[203].

B.   Die Insolvenzschutzrichtlinie[204]

Das europäische Insolvenzschutzsystem, geregelt in der Richtlinie 80/987/EWG mit ihren Anpassungen (Richtlinien 2002/74/EG und 2008/94/EG[205]) gehört zum Gebiet des europäischen Arbeitsrechts, das zusammen mit dem europäischen

---

198 EU-Kommission, K(2009)8707, Rn. 18, 24.
199 EU-Kommission, K(2009)8707, Rn. 23.
200 EU-Kommission, K(2009)8707, Rn. 20.
201 EU-Kommission, K(2009)8707, Rn. 21.
202 EU-Kommission, K(2009)8707, Rn. 25.
203 A.A. vertreten Nielandt, S. 157 sowie Hoehl, jurisPR-SozR 19/2009 Anm. 2; differenziert Cranshaw, Einflüsse des Europ. Rechts, S. 1340ff., 1351ff.
204 In der deutschen Literatur auch bezeichnet als Insolvenz(ver)sicherungsrichtlinie, Insolvenzgeldrichtlinie, Insolvenzrichtlinie, Insolvenzentgeltsicherungsrichtlinie.
205 ABl. L 283/37 v. 28.10.2008, zuletzt geändert durch Art. 1 der Richtlinie (EU) 2015/1794 v. 06.10.2015 (ABl. L 263 v. 08.102015).

Sozialrecht zum EU-Politikbereich der Sozialpolitik gehört. Rechtsgrundlage der Insolvenzschutzrichtlinie ist Art. 153 Abs. 1 lit. c, Abs. 2 lit. b AEUV[206]. Danach können das Europäische Parlament und der Rat auf dem Gebiet der sozialen Sicherheit und des sozialen Schutzes durch Richtlinien Mindestvorschriften erlassen, wobei die bestehenden Bedingungen und technischen Regelungen der Mitgliedsstaaten zu berücksichtigen sind.

I.   Zweck der Richtlinie

Die Insolvenzschutzrichtlinie hat den Zweck, die Stellung der Arbeitnehmer in Unternehmenskrisen zu verbessern[207] und ein Mindestmaß an Schutz der Arbeitnehmer bei Zahlungsunfähigkeit des Arbeitgebers zu bieten[208]. Wegen ihrer Schutzrichtung ist die Insolvenzschutzrichtlinie in die Reihe neben der Massenentlassungs-[209] und der Betriebsübergangsrichtlinie[210] einzuordnen[211].

Wie für arbeitsrechtliche Richtlinien üblich[212], legt die Insolvenzschutzrichtlinie nur Mindeststandards fest, die nach Belieben der einzelnen Mitgliedsstaaten gem. Art. 11 InsRL erhöht werden können[213] (sog. Günstigkeitsgrundsatz). Dies entspricht auch dem Subsidiaritätsprinzip gem. Art. 5 Abs. 3 EUV, nur zurückhaltend Regelungen zu treffen. Die Ziele sind jedoch für jeden adressierten Mitgliedsstaat verbindlich, lediglich in der Wahl von Form und Mittel sind die Mitgliedsstaaten frei (vgl. Art. 288 Abs. 3 S. 1 AEUV).

---

206 Vertrag über die Arbeitsweise der Europäischen Union (AEUV).

207 Dauses/*Eichenhofer*, EU-Wirtschaftsrecht, D. III, Rn. 59.

208 EuGH Urt. v. 02.02.1989, Rs. C-22/87, Rn. 23; EuGH, Urt. v. 28.11.2013, Rs. C-309/12, Rn. 20 (jew. juris); Szurgacz/*Florek*, S. 39–54 (53); Hauck/Noftz/*Voelzke*, § 165, Rn. 208; vgl. auch den Erwägungsgrund Nr. 3 der RL 2008/94/EG.

209 Richtlinie 75/129/ EWG des Rates vom 17. 2. 1975 zur Angleichung der Rechtsvorschriften der Mitgliedstaaten über Massenentlassungen, ABl. EG L 48/29 v. 17.02.1975, gemeinsam mit der Richtlinie 98/59/EG, ABl. EG L 225/16 v. 20.07.1998).

210 Richtlinie 77/187/EWG des Rates vom 14. 2. 1977 zur Angleichung der Rechtsvorschriften der Mitgliedstaaten über die Wahrung der Ansprüche von Arbeitnehmern beim Übergang von Unternehmen, Betrieben oder Betriebsteilen, ABl. EG L 61/26 v. 14.02.1977 (neu verkündet als Richtlinie 2001/23/EG vom 12.03.2001, ABl. EG L 82/16).

211 So auch Kocher, Europäisches Arbeitsrecht, S. 177, Rn. 118ff.; Dauses/*Eichenhofer*, EU-Wirtschaftsrecht, D. III, Rn. 59.

212 Rebhahn, ZEuP 2002, S. 436ff. (437).

213 EAS Teil B 3300/*Weber*, Rn. 12; Cranshaw, jurisPR-InsR 18/2009, Anm. 1.

II. Inhalt der Insolvenzschutzrichtlinie

Die Insolvenzschutzrichtlinie sieht vor, dass die von einem zahlungsunfähig gewordenen Arbeitgeber nicht erfüllten Arbeitsentgeltansprüche durch vom Vermögen des Arbeitgebers getrennte Garantieeinrichtungen beglichen werden[214].

1. Persönlicher Anwendungsbereich

Der persönliche Anwendungsbereich umfasst den Arbeitgeber und den Arbeitnehmer. Aus Art. 8 InsRL folgt des Weiteren, dass Anspruchsinhaber auch ausgeschiedene Arbeitnehmer und Hinterbliebene sein können.

Die Begriffe sind unionsrechtlich nicht definiert. Art. 2 Abs. 2 InsRL verweist in Bezug auf die Begriffe der Arbeitnehmer und Arbeitgeber auf die nationalen Definitionen[215]. Aus der Verweisung auf das nationale Recht kann das Ziel der Richtlinie dadurch präzisiert werden, dass allein solche Arbeitnehmer geschützt werden sollen, die nach dem nationalen Recht als Arbeitnehmer gelten[216]. Das gilt auch für die Erfassung der Arbeitgeber[217].

So entfällt der Schutz, wenn ein Mitgliedsstaat bestimmte Arbeitgeber als nicht insolvenzfähig ansieht, so dass sie über deren Vermögen kein Gesamtverfahren eingeleitet werden kann[218].

Die Richtlinie regelt auch, welche Arbeitnehmer vom Anwendungsbereich ausgeschlossen und welche nicht ausgeschlossen werden dürfen.

So dürfen Arbeitnehmer ausgeschlossen werden, die bereits national einen gleichwertigen Schutz genießen (Art. 1 Abs. 2 InsRL) sowie Hausangestellte natürlicher Personen[219] (Art. 1 Abs. 3 InsRL).

---

214 Riesenhuber, Europ. ArbR., S. 448, Rn. 2.

215 Franzen/Gallner/Oetker/*Kolbe*, Kommentar zum europ. ArbR, Art. 2 InsRL, Rn. 10; str. Nach Kocher, S. 188, Rn. 159 ist der Arbeitnehmerbegriff unionsautonom auszulegen. Kocher beruft sich dabei auf die EuGH-Entscheidung vom 15.05.2003, Az. C-160/01 – Mau. Dies ist nicht überzeugend. Der EuGH trifft in der o.g. Entscheidung lediglich eine Aussage über die autonome Auslegung des Begriffs des Arbeitsverhältnisses und nicht des Arbeitnehmers.

216 Kasten, Die deutsche Insolvenzgeldversicherung, S. 62.

217 Franzen/Gallner/Oetker/*Kolbe*, Kommentar zum europ. ArbR, Art. 2 InsRL, Rn. 15.

218 EuGH, Urt. v. 09.11.1995, Rs. C-479/93, Rn. 19–21 – Francovich II (juris).

219 Der Ausschluss von Hausangestellten und (bis zur Änderung am 08.10.2015 auch von Fischern) geht auf die im früheren Katalog (RL 80/987/EWG) für Irland und Niederlande wegen nationaler Sonderregelungen geschaffene Ausnahme zurück. Der Ausschluss ist nunmehr für alle Staaten zulässig, sofern zum Zeitpunkt des Inkrafttretens der Richtlinie eine nationale Sonderregelung für die Personengruppen bestand (EAS Teil B 3300/*Weber*, S. 11, Rn. 22).

Der Leistungsanspruch kann gem. Art. 12 InsRL zur Bekämpfung des Missbrauchs der Garantieleistungen ausgeschlossen oder beschränkt werden[220].

Vom Schutz dürfen Teilzeitarbeitsverhältnisse, befristete Arbeitsverhältnisse und Leiharbeitsverhältnisse (Art. 2 Abs. 2 lit. a). – c). InsRL) nicht ausgenommen werden. Auch darf der Schutz nicht von einer Mindestdauer des Arbeitsverhältnisses abhängig gemacht werden (Art. 2 Abs. 3 InsRL).

Diese ausdifferenzierten Regelungen, das Umsetzungsgebot sowie der Verweis auf nationales Recht lassen die Schlussfolgerung zu, dass die Mitgliedsstaaten nicht noch andere Arbeitnehmergruppen aus dem Anwendungsbereich herausnehmen sowie keinen besonderen Arbeitnehmerbegriff für die Richtlinie einführen dürfen[221].

2.   Merkmal der Zahlungsunfähigkeit

Zum sachlichen Anwendungsbereich der Richtlinie gehört, dass ein Fall der Zahlungsunfähigkeit des Arbeitgebers vorliegt, die in Art. 2 Abs. 1 InsRL legal definiert wird. Durch die Vorgabe der Definition zeigt der europäische Gesetzgeber, dass die Situation, in der die Ausfallsicherung ausgelöst wird, in allen Mitgliedsstaaten einheitlich zu bestimmen ist[222]. Im Sinne der Richtlinie ist ein Arbeitgeber zahlungsunfähig, wenn die Eröffnung eines nach nationalen Vorschriften vorgeschriebenen Gesamtverfahrens beantragt wurde und die zuständige nationale Behörde über die Eröffnung dieses Gesamtverfahrens entschieden hat, sei es durch Eröffnung des Verfahrens oder durch die Feststellung, dass eine endgültige Stilllegung des Betriebs vorliegt und die Vermögensmasse für die Eröffnung nicht ausreicht.

a)   Antrag auf ein Gesamtverfahren

Das nach nationalen Vorschriften vorgeschriebene Gesamtverfahren regelt die Richtlinie dahingehend, dass es die Insolvenz/Zahlungsunfähigkeit[223] des Ar-

---

220 Als Ausnahmevorschrift legt der EuGH die Bestimmungen eng aus, vgl. EuGH, Urt. v. 11.09. 2003, Rs. C-201/01, Rn. 38 – Walcher; EuGH, Urt. v. 18.10.2011, Rs. C-441/99, Rn. 26 – Gharehveran (juris).

221 Riesenhuber, Europ. ArbR, S. 450–451, Rn. 8; Kasten, Die deutsche Insolvenzgeldversicherung, S. 62–63.

222 Rosenkranz, MoP 2011, Heft Nr. 10, S. 516 ff. (518).

223 Die englische und die deutsche Fassung der Insolvenzschutzrichtlinie verwenden einheitlich den Begriff »insolvency« bzw. »Insolvenz«. Die polnische Fassung verwendet den Begriff »niewypłacalność«, also Zahlungsunfähigkeit. Die Begriffe »Zahlungsunfähigkeit« und »Insolvenz« bzw. »zahlungsunfähig/insolvent« werden in der Richtlinie synonym verwendet, gleichwohl es sich nicht um Synonyme handelt. In deutscher Sprache liegt Insolvenz auch schon bei drohender Zahlungsunfähigkeit oder bei Überschuldung vor, vgl. §§ 16–19 InsO; Der Begriff »Insolvenz/insolvent« in polnischer Sprache heißt: »upadłość/ upadły«. Upadłość liegt bei Zahlungsunfähigkeit vor, die als Unterart auch die Über-

beitgebers voraussetzen muss (1), den teilweisen oder vollständigen Vermögensbeschlag des Arbeitgebers zu Folge haben muss (2) sowie die Bestellung eines Verwalters oder einer Person mit ähnlicher Funktion verlangt (3). Damit beschränkt sich der Mindestschutz auf Fälle, für die das nationale Recht ein Gesamtverfahren mit den drei Merkmalen vorsieht.

Die Definition des Art. 2 Abs. 1 InsRL deckt sich fast vollständig mit dem Begriff des Gesamtverfahrens in Art. 1 Abs. 1 EuInsVO 2000[224]. Im Vorschlag zur Insolvenzschutzrichtlinie wurde der Begriff des Art. 1 Abs. 1 EuInsVO 2000 übernommen[225]. Der Unterschied liegt lediglich darin, dass die Europäische Insolvenzverordnung 2000 nur von der Bestellung eines Verwalters spricht und nicht auch andere Personen mit ähnlicher Funktion benennt.

Aus dem Vorstehenden folgt insbesondere, dass europarechtlich nur dann Schutz für Arbeitnehmer verlangt wird, wenn Zahlungsunfähigkeit des Arbeitgebers vorliegt, andernfalls ist kein Insolvenzschutz erforderlich. Damit stellen Garantieleistungen in Sanierungsverfahren, die keine Zahlungsunfähigkeit verlangen, wie dies in Deutschland etwa beim Schutzschirmverfahren nach § 270 b InsO der Fall ist, keine Umsetzung der Richtlinie dar, sondern sind allein nationales Recht[226], das über die Richtlinie zu Gunsten der Arbeitnehmer hinausgeht. Das Gleiche gilt für den umgekehrten Fall, etwa im polnischen Vergleichsbestätigungsverfahren. Der Ausschluss von polnischen Fondsleistungen im polnischen Vergleichsbestätigungsverfahren gem. Art. 210 ff. p.r. (*postępowanie o zatwierdzenie układu*) verstößt damit nicht gegen die Insolvenzschutzrichtlinie[227].

Ferner werden Gesamtverfahren, die keinen, auch nicht einen teilweisen Vermögensbeschlag zur Folge haben, wie dies beispielsweise wieder beim polnischen Vergleichsbestätigungsverfahren der Fall ist, auch nicht von der Richtlinie erfasst.

---

schuldung enthält (vgl. Art. 11 Abs. 3 p.u.). Sie liegt jedoch nicht bei lediglich drohender Zahlungsunfähigkeit vor (vgl. Art. 6 p.r.).

224 EuInsVO 2000 wird nachfolgend als Abkürzung für die Verordnung (EG) Nr. 1346/2000 des Rates vom 29. Mai 2000 über Insolvenzverfahren verwendet. Anders als die EuInsVO 2000 ist der Anwendungsbereich der seit dem 26.06.2017 geltenden Verordnung (EU) Nr. 2015/848 (EuInsVO 2015) weiter und erfasst gem. Art. 1 Abs. 1 insbesondere auch Sanierungsverfahren, sofern sie dort bestimmte Voraussetzungen erfüllen.

225 Duursma-Kepplinger/*Duursma-Kepplinger*, Kommentar zur EuInsVO 2000, Art. 10, Rn. 20.

226 Cranshaw, ZInsO 2013, S. 1493 ff. (1494).

227 Die Europäische Kommission weist gleichwohl in ihrem Vorschlag fr eine Richtlinie des Europäischen Parlaments und des Rates über präventive Restrukturierungsrahmen, die zweite Chance und Maßnahmen zur Steigerung der Effizienz von Restrukturierungs-, Insolvenz- und Entschuldungsverfahren und zur Änderung der Richtlinie 2012/30/EU (COM(2016) 723 final) auf Seite 12 darauf hin, dass die Mitgliesstaaten den Anwendungsbereich der Insolvenzschutzrichtlinie auch auf weitere Verfahren, etwa auf vorinsolvenzliche Restrukturierungsverfahren, auszuweiten.

Die Mitgliedsstaaten können insoweit über den Schutzumfang disponieren. Insbesondere können sie gem. Art. 2 Abs. 4 InsRL den Schutz auf Fälle erweitern, die in anderen nationalen Verfahren als im Gesamtverfahren festgestellt werden oder diesen Schutz nur auf den durch die Richtlinie vorgegebenen Rahmen beschränken.

b)   Entscheidung einer Behörde

Die Richtlinie verlangt weiter eine Entscheidung der zuständigen Behörde in Form der Eröffnung des Gesamtverfahrens oder der Feststellung der Betriebsstilllegung und der für ein Gesamtverfahren nicht ausreichenden Vermögensmasse. Fälle der faktischen Betriebsstilllegung, ohne dass eine entsprechende behördliche Entscheidung darüber ergeht, fallen mithin nicht in den Anwendungsbereich der Richtlinie. Dazu gehören das Insolvenzereignis i. S. d. § 165 Abs. 1 Nr. 3 SGB III[228] sowie der Fall der Zahlungsunfähigkeit in Form der faktischen Betriebseinstellung gem. Art. 12a u.o.r.p.

3.   Geschützte Ansprüche und Ersatzleistungen

Zu schützen sind gem. Art. 1 Abs. 1 InsRL unerfüllte Ansprüche der Arbeitnehmer gegen den Arbeitgeber aus dem Arbeitsvertrag oder Arbeitsverhältnis. Dazu gehört vordergründig das Arbeitsentgelt (Art. 3, 4 Abs. 2 InsRL), aber auch Ruhegeld und Hinterbliebenenleistungen (Art. 8 InsRL) samt Anwartschaften.

Die Definition des Arbeitsentgelts bestimmt gem. Art. 2 Abs. 2 InsRL das nationale Recht[229], wobei es sich an dem unionsrechtlichen Grundsatz der Gleichheit und Nichtdiskriminierung zu orientieren hat[230]. Umstritten ist, ob das Arbeitsentgelt auch Abfindungen erfasst[231].

Der Begriff des Arbeitsverhältnisses unterliegt mangels Verweisung in Art. 2 Abs. 2 InsRL nicht dem einzelstaatlichen Recht, sondern ist unionsrechtlich

---

228 Str.; wie hier Kasten, Die deutsche Insolvenzgeldversicherung, S. 62.
229 BSG, Urt. v. 09.12.1997, Az. 10 RAr 5/97, Rn. 23 (juris); Franzen/Gallner/Oetker/*Kolbe*, Kommentar zum europ. ArbR, Art. 3 InsRL, Rn. 7.
230 EuGH, Urt. v. 12.12.2002, Rs. C 442/00, Rn. 27–32 – Rodriguez Caballero/FOGASA (juris); Schmidt, jurisPR-SozR 7/2004 Anm. 1 zu EuGH, Rs. C 442/00, unter Buchst. B; a. A. Schieck, Europ. ArbR, S. 289, Rn. 53, die die Entscheidung des EuGH dahin gehend interpretiert, dass das Arbeitsentgelt »gemeinschaftsautonom« auszulegen sei.
231 Bejahend EAS Teil B 3300/*Weber*, Rn. 25–26, 77; ausführlich dazu Gagel/*Peters-Lange*, Kommentar zum SGB III, § 166, Rn. 5–5 h; a. A. Voelzke, jurisPR-SozR 14/2007 Anm.1. sowie Hauck/Noftz/*Voelzke*, Kommentar zum SGB III, § 165, Rn. 216, unter Hinweis auf EuGH, Urt. v. 07.09.2006, Rs. C-81/05; differenzierend Franzen/Gallner/Oetker/*Kolbe*, Kommentar zum europ. ArbR, Art. 3 InsRL, Rn. 22 ff.

einheitlich auszulegen, wobei der Schutzzweck der Richtlinie zu berücksichtigen ist[232].

Der Begriff des Arbeitsverhältnisses ist als ein Oberbegriff im Verhältnis zum Arbeitsvertrag zu verstehen. Es sollen damit auch Arbeitsleistungen ohne vertragliche oder aufgrund unwirksamer vertraglicher Grundlage geschützt werden[233]. Darunter ist vordergründig ein Verhältnis zwischen Personen zu verstehen, dessen wesentliches Merkmal es ist, dass eine Person während einer bestimmten Zeit für eine andere Person Leistungen nach deren Weisung erbringt, für die sie als Gegenleistung eine Vergütung erhält[234].

Die Ersatzleistungen, die die Garantieeinrichtungen zur Befriedigung der nicht erfüllten Ansprüche erbringen sollen, können gem. Art. 4 Abs. 3 InsRL betragsmäßig beschränkt werden. Dabei muss jedoch die gesetzte Höchstgrenze mit dem sozialen Ziel der Richtlinie (»soziale Schwelle«) vereinbar sein. Als Höchstgrenze hat der Gerichtshof einen Betrag akzeptiert, der den Lebensunterhalt des Arbeitnehmers deckt[235].

Gem. Art. 5 b). und c). InsRL müssen die Arbeitgeber zur Mittelaufbringung beitragen, wobei die Leistungspflicht der Garantieeinrichtung unabhängig davon besteht.

4. Schutzzeitraum

Die Mitgliedsstaaten bestimmen in den Grenzen der Zwecksetzung der Richtlinie und des Umsetzungsgebots nach freiem Ermessen den Schutzzeitraum, aus dem die gesicherten Ansprüche stammen müssen, sowie den Stichtag, ab welchem der Schutz beginnt (Art. 3 InsRL)[236]. Art. 3 Abs. 2 InsRL bestimmt lediglich, dass die zu sichernden Arbeitsentgeltansprüche aus »einem Zeitraum« stammen müssen, der vor oder/und nach »einem Zeitpunkt« liegt, welcher von den Mitgliedsstaaten zu bestimmen ist. Nach dem Zweck der Richtlinie soll der Zeitraum jedoch im Verhältnis zum Insolvenzverfahren bestimmt werden, da

---

232 EuGH, Urt. v. 15.05.2003, Rs. C-160/01, Rn. 39 – Mau (juris); Schiek, Europ. ArbR, S. 290, Rn. 54.

233 EAS Teil B 3300/*Weber*, Rn. 14.

234 EuGH, Urt. v. 03.07.1986, Rs. 66/85, Rn. 17 – Lawrie-Blum; EuGH, Urt. v. 12.05.1998, Rs. 85/96, Rn. 32 -Martinez Sala; EuGH, Urt. v. 23.03.2004, Rs. C-138/02, Rn. 26 – Collins/ Secretary of State of Work and Pensions (juris).

235 Implizit EuGH, Urt. v. 04.03.2004, verb. Rs. C-19/01, C-50/01 und C-84/01 -Barsotti, Rn. 32–40 (juris); kritisch hierzu *Weber* in EAS Teil B 3300 Rn. 47, da sich das Ziel der Richtlinie nicht in der Sicherung des Existenzminimums erschöpfe, sondern dazu diene, das durch Arbeitsleistung erworbene Entgelt zu sichern, welches durchaus über dem Existenzminimum liegen kann und sollte.

236 EuGH, Urt. v. 18.04.2013, Rs. C-247/12 – Meliha Veli Mustafa vs. Direktor na fond; SN, Urt. v. 04.10.2013, Az. I PK 104/13; Peters-Lange, ZIP 2003, S. 1877ff. (1879); Braun/Wierzioch, ZIP 2003, 2001ff. (2005).

der Arbeitnehmerschutz nur insoweit geboten ist, als die Nichterfüllung mit der späteren Insolvenz in einem Mindestmaß zeitlich zusammenhängt[237].

Gem. Art. 4 Abs. 1, 2 InsRL ist die Einführung eines Mindestzeitraums (Referenzzeitraums) und eines Bezugszeitraums möglich. Der Referenzzeitraum umfasst die letzten drei ganzen[238] Monate des Arbeitsverhältnisses und muss vor oder/und nach dem festgelegten Stichtag liegen. Der Bezugszeitraum muss mindestens sechs Monate umfassen. Dann werden die Entgeltansprüche gesichert, soweit dieser Referenzzeitraum innerhalb des Bezugszeitraums liegt. Bei einer Ausdehnung des Bezugszeitraums auf mindestens 18 Monate kann der Referenzzeitraum auf acht Wochen gekürzt werden. Dann werden aus den maßgeblichen anderthalb Jahren die für den Arbeitnehmer günstigsten Zeiträume herausgegriffen[239].

5.   Grenzüberschreitende Sachverhalte

In Fällen, in denen ein Unternehmen in mehreren Mitgliedsstaaten tätig ist, ist gem. Art. 9 Abs. 1 InsRL die Garantieeinrichtung desjenigen Staates für die Auszahlung der Leistungen zuständig, in dem der Arbeitnehmer seinen gewöhnlichen Arbeitsort hat/hatte.

Ein Unternehmen ist bereits dann in mehreren Mitgliedsstaaten tätig, wenn ein in einem Mitgliedsstaat ansässiges Unternehmen zumindest in einem anderen Mitgliedsstaat eine feste wirtschaftliche Präsenz hat, die durch das Vorhandensein von Personal gekennzeichnet ist[240]. Eine Zweigniederlassung oder feste Niederlassung ist nicht erforderlich.[241]

Gem. Art. 9 Abs. 2 InsRL ist auf die ersatzweise Erfüllung der Arbeitnehmeransprüche dasjenige Recht anzuwenden, welches für die zuständige Garantieeinrichtung Geltung beansprucht. Dies bedeutet, dass das Lohnausfallschutzsystem desjenigen Staates anzuwenden ist, in dessen Hoheitsgebiet der gewöhnliche Arbeitsort der Beschäftigten liegt bzw. lag. Die ersatzweise Erfüllung der Arbeitnehmeransprüche richtet sich also nach dem Recht des Staates, in dem die Garantieeinrichtung besteht[242].

---

237 Riesenhuber, Europ. ArbR., S. 454, Rn. 17.
238 EuGH, Urt. v. 10.07.1997, Rs. C-373/96, Rn. 64 – Maso u.a. (juris).
239 EAS, Teil B 3300/*Weber*, Rn. 40.
240 »*stable economic presence*«, vgl. EuGH, Urt. v. 16.10.2008, Rs. C-310/07, Rn. 26–28 –
     Holmqvist (juris); Franzen/Gallner/Oetker/*Kolbe*, Kommentar zum europ. ArbR, Art. 9
     InsRL, Rn. 2; Świątkowski, Prawo pracy UE, Abschnitt VIII, § 3, V »*ustabilizowana obec-
     ność gospodarcza*« (legalis).
241 EuGH, Urt. v. 16.10.2008, Rs. C-310/07, Rn. 26–28 – Holmqvist (juris); EAS, Teil B 3300/
     Weber, Rn. 60; Świątkowski, Prawo pracy UE, Abschnitt VIII, § 3, V (legalis).
242 Erläuternder Bericht, Rz. 128; Duursma-Kepplinger/*Duursma-Kepplinger*, Kommentar zur
     EuInsVO 2000, Art. 10, Rn. 14.

III.   Vereinbarkeit der Insolvenzgeldvorfinanzierung mit der Insolvenzschutzrichtlinie

Die Insolvenzschutzrichtlinie enthält keine Regelung zur Insolvenzgeldvorfinanzierung. Weder erlaubt sie diese, noch schließt sie sie aus.

Die Insolvenzgeldvorfinanzierung ist mit der Insolvenzschutzrichtlinie vereinbar, wenn sie nicht gegen die darin enthaltenen Bestimmungen und den Zweck der Richtlinie verstößt.

Zu untersuchen ist, ob der Zeitraum, in dem die Vorfinanzierung erfolgt, mit dem in der Richtlinie vorgegebenen Schutzzeitraum übereinstimmt.

Die Vorfinanzierung erfolgt im Zeitraum zwischen der Stellung des Insolvenzantrags und der gerichtlichen Entscheidung darüber.

Gem. Art. 3 S. 2 InsRL liegt der Schutzzeitraum vor und/oder gegebenenfalls nach einem von den Mitgliedsstaaten festgelegten Zeitpunkt.

Der deutsche Gesetzgeber bestimmte als Zeitpunkt (Stichpunkt), von dem aus der Schutzzeitraum berechnet wird, die Entscheidung über den Insolvenzantrag sowie die näher geregelte vollständige Beendigung der Betriebstätigkeit. Als Schutzzeitraum wurden drei Monate vor diesem Zeitpunkt festgelegt. Die deutsche Insolvenzgeldregelung ist daher europarechtskonform umgesetzt worden[243].

Der Zeitraum der Insolvenzgeldvorfinanzierung erfasst denselben Zeitraum. Der Unterschied liegt lediglich darin, dass das Geld den Arbeitnehmern früher zur Verfügung gestellt wird als es ohne die Vorfinanzierung der Fall wäre sowie, dass dieses Geld von einer privaten Stelle im Voraus geleistet (vorfinanziert) wird. Es wird durch die Vorleistung eines privaten Dritten lediglich der Zeitpunkt, zu dem der Arbeitnehmer das Geld tatsächlich erhält, vorverlegt. Der festgelegte Schutzzeitraum wird nicht verschoben.

Die Insolvenzgeldvorfinanzierung betrifft damit lediglich die Modalitäten der Auszahlung (Gestaltung) und damit der konkreten Ausführung der Richtlinienvorgaben. Es handelt sich um eine Modalität der Umsetzung der Richtlinie 2008/94/EG.

Die Richtlinie gibt keinen Zeitpunkt vor, an dem die Garantieleistung auszuzahlen ist. Die Mitgliedsstaaten sind daher in der Bestimmung des Auszahlungszeitpunkts frei, solange der Schutzzweck eingehalten wird.

Des Weiteren verbietet die Richtlinie nicht, dass die Garantieleistungen durch einen privaten Dritten für die Garantieeinrichtung im Voraus gezahlt werden.

Sowohl die frühere Auszahlung der Garantieleistung als auch die Vorfinan-

---

243 Braun/Wierzioch, ZIP 2003, 2001 ff. (2005). Der früher bestehende Streit der EU-Konformität der deutschen Regelungen ist seit Änderung der Richtlinie zum 08.10.2002 obsolet geworden. Zur alten Rechtslage vgl. EuGH ZIP 2003, 100 – Mau.

zierung durch einen privaten Dritten widersprechen nicht dem Schutzzweck der Richtlinie, die Stellung der Arbeitnehmer in Unternehmenskrisen zu verbessern und ein Mindestmaß an Schutz der Arbeitnehmer bei Zahlungsunfähigkeit des Arbeitgebers zu bieten. Die frühere Auszahlung ist für die Arbeitnehmer sogar von Vorteil. Sie werden früher vor den Folgen der Zahlungsunfähigkeit ihres Arbeitgebers geschützt, wodurch ihre Existenz besser gesichert wird. Das Instrument der Insolvenzgeldvorfinanzierung entspricht damit dem Günstigkeitsprinzip i. S. v. Art. 11 InsRL.

Der Schutzzweck der Richtlinie wird nicht dadurch beeinträchtigt, dass die Insolvenzgeldvorfinanzierung neben dem Lohnausfallschutz als Nebeneffekt noch die Sanierungschancen des zahlungsunfähigen Arbeitgebers erhöht. Ein rechtliches Instrument kann nicht schon deshalb mit dem Sinn und Zweck eines Rechtsaktes unvereinbar sein, weil es neben der Erfüllung des verfolgten Ziels noch einen weiteren positiven Effekt hat.

Die Insolvenzgeldvorfinanzierung ist damit mit der Richtlinie vereinbar.

C.   Die Europäische Insolvenzverordnung

Die Europäische Insolvenzverordnung spielt für die Ausgangsfrage dieser Arbeit nur mittelbar eine Rolle. Der nachfolgende Überblick dient lediglich dem Verständnis des im dritten Teil dargestellten Lohnausfallersatzrechts und der im vierten Teil erörterten deutsch-polnischen Unternehmensinsolvenzen.

I.   Überblick über die gesetzlichen Änderungen

Die bisherige Insolvenzverordnung (Verordnung (EG) Nr. 1346/2000 des Rates vom 29. 05. 2000 über Insolvenzverfahren[244]), seit 31. 05. 2002 in Kraft (vgl. Art. 47 EuInsVO 2000), wurde zum 26. 06. 2017 durch die Verordnung (EU) 2015/848 des Europäischen Parlaments und des Rates vom 20. 05. 2015 über Insolvenzverfahren[245] (von ein paar Ausnahmen abgesehen) abgelöst (vgl. Art. 91 EuInsVO 2015).

Die neue Verordnung wurde am 05. 06. 2015 im Amtsblatt der Europäischen Union veröffentlicht[246] und trat gem. Art. 92 am 20. Tag nach der Veröffentlichung, mithin am 25. 06. 2015 in Kraft. Bis zu ihrer alleinigen Geltung für ab dem

---

244 ABl. EG L 160/1 v. 30. 06. 2000. Die Verordnung wird auch als EuInsVO 2000 abgekürzt.
245 Vgl. ABl. EG L 141/19 v. 05. 06. 2015. Die Verordnung wird auch als EuInsVO 2015 abgekürzt.
246 ABl. EG L 141/19 v. 05. 06. 2015.

26.06.2017 eröffnete Insolvenzverfahren sind beide Verordnungen gleichzeitig in Kraft. Die Verordnung (EG) Nr. 1346/2000 gilt gem. Art. 84 Abs. 2 EuInsVO 2015 auch über den 26.06.2017 hinaus für Verfahren, die vor diesem Datum eröffnet wurden.

Der deutsche Gesetzgeber hat für die Durchführung der VO (EG) Nr. 1346/2000 die Vorschrift des Art. 102 EGInsO erlassen. In Bezug auf die Durchführung der VO (EU) 2015/848 wurde auf Grundlage des Gesetzesentwurfs der Bundesregierung vom 04.11.2016, der insbesondere die Einführung eines Art. 102c EGInsO vorsah[247], Art. 102 EGInsO eingeführt[248]. Zwar sind europäische Verordnungen unmittelbar in den Mitgliedsstaaten anwendbar (Art. 288 AEUV), so dass es keiner Umsetzung der Verordnungen bedarf. Für eine sinnvolle und praxisgerechte Anwendung einiger Verordnungsbestimmungen hält es jedoch der deutsche Gesetzgeber für erforderlich, dass sie mit dem deutschen Verfahrensrecht abgestimmt werden[249]. Entsprechende Durchführungsvorschriften fehlen unter Hinweis auf Art. 288 AEUV im polnischen Recht[250]. Das polnische Ministerium für Justiz kündigte jedoch an, nach den Sommerferien 2017 einen Entwurf entsprechender Durchführungsvorschriften vorzustellen[251].

Mit der Durchführungsverordnung (EU) 2016/1792 des Rates vom 29. September 2016 zur Ersetzung der Anhänge A, B und C der Verordnung (EG) Nr. 1346/2000 über Insolvenzverfahren[252] wurden die neuen polnischen Insolvenzverfahren (außer dem Vergleichsbestätigungsverfahren) und die jeweiligen (vorläufigen) Verwalter (*tymczasowy nadzorca sądowy, tymczasowy zarządca und zarządca przymusowy*) in den Anhang A bzw. C aufgenommen. Mit Inkrafttreten der Verordnung am 12.10.2016 handelt es sich damit erstmalig um Insolvenzverfahren i.S.d. EuInsVO 2000.

Für die Anhänge der EuInsVO 2015 lag zunächst ein Vorschlag der Europäischen Kommission zur Änderung der Anhänge vom 30.05.2016 vor[253]. Die

---

247 BR-Drucks. 654/16, Gesetzesentwurf der BReg., Entwurf eines Gesetzes zur Durchführung der Verordnung (EU) 2015/848 über Insolvenzverfahren vom 04.11.2016 (abrufbar unter: https://www.bmjv.de/SharedDocs/Gesetzgebungsverfahren/DE/Verordnung_ueber_Insolvenzverfahren.html, Abruf v. 13.10.2017).

248 Gesetz zur Durchführung der Verordnung (EU) 2015/848 über Insolvenzverfahren vom 05.06.2017, BGBl. I Nr. 34, 2017, S. 1476ff. vom 09.06.2017.

249 Vgl. BR-Drucks. 654/16, Gesetzesentwurf der BReg., Entwurf eines Gesetzes zur Durchführung der Verordnung (EU) 2015/848 über Insolvenzverfahren, S. 1.

250 Hrycaj/Jakubecki/Witosz/*Filipiak*, SPH, Band 6, Ziff. 42.1.2., Anm. 2, Rn. 5 (legalis).

251 Słowik, GP Nr. 126 vom 03.07.2017 (legalis).

252 ABl. EG L 274/35 v. 11.10.2016.

253 COM(2016) 317 final vom 30.05.2016 (Anhang des Vorschlags für eine Verordnung des Europäischen Parlaments und Rates zur Ersetzung der Listen von Insolvenzverfahren und Verwaltern in den Anhängen A und B der Verordnung (EU) 2015/848 über Insolvenzverfahren), abrufbar unter http://www.ipex.eu/IPEXL-WEB/dossier/files/download/082dbcc5 54febfee0155011e21c00247.do (Abruf v. 02.02.2017).

geänderten Anhänge finden seit dem 26.06.2017 Anwendung[254]. In den Anhängen sind erstmalig alle neuen polnischen Insolvenzverfahren (auch das Vergleichsbestätigungsverfahren) aufgelistet.

II.   Allgemeines und Anwendungsbereich der Verordnung

Die Grundstruktur und viele Grundentscheidungen der VO (EG) Nr. 1346/2000 wurden durch die VO (EU) Nr. 2015/848 nicht verändert[255], sondern übernommen[256].

Die Auslegung der Normen der Verordnung erfolgt hinsichtlich ihres Wortlauts unionsautonom und einheitlich unter Berücksichtigung des Kontextes der Vorschrift und ihres verfolgten Ziels[257]. Dieser Grundsatz gilt jedoch nur für Vorschriften, die nicht ausdrücklich auf das Recht der Mitgliedstaaten verweisen[258].

Das wesentliche Ziel der Europäischen Insolvenzverordnung ist die Schaffung von effizienten und wirksamen grenzüberschreitenden Insolvenzverfahren[259] (Erwägungsgrund 2 der VO (EG) Nr. 1346/2000 bzw. Erwägungsgrund 3 der VO (EU) 2015/848) sowie deren Verbesserung.

Der sachliche Anwendungsbereich der neuen Verordnung wurde gegenüber der EuInsVO 2000 erweitert[260].

---

254 Verordnung (EU) 2017/353 des Europäischen Parlaments und des Rates vom 15.02.2017 zur Ersetzung der Anhänge A und B der Verordnung EU) 2015/848 über Insolvenzverfahren (ABl. EU L 57/19 v. 03.03.2017).

255 Hrycaj/Jakubecki/Witosz/*Filipiak*, SPH, Band 6, Abschnitt 42.2.2.2., Rn. 18.

256 Vgl. BR-Drucks. 654/16, Gesetzesentwurf der Bundesregierung, Entwurf eines Gesetzes zur Durchführung der Verordnung (EU) 2015/848 über Insolvenzverfahren, S. 14.

257 Paulus, Kommentar zur EuInsVO, Einl. Rn. 16; Duursma-Kepplinger/*Duursma-Kepplinger*, Kommentar zur EuInsVO 2000, Vorbemerk., Rn. 20, 19.

258 EuGH, Urt. v. 20.10.2011, Rs. C-396/09, Rn. 42-Interedil; EuGH, Urt. v. 22.11.2012, Rs. C – 116/11, Rn. 49-Bank Handlowy und Adamiak (jew. juris); Duursma-Kepplinger/*Duursma-Kepplinger*, Kommentar zur EuInsVO 2000, Vorbemerk., Rn. 20.

259 EuGH, Urt. 02.05.2006, Rs. C-341/04, Rn. 48 – Eurofood (juris); Thole, ZEuP 2014, S. 39ff. (42).

260 Vgl. BR-Drucks. 654/16, Gesetzesentwurf der Bundesregierung, Entwurf eines Gesetzes zur Durchführung der Verordnung (EU) 2015/848 über Insolvenzverfahren, S. 15.

1.   Sachlicher Geltungsbereich

Die EuInsVO 2000 galt nur für Insolvenzverfahren. Dabei prüfte das eröffnende nationale Gericht selbst das Vorliegen der Insolvenz nach seinem nationalen Recht[261].

Die EuInsVO 2015 erfasst gem. Art. 1 Abs. 1 EuInsVO 2015 neben den Insolvenzverfahren (»öffentliche Gesamtverfahren«) die vorläufigen Verfahren (Eröffnungsverfahren[262]), die vorinsolvenzlichen (außergerichtlichen[263]) Sanierungsverfahren[264] sowie kombinierte (hybride[265]) Verfahren. Vorinsolvenzliche Sanierungsverfahren sind Verfahren, in denen der Schuldner vor Eintritt einer drohenden Insolvenz saniert werden soll[266]. Dazu ist das polnische Vergleichsbestätigungsverfahren zu zählen.

Der sachliche Anwendungsbereich der Verordnungen EuInsVO 2000 und 2015 gilt in Bezug auf die deutschen Verfahren sowohl für das eröffnete Insolvenzverfahren als auch für das vorläufige Insolvenzverfahren sowie für das Insolvenzverfahren in Eigenverwaltung. Für das Schutzschirmverfahren wird die EuInsVO 2015 mit Aufnahme des vorläufigen Sachwalters in den Anhang B anwendbar sein.

Der Anwendungsbereich ist demgegenüber für die neuen polnischen Insolvenzverfahren differenziert zu betrachten.

Für das Vergleichsbestätigungsverfahren ist die Anwendbarkeit der EuInsVO 2000 mangels Auflistung in den Anhängen nicht gegeben. Auf die übrigen Insolvenzverfahren ist die EuInsVO 2000 seit dem 12.10.2016 anwendbar.

In Bezug auf die EuInsVO 2015 ist deren Anwendungsbereich für alle neuen polnischen Insolvenzverfahren seit der Änderung der Anhänge durch die VO (EU) 2017/353 eröffnet[267].

---

261 Virgos/Schmit, Erläuternder Bericht, Rn. 49, lit. b).; EuGH, Urt. v. 22.11.2012, Rs. C-116/11, Rn. 68 – Bank Handlowy und Adamiak (juris).

262 K. Schmidt/*Brinkmann*, Kommentar zur InsO, Art. 1 EuInsVO, Rn. 4.

263 K. Schmidt/*Brinkmann*, Kommentar zur InsO, Art. 1 EuInsVO, Rn. 4.

264 Kindler/Sakka, EuZW 2015, 460ff. (461). Die Erstreckung auf vorinsolvenzliche Sanierungsverfahren steht im Einklang mit dem UNCITRAL Model Law on Cross Border Insolvency.

265 Diese Begrifflichkeit stammt aus dem Bericht der Kommission an das Europäische Parlament, den Rat und den Europäischen Wirtschafts- und Sozialausschuss über die Anwendung der Verordnung (EG) Nr. 1346/2000 des Rates vom 29.05.2000 über Insolvenzverfahren vom 12.12.2012, COM (2012) 743 final, S. 5 (abrufbar unter http://eur-lex.europa.eu/legal-content/EN/TXT/?uri=COM:2012:0743:FIN, Abruf v. 09.02.2017).

266 Kindler/Sakka, EuZW 2015, 460ff. (461).

267 Verordnung (EU) 2017/353 des Europäischen Parlaments und des Rates vom 15.02.2017 zur Ersetzung der Anhänge A und B der Verordnung (EU) 2015/848 über Insolvenzverfahren (ABl. EU L 57/19 vom 03.03.2017); zur historischen Entwicklung s. COM(2016) 317 final vom 30.05.2016 (Anhang des Vorschlags für eine Verordnung des Europäischen Parlaments und Rates zur Ersetzung der Listen von Insolvenzverfahren und Verwaltern in

2.   Räumlicher und persönlicher Geltungsbereich

Der räumliche Geltungsbereich ist eröffnet, wenn das Vermögen des Schuldners sich auf verschiedene Mitgliedsstaaten der EU verteilt[268] (sog. Auslandsbezug/ *element zagraniczny*) und der Schuldner in einem der Mitgliedstaaten den Mittelpunkt seiner hauptsächlichen Interessen hat[269].[270]

Der persönliche Anwendungsbereich erstreckt sich grundsätzlich auf Schuldner jeder Art. Ausgenommen sind die in Art. 1 Abs. 2 EuInsVO 2000/2015 genannten Unternehmen. Für diese Unternehmen wurden eigene Richtlinien erlassen.

Die EuInsVO 2000 enthält keine ausdrücklichen Regelungen zu Konzerninsolvenzen[271]. Daraus wird allgemein geschlossen, dass sie auf Konzerninsolvenzen und damit auf die Hauptanwendungsfälle der grenzüberschreitenden Insolvenzverfahren keine Anwendung findet[272]. Diesbezüglich bleibt es bei dem jeweiligen nationalen Insolvenzrecht[273].

Auch die die EuInsVO 2015 ermöglicht keine haftungsrechtliche Zusammenfassung der Insolvenzmassen eines Konzerns. Es werden jedoch Kooperations- und Kommunikationspflichten bei Konzerninsolvenzen geregelt, Art. 56 ff. EuInsVO 2015.[274]

---

den Anhängen A und B der Verordnung (EU) 2015/848 über Insolvenzverfahren), abrufbar unter http://www.ipex.eu/IPEXL-WEB/dossier/files/download/082dbcc554febfee0155011e 21c00247.do (Abruf v. 17.10.2017); zu der Anwendbarkeit auf polnische Verfahren s. auch Porzycki, Doradca restrukturyzacyjny, Nr. 8, 2017, S. 70 ff.

268 Vgl. Rosenkranz, MoP 2011, Heft Nr. 11, S. 578 ff. (578).

269 Ehricke/Ries, JuS 2003, S. 313 ff. (313).

270 Die Verordnung gilt nicht für Dänemark (vgl. Erwägungsgrund 33).

271 Pannen/*Pannen*, Kommentar zur EuInsVO 2000, Art. 1, Rn. 132.

272 Virgos/Schmit, Rn. 76; Westpfahl/Goetker/Wilkens, Rn. 188; Paulus, ZIP 2002, 729 ff. (730). Dies bezeichnet Paulus als eine »wirkliche Auslassungssünde« und hält die EuInsVO 2000 geeigneter für ein insolvenzrechtliches Zerschlagungsmodell als für das moderne Reorganisationsrecht, vgl. Paulus, Kommentar zur EuInsVO, Einl., Rn. 43, 48; Wimmer, jurisPR-InsR 13/2012, Anm. 1 (»Die EuInsVO hat das Problem der Unternehmensgruppen bewusst ausgeklammert.«).

273 Pannen/*Pannen*, Kommentar zur EuInsVO 2000, Art. 1, Rn. 134.

274 K. Schmidt/*Brinkmann*, Kommentar zur InsO, Vorbemerk. EuInsVO, Rn. 14; Kindler/ Sakka, EuZW 2015, 460 ff. (465–466); Łapiak, Doradca restrukturyzacyjny, Heft Nr. 7, 2017, S. 93 ff. (94).

III. Auszug aus dem Inhalt der Verordnung

1. Verfahrensarten

Es wird grundsätzlich zwischen dem Hauptinsolvenzverfahren (Universalverfahren), das das weltweite[275] Vermögen des Schuldners erfasst und dem Partikularinsolvenzverfahren, das nur territorial das Vermögen im betreffenden Mitgliedsstaat erfasst (Territorialverfahren), unterschieden[276]. Das Partikularinsolvenzverfahren wird in zwei Unterverfahren gegliedert, dem Partikularinsolvenzverfahren im Allgemeinen und dem Sekundärinsolvenzverfahren im Besonderen[277]. Beide Partikularinsolvenzverfahren können parallel und gleichzeitig zum Hauptinsolvenzverfahren eröffnet werden[278].

a) Hauptinsolvenzverfahren

Das Hauptinsolvenzverfahren (Art. 3 Abs. 1 EuInsVO 2000/2015) hat universelle Geltung mit dem Ziel, das gesamte Vermögen des Schuldners zu erfassen, das sich in den Mitgliedsstaaten, in denen die Verordnung anwendbar ist, befindet[279]. Solange ein Hauptinsolvenzverfahren anhängig ist, kann kein weiteres Hauptinsolvenzverfahren eröffnet werden (»Prioritätsregel«[280] des Art. 3 Abs. 2 EuInsVO 2000/2015)[281]. Bei Kompetenzkonflikten zwischen den Staaten, wenn zwei Staaten der Ansicht sind, dass der Schuldner bei ihnen den Mittelpunkt seiner hauptsächlichen Interessen hat, folgt aus Art. 3 Abs. 3 EuInsVO 2000/2015, dass nach bereits erfolgter Eröffnung eines Hauptinsolvenzverfahrens in einem Mitgliedsstaat in einem anderen Mitgliedsstaat nur noch die Eröffnung eines Sekundärinsolvenzverfahrens möglich ist.

Es ist dort zu eröffnen, wo der Schuldner den Mittelpunkt seiner haupt-

---

275 Ehricke/Ries, JuS 2003, S. 313ff. (314); Virgos/Schmit, Rn. 19 und 73; a. A. Rosenkranz, MoP 2011, Heft Nr. 11, S. 578 ff (578–579), der nur von einem Geltungsanspruch innerhalb der EU ausgeht. Der weltweite Geltungsanspruch ist jedoch tatsächlich nur zu erreichen, wenn der Drittstaat diesen Anspruch auf Grundlage seines innerstaatlichen Internationalen Insolvenzrechts anerkennt, vgl. Duursma-Kepplinger/Duursma/Chalupsky/*Duursma-Kepplinger*, Kommentar zur EuInsVO 2000, Art. 1, Rn. 66; Westpfahl/Goetker/Wilkens, Rn. 77).

276 Zum Verhältnis des Hauptinsolvenzverfahrens zum Partikular- und Sekundärinsolvenzverfahren vgl. Fehrenbach, Haupt- und Sekundärinsolvenzverfahren, Tübingen 2014.

277 Ehricke/Ries, JuS 2003, S. 313ff. (318).

278 Rosenkranz, MoP 2011, Heft Nr. 11, S. 578ff. (579).

279 EuGH ZIP 2006, 907ff. (908).

280 EuGH, Urt. 02.05.2006, Rs. C-341/04, Rn. 49 – Eurofood (juris).

281 EuGH, Urt. v. 22.11.2012, Rs. C-116/11, Rn. 40 – Bank Handlowy und Adamiak; Rosenkranz, MoP 2011, Heft Nr. 11, S. 578ff. (581); Paulus, NZI 2001, 505ff. (507), der jedoch kritisiert, dass das Problem der Eröffnung mehrerer Hauptinsolvenzverfahren nicht ausdrücklich geregelt wurde.

sächlichen Interessen hat (auch mit der Abkürzung aus dem Englischen *Center of Main Interests* – COMI – bezeichnet)[282].

Der Begriff ist unionsautonom auszulegen[283]. Angeknüpft wird an den Ort innerhalb der EU, an dem der Schuldner gewöhnlich seine Interessen verwaltet und damit für dritte Personen feststellbar ist[284]. Bei Gesellschaften und juristischen Personen wird gem. Art. 3 Abs. 1 S. 2 EuInsVO widerleglich vermutet, dass dies der satzungsmäßige Sitz ist[285].

b)   Partikular- und Sekundärinsolvenzverfahren

Partikular- und Sekundärinsolvenzverfahren werden neben dem Hauptinsolvenzverfahren als innerstaatliche Verfahren zugelassen, d.h. dass sie nur das im Eröffnungsstaat befindliche Vermögen betreffen[286]. Hintergrund dessen ist der Schutz der unterschiedlichen inländischen Interessen, aber auch die effiziente Verwaltung der Masse.

Sowohl das Sekundär- als auch das Partikularinsolvenzverfahren können nur in dem Mitgliedsstaat eröffnet werden, in dem der Schuldner eine Niederlassung hat (Art. 3 Abs. 2 EuInsVO 2000/2015). Der Begriff der Niederlassung wird in Art. 2 lit. h EuInsVO 2000 bzw. Art. 2 Nr. 10 EuInsVO 2015 bestimmt und ist unionsautonom auszulegen[287]. Darunter ist jeder Tätigkeitsort zu verstehen, an dem der Schuldner einer wirtschaftlichen Aktivität von Dauer nachgeht, die den Einsatz von Personal und Vermögenswerten voraussetzt[288]. Die bloße Belegenheit eines Vermögensgegenstandes genügt also nicht, sondern es muss eine Kumulation von Sachvermögen und Personaleinsatz vorliegen[289]. Die Niederlassung ist nur der Anknüpfungspunkt für die internationale Zuständigkeit zur Eröffnung von Sekundär- bzw. Partikularinsolvenzverfahren[290].

Da der europäische Gesetzgeber Unternehmenszusammenschlüsse nicht regeln wollte[291], ist der Begriff der Niederlassung nach dem Willen des Gesetzgebers dahin gehend einzuschränken, dass es sich dabei nicht um eine Einheit mit Rechtspersönlichkeit handeln darf[292]. Damit ist für jedes rechtlich selbständige

---

282 Das gilt auch für die Neufassung, vgl. Thole, ZEuP 2014, S. 39 ff. (51).
283 EuGH ZIP 2006, S. 906 ff. (908).
284 Rosenkranz, MoP 2011, Heft Nr. 11, S. 578 ff. (579).
285 EuGH, Urt. 02.05.2006, Rs. C-341/04, Ziff. 1 des Urteilsausspruchs – Eurofood (juris).
286 EuGH ZIP 2006, S. 906 ff. (907).
287 Ehricke/Ries, JuS 2003, S. 313 ff. (319).
288 Ehricke/Ries, JuS 2003, S. 313 ff. (319).
289 Paulus, Kommentar zur EuInsVO, Art. 2, Rn. 28.
290 MüKo BGB/*Kindler*, Band 11, Art. 27, Rn. 19.
291 Virgos/Schmit, Rn. 76.
292 Str., so Westpfahl/Goetker/Wilkens, Rn. 188; EuGH ZIP 2006, 907 ff. (908); A. A. Paulus, NZI 2001, 505 ff. (510); ders. EuInsVO, Art. 2, Rn. 34, der dies als dogmatische Stringenz bezeichnet, durch die die Abwicklung von Konzerninsolvenzen erschwert wird. Paulus teilt weiter mit, dass man gleichwohl als zwischenzeitlich etabliert wird annehmen können, dass

Unternehmen, auch wenn es sich in einem Unternehmensverbund befindet, grundsätzlich ein eigenes Insolvenzverfahren durchzuführen[293].

aa) Sekundärinsolvenzverfahren

Das Sekundärinsolvenzverfahren unterscheidet sich vom Partikularinsolvenzverfahren dadurch, dass es zeitlich nach der Eröffnung des Hauptinsolvenzverfahrens eröffnet wird (Art. 3 Abs. 3 EuInsVO 2000/2015), während das Partikularinsolvenzverfahren zeitlich vor dem Hauptinsolvenzverfahren liegt (Art. 3 Abs. 4 EuInsVO 2000/2015).

Sekundärinsolvenzverfahren können nach der EuInsVO 2000 grundsätzlich nur als Liquidationsverfahren eröffnet werden. Dieses Erfordernis wird in der EuInsVO 2015 allerdings abgeschafft[294].

Die Beendigung des Sekundärinsolvenzverfahrens durch eine Sanierungsmaßnahme wird insbesondere dann relevant, wenn das Hauptinsolvenzverfahren einen Schutzcharakter zu Gunsten des Insolvenzschuldners hat, das vordergründig auf die Rettung des Insolvenzschuldners abzielt. Durch die dem Verwalter des Hauptinsolvenzverfahrens ausschließlich zugewiesenen Befugnisse ist es auch unter Geltung der EuInsVO 2000 möglich, auf das Sekundärinsolvenzverfahren in der Weise Einfluss zu nehmen, dass dieses den Schutzzweck des Hauptinsolvenzverfahrens nicht gefährden kann[295].

bb) Partikularinsolvenzverfahren

Die Eröffnung eines Partikularinsolvenzverfahrens ist möglich, wenn einheimische Gläubiger oder Gläubiger der einheimischen Niederlassung einen Eröffnungsantrag stellen sowie in Fällen, in denen die Eröffnung eines Hauptinsolvenzverfahrens in dem einschlägigen Mitgliedsstaat nicht möglich ist.

Das Partikularinsolvenzverfahren wird nach Eröffnung des Hauptinsolvenzverfahrens zum Sekundärinsolvenzverfahren umgewandelt, so dass darauf die Vorschriften der Art. 36ff. EuInsVO 2000 bzw. Art. 50ff. EuInsVO angewendet werden, soweit es der Stand des Verfahrens zulässt[296].

2.   Internationale Zuständigkeit und Anerkennung

Die Verordnung regelt die unmittelbare und »automatische« Anerkennung von Insolvenzverfahren durch alle Mitgliedsstaaten in Bezug auf die Entscheidung

---

unbeschadet der Selbstständigkeit einer Gesellschaft deren Vermögen als Niederlassung angesehen werden kann, wenn nur noch entsprechendes Personal gegeben ist.
293 Paulus, Kommentar zur EuInsVO, Einl., Rn. 45.
294 K. Schmidt/*Brinkmann*, Kommentar zur InsO, Vorbem. EuInsVO, Rn. 13.
295 So EuGH, Urt. v. 22.11.2012, Rs. C-116/11, Rn. 61 – Bank Handlowy und Adamiak.
296 Ehricke/Ries, JuS 2003, S. 313ff. (319).

über die Eröffnung, die Abwicklung und die Beendigung des Insolvenzverfahrens. Sie wird auf dem Grundsatz des gegenseitigen Vertrauens gestützt (vgl. Erwägungsgrund 22 der EuInsVO 2000 bzw. Nr. 65 der EuInsVO 2015).

Die Anerkennung erfolgt kraft Gesetzes, sobald die Entscheidung im Staat der Verfahrenseröffnung wirksam ist[297]. Der Eintritt der Rechtskraft dieser Entscheidung wird nicht verlangt[298]. Die anderen Staaten dürfen die Entscheidung des eröffnenden Gerichts keiner Überprüfung unterziehen[299].

3.   Anwendbares Recht

Gem. Art. 17 Abs. 1 EuInsVO 2000 bzw. Art. 20 EuInsVO 2015 hat die Eröffnung eines Hauptinsolvenzverfahrens grundsätzlich diejenigen Wirkungen in den anderen Mitgliedsstaaten, die das Recht des Staates der Verfahrenseröffnung vorsieht (*lex fori concursus*). Die Wirkungen des Insolvenzrechts des Staates der Verfahrenseröffnung werden damit auf die anderen Staaten erstreckt.

Von dieser Wirkungserstreckung werden zwei Ausnahmen zugelassen[300]. Zum einen, wenn die Verordnung Sonderanknüpfungen an das einzelstaatliche Recht bzw. Begrenzungen der Wirkungserstreckung gem. Art. 5 ff. EuInsVO 2000 bzw. Art. 7 ff. EuInsVO 2015 vorsieht[301]. Zum anderen wird die Wirkungserstreckung bei der Eröffnung eines Partikularinsolvenzverfahrens unterbrochen, weil dann das jeweilige Recht des eröffnenden Einzelstaates gilt und seine Wirkungen entfaltet[302].

a)   *Lex fori concursus*

Grundsätzlich findet gem. Art. 4 Abs. 1 EuInsVO 2000 bzw. Art. 7 Abs. 1 EuInsVO 2015 das Recht des Staates der Verfahrenseröffnung Anwendung (*lex fori concursus*). Es regelt alle verfahrensrechtlichen und materiellen Wirkungen des Insolvenzverfahrens (sog. »Universalitätsprinzip«). Nach ihm bestimmen sich alle Voraussetzungen für die Eröffnung, die Abwicklung und die Beendigung[303] des Verfahrens (vgl. Erwägungsgrund 23 der EuInsVO 2000 bzw. Nr. 65 der EuInsVO 2015). Gem. Art. 4 Abs. 2 lit. e) EuInsVO 2000 bzw. Art. 7 Abs. 2 lit. e)

---

297 EuGH, Urt. v. 22.11.2012, Rs. C-116/11, Rn. 41 – Bank Handlowy und Adamiak.
298 Rosenkranz, MoP 2011, Heft Nr. 11, S. 578 ff. (582).
299 EuGH, Urt. 02.05.2006, Rs. C-341/04, Ziff. 1 des Urteilsausspruchs – Eurofood; EuGH, Urt. v. 22.11.2012, Rs. C-116/11, Rn. 70, 74 – Bank Handlowy und Adamiak (jew. juris).
300 Ehricke/Ries, JuS 2003, S. 313 ff. (314).
301 Ehricke/Ries, JuS 2003, S. 313 ff. (314).
302 EuGH, Urt. 02.05.2006, Rs. C-341/04, Rn. 28 – Eurofood (juris).; Ehricke/Ries, JuS 2003, S. 313 ff. (314).
303 Art. 4 Abs. 2 lit. j).; EuGH, Urt. v. 22.11.2012, Rs. C-116/11, Rn. 50, 52 – Bank Handlowy und Adamiak (juris).

EuInsVO 2015 ist insbesondere für die laufenden Verträge die lex fori concursus anzuwenden.

Der in Art. 4 EuInsVO 2000 bzw. Art. 7 EuInsVO 2015 aufgenommene Grundsatz des lex fori concursus gilt gleichermaßen für das Haupt-, das Sekundär- sowie Partikularinsolvenzverfahren. Das bedeutet, dass das Recht des Mitgliedsstaates anzuwenden ist, in welchem das jeweilige Verfahren eröffnet wird. Für das Sekundärinsolvenzverfahren wird Vorstehendes noch einmal in Art. 28 EuInsVO 2000 bzw. Art. 35 EuInsVO wiederholt[304].

b) Sonderanknüpfungen

Allerdings gibt es neben dem Recht des Eröffnungsstaates Sonderanknüpfungen an das nationale Recht für besonders bedeutsame Rechte und Rechtsverhältnisse, vgl. Erwägungsgrund 11 der EuInsVO 2000 bzw. Nr. 22 der Neufassung.

Nachfolgend wird aufgrund des Zusammenhangs zur vorliegenden Arbeit nur auf die Sonderanknüpfung für den Arbeitsvertrag gem. Art. 10 EuInsVO 2000 bzw. Art. 13 Abs. 1 EuInsVO 2015 eingegangen.

c) Arbeitsverträge und Arbeitsverhältnisse

Gem. Art. 10 EuInsVO 2000 bzw. Art. 13 Abs. 1 EuInsVO 2015 gilt für die Wirkungen des Insolvenzverfahrens auf Arbeitsverträge und Arbeitsverhältnisse ausschließlich das Recht des Staates, welches auf den Arbeitsvertrag anzuwenden ist (Arbeitsvertragsstatut[305]).

Zu den Wirkungen des Insolvenzverfahrens gehören die Fortsetzung und Beendigung von Arbeitsverhältnissen in der Insolvenz (vgl. Erwägungsgrund 28 der EuInsVO 2000) sowie die Betriebsänderung oder Betriebsübertragung im Sanierungsverfahren[306].

Für das Recht der Arbeitnehmer auf garantierte Leistungen wegen Lohnausfalls in der Insolvenz des Arbeitgebers enthält die Verordnung keine ausdrückliche Sonderanknüpfung.

Nach dem erläuternden Bericht zum EU-Übereinkommen über Insolvenzverfahren, dessen Inhalt weitgehend von der Insolvenzverordnung übernommen wurde[307], soll bei der Lohnausfallsicherung das Recht desjenigen Staates maßgeblich sein, in dem sich die Garantieeinrichtung befindet, die die Arbeitsentgeltersatzleistungen erbringt[308]. Es wird nicht davon ausgegangen, dass

---

304 Virgos/Schmit, Erläuternder Bericht, Rn. 225; Haß/Huber/Gruber/Heiderhoff/*Heiderhoff*, Kommentar zur EuInsVO 2000, Art. 28, Rn. 2.
305 Schlachter/Heinig/*Ehrenberg/Heinrich*, Enzyklopädie Europarecht, Band 7, § 8, Rn. 35.
306 MüKo BGB/*Kindler*, Band 11, Art. 10 EuInsVO, Rn. 6.
307 Westpfahl/Goetker/Wilkens, Rn. 26.
308 Virgos/Schmit, Erläuternder Bericht zum EuInsÜ, Art. 10, Nr. 128.

diese Fälle von Art. 10 EuInsVO 2000 bzw. Art. 13 Abs. 1 EuInsVO 2015 erfasst werden[309].

Für diese Auslegung spricht zudem, dass die Lohnausfallsicherung bei transnationalen Insolvenzen in Art. 9 Abs. 1 InsRL speziell geregelt wird. Die Insolvenzschutzrichtlinie stellt damit die sachnähere Rechtsnorm dar. Ein Problem der kollisionsrechtlichen Rangfolge des Art. 10 EuInsVO zu Art. 9 InsRL stellt sich nicht, da kein gleicher Regelungsbereich der beiden Rechtsnormen vorliegt.

---

309 MüKo InsO/*Reinhart*, Band 4, Art. 10 EuInsVO, Rn. 11; MüKo BGB/*Kindler*, Band 11, Art. 10 EuInsVO, Rn. 7; Haß/Huber/Gruber/Heiderhoff/*Huber*, Kommentar zur EuInsVO 2000, Art. 10, Rn. 4; Westpfahl/Goetker/Wilkens, Rn. 430, 431; so wohl auch das BSG, Urt. v. 8.2.2001 – B 11 AL 30/00 R, vgl. NZI 2001, 389 (390).

Teil III:
Das polnische Lohnausfallersatzrecht mit Bezügen zum deutschen Recht

In diesem Teil wird vordergründig das polnische Recht dargestellt. Schwerpunktartig werden Unterschiede und Gemeinsamkeiten zum deutschen Recht herausgearbeitet. Beide Rechte behandeln Sachverhalte innerhalb der Schnittstelle des Insolvenz- und Arbeitsrechts.

Der Anwendungsbereich des Fondsesetzes reicht jedoch weiter. Das polnische Gesetz beschränkt sich nicht nur auf Insolvenzen, sondern erfasst auch andere Ereignisse der Zahlungsunfähigkeit des Arbeitgebers. Diese werden in der vorliegenden Arbeit jedoch nur gestreift, da sie zum Ziel der Arbeit – der Entwicklung eines Sanierungsinstruments in polnischen Insolvenzeröffnungsverfahren – nicht beitragen können.

A. Stellung des Lohnausfallersatzrechts in der jeweiligen Rechtsordnung

Bereits die Stellung des Lohnausfallersatzrechts in der jeweiligen Rechtsordnung ist unterschiedlich. Das polnische Lohnausfallersatzrecht wird dem Arbeitsrecht zugeordnet, wohingegen das Insolvenzgeldrecht dem Sozialversicherungsrecht zugewiesen wird.

Begründet wird die Zuordnung zum polnischen Arbeitsrecht damit, dass das Fondsgesetz neben dem Arbeitsgesetzbuch einen Teil des Rechts über die Arbeitsvergütung regelt[310] und die Vorschriften einen arbeitnehmerrechtlichen Schwerpunkt haben[311].

Das polnische Arbeitsrecht ist neben dem Zivilrecht ein selbständiges

---

310 Baran/*Walczak*, Prawo pracy i ubezpieczeń społecznych, S. 376f.; Wratny, Kommentar zu k.p., Art. 84, Ziff. 1; Baran/*Skąpski*, Kommentar zu k.p., Art. 84, Anm. 1.
311 Tomanek, Stosunki pracy, S. 269.

Rechtsgebiet, das sich ursprünglich aus dem Zivilrecht entwickelt hatte[312]. Es enthält überwiegend privatrechtliche, aber auch öffentlich-rechtliche Regelungen[313].

Trotz der Zuordnung des Lohnausfallersatzrechts zum Arbeitsrecht haben die Vorschriften des Fondsgesetzes keinen einheitlichen Rechtscharakter. Sie unterfallen je nach darin enthaltener Regelung dem Verwaltungs-, Zivil-, oder Arbeitsrecht.

Wie oben erwähnt, wird das Insolvenzgeld als eine Sozialleistung in Form einer Geldleistung dem Sozialversicherungsrecht, also dem besonderen Verwaltungsrecht, zugeordnet (§§ 11 S. 1, 19 Abs. 1 Nr. 4 SGB I). Den Insolvenzgeldleistungen liegt eine Versicherungsstruktur zugrunde[314].

Eine mit den deutschen Vorschriften übereinstimmende Eigenschaft des polnischen Lohnausfallersatzrechts ist, dass damit Sachverhalte innerhalb der Schnittstelle des Insolvenz- und des Arbeitsrechts geregelt werden.

B.   Das Lohnausfallersatzrecht[315]

Das Lohnausfallersatzrecht bildet in Polen eine zweite Säule des Arbeitnehmerschutzes bei Insolvenz des Arbeitgebers. Es ergänzt als ein Garantiesystem (*system gwarancyjny*) das bestehende Recht der Arbeitnehmerprivilegierung (*system pierwszeństwa roszczeń pracowniczych*)[316]. Beide Schutzsysteme stehen separat und gleichrangig nebeneinander[317].

Das deutsche Lohnausfallersatzrecht beruht nur auf der sozialversicherungsrechtlichen Säule. Vorrechte der Arbeitnehmer im Insolvenzverfahren wurden in Deutschland mit Einführung der Insolvenzordnung im Jahr 1999 abgeschafft.

Vorschriften über das polnische Lohnausfallersatzrecht finden sich neben dem Fondsgesetz in das Gesetz ausführenden Rechtsverordnungen.

---

312 Gersdorf/Raczkowski/Rączka/*Raczkowski*, Kommentar zu k.p., Art. 300, Anm. 1; Die Abtrennung vom Zivilrecht ist teilweise umstritten.

313 Lic, S. 611.

314 Cranshaw, jursPR-InsR 9/2009, Anm. 1, nach dessen Ansicht auch die Insolvenzschutzrichtlinie einen »Versicherungsgedanken« enthalte.

315 Einen Überblick zu diesem Thema habe ich bereits veröffentlicht, vgl. Schürmeyer, WiRO 2015, S. 20–23; dies. Osteuropa-Recht 2015, S. 138–156. Die in dieser Arbeit erfolgte Darstellung basiert auf der der Fassung des Fondsgesetzes vom 05.09.2017 (letzte Änderungen erfolgten durch das Änderungsgesetz »Ustawa o zmianie ustawy o ochronie roszczeń pracowniczych w razie niewypłacalności pracodawcy oraz ustawy o kosztach sądowych w sprawach cywilnych z dnia 20 lipca 2017 r.«, veröffentlicht in Dz.U. 2017 Pos. 1557).

316 Tomanek, Stosunki pracy, S. 268, 271.

317 Tomanek, Stosunki pracy, S. 268.

Das deutsche Lohnausfallersatzrecht wird im SGB III (Arbeitsförderung) in den Vorschriften §§ 165–172, 175, 314, 316, 320, 324, 327, 358–361 geregelt. Gem. § 1 I 2 SGB IV gelten die Vorschriften dieses Buches (Gemeinsame Vorschriften für die Sozialversicherung) mit hier nicht relevanten Ausnahmen auch für die Arbeitsförderung und damit auch für das Insolvenzgeld[318]. Hinzu kommen die Vorschriften des SGB I (Allgemeiner Teil)[319], SGB X (Sozialverwaltungsverfahren und Sozialdatenschutz) sowie die Durchführungsanweisungen der Bundesagentur für Arbeit zum Insolvenzgeld.

Finanziert wird die Fondsleistung nicht nur aus den Beiträgen der Arbeitgeber, die im deutschen Recht die einzige Einnahmequelle darstellen (§§ 358 ff. SGB III), sondern aus neun weiteren Einnahmequellen (vgl. Art. 25 u.o.r.p.). Die größte Einnahmequelle sind allerdings die Arbeitgeberbeiträge[320].

I. Überblick über die Anspruchsvoraussetzungen

Das Fondsgesetz sieht die Erfüllung näher bestimmter Entgeltansprüche der Arbeitnehmer aus Mitteln des Fonds vor, wenn sie wegen Zahlungsunfähigkeit des Arbeitgebers nicht erfüllt werden können (Art. 1 u.o.r.p.).

Die Zahlungsunfähigkeit des Arbeitgebers wird in den Vorschriften der Art. 3 bis 6, 8, 12a Abs. 2 u.o.r.p. bestimmt. Bei ausländischen Arbeitgebern wird die Unterhaltung einer Abteilung oder einer Vertretung in Polen verlangt (Art. 2 Abs. 1 u.o.r.p.). Der Arbeitger ist in Art. 2 u.o.r.p. definiert.

Welche Arbeitnehmer und andere Personen anspruchsberechtigt sind, regelt Art. 10 u.o.r.p. in Verbindung mit Art. 9a, b, c sowie Art. 11 u.o.r.p.

Gesichert sind gem. Art. 12 u.o.r.p. nicht erfüllte Hauptforderungen aus dem Arbeitsverhältnis sowie die durch den Arbeitgeber zu zahlenden Sozialversicherungsbeiträge im Zeitraum vor oder nach Eintritt des Ereignisses der Zahlungsunfähigkeit. Der Schutzzeitraum beträgt maximal drei Monate.

Das Verfahren der Antragstellung regeln Art. 15 bis Art. 20 u.o.r.p., die um Ausführungsvorschriften des Ministers für Arbeit ergänzt werden.

Die Anspruchsvoraussetzungen nach dem deutschen Recht regelt § 165

---

318 Insbesondere ist hier § 76 Abs. 2 SGB IV zu nennen, der für die Stundung, Niederschlagung und den Erlass des Erstattungsanspruchs aus § 42 SGB I entsprechend angewendet wird.

319 Zu nennen ist § 42 SGB I, der die Zahlung eines Vorschusses bei Ansprüchen auf Geldleistungen vorsieht.

320 Vgl. Entwurf des Finanzplans des Fonds für Garantierte Arbeitnehmeransprüche für das Jahr 2013 vom Minister für Arbeit und Sozialpolitik (*Projekt Planu Finansowego Funduszu Gwarantowanych Świadczeń Pracowniczych na 2013 rok*). Nach Angaben des Fonds im Bulletin für öffentliche Informationen (*BIP*), www. www.fgsp.gov.pl, gab es noch keine anderen Einnahmen.

Abs. 1 SGB III. Danach haben Arbeitnehmer einen Anspruch auf Insolvenzgeld, wenn sie im Inland beschäftigt sind und bei einem Insolvenzereignis des Arbeitgebers für die vorausgegangenen drei Monate des Arbeitsverhältnisses noch Ansprüche auf Arbeitsentgelt haben. Gem. § 165 Abs. 1 S. 3 SGB III steht ein ausländisches Insolvenzereignis einem inländischen gleich.

Die deutschen Vorschriften sichern anders als das polnische Recht ausschließlich Arbeitsentgeltansprüche, die vor dem Eintritt eines Insolvenzereignisses erarbeitet wurden (§ 165 Abs. 1 S. 1 SGB III).

Die Auszahlung der Leistungen ist in beiden Staaten erst nach dem Eintritt des jeweiligen Ereignisses (vgl. Art. 15 Abs. 1 i. V. m. Abs. 4 u.o.r.p., § 324 Abs. 3 S. 1 SGB III) vorgesehen. Für den Zeitraum davor sehen die gesetzlichen Vorschriften in beiden Staaten die Möglichkeit der Vorschusszahlungen, wenn auch unter unterschiedlichen Bedingungen, vor (vgl. Art. 12a u.o.r.p., § 168 SGB III).

II.   Persönlicher Anwendungsbereich

Der persönliche Anwendungsbereich erfasst die Person des Arbeitnehmers und die des Arbeitgebers.

Das Fondsgesetz gibt die Eigenschaften des Arbeitnehmers und Arbeitgebers sehr differenziert vor. Diese Vorgaben weichen von den im polnischen Arbeitsgesetzbuch in Art. 2 und 3 genannten Definitionen dieser Personen ab[321]. Für das Lohnausfallersatzrecht wurden mithin eigenständige Definitionen geschaffen.

Die Vorschriften der §§ 165 ff. SGB III definieren nicht, wer Arbeitnehmer und wer Arbeitgeber ist. Die herrschende Meinung legt den Arbeitnehmerbegriff nach dem sozialversicherungsrechtlichen Begriff der versicherungsrechtlichen Person i. S. d. § 25 Abs. 1 SGB III i. V. m. § 7 Abs. 1 SGB IV (»Beschäftigte«) aus[322].

---

321 Latos-Miłkowska, PiZS 2009, S. 22 ff. (22).
322 BSG, Urt. v. 27.09.1988, Az. 10 Rar 13/87, Rn. 16 (juris); BSG, Urt. v. 30.01.1997, Az. Rar 6/95, Rn. 15–16 (juris); BSG, Urt. v. 04.07.2007, Az. B 11a AL 5/06, Rn. 14–16 (juris); differenzierend Hauck/Noftz/*Voelzke*, Kommentar zum SGB III, § 165, Rn. 36; Gagel/*Peters-Lange*, Kommentar zum SGB III, § 165, Rn. 10. Nach anderer Ansicht ist der arbeitsrechtliche Arbeitnehmerbegriff zugrunde zu legen, vgl. KKW/*Mutschler*, Kommentar zum SozR, § 165 SGB III, Rn. 3; Brand/*Kühl*, Kommentar zum SGB III, § 165, Rn. 9; Mutschler/*Schmidt*, Kommentar zum SGB III, § 165, Rn. 6, 67. Begründet wird die abweichende Meinung mit der Akzessorietät des Insolvenzgeldanspruchs zu den arbeitsrechtlichen Ansprüchen sowie damit, dass die Vorschriften der §§ 165 ff. SGB III den Schutz der Arbeitnehmer unabhängig vom Bestehen eines Versicherungspflichtverhältnisses bezwecken. Auch hat das SGB III keinen eigenständigen Arbeitnehmerbegriff. Der Streit spielt allerdings kaum eine Rolle, da der Begriff des Arbeitnehmers mit dem beitragsrechtlichen Begriff der versicherungspflichtigen Person im Wesentlichen identisch ist.

Der Arbeitgeberbegriff wird im gleichen Sinne wie im Arbeitsrecht ausgelegt[323].

1. Arbeitnehmer und andere Leistungsberechtigte

Anspruchsberechtigt sind gem. Art. 11 u.o.r.p Arbeitnehmer i.S.d. Art. 10 u.o.r.p., ehemalige Arbeitnehmer sowie im Fall ihres Versterbens ihre Familienangehörigen, die zur Hinterbliebenenrente berechtigt sind. Letzteres ist eine konsequente Umsetzung der Alimentationsfunktion des Arbeitsentgelts, da dadurch Familienangehörige auch dann geschützt werden, wenn sie keine Erben sind. Erben des Arbeitnehmers werden also nicht unmittelbar erfasst. Auch sonstige Dritte, die am Arbeitsverhältnis nicht beteiligt sind, erfasst das Fondsgesetz nicht als Leistungsberechtigte.

Der Anspruch auf Insolvenzgeld besteht für Arbeitnehmer (§ 165 Abs. 1 SGB III), deren Erben (§ 165 Abs. 4 SGB III) sowie auch für Dritte, wenn der Arbeitnehmer ihnen vor der Antragstellung auf Insolvenzgeld Ansprüche auf Arbeitsentgelt übertragen hatte (§ 170 Abs. 1 SGB III).

Die Detailliertheit der polnischen Regelungen über die Leistungsberechtigten lässt darauf schließen, dass es sich um einen Numerus clausus der Berechtigten handelt.

a) *Überblick über den Begriff der Leistungsberechtigten*

Dem Inhalt des Art. 10 u.o.r.p. ist zu entnehmen, dass grundsätzlich alle Personen, für die der Arbeitgeber Beiträge an den Fonds für garantierte Arbeitnehmeransprüche zahlt, Leistungsberechtigte i.S.d. Fondsgesetzes sind. Im Grundsatz geht es darum, all diejenigen Personen vom Schutz zu erfassen, die der Altersrenten- und der sonstigen Rentenversicherungspflicht unterliegen[324].

Art. 9a bis 9c u.o.r.p. enthalten Fälle der vorübergehenden Befreiung des Arbeitgebers von der Beitragspflicht unter Beibehaltung des Anspruchs der Arbeitnehmer auf Arbeitsentgeltersatzleistungen.

b) *Arbeitnehmer gem. Art. 10 u.o.r.p.*

Art. 10 u.o.r.p. trennt zwischen einem geschützten und ungeschützten Personenkreis.

---

323 Brand/*Kühl*, Kommentar zum SGB III, § 165, Rn. 11; Hauck/Noftz/*Voelzke*, Kommentar zum SGB III, § 165, Rn. 47.

324 So war die ursprüngliche Definition des Arbeitnehmers im Fondsgesetz 1993.

aa)   Geschützter Personenkreis

Geschützt sind zunächst Arbeitnehmer i. S. d. Art. 2 k.p. Das sind Personen, die aufgrund eines Arbeitsvertrages oder eines sonstigen Arbeitsverhältnisses (d. h. einer Berufung i. S. d. Art. 68 k.p., einer Wahl gem. Art. 73 k.p., einer Ernennung gem. Art. 76 k.p. oder eines genossenschaftlichen Arbeitsvertrages gem. Art. 77 k.p.) beschäftigt sind.

Durch die Eingehung eines Arbeitsverhältnisses verpflichtet sich der Arbeitnehmer, eine Arbeit bestimmter Art und unter der Leitung des Arbeitgebers zu erbringen sowie an einem Ort und zu einer Zeit zu leisten, die vom Arbeitgeber festgelegt werden (Art. 22 § 1 HS 1 k.p.).

Darüber hinaus sind Personen erfasst, die eine Tätigkeit auf Grundlage bestimmter zivilrechtlicher Verträge ausführen, wenn sie dadurch der Altersrenten- und der Rentenversicherungspflicht unterfallen[325]. Dazu gehören die Heimarbeitsverträge[326], Handelsvertreterverträge (Art. 758ff. k.c.), Aufträge (Art. 734ff. k.c.[327])[328] sowie andere Dienstverträge, wenn das Zivilgesetzbuch die Anwendbarkeit der Vorschriften über den Auftrag auf diese Verträge vorsieht. Ferner sind Verträge über eine sonstige Erwerbstätigkeit erfasst, die zugunsten einer landwirtschaftlichen Produktionsgenossenschaft, einer Genossenschaft der Landwirtschaftskreise oder einer anderen Genossenschaft, die sich mit der landwirtschaftlichen Produktion[329] befasst, erfolgt.

Bei Heimarbeitern, Handelsvertretern und Auftragnehmern handelt es sich um Personen, die im Rechts- und Geschäftsverkehr als Unternehmer agieren. Ihre Aufnahme in den Schutzbereich geht damit deutlich über die Vorgaben der Insolvenzschutzrichtlinie hinaus.

Die Erweiterung des Schutzes auf Heimarbeiter, die regelmäßig eine ähnliche Schutzbedürftigkeit wie Arbeitnehmer aufweisen und deren Ansprüche zudem nicht im Insolvenzverfahren privilegiert sind, ist zu befürworten[330].

Die Erweiterung der Anwendbarkeit des Fondsgesetzes auf Handelsvertreter und Auftragnehmer dürfte den gesellschaftlichen Verhältnissen in Polen ge-

---

325 Latos-Miłkowska, PiZS 2009, S. 27.

326 Vgl. Art. 303 k.p. i. V. m. der Rechtsverordnung des Ministerrates vom 31. 12. 1975 über die arbeitnehmerischen Rechte von Personen, die Heimarbeit leisten m.Ä. (*Rozporządzenie Rady Ministrów z 31. 12. 1975 r. w sprawie uprawnień pracowniczych osób wykonujących pracę nakładczą z późn. zm.*).

327 Mit k.c. wird das polnische Zivilgesetzbuch (Kodeks cywilny, veröffentlicht in Dz.U. 1964 Nr. 16, Pos. 93, letzte konsolidierte Fassung datiert vom 09. 02. 2017, Dz. U. 2017, Pos. 459) abgekürzt.

328 Nach dem polnischen Recht handelt es sich dabei um entgeltliche Verträge. Es sind Verträge, die dem deutschen Geschäftsbesorgungsvertrag ähnlich sind.

329 Vgl. dazu schon zum Fondsgesetz 1993 SA in Kraków (Berufungsgericht), Urt. v. 27.01. 1998, Az. III APa 50/97.

330 Vgl. auch Latos-Miłkowska, PiZS 2009, S. 27.

schuldet sein. Ihre Schutzbedürftigkeit ist aus der deutschen Perspektive heraus nicht zwingend erforderlich.

Aus diesem Grund hat der deutsche Gesetzgeber den Handelsvertreter nicht in den Schutzbereich aufgenommen[331]. Geschützt sind allerdings die Heimarbeiter (§§ 13 SGB III, 12 Abs. 2 SGB IV i. V. m. dem Heimarbeitsgesetz, HAG) und Handlungsgehilfen.

Zur Bestimmung des Arbeitnehmers i. S. d. § 165 Abs. 1 SGB III wird § 25 Abs. 1 SGB III (»Beschäftigte«) herangezogen. Danach sind Beschäftigte Personen, die gegen Arbeitsentgelt oder zu ihrer Berufsausbildung beschäftigt sind. Unter den Begriff der »Beschäftigung« fällt die nicht selbständige Arbeit, insbesondere in einem Arbeitsverhältnis (§ 7 Abs. 1 SGB IV). Anhaltspunkte sind die Tätigkeit nach Weisung (insbesondere in Bezug auf Zeit, Dauer, Ort und Art der Arbeitsleistung) sowie eine Eingliederung in eine fremde Arbeitsorganisation des Weisungsgebers (§ 7 Abs. 1 S. 2 SGB IV). Kennzeichnend ist die persönliche Abhängigkeit des Arbeitnehmers.

bb) *Ungeschützter Personenkreis*
Noch bis zum Inkrafttreten des Änderungsgesetzes vom 20.07.2017 am 05.09. 2017 sah Art. 10 HS 2 u.o.r.p. einen weiten ungeschützten Personenkreis vor. Ungeschützt waren Personen, die zum Arbeitgeber in einem Verwandtschafts- oder Schwägerschaftsverhältnis in gerader und ungerader Linie standen[332] sowie Hausangestellte. Seit dem 05.09.2017 sind lediglich noch Hausangestellte ausgeschlossen.

Der Ausschluss der Hausangestellten natürlicher Personen beruht auf der Ausnahmemöglichkeit nach Art. 1 Abs. 2 und 3 InsRL. Davon hat der deutsche Gesetzgeber keinen Gebrauch gemacht[333].

Die Streichung des Ausschlusses der Verwandten und verschwägerten Personen aus dem Schutzbereich erfolgte zurecht, weil er nicht mit der Richtlinie 2008/94/EG im Einklang stand[334]. Der Ausschluss wurde damit begründet, dass

---

331 BSG, Urteil vom 29.07.1982, Az. 10 Rar 9/81, Rn. 20 (juris). Zum geschützten Personenkreis gehören demgegenüber Handlungsgehilfen (§ 59 HGB).

332 Zu den ungeschützten Familienangehörigen gehörten der Ehegatte des Arbeitgebers und seine Kinder, die Kinder seines zweiten Ehegatten und Adoptivkinder, seine Eltern, seine Stiefeltern und seine Adoptiveltern, seine Geschwister, Enkel, Großeltern, seine Schwiegersöhne und Schwiegertöchter sowie Schwägerinnen und Schwager, Ehegatten seiner Geschwister [*bratowa i szwagier*] und die Geschwister seines eigenen Ehegatten [*szwagierka i szwagier*]).

333 EAS B 3300/*Weber*, Rn. 76.

334 So wohl inzwischen auch der polnische Gesetzgeber, vgl. Begründung zum Änderungsgesetz vom 20.07.2017; a. A. Maydell/Zieliński/*Jaśkowski*, Der Schutz des Arbeitnehmers bei Insolvenz des Arbeitgebers, GS für Czesław Jackowiak, S. 417 ff. (423), noch zum Fondsgesetz aus dem Jahre 1993. Gemäß dem siebten Erwägungsgrund der Insolvenz-

einem eventuellen Missbrauch der Fondsleistungen vorgebeugt werden soll[335]. Der Generalverdacht wurde dabei in Kauf genommen. Die vom Gesetzgeber vorgenommene Auswahl an Angehörigen erschien allerdings willkürlich[336] und zu weitgehend.

c)   Ehemalige Arbeitnehmer gem. Art. 11 u.o.r.p.
Zur zweiten Gruppe der Leistungsberechtigten gehören gem. Art. 11 HS 2 u.o.r.p. ehemalige Arbeitnehmer, die noch unerfüllte Ansprüche gegen den zahlungsunfähigen Arbeitgeber haben. Die Art und Weise der Beendigung des Arbeitsverhältnisses sowie der aktuelle Rechtsstatus der betroffenen Personen sind dabei unerheblich[337].

d)   Zur Hinterbliebenenrente berechtigte Familienangehörige
Die dritte Gruppe der Anspruchsberechtigten stellen gem. Art. 11 HS 2 u.o.r.p. Familienangehörige des (ehemaligen) verstorbenen Arbeitnehmers dar, die gem. Art. 65 ff. des Gesetzes über Alters- und sonstige Rentenansprüche aus dem Sozialversicherungsfonds[338] zur Hinterbliebenenrente berechtigt sind. Es entspricht dem polnischen Arbeitsrecht, Familienangehörigen des Arbeitnehmers einen besonderen vermögensrechtlichen Schutz zu geben[339]. Die dadurch in Art. 11 u.o.r.p. geregelte Erbrechtsnachfolge stellt eine Ausnahme i. S. d. Art. 922 § 2 HS 2 k.c. (i. V. m. Art. 300 k.p.) zur Universalsukzession dar.

---

schutzrichtlinie müssen die Grenzen der Verpflichtung mit der sozialen Zielsetzung der Richtlinie vereinbar sein. Die soziale Zweckbestimmung der Richtlinie besteht darin, dass den Arbeitnehmern ein Mindestschutz bei Zahlungsunfähigkeit des Arbeitgebers garantiert wird (EuGH, Urt. vom 10. 02. 2011, Rs. C-30/10, Rn. 25 – Andersson (juris); EuGH, Urt. v. 11. 09. 2003, Rs. C-201/01, Rn. 38 – Walcher, juris). Der generelle Ausschluss der Familienangehörigen des Arbeitgebers ohne Anhaltspunkte für ein kollusives Zusammenwirken ist mit der sozialen Zielsetzung der Richtlinie nicht vereinbar.

335 Vgl. Begründung des Regierungsentwurfs – Ustawa o ochronie roszczeń pracowniczych w razie niewypłacalności pracodawcy, Druk Nr. 52 v. 3. 11. 1993, S. 6. Es dürfte damit die Regelung des Art. 12 lit. b) InsRL gemeint sein. Art. 10 u.o.r.p. regelte den Ausschluss jedoch generell, ohne Anhaltspunkte für ein kollusives Zusammenwirken zwischen dem Arbeitgeber und den ausgeschlossenen Familienangehörigen vorauszusetzen.

336 Nicht erfasst sind beispielsweise Neffen und Nichten des Arbeitgebers, obwohl auch bei diesen Personen aufgrund ihres Näheverhältnisses ein Missbrauch nicht ausgeschlossen werden kann.

337 Suzdorf, Służba Pracownicza 1994, Nr. 2, S. 3 ff. (5); Gersdorf, Niewyplacalność pracodawcy, S. 95.

338 Dz.U. 1998, Nr. 162, Pos. 1118 m. Ä. (*Ustawa o emeryturach i rentach z Funduszu Ubezpieczeń Społecznych*).

339 Vgl. näher zum vermögensrechtlichen Schutz der Familienangehörigen eines verstorbenen Arbeitnehmers vgl. Włodkowska, PiZS 2001, Nr. 10, S. 9 ff.

e) Keine Leistungsberechtigung von Dritten

Vor dem Hintergrund der Untersuchung, wie sich Arbeitsentgelansprüche in Polen vorfinanzieren ließen, ist festzustellen, dass das Fondsgesetz – anders als im deutschen Recht – Dritte, die nicht zur Hinterbliebenenrente berechtigt sind, nicht als Leistungsberechtigte aufführt.

Im deutschen Recht sieht § 170 Abs. 1 SGB III einen Übergang des Insolvenzgeldanspruchs auf einen Dritten vor, soweit ihm der Arbeitnehmer vor Antragstellung auf Insolvenzgeld seine Ansprüche auf Arbeitsentgelt übertragen hat. Dadurch sind auch Dritte leistungsberechtigt, wenn sie Inhaber des Arbeitsentgeltanspruchs sind.

Das Fehlen einer solchen Regelung im polnischen Recht lässt sich mit dem Übertragungs- und Verzichtsverbot der Arbeitsentgeltansprüche gem. Art. 84 k.p. erklären.

f) Vereinbarkeit mit der Insolvenzschutzrichtlinie

Fraglich ist, ob der eigenständige Arbeitnehmerbegriff des Fondsgesetzes mit der Insolvenzschutzrichtlinie vereinbar ist.

Die Insolvenzschutzrichtlinie verweist in Art. 2 Abs. 2 S. 1 auf die Begriffsbestimmung des nationalen Rechts.

Durch den Verweis soll der Insolvenzschutz der Arbeitnehmer in die jeweilige nationale Rechtsordnung integriert werden, ohne dass ein tiefer Eingriff in die betroffene Rechtsmaterie vorgenommen werden muss[340]. Die Integration des Insolvenzschutzes in die jeweils vorgegebene nationale Struktur soll nicht zur Änderung der im nationalen Recht bereits bestehenden generellen Arbeitgeber- und Arbeitnehmerbegriffe führen[341].

Da der Arbeitnehmerbegriff im Fondsgesetz grundsätzlich weiter als das polnische Arbeitsgesetzbuch verstanden wird[342], ist eine fehlerhafte Umsetzung der Insolvenzschutzrichtlinie nicht gegeben.

---

340 EAS, B 3300/*Weber*, Rn. 16.
341 EuGH v. 16.12.1993, Rs. C-334/92 – Miret; Gersdorf, GSP 17/2007, S. 73 ff. (78); Latos-Miłkowska, PiZS 2009, S. 27; EAS, B 3300/*Weber*, Rn. 18 (z. T. unter Verweis auf den unveröffentlichten Bericht für die Kommission der EG von Rolf Birk: »Die Umsetzung der Richtlinie des Rates 80/987/EWG vom 20. Oktober 1980 zur Angleichung der Rechtsvorschriften der Mitgliedstaaten über den Schutz der Arbeitnehmer bei Zahlungsunfähigkeit des Arbeitgebers, 1990«).
342 So auch Latos-Miłkowska, PiZS 2009, S. 27; Małysz, Służba Pracownicza 2011, Heft Nr. 8, S. 19.

g) Zusammenfassung

Leistungsberechtigt sind eigens durch das Fondsgesetz bestimmte Arbeitnehmer, ehemalige Arbeitnehmer sowie zur Hinterbliebenenrente berechtigte Familienangehörige des verstorbenen (ehemaligen) Arbeitnehmers.

Der eigenständige Arbeitnehmerbegriff ist seit der Streichung des Ausschlusses von Familienangehörigen aus dem Schutzbereich mit der Insolvenzschutzrichtlinie vereinbar.

Dritte werden nicht als Leistungsberechtigte genannt.

2.   Arbeitgeber

Das Fondsgesetz aus dem Jahr 1993 in der Fassung vom 17. Juni 2005[343] bestimmte noch in kurzer Art und Weise, dass Arbeitgeber eine natürliche Person
oder eine Betriebseinheit ist, die im Rahmen ihrer wirtschaftlichen Tätigkeit
Arbeitnehmer beschäftigt, wenn die Möglichkeit einer Liquidation gegeben und
die Möglichkeit eines Konkurses nicht durch besondere Vorschriften ausgeschlossen war.

Erfasst waren damit alle konkursfähigen und beitragszahlungspflichtigen
Arbeitgeber[344].

Die Vorschriften erfassten ferner sowohl privatorganisierte als auch staats-
eigene Betriebe[345]. Nicht erfasst waren Anstalten des öffentlichen Rechts sowie
Hilfsorgane von Staatsbetrieben.

Das heute geltende Fondsgesetz regelt in Art. 2 die Eigenschaft des Arbeitgebers in einer sehr viel ausdifferenzierteren Art und Weise.

Insbesondere enthält die Vorschrift eine detaillierte Regelung zu ausländischen Arbeitgebern, die im Rahmen der Gesetzesnovellierung 2006 aufgenommen wurden.

a)   Eigenständiger Arbeitgeberbegriff

Auch der Arbeitgeberbegriff ist im Fondsgesetz, Art. 2 autonom geregelt. Er ist
enger als die in Art. 3 k.p. enthaltene Legaldefinition des polnischen Arbeitsgesetzbuchs. Nach Art. 3 k.p. gehören zu den Arbeitgebern organisatorische
Einheiten (unabhängig vom Bestehen der Rechtspersönlichkeit) und natürliche
Personen, wenn sie Arbeitnehmer beschäftigen. Es ist im polnischen Arbeits-

---

343 Letzte Änderung des Gesetzes erfolgte durch das Gesetz vom 17. Juni 2005 über die Änderung des Gesetzes über den öffentlichen Dienst sowie anderer Gesetze, vgl. Dz.U. Nr. 132,
Pos. 1110 (*Ustawa o zmianie ustawy o służbie cywilnej oraz niektórych innych ustaw*).

344 Kaleta, Kommentar zu u.o.r.p., Art. 2, Anm. 1.

345 Suzdorf, Infor Poradnik prawny 1995, S. 12. Durch die Reform des polnischen Arbeitsgesetzbuchs im Jahr 1996 wurde die Unterscheidung zwischen privatorganisierten und
volkseigenen Arbeitgebern aufgehoben.

recht jedoch nicht unüblich, speziellen Gesetzen eigenständige Arbeitgeberdefinitionen zugrunde zu legen. Viele arbeitsrechtliche Gesetze enthalten eigene Arbeitgeberdefinitionen, wobei einige davon von der Definition des Arbeitsgesetzbuchs abweichen[346].

Im Insolvenzgeldrecht ist der Begriff des Arbeitgebers nicht definiert. Es gilt die allgemeine Definition des Arbeitsrechts[347]. Danach ist Arbeitgeber, wer die Arbeitsleistung kraft Arbeitsvertrages fordern kann und das Arbeitsentgelt schuldet[348]. Es ist jede natürliche oder juristische Person, aber auch jede rechtsfähige Personengesellschaft. Auch die Gesellschaft bürgerlichen Rechts kann Arbeitgeber i. S. d. § 165 SGB III sein[349].

b)   Inhalt des Art. 2 u.o.r.p.

Gem. Art. 2 Abs. 1 u.o.r.p. ist Arbeitgeber, wer zumindest eine natürliche Person im Zusammenhang mit seiner in Polen geführten Gewerbe- oder werbenden Tätigkeit in Übereinstimmung mit dem polnischen Recht beschäftigt[350].

Die Vorschrift nennt hierzu insgesamt drei Unternehmergruppen.

Zuerst werden inländische Unternehmer i. S. d. Art. 4 Abs. 1 des Gesetzes über die wirtschaftliche Betätigungsfreiheit (u.s.d.g.)[351] genannt. Dem folgen die in Polen ansässigen Zweigniederlassungen ausländischer Banken i. S. d. Art. 4 Abs. 1 Nr. 20 des Gesetzes über das Bankenrecht (pr. bank.)[352] und schließlich die aus den EU- und EFTA- Mitgliedsstaaten[353] stammenden ausländischen Unternehmen, sofern sie im Inland eine Zweigniederlassung oder eine Vertretung i. S. d. Art. 85–102a u.s.d.g. unterhalten.

Der deutsche Gesetzgeber unterscheidet nicht explizit zwischen inländischen und ausländischen Unternehmen, sondern betrachtet die Auslandseigenschaft unter dem Blickwinkel des ausländischen Insolvenzereignisses (vgl. § 165 Abs. 1

---

346 Iwulski/Sanetra/*Sanetra*, Kommentar zu k.p., Art. 3, Anm. 2.
347 Brand/*Kühl*, Kommentar zum SGB III, § 165, Rn. 11; Hauck/Noftz/*Voelzke*, Kommentar zum SGB III, § 165, Rn. 47.
348 BAG, Urteil vom 09.09.1982, Az. 2 AZR 253/80, Rn. 19 (juris).
349 Schrader/Straube, InsArbR, S. 17, Rn. 3.
350 Iwulski/Sanetra/*Sanetra*, Kommentar zu k.p., Art. 3, Anm. 2.
351 Gesetz vom 2. Juli 2004 über die wirtschaftliche Betätigungsfreiheit, Dz.U. Nr. 173, Pos. 1807 (*Ustawa o swobodzie działalności gospodarczej*). Im Folgenden mit u.s.d.g. abgekürzt. Das Gesetz enthält die grundlegenden Regelungen des öffentlichen Wirtschaftsrechts, vgl. Muras, Podstawy prawa, S. 318, Rn. 768.
352 Gesetz vom 29. August 1997 über das Bankenrecht, Dz.U. 2002, Nr. 72, Pos. 665 mit Ä. (Ustawa – Prawo bankowe, pr. bank.).
353 EFTA ist die Abkürzung der englischen Bezeichnung *European Free Trade Association*, der Europäischen Freihandelsassoziation. Ihr gehören die Staaten Island, Liechtenstein, Norwegen und die Schweiz an. Mit Ausnahme der Schweiz bilden diese Staaten zusammen mit den EU-Mitgliedsstaaten den Europäischen Wirtschaftsraum (EWR), vgl. www.efta.int.

S. 3 SGB III) und der Inlandbeschäftigung[354]. Auf eine Zweigniederlassung oder Vertretung im Inland wird nicht abgestellt. Entscheidend ist vielmehr, ob eine Inlandbeschäftigung vorliegt.

Im Fondsgesetz muss bei den ausländischen Unternehmen ferner die Möglichkeit der Eröffnung eines in Art. 2 u.o.r.p. abschließend aufgezählten Gesamtverfahrens bestehen[355].

Schließlich wird der persönliche Anwendungsbereich in Art. 2 Abs. 2 u.o.r.p. negativ dahingehend bestimmt, dass drei Arbeitgebergruppen ausgeschlossen werden.

aa)   Voraussetzung der Unternehmereigenschaft i. S. d. Art. 4 Abs. 1 u.s.d.g.

Unternehmer i. S. d. Art. 4 Abs. 1 u.s.d.g. sind natürliche und juristische Personen sowie organisierte Einheiten, denen ein besonderes Gesetz Rechtsfähigkeit verliehen hat, die im eigenen Namen einer wirtschaftlichen Betätigung nachgehen.

Der Anwendungsbereich dieser Vorschrift ist mit dem Anwendungsbereich der zivilrechtlichen Unternehmerdefinition in Art. 43^1 k.c. identisch[356]. Danach ist Unternehmer eine natürliche Person, eine juristische Person oder eine organisatorische Einheit i. S. d. Art. 33^1 § 1 k.c., die im eigenen Namen eine wirtschaftliche oder berufliche Tätigkeit ausübt. Die berufliche Tätigkeit ist ein Unterfall der wirtschaftlichen Tätigkeit, so dass die Vorschrift des Zivilgesetzbuchs insoweit unklar formuliert wurde[357].

Gem. Art. 33^1 § 1 k.c., der auch auf die organisatorischen Einheiten i. S. d. Art. 4 u.s.d.g. anzuwenden ist[358], sind auf die organisatorischen Einheiten, die keine juristischen Personen sind, denen jedoch das Gesetz Rechtspersönlichkeit zuschreibt, die Vorschriften über juristische Personen, entsprechend anwendbar.

Wirtschaftliche Betätigung ist das Nachgehen einer organisierten und kontinuierlichen Gewerbetätigkeit im eigenen Namen und mit dem Ziel, dem Gewerbetreibenden einen Vermögensvorteil zu verschaffen[359]. Nach der Legaldefinition des Art. 2 u.s.d.g. handelt es sich um eine erwerbsmäßig ausgeübte

---

354 Grepl, S. 128.
355 Die Vorgaben zur zweiten Personengruppe, wonach bei den Zweigniederlassungen der ausländischen Banken die Möglichkeit der Eröffnung eines Konkurs- oder Restrukturierungsverfahrens in Polen durch besondere Vorschriften nicht ausgeschlossen sein darf (vgl. Art. 2 Abs. 1 Spiegelstrich 3 u.o.r.p.) stimmt nicht mehr mit der aktuellen Rechtslage überein.
356 Sieradzka/Zdyb/*Sieradzka*, Kommentar zu u.s.d.g., Art. 4, Anm. 36.
357 Gutowski/*Kępiński*, Kommentar zu k.c., Art. 43^1, Rn. 2; Sieradzka/Zdyb/*Sieradzka*, Kommentar zu u.s.d.g., Art. 4, Anm. 36.
358 Sieradzka/Zdyb/*Sieradzka*, Kommentar zu u.s.d.g., Art. 4, Rn. 15.
359 Muras, Podstawy prawa, S. 319, Rn. 769.

Produktions-, Bau-, Handels- und Dienstleistungstätigkeit, die Schürfung, Erkundung und Gewinnung von Bodenschätzen sowie eine selbständige Berufstätigkeit, die in organisierter und dauerhafter Weise ausgeübt wird. Eine Konkretisierung der wirtschaftlichen Tätigkeiten findet sich in der Polnischen Klassifikation der Erzeugnisse und Dienstleistungen[360](*PKWiU*).

Selbständige Berufstätigkeit ist die professionelle, verdienstmäßige und dauerhafte Ausübung eines bestimmten Berufs durch eine natürliche Person, insbesondere die Ausübung freier Berufe (Rechtsanwalts-, Notariats-, Arzt- und Architektentätigkeit)[361].

Zur Zeit der Geltung des Gesetzes über die unternehmerische Tätigkeit vom 19.11.1999[362] war ein Rechtsanwalt demgegenüber nicht Arbeitgeber i.S.d. Art. 2 Abs. 1 u.o.r.p. 1993[363].

(1) Nicht erfasste Tätigkeiten

Personen und Einheiten, die keiner wirtschaftlichen Tätigkeit nachgehen, sind damit nicht Arbeitgeber i.S.d. Fondsgesetzes.

(a) Kein wirtschaftlicher Zweck

Dazu gehören gesellschaftliche Vereinigungen, die keinen wirtschaftlichen Zweck verfolgen (mit non-profit-Charakter[364]) wie z.B. Gesellschaften mit beschränkter Haftung sowie Aktiengesellschaften ohne wirtschaftlichen Zweck.

Ungewöhnlich ist die Nichterfassung dieser Personen insoweit, als dass diese Gesellschaften gem. Art. 5 Abs. 2 Nr. 1 p.u. insolvenzfähig sind.

(b) Landwirtschaftliche Tätigkeit

Ferner wird die landwirtschaftliche Tätigkeit i.S.d. Art. 3 u.s.d.g. nicht erfasst, da sie aus dem Geltungsbereich des Gesetzes über wirtschaftliche Betätigungsfreiheit ausgenommen ist. Dazu gehört der Ackerbau, Tierhaltung und Tierzucht, Garten- und Gemüseanbau, Forstwirtschaft und Binnenfischerei, Tätigkeit der Landwirte im Bereich des Agrartourismus wie Zimmervermietung, Verkauf von Speisen und die Erbringung anderer, mit dem Aufenthalt von Touristen auf Bauernhöfen verbundener Dienstleistungen.

---

360 Verordnung des Ministerrates vom 29. Oktober 2008 über die Polnische Klassifizierung der Erzeugnisse und Dienstleistungen, Dz.U. Nr. 207, Pos. 1293 m.Ä. (*Rozporządzenie Rady Ministrów w sprawie Polskiej Klasyfikacji Wyrobów i Usług, PKWiU*).

361 Gniewek/Machnikowski/*Gniewek*, Kommentar zu k.c., Art. 43[1], Rn. 12.

362 Dz.U. 1999 nr 101, poz. 1178 Ustawa z 19.11.1999 r. – Prawo działalności gospodarczej, ersetzt im Jahr 2004 durch das Gesetz über die wirtschaftliche Betätigungsfreiheit (ustawa o swobodzie działalności gospodarczej, u.s.d.g.).

363 SA in Katowice, Urt. v. 13.02.2008, Az. III AUa 414/07 (Tenor).

364 Latos-Miłkowska, PiZS 2009, S. 22 ff. (23).

(c)   Interner Arbeitgeber (pracodawca wewnętrzny)

Probleme bereitet die verlangte Unternehmereigenschaft in Bezug auf den, im polnischen Arbeitsrecht geltenden, an das Verwaltungs- und Verfügungsrecht orientierten Begriff des Arbeitgebers (*zarządcza koncepcja pracodawcy*[365]), den sog. internen Arbeitgeber (*pracodawca wewnętrzny*)[366].

Im polnischen Arbeitsrecht wird bei der organisatorischen Einheit, die die Stellung eines Arbeitgebers hat, zwischen dem sog. externen Arbeitgeber (*zewnętrzny pracodawca*), und dem internen Arbeitgeber unterschieden[367].

Ein interner Arbeitgeber liegt nach der arbeitsrechtlichen Rechtsprechung und Literatur vor, wenn die Abteilung eines Unternehmens entsprechend der Unternehmensorganisation eine organisatorische und finanzielle Unabhängigkeit vom Gesamtgefüge aufweist, so dass sie selbständig einen Betrieb darstellt und zweitens, wenn die Leitung der Abteilung originär zur Beschäftigung von Arbeitnehmern berechtigt und im Bereich des Arbeitsrechts geschäftsfähig ist. Die Berechtigung darf nicht von einer dritten Person, etwa dem Unternehmensinhaber, abgeleitet sein und sie muss auf Rechtsvorschriften basieren[368]. Der interne Arbeitgeber ist vor den Arbeitsgerichten gem. Art. 460 § 1 k.p.c. partei- und prozessfähig[369]. Das Arbeitsverhältnis entsteht zwischen den betroffenen Arbeitnehmern und dem internen Arbeitgeber und nicht mit der (zahlungsunfähigen) organisatorischen Einheit[370].

Sofern ein interner Arbeitgeber keiner wirtschaftlichen Betätigung im eigenen Namen nachgeht, fehlt es an einer Unternehmereigenschaft i. S. d. Art. 4 u.s.d.g. Er unterfällt dann nicht dem Fondsgesetz mit der Folge, dass seine Arbeitnehmer im Falle der Zahlungsunfähigkeit der organisatorischen Einheit, der er angehört, keinen Insolvenzschutz besitzen.[371]

---

365 Liszcz, Prawo pracy, S. 116.

366 Diesem Arbeitgeberbegriff ist der an den Eigentumsverhältnissen orientierte Arbeitgeberbegriff entgegenzustellen (*właścicielska koncepcja pracodawcy*), vgl. Liszcz, Prawo pracy, S. 115. Laut Wąż, MoPr 2007, Nr. 3 (legalis) wird der nach den Eigentumsverhältnissen orientierte Arbeitgeberbegriff in der Mehrheit der EU-Länder verwendet. Die polnische, an das Verwaltungs- und Verfügungsrecht orientierte Arbeitgeberkonzeption stellt insoweit eine Ausnahme dar.

367 Liszcz, Prawo pracy, S. 112, die diese Arbeitgeberkonzeption auf Grundlage des heutigen Arbeitsrechts aus Gründen der Rechtssicherheit ablehnt.

368 SN, Urt. v. 16.11.1977, Az. I PZP 47/77, Urt. v. 24.11.1992, Az. I PZP 59/92, Urt. v. 18.09. 2008, Az. II PK 28/2008 (jew. lex); Pisarczyk, MoPr 2004, Heft 12 (legalis); Wąż, MoPr 2007, Nr 3 (legalis).

369 Vgl. dazu näher Liszcz, Prawo pracy, S. 112.

370 Latos-Miłkowska, PiZS 2009, S. 23; Liszcz, Prawo pracy, S. 112.

371 Latos-Miłkowska sieht darin einen Grund mehr, den Begriff des internen Arbeitgebers aufzugeben, vgl. PiZS 2009, S. 23.

(d) Gesellschaft bürgerlichen Rechts (spółka cywilna)

Zweifelhaft ist ferner die Arbeitgebereigenschaft der polnischen Gesellschaft bürgerlichen Rechts (geregelt in Art. 860 ff. k.c.) sowie ihren Gesellschaftern.

In der polnischen Rechtsprechung und Literatur wird überwiegend die Ansicht vertreten, dass die Gesellschaft bürgerlichen Rechts (GbR) eine organisatorische Einheit ohne Rechtspersönlichkeit ist und damit Arbeitgeber i. S. d. Art. 3 k.p. sein kann[372]. Wie sich ausdrücklich aus der Vorschrift des Art. 886 § 2 S. 2 k.p.c. ergibt, geht der polnische Gesetzgeber ebenfalls von der Arbeitgebereigenschaft einer GbR aus[373].

Da die Gesellschaft keine Rechtsfähigkeit besitzt[374], ist sie jedoch weder Unternehmer i. S. d. Zivilgesetzbuchs noch i. S. d. Art. 4 Abs. 1 u.s.d.g., auf den das Fondsgesetz verweist[375].

Daraus folgt, dass die GbR zwar Arbeitgeber i. S. d. Arbeitsgesetzbuches, nicht jedoch Arbeitgeber i. S. d. Fondsgesetzes ist.

Der Gesellschaft fehlt des Weiteren gem. Art. 5 Abs. 1 p.u. die Insolvenzfähigkeit[376]. Gem. Art. 5 Abs. 1 p.u. sind Unternehmer i. S. d. Zivilgesetzbuchs insolvenzfähig, wenn das Gesetz nicht etwas anderes bestimmt.

---

372 SN, Urt. v. 14.01.1993, Az. II UZP 21/92 (lex); Urt. v. 07.11.1995, Az. I PRN 84/95 (lex); Urt. v. 10.05.1996, Az. IPRN 63/95 (lex); Beschl. v. 29.01.1999, Az. II UKN 507/98 (lex); Gersdorf/Raczkowski/Rączka/Rączka, Kommentar zu k.p., Art. 3, Rn. 1; Gudowski/Gudowski, Kommentar zu k.c., Art. 860, Rn. 10, 12; Bieniek/Gudowski, Kommentar zu k.c., Band 2, Art. 860, Anm. 10; Florek/ Zieliński, Prawo pracy, S. 46, Rn. 58; Gniewek/Machnikowski/ Jezioro, Kommentar zu k.c., Art. 860, Rn. 14 a.E.; Szajkowski/Herbet, SPP, Band 16, S. 579, Rn. 123; Eine andere Ansicht vertreten Liszcz, Prawo pracy, S. 110 sowie Miroszewski, PiZS 2000, Heft 9, S. 33 ff. (38–39). Beide sehen die Gesellschafter als Arbeitgeber an. Nach Miroszewski stellt die Gesellschaft keine organisatorische Einheit dar, sondern sei ein Vertrag, dessen Wesen die Zusammenarbeit von Rechtssubjekten sei. Die Beschäftigung von Arbeitnehmern führe demzufolge nicht zu einer Adaptation des Schuldverhältnisses der Gesellschaft in eine organisatorische Einheit. Muszalski zweifelt die Arbeitgebereigenschaft der Gesellschaft des Zivilrechts ebenfalls an.

373 Art. 886 § 2 S. 2 k.p.c. lautet: *Jeżeli pracodawcą jest spółka cywilna, grzywnie podlega którykolwiek ze wspólników* (Übersetzung der Verfasserin: Wenn Arbeitgeber eine Gesellschaft bürgerlichen Rechts ist, unterliegt der Geldbuße irgendeiner der Gesellschafter).

374 SN, Beschl. v. 26.01.1996, Az. III CZP 111/95; Pietrzykowski/Pietrzykowski, Kommentar zu k.c., Art. 860, Rn. 40; Lic, S. 585.

375 Bieniek/Gudowski, Kommentar zu k.c., Band 2, Art. 860, Anm. 10; Szajkowski/ Herbet, SPP, Band 16, S. 570, Rn. 116; Muras, Podstawy prawa, S. 319, Rn. 769. Die GbR ist im Übrigen auch nicht Unternehmer i. S. des Art. 43¹ i. V.m. Art. 33¹ k.c. Ihr wurde nicht i. S. d. Art. 33¹ KC durch Gesetz Rechtsfähigkeit verliehen, wie dies etwa bei Personenhandelsgesellschaften und Wohnungseigentumsgemeinschaften der Fall ist. Vgl. ausführlich zur Problematik der Rechtspersönlichkeit einer GbR: Lic, Jan, Spółka cywilna. Problematyka podmiotowości prawnej, 2013.

376 Art. 5 Abs. 1 p.u. orientiert den Begriff der Insolvenzfähigkeit an dem Begriff des Unternehmers i. S. d. polnischen Zivilgesetzbuchs, der Rechtsfähigkeit bzw. die gesetzliche Gleichstellung mit der Rechtsfähigkeit verlangt; vgl. auch SN, Beschluss vom 06.11.2002, Az. III CZP 67/02, Szajkowski/Herbet, SPP, Band 16, S. 576, Rn. 122; F. Zoll, PPH 2001, Nr. 7,

Unternehmer sind gem. Art. 4 Abs. 2 u.s.d.g. die Gesellschafter der GbR. Aus dieser Regelung wird deutlich, dass nur die Gesellschafter Unternehmer i. S. d. Gesetzes über die wirtschaftliche Betätigungsfreiheit sein können, nicht jedoch die Gesellschaft selbst[377].

Die Gesellschafter der GbR sind damit zwar Unternehmer gem. Art. 4 Abs. 1 u.s.d.g.[378] und auch insolvenzfähig[379]. Mangels Verweises auf Abs. 2 des Art. 4 u.s.d.g. im Fondsgesetz, werden die Gesellschafter jedoch nicht vom Fondsgesetz als Arbeitgeber erfasst[380].

Entsprechend der Regelung des Art. 2 Abs. 1 u.o.r.p. können Arbeitnehmer der zahlungsunfähigen GbR somit keine Fondsleistungen erhalten.

Die Gesellschafter der GbR haften jedoch gem. Art. 864 k.c. (i. V. m. Art. 366 k.c.) solidarisch für die Verpflichtungen ihrer Gesellschaft[381]. Sie werden damit Gesamtschuldner der unerfüllten Arbeitsentgeltansprüche.

Bei Zahlungsunfähigkeit der GbR und der Gesellschafter können die Fondsleistungen daher über die Gesellschafter geltend gemacht werden.

Problematisch ist bei dieser Lösung allerdings, dass die Gesellschafter gerade nicht Arbeitgeber i. S. d. Fondsgesetzes sind, weil Art. 2 Abs. 1 u.o.r.p. nicht auf Abs. 2 des Art. 4 u.s.d.g. verweist.

In Anbetracht der Tatsache, dass die GbR eine in der polnischen Rechtspraxis oft anzutreffende Gesellschaftsform ist, ist die Ausklammerung der Arbeitnehmer einer GbR aus dem Schutz des Fondsgesetzes nicht nachvollziehbar. Bei dem Verweis des Art. 2 Abs. 1 u.o.r.p. lediglich auf Abs. 1 des Art. 4 u.s.d.g. kann es sich daher nur um ein Redaktionsversehen des Gesetzgebers handeln. In der Rechtspraxis werden die Gesellschafter einer GbR als Arbeitgeber i. S. d. Fondsgesetzes behandelt[382].

(2)   Zusammenfassung und Schlussfolgerungen

Die Voraussetzung der Unternehmereigenschaft i. S. d. Art. 4 Abs. 1 u.s.d.g. führt dazu, dass Arbeitnehmer von Unternehmen, die keinen wirtschaftlichen Zweck verfolgen, ferner Arbeitnehmer von landwirtschaftlichen Unternehmen und

---

S. 36; Witosz/Witosz/*Adamus*, Kommentar zum p.u.n. 2014, Art. 5, Anm. 34; Cyman, S. 15; Lic, 584; Bieniek/*Gudowski*, Kommentar zu k.c., Band 2, Art. 860, Anm. 12.

377 Kosikowski, Kommentar zu u.s.d.g., Art. 4, Anm. 8.

378 Vgl. Lic, S. 585.

379 Vgl. nur Art. 215 Abs. 1 p.u.

380 Vgl. auch Kaleta, Kommentar zu u.o.r.p., Art. 2, Anm. 3.

381 Kidyba/*Kidyba*/*Kopaczyńska-Pieczniak*, Kommentar zum k.c.(zobowiązania – część szczególna), Art. 864, Anm. 3; Art. 864 k.c. lautet: »*Za zobowiązania spółki wspólnicy odpowiedzialni są solidarnie.*« (Für die Verbindlichkeiten der Gesellschaft haften die Gesellschafter solidarisch, Übersetzung der Verfasserin).

382 Vgl. SN, Urt. 21.06.2007, Az. I PK 1/07 zum alten Recht (lex).

internen Arbeitgebern, die keiner wirtschaftlichen Tätigkeit im eigenen Namen nachgehen, nicht vor Lohnausfall geschützt sind.

Der Schutz der Arbeitnehmer einer GbR kann nur durch eine Ausdehnung des Art. 2 Abs. 1 u.o.r.p. auf Art. 4 Abs. 2 u.s.d.g. gewährleistet werden.

Einen besseren Schutz hätten die Arbeitnehmer aus diesen Gründen, wenn dem Fondsgesetz der Arbeitgeberbegriff des Art. 3 k.p. zugrunde gelegt worden wäre.

Aus der Zusammenschau der Vorschriften des Art. 5 Abs. 1 p.u., der bzgl. der Insolvenzfähigkeit auf den Unternehmerbegriff des Zivilgesetzbuchs (Art. 43^1 k.c.) verweist und des Art. 43^1 k.c, der in seinem Anwendungsbereich mit dem Unternehmerbegriff des Gesetzes über die wirtschaftliche Betätigungsfreiheit identisch ist, folgt, dass die vom Fondsgesetz erfassten polnischen Unternehmen insolvenzfähig sein müssen. Gleichzeitig führt jedoch die Insolvenzfähigkeit nicht dazu, dass die Unternehmen nach dem Fondsgesetz als Arbeitgeber anerkannt werden.

bb) Inländische Niederlassungen ausländischer Banken
Die in Polen ansässigen Zweigniederlassungen ausländischer Banken i. S. d. Art. 4 Abs. 1 Nr. 20 des Gesetzes über das Bankenrecht[383] wurden in das Fondsgesetz aufgenommen, als sie noch gem. Art. 5 Abs. 2 Nr. 4 p.u.n. als konkursfähig galten. Es handelte sich um eine Ausnahme von dem Grundsatz, dass Zweigniederlassungen keine Konkursfähigkeit besitzen.[384]

Mit Änderung des Gesetzes über das Konkurs- und Sanierungsrecht im Jahre 2009[385] wurde die Vorschrift des Art. 5 Abs. 2 Nr. 4 p.u.n. aufgehoben. Stattdessen wurde eine diese Vorschrift ersetzende[386] Regelung im polnischen Internationalen Insolvenzrecht eingefügt. Das Fondsgesetz ist insoweit an die aktuelle Rechtslage anzupassen.

cc) Unternehmen aus den EU- und EFTA- Mitgliedsstaaten
Ausländische Unternehmen aus den EU- und EFTA-Staaten sind Arbeitgeber i. S. des Fondsgesetzes, wenn sie in Polen eine Zweigstelle oder Vertretung i. S. des Gesetzes über wirtschaftliche Betätigungsfreiheit gegründet haben, in der sie

---

383 Gesetz vom 29. August 1997 über das Bankenrecht, Dz.U. 2002, Nr. 72, Pos. 665 mit Ä. (*ustawa– Prawo bankowe*).

384 Witosz/*Adamus*, Kommentar zum p.u.n. 2009, Art. 5, Rn. 16.

385 Gesetz vom 6. März 2009 über die Änderung des Gesetzes über das Konkurs- und Sanierungsrecht, des Gesetzes über den Garantierten Bankenfonds sowie des Gesetzes über das Landes-Gerichtsregister, Dz.U. 2009, Nr. 53, Pos. 434 (*Ustawa o zmianie ustawy - Prawo upadłościowe i naprawcze, ustawy o Bankowym Funduszu Gwarancyjnym oraz ustawy Krajowym Rejestrze Sądowym*).

386 So die Begründung des Änderungsgesetzes, vgl. Witosz/*Adamus*, Kommentar zum p.u.n. 2009, Art. 5, Rn. 30.

zumindest eine natürliche Person entsprechend den polnischen Vorschriften beschäftigen und über deren Vermögen ein näher beschriebenes Gesamtverfahren eröffnet werden kann.

Der Begriff des ausländischen Unternehmers ist in Art. 5 Nr. 3 u.s.d.g. bestimmt. Danach ist ein ausländischer Unternehmer eine ausländische Person sowie polnische Staatsangehörige mit wirtschaftlicher Tätigkeit im Ausland. Als Ausland sind das EU-, EFTA- sowie das restliche Ausland zu verstehen. Eine ausländische Person ist gem. Art. 5 Abs. 2 u.s.d.g. eine natürliche Person ohne polnische Staatsangehörigkeit sowie eine juristische Person und eine rechtsfähige organisatorische Einheit mit Sitz im Ausland. Gem. Art. 13 Abs. 1 u.s.d.g. genießen ausländische Personen grundsätzlich die gleiche Freiheit zur Ausübung wirtschaftlicher Tätigkeit wie polnische Staatsangehörige.

*(1)   Unterhaltung einer Zweigstelle (oddział) oder Vertretung
        (przedstawicielstwo)*
Art. 2 Abs. 1 Alt. 3 u.o.r.p. verlangt, dass der ausländische Unternehmer eine Zweigstelle oder Vertretung i.S.d. Gesetzes über wirtschaftliche Betätigungsfreiheit in der Republik Polen gegründet hat.

Eine Zweigstelle (*oddział*) ist gem. Art. 5 Nr. 4 u.s.d.g. ein ausgesonderter und organisatorisch selbständiger Teil der wirtschaftlichen Tätigkeit, die durch den Unternehmer außerhalb seines Sitzes oder seiner Hauptniederlassung ausgeübt wird. Für Zweigstellen ausländischer Unternehmer gilt gem. Art. 85 u.s.d.g. die Ausübungsfreiheit (geregelt in Art. 13 Abs. 1 u.s.d.g.) entsprechend.

Eine Vertretung (*przedstawicielstwo*) ist die Tätigkeit ausländischer Unternehmer ausschließlich im Bereich der Werbung und Verkaufsförderung (vgl. Art. 93 ff. u.s.d.g.).

Im deutschen Recht kommt es dagegen auf den Sitz oder das Bestehen einer im Inland registrierten Zweigniederlassung nicht (mehr) an[387].

(2)   Möglichkeit der Eröffnung eines Gesamtverfahrens
Darüber hinaus muss über das Vermögen des ausländischen Unternehmers die Eröffnung eines näher bezeichneten Gesamtverfahrens möglich sein.

Bei Unternehmen aus den EU-Mitgliedsstaaten, für die die EuInsVO verbindlich ist, muss die Eröffnung eines Insolvenzverfahrens i.S.d. Art. 2 a) oder c) EuInsVO 2000 bzw. Art. 2 Nr. 4 EuInsVO 2015 möglich sein (vgl. Art. 2 Abs. 1, 1. Spiegelstrich u.o.r.p.)[388].

Bei Unternehmen aus den Mitgliedsstaaten des Europäischen Wirtschafts-

---

387 Gagel/*Peters-Lange*, Kommentar zu SGB III, § 165, Rn. 64.
388 Das Fondsgesetz berücksichtigt noch nicht die Novellierung der EuInsVO durch die Verordnung (EU) 2015/848.

raums sowie aus Dänemark[389]muss die Anerkennung des dort eröffneten Konkursverfahrens durch ein polnisches Konkursgericht gem. Art. 378–417 p.u. möglich sein (vgl. Art. 2 Abs. 1, 2. Spiegelstrich u.o.r.p.).

Bei Unternehmen, die in Polen wirtschaftlich tätig sind sowie Zweigstellen ausländischer Banken darf die Eröffnung eines Konkurs- oder Restrukturierungsverfahrens in der Republik Polen nicht ausgeschlossen sein (vgl. Art. 2 Abs. 1, 3. Spiegelstrich u.o.r.p.).

Bei Kreditinstituten und Versicherungsunternehmen[390] aus den EU- und EFTA-Mitgliedsstaaten, die in Polen eine Zweigstelle unterhalten, muss die Eröffnung eines Konkurs-, Restrukturierungs- oder eines ähnlichen Verfahrens möglich sein (vgl. Art. 2 Abs. 1, 4. Spiegelstrich u.o.r.p.).

Aus dem Vorstehenden ist zu entnehmen, dass das Fondsgesetz die Konkursfähigkeit der ausländischen Unternehmer verlangt, um die Verpflichtung des Fonds zur Auszahlung von Leistungen auszulösen.

(3) Zusammenfassung

Das Fondsgesetz verlangt neben der Insolvenzfähigkeit ausländischer Unternehmer das Vorliegen einer Zweigstelle/Vertretung in Polen.

dd) Beschäftigung nach polnischen Vorschriften

Gem. Art. 2 Abs. 1 a.E. u.o.r.p. muss auch der aus dem Ausland stammende Unternehmer im Zusammenhang mit seiner wirtschaftlichen bzw. werbenden Tätigkeit in Polen zumindest eine natürliche Person in Übereinstimmung mit den Vorschriften des polnischen Rechts beschäftigen.

Da der Gesetzgeber nicht auf ein Arbeitsverhältnis abstellt, sondern den Begriff des Beschäftigens wählt, sind darunter alle Beschäftigungsverhältnisse zu verstehen, die in Art. 10 u.o.r.p. aufgeführt sind.

Nicht eindeutig ist die Voraussetzung »in Übereinstimmung mit den Vorschriften des polnischen Rechts/*zgodnie z przepisami polskiego prawa*«. Dem Wortlaut nach kann es einerseits bedeuten, dass das Beschäftigungsverhältnis nicht gegen polnisches Recht verstoßen darf, aber auch, dass die Beschäftigung auf dem polnischen Recht basieren soll. Letzteres würde dazu führen, dass die Vereinbarung der Parteien über die Geltung eines ausländischen Rechts zum Ausschluss aus dem Anwendungsbereich führen würde.

Im Regierungsentwurf wird lediglich mitgeteilt, dass durch die Aufnahme der

---

389 Gem. Erwägungsgrund 33 EuInsVO hat Dänemark als einziger EU-Mitgliedsstaat die Verordnung nicht angenommen.
390 Gem. Art. 1 Abs. 2 EuInsO gilt die Verordnung insbesondere nicht für Versicherungsunternehmen und Kreditinstitute.

ausländischen Unternehmer in das Fondsgesetz die Vorgaben der Insolvenzschutzrichtlinie erfüllt werden sollen[391].

Sinn und Zweck der Regelung ist, dass in Polen beschäftigte Arbeitnehmer von ausländischen Arbeitgebern vor Lohnausfall in der Insolvenz geschützt sind. Dieser Sinn und Zweck würde nicht erreicht werden, wenn nur Arbeitnehmer erfasst wären, die auf Grundlage des polnischen Rechts beschäftigt werden.

Eine solche Regelung wäre zudem wegen des in der ROM-I-Verordnung geregelten Grundsatzes der Rechtswahlfreiheit zweifelhaft.

Die Vorschrift ist mithin dahingehend auszulegen, dass die Beschäftigung nicht gegen polnisches Recht verstoßen darf. Welches Recht auf das Beschäftigungsverhältnis Anwendung findet, ist demgegenüber irrelevant.

ee)   Vom Fondsgesetz ausgeschlossene Arbeitgeber

Gem. Art. 2 Abs. 2 u.o.r.p. unterliegen drei Personengruppen nicht dem Geltungsbereich des Fondsgesetzes. Dazu gehören juristische Personen, die gem. Art. 49 ff. des Gesetzes über das Landesgerichtsregister (u.k.r.s.)[392] der Eintragungspflicht im Register für Vereine, andere gesellschaftliche und berufsständische Vereinigungen, Stiftungen sowie öffentliche Anstalten der Gesundheitsfürsorge unterliegen und die aufgrund ihrer wirtschaftlichen Tätigkeit zugleich im Unternehmerregister[393] eingetragen sind (vgl. Art. 36 Nr. 13 u.k.r.s.).

Die zweite Personengruppe sind Anstalten, die aufgrund besonderer Vorschriften zum öffentlichen Finanzsektor gehören.

Schließlich sind natürliche Personen, die im Privathaushalt Hausangestellte beschäftigen, aus dem Anwendungsbereich ausgeschlossen.

Der Ausschluss führt dazu, dass diese Personengruppen keine Beiträge an den Fonds leisten müssen, und dass die bei ihnen angestellten Arbeitnehmer keine Zahlungsansprüche aus dem Fonds haben[394].

---

391 Vgl. Regierungsentwurf vom 13.04.2006, Druck Nr. 497.

392 Gesetz vom 20. August 1997 über das Landesgerichtsregister, Dz.U. Nr. 121, Pos. 769 (*Ustawa o Krajowym Rejestrze Sądowym*), auch mit u.k.r.s. abgekürzt.

393 Das Unternehmerregister (*rejestr przedsiębiorców*) und das Register für Vereine, andere gesellschaftliche und berufsständische Vereinigungen, Stiftungen sowie öffentliche Anstalten der Gesundheitsfürsorge (*Rejestr stowarzyszeń, innych organizacji społecznych i zawodowych, fundacji oraz samodzielnych publicznych zakładów opieki zdrowotnej*) sind jeweils getrennte Unterregister des zentral für ganz Polen geführten Landesgerichtsregisters. Im Unternehmerregister werden insbesondere die Kapital- und Personenhandelsgesellschaften eingetragen. Es ist insoweit mit dem deutschen Handelsregister vergleichbar.

394 Latos-Miłkowska, PiZS 2009, S. 22 ff. (23).

(1) *Juristische Personen mit Eintragungspflicht nach Art. 49 u.k.r.s. und der*
Eintragung im Unternehmerregister

Der Ausschluss der im Register für Vereine u. a. eingetragenen juristischen Personen ist im Hinblick auf das Vorliegen wirtschaftlicher Tätigkeit und damit ihrer Unternehmereigenschaft sowie im Hinblick auf ihre Insolvenzfähigkeit zweifelhaft. Es ist kein sachlicher Grund ersichtlich, der den Ausschluss rechtfertigen könnte.

Zurecht sieht Latos-Miłkowska darin einen Verstoß gegen den verfassungsrechtlichen Gleichheitsgrundsatz, gegen den arbeitsrechtlichen Gleichbehandlungsgrundsatz sowie gegen die Insolvenzschutzrichtlinie[395].

(2) *Anstalten des öffentlichen Finanzsektors*

Ausgeschlossen sind ferner Anstalten, die aufgrund besonderer Regelungen dem öffentlichen Finanzsektor angehören. Das sind gem. Art. 9 des Gesetzes über öffentliche Finanzen[396] insbesondere Organe der öffentlichen Gewalt, Anstalten des öffentlichen Rechts und Verwaltungseinheiten der territorialen Selbstverwaltung (Gemeinden, Kreise, Woiwodschaften), Staatliche Zielfonds, selbständige öffentliche Betriebe der Gesundheitsvorsorge, die Sozialversicherungsanstalt (*Zakład Ubezpieczeń Społecznych*), staatliche Hochschulen.

Die Tätigkeit der o.g. Anstalten wird vor allem aus öffentlichen Haushaltsmitteln oder aus anderen öffentlichen Mitteln finanziert, so dass sie im Unterschied zu den privaten Arbeitgebern kein unternehmerisches Risiko und dadurch auch kein Insolvenzrisiko tragen. Für die Verbindlichkeiten aus den Arbeitsverhältnissen ist der Fiskus (*Skarb Państwa*)[397] verantwortlich[398], so dass ihre Arbeitnehmer keines weiteren Schutzes bedürfen.

Sie sind zudem gem. Art. 6 p.u. nicht insolvenzfähig.[399]

(3) *Natürliche Personen, die Hausangestellte beschäftigen*

Schließlich werden aus dem persönlichen Anwendungsbereich natürliche Personen ausgeschlossen, die Angestellte im Haushalt zur Haushaltsführung beschäftigen.

Diese Personen fallen schon aus dem Arbeitgeberbegriff des Art. 2 Abs. 1

---

395 Vgl. dazu Latos-Miłkowska, PiZS 2009, 22 ff. (25); Kaleta, Kommentar zu u.o.r.p., Art. 2, Anm. 6.
396 Gesetz vom 27. August 2009 über öffentliche Finanzen, Dz.U. 2009, Nr. 157, Pos. 1240 und 1241 m. Ä. (*Ustawa o finansach publicznych*).
397 Zur Legaldefinition vgl. Art. 34 k.c.
398 SN, Urt. v. 26. Januar 2005, Az. V CK 407/04.
399 Vgl. dazu Latos-Miłkowska, PiZS 2009, 22 ff. (25).

u.o.r.p. heraus, da sie nicht Unternehmer i. S. d. Art. 4 Abs. 1 u.s.d.g. sind. Die Regelung ist daher überflüssig.[400]

c)   Vereinbarkeit mit der Insolvenzschutzrichtlinie
Der Arbeitgeberbegriff des Fondsgesetzes ist im Hinblick auf die Vereinbarkeit mit dem EU-Recht als kritisch zu betrachten.

aa)   Der Arbeitgeberbegriff
Problematisch ist bereits der eigenständige Arbeitgeberbegriff.

Nach wohl überwiegender Ansicht verweist Art. 2 Abs. 2 InsRL auf den generellen nationalen Arbeitgeberbegriff[401].

Aus dem Umsetzungsgebot aus Art. 288 Abs. 3 AEUV[402] ergibt sich daher, dass die Mitgliedsstaaten für die Zwecke der Umsetzung der Richtlinie nicht einen besonderen Arbeitnehmer[403]- oder Arbeitgeberbegriff einführen dürfen. Damit soll verhindert werden, dass der durch die Richtlinie bezweckte Schutz aller im jeweiligen Mitgliedsstaat als Arbeitnehmer geltenden Personen eingeschränkt wird.

Die so verstandene Umsetzungspflicht kollidiert mit der Struktur des polnischen Arbeitsrechts, wonach es neben der generellen Definition des Arbeitgebers im Arbeitsgesetzbuch spezielle Definitionen gibt, die anhand des Sinn und Zwecks des jeweiligen Gesetzes speziell für dieses entwickelt werden. Diese besonderen Definitionen können besser auf die Ratio der speziellen Regelung abgestimmt werden.

Der Verweis in Art. 2 Abs. 2 InsRL soll dazu führen, dass der Lohnausfallschutz in bereits bestehende Strukturen der jeweiligen nationalen Rechtsordnung integriert werden kann[404].

Die Integration des Lohnausfallschutzes in die polnische Rechtsordnung kann auch dadurch gelingen, dass die spezifische Struktur des Arbeitsrechts beibehalten und eine besondere Definition des Arbeitgebers/Arbeitnehmers für das Fondsgesetz zugelassen wird unter der Voraussetzung, dass sichergestellt ist, dass der durch die Richtlinie bezweckte Schutz eingehalten wird.

---

400 Vgl. dazu Latos-Miłkowska, PiZS 2009, 22 ff. (25).
401 EAS B 3300/*Weber*, Rn. 18 unter Verweis auf Birk, Kommissionsbericht, S. 9, 23; Gersdorf, Niewypłacalność pracodawcy, S. 109.
402 Diese Umsetzungspflicht hat der EuGH durch das Äquivalenz- und Effektivitätsgebot konkretisiert (vgl. Riesenhuber, Europ. ArbR., S. 27, Rn. 64–65 unter Verweis auf EuGH, Urt. v. 22. 04. 1997, Rs. C -180/95, Rn. 29–42 u. a.
403 EAS B 3300/*Weber*, Rn. 18; Riesenhuber, Europ. ArbR., S. 451, Rn. 8 in Bezug auf den Arbeitnehmerbegriff. Nichts anderes dürfte auch für den Arbeitgeberbegriff gelten.
404 EAS, B 3300/*Weber*, Rn. 16.

Eine spezifische Arbeitgeberdefinition ist deshalb dann zulässig, wenn sie den von der Richtlinie verlangten Arbeitnehmerschutz nicht einschränkt.

Die Richtlinie 2008/94 bestimmt in Art. 1 Abs. 2, dass bestimmte Arbeitnehmergruppen nur vom Anwendungsbereich dieser Richtlinie ausgeschlossen werden können, wenn für sie andere gleichwertige Garantieformen bestehen. Art. 1 Abs. 3 InsRL lässt einen Ausschluss für Hausangestellte zu. Erwägungsgrund 5 der Richtlinie bestimmt, dass Arbeitnehmer in befristeten Verträgen, Teilzeitverträgen und Leiharbeitsverhältnissen nicht vom Anwendungsbereich ausgeschlossen werden dürfen.

Das Fondsgesetz schließt durch die Arbeitgeberdefinition weitaus mehr Arbeitnehmer aus dem Anwendungsbereich der Richtlinie aus, als dies nach den o.g. Vorschriften zugelassen wird.

So werden Arbeitnehmer nicht wirtschaftlich tätiger Personen, Arbeitnehmer von Landwirten, internen Arbeitgebern (sofern sie keiner wirtschaftlichen Tätigkeit nachgehen) und juristischen Personen, die zugleich im Register für Vereine u. a. eingetragen sind, vom Anwendungsbereich ausgeschlossen.

Ein gleichwertiger Lohnausfallschutz ist für die o.g. Personen nicht vorgesehen.

Die Ausschlüsse der o.g. Personen vom Anwendungsbereich des Fondsgesetzes gehen daher über das nach der Richtlinie Zulässige hinaus.

Sie sind mit der Richtlinie nicht vereinbar.

bb)   Ausländische Unternehmer mit Zweigstelle oder Vertretung in Polen
Problematisch ist auch die Eingrenzung der ausländischen Unternehmer auf solche, die eine Zweigstelle oder eine Vertretung zu Werbezwecken in der Republik Polen unterhalten.

Art. 9 Abs. 1 InsRL regelt, dass die Garantieeinrichtungen desjenigen Mitgliedsstaates zur Zahlung verpflichtet sind, in dessen Hoheitsgebiet die betroffenen Arbeitnehmer ihre Arbeit gewöhnlich verrichten oder verrichtet haben.

Eine Zweigniederlassung oder feste Niederlassung des Arbeitgebers ist nicht erforderlich.[405] Der EuGH verlangt nur eine wirtschaftliche Präsenz, die durch das Vorhandensein von Personal gekennzeichnet ist[406].

Mithin ist es mit der Insolvenzschutzrichtlinie nicht vereinbar, dass nach Art. 2 Abs. 1 u.o.r.p. das Bestehen einer Zweigstelle oder Vertretung verlangt wird.

---

405 EuGH, Urt. v. 16.10.2008, Rs. C-310/07, Rn. 26–28 – Holmqvist (juris); EAS, B 3300/*Weber*, Rn. 60, S. 25; *Świątkowski, Prawo pracy UE, Abschnitt VIII, § 3, V (legalis).*

406 EuGH, Urt. v. 16.10.2008, Rs. C-310/07, Leitsatz – Holmqvist (juris); Gagel/*Peters-Lange*, Kommentar zu SGB III, § 165, Rn. 64.

cc)   Rechtsfolgen der Verstöße gegen die Insolvenzschutzrichtlinie

Dem Unionsrecht entgegenstehende innerstaatliche Rechtsvorschriften dürfen nach dem EuGH nicht angewendet werden (Anwendungsvorrang des Unionsrechts, »*primauté*«)[407]. Die Mitgliedsstaaten sind verpflichtet, die Anwendung und Durchsetzung des Unionsrechts zu ermöglichen (»*effet utile*« des Unionsrechts)[408].

Bei nicht oder nicht hinreichender Umsetzung der Richtlinie hat der Mitgliedsstaat, soweit möglich, die Pflicht, die nationalen Vorschriften richtlinienkonform auszulegen[409].

Richtlinien, die nicht oder nur fehlerhaft umgesetzt wurden, können unmittelbar angewendet werden, wenn sie unbedingt und hinreichend konkret den Personenkreis, dem die Regelung zugutekommen soll, deren Inhalt und deren Schuldner bestimmt und es sich um ein Rechtsverhältnis zwischen dem Staat und einem Bürger handelt (sog. »vertikale Direktwirkung«)[410].

Die Insolvenzschutzrichtlinie ist nicht unmittelbar anwendbar, weil sie nicht bestimmt, wer Schuldner der Garantieansprüche ist[411].

Bei fehlerhafter/nicht fristgemäßer Umsetzung einer Richtlinie, die nicht hinreichend konkret ist, um unmittelbar angewendet werden zu können, besteht eine Haftung des Mitgliedsstaates[412]. Der Schadensersatzanspruch ergibt sich unmittelbar aus dem Unionsrecht gem. Art. 4 Abs. 3 EUV und Art. 288 Abs. 3 AEUV. Der Anspruch wird auf Grundlage des nationalen Staatshaftungsrechts ausgestaltet und ist vor den nationalen Gerichten geltend zu machen[413].

Es kommt hier zunächst eine richtlinienkonforme Auslegung des Art. 2 u.o.r.p. in Betracht. Der Ausschluss der in Art. 2 Abs. 2 Alt. 1 u.o.r.p. genannten Arbeitgeber ist restriktiv dahin gehend auszulegen, dass er keine Anwendung findet. In Bezug auf die Zweigstelle oder Vertretung zu Werbezwecken ist eine restriktive Auslegung dahin gehend vorzunehmen, dass eine wirtschaftliche Präsenz mit Personal ausreichend ist.

---

407 EuGH, Urt. v. 15.07.1964, Rs. C-6/64–Costa/ENEL, S. 1270; EuGH, Urt. v. 09.03.1978, Rs. C 106/77-Simmenthal, Rn. 17/18 (jew. juris); Hakenberg, Europarecht, Rn. 227; a.A. vertritt der polnische Verfassungsgerichtshof, Urt. v. 24.11.2010, Az. K 32/09 sowie Urt. v. 11.05. 2005, Az. K 18/04 unter Berufung insbesondere auf die Art. 8 und 91 Abs. 3 der polnischen Verfassung (*prymat Konstytucji*); Trubalski, Prawne aspekty, Abschnitt V, § 1 (legalis).

408 Hakenberg, Europarecht, Rn. 232.

409 Hakenberg, Europarecht, Rn. 257; *zasada prounijnej wykładni prawa*, vgl. Trubalski, Prawne aspekty, Abschnitt V, § 2 (legalis).

410 EuGH, Urt. v. 19.11.1991, Rs. C-6/90 und 9/90, Rn. 26- Francovich; Hakenberg, Europarecht, Rn. 254.

411 EuGH, Urt. v. 19.11.1991, Rs. C-6/90 und 9/90, Rn. 26-Francovich und Bonifaci.

412 EuGH, Urt. v. 19.11.1991, Rs. C-6/90 und 9/90, Rn. 34–45 – Francovich; Hakenberg, Europarecht, Rn. 258; Trubalski, Prawne aspekty, Abschnitt V, § 3 (legalis).

413 Hakenberg, Europarecht, Rn. 243; Hauck/Noftz/*Voelzke*, Kommentar zum SGB III, § 165, Rn. 209.

Die betroffenen Arbeitnehmer können Schadensersatzansprüche gegen den polnischen Staat bzw. die Gerichte wegen fehlerhafter Umsetzung der Insolvenzschutzrichtlinie bzw. nicht richtlinienkonformer Auslegung geltend machen. Voraussetzung ist jedoch gem. Art. 417[1] § 1, 2 k.c. das Vorliegen eines rechtskräftigen Urteils des EuGH, in dem die Unvereinbarkeit des polnischen Rechts mit dem EU-Recht festgestellt wird[414].

d) Zwischenergebnis

Der Begriff des Arbeitgebers ist mit dem Begriff des Art. 3 k.p. nicht identisch, sondern steht selbständig neben diesem.

Schutzlücken, die durch den Verweis in Art. 2 Abs. 1 u.o.r.p. auf Art. 4 Abs. 1 u.s.d.g. für Arbeitnehmer einer GbR entstehen, sind durch eine Erweiterung des Fondsgesetzes auf Unternehmer i. S. d. Art. 4 Abs. 2 u.s.d.g. zu schließen. Dadurch können die Fondsleistungen für die Arbeitnehmer der GbR über ihre Gesellschafter, die gem. Art. 366 k.c. für ihre Verbindlichkeiten persönlich haften, beantragt werden.

Mit dem EU-Recht unvereinbar ist der Ausschluss der nicht wirtschaftlich tätigen Arbeitgeber, Landwirte, interner Arbeitgeber (sofern sie keiner wirtschaftlichen Tätigkeit nachgehen) und juristischer Personen, die zugleich im Register für Vereine u.a. eingetragen sind. Europarechtswidrig ist auch das Verlangen nach einer Zweigstelle bei ausländischen Arbeitgebern sowie einer Vertretung, wenn diese mehr als eine wirtschaftliche Präsenz erfordert. Der polnische Staat haftet für die Verstöße gegen die Insolvenzschutzrichtlinie.

3. Zusammenfassung

Der persönliche Anwendungsbereich des Fondsgesetzes schränkt den Lohnausfallschutz der Arbeitnehmer in der Insolvenz des Arbeitgebers teils europarechtswidrig ein, indem durch eigenständige Definitionen der Arbeitnehmer und Arbeitgeber Personen ausgeschlossen werden, die nach der Vorstellung des europäischen Gesetzgebers vom Schutz erfasst werden sollten.

Die Bestimmung des Arbeitgebers in Art. 2 u.o.r.p. führt zu Lücken im Schutz der Arbeitnehmer. Dies wird insbesondere in Bezug auf die Gesellschaften des Zivilrechts sichtbar. Hier hätte der polnische Gesetzgeber die in Art. 3 k.p. genannte Arbeitgeberdefinition übernehmen sollen.

Gleichzeitig sorgt die Aufnahme von zur Hinterbliebenenrente berechtigten Familienangehörigen zu einer Ausweitung des sozialen Schutzes.

Eine Erweiterung der Leistungsberechtigung auf sonstige Dritte ist jedoch nicht vorgesehen.

---

414 Trubalski, Prawne aspekty, Abschnitt V, § 4 (legalis).

Die Arbeitsentgeltansprüche und die Fondsansprüche stellen Vermögensrechte dar, für die der Gesetzgeber eine spezielle Erbrechtsnachfolge vorgesehen hat, um die zur Hinterbliebenenrente berechtigten Familienangehörigen besonders zu schützen.

III. Inlandbeschäftigung

Gem. § 165 Abs. 1 S. 1, 2 SGB III muss der Arbeitnehmer im Inland beschäftigt sein.

Dies gilt auch für das polnische Recht. Das Fondsgesetz verlangt im letzten HS des Art. 2 Abs. 1 u.o.r.p., dass die Beschäftigung mit der Tätigkeit in Polen zusammenhängen soll.

Das Abstellen auf die Inlandbeschäftigung entspricht Art. 9 Abs. 1 InsRL.

IV. Ereignisse der Zahlungsunfähigkeit

Eine weitere Voraussetzung des Anspruchs auf Zahlung von Fondsleistungen ist der Eintritt von Zahlungsunfähigkeit. Das polnische Rechtssystem enthält keine einheitliche Definition der Zahlungsunfähigkeit[415]. Der im Fondsgesetz verwendete Begriff ist gegenüber dem im Insolvenzrecht verwendeten Terminus spezieller[416]. Er setzt nicht voraus, dass die Arbeitnehmer zuvor versucht haben müssen, ihre Ansprüche gerichtlich durchzusetzen[417].

Die schutzauslösenden Ereignisse der Zahlungsunfähigkeit werden in Gruppierungen in sechs Vorschriften des Fondsgesetzes (Art. 3 bis 6, 8 und 12 a Abs. 2 u.o.r.p.) beschrieben. Dabei wird zwischen inländischen und ausländischen Ereignissen unterschieden.

Die ausländischen Ereignisse sind in Art. 4 bis 6 u.o.r.p. aufgeführt und näher bestimmt. Die inländischen Ereignisse regeln im Einzelnen die Vorschriften der Art. 3, Art. 8 und Art. 12a Abs. 2 u.o.r.p.

Am Ende einer jeden Vorschrift (im zweiten bzw. dritten Absatz des jeweiligen Artikels) wird der Zeitpunkt (Stichtag) genannt, an dem die Zahlungsunfähigkeit eintritt (*data wystąpienia niewypłacalności*).

Vor der Änderung durch das Änderungsgesetz vom 20.07.2017 war die

---

415 Osajda, PPH 2016, S. 11ff. (12); Hrycaj/ Jakubecki/Witosz/*Filipiak*, SPH, Band 6, Kapitel 22, Rn. 16.

416 Hrycaj/ Jakubecki/Witosz/*Filipiak*, SPH, Band 6, Kapitel 22, Rn. 22.

417 SA in Lublin, Urt. v. 13.10.2016, Az. III AUa 926/16 (legalis).

faktische Einstellung der wirtschaftlichen Tätigkeit als ein Fall der Zahlungs-unfähigkeit in Art. 8a u.o.r.p. a. F. geregelt[418].

1. Überblick über die Insolvenzereignisse nach §§ 165 ff. SGB III

In § 165 Abs. 1 Nr. 1–3 SGB III werden alternativ drei Insolvenzereignisse bestimmt. Erstens ist es die Eröffnung eines Insolvenzverfahrens (§ 27 InsO), zweitens die Abweisung des Insolvenzantrags mangels Masse (§ 26 Abs. 1 S. 1 InsO) und drittens die vollständige Beendigung der Betriebstätigkeit im Inland, wenn ein Antrag auf Eröffnung des Insolvenzverfahrens nicht gestellt wurde und ein solches offensichtlich mangels Masse nicht in Betracht kommt.

Der deutsche Gesetzgeber nennt in § 165 Abs. 1 S. 3 SGB III das ausländische Insolvenzereignis und stellt es den inländischen Insolvenzereignissen gleich. Eine Begriffsbestimmung, wann ein ausländisches Insolvenzereignis vorliegt, erfolgt nicht.

Die deutschen Vorschriften unterscheiden nicht zwischen dem Regelinsolvenzverfahren, Insolvenzplanverfahren oder dem Verfahren mit Eigenverwaltung. In Deutschland gilt das insolvenzrechtliche Einheitsverfahren.

Das Insolvenzplanverfahren (§§ 217–269 InsO) ist kein selbständiges Insolvenzverfahren[419], sondern es gehört als Sonderinsolvenzverfahren zu einer alternativen Verfahrensart innerhalb des Insolvenzverfahrens. Zwar kann der Schuldner nach § 218 Abs. 1 S. 2 InsO die Einleitung eines Insolvenzplanverfahrens bereits mit seinem Antrag auf Eröffnung des Insolvenzverfahrens verbinden. Es bedarf jedoch zunächst der Eröffnung des allgemeinen Insolvenzverfahrens, in dessen Rahmen es zum Insolvenzplanverfahren kommen kann.[420] Als Inhalt des Insolvenzplans kommen verschiedene Formen der Sanierung, besondere Formen der Liquidation oder der übertragenden Sanierung in Betracht[421].

Das Verfahren der Eigenverwaltung (§§ 270–285 InsO) ist keine eigene Verfahrensart[422]. Die Eigenverwaltung kann nur auf Antrag des Schuldners (anstelle der Bestellung eines Insolvenzverwalters) im Beschluss über die Eröffnung des Insolvenzverfahrens angeordnet werden (§ 270 Abs. 1 InsO). Die Eigenverwal-

---

418 Vgl. SN, Urt. v. 04.09.2012, Az. I PK 72/2012, das explizit feststellt, dass Art. 8a u.o.r.p. (a. F.), in dem die faktische Einstellung der wirtschaftlichen Tätigkeit geregelt war, einen weiteren Fall der Zahlungsunfähigkeit darstelle. Eine andere Ansicht vertrat schon vor der Gesetzesänderung im Jahre 2017 Filipiak, wonach Zahlungsunfähigkeit im Sinne des Fondsgesetzes ein durch Gerichtsentscheidung festgestellter Zustand sei (vgl. Hrycaj/Jakubecki/Witosz/*Filipiak*, SPH, Band 6, Kapitel 22, Rn. 22).
419 Uhlenbruck/*Lüer/Streit*, Kommentar zur InsO, § 217, Rn. 2.
420 Uhlenbruck/*Lüer/Streit*, Kommentar zur InsO, § 217, Rn. 2.
421 Braun/*Frank*, Kommentar zur InsO, § 217, Rn. 1, Vorbem. vor § 217, Rn. 13.
422 BGH, Beschl. v. 11.01.2007, Az. IX ZB 85/05, Rn. 10 (juris); Krüger, Insolvenzrecht, S. 138.

tung kann im Regelinsolvenzverfahren, im Insolvenzplanverfahren und den Sonderformen der §§ 314 bis 334 InsO erfolgen.[423] Im Gegensatz zu den fremdverwalteten Insolvenzverfahren behält der Schuldner hier die Verfügungs- und Verwaltungsbefugnis über sein Vermögen. Er unterliegt jedoch einer strengeren Überwachungspflicht durch den gerichtlich bestellten Sachwalter, § 274 Abs. 3 S. 1 InsO[424]. Für den Zeitraum des Insolvenzeröffnungsverfahrens darf der Schuldner bei einem nicht offensichtlich aussichtslosen Eigenverwaltungsantrag nicht mehr durch umfassende Sicherungsmaßnahmen entmachtet werden (§§ 270a, 270b InsO). So soll anstelle eines vorläufigen Insolvenzverwalters ein vorläufiger Sachwalter bestellt werden.[425]

2.   Ereignisse der Zahlungsunfähigkeit nach dem Fondsgesetz

Die Ereignisse der Zahlungsunfähigkeit nach den polnischen Vorschriften sind insbesondere in den Art. 3 und 8 u.o.r.p. geregelt. Die ausländischen Fälle erfassen Art. 4 bis 6 u.o.r.p.

Als Ereignisse der Zahlungsunfähigkeit nennt das Fondsgesetz die Einleitung eines bestimmten förmlichen Verfahrens und zwar eines Insolvenz- oder eines bestimmten Beendigungsverfahrens (Art. 3 ff., 8 u.o.r.p.) sowie die faktische, über zwei Monate andauernde Betriebseinstellung (Art. 12a Abs. 2 u.o.r.p.).

a)   Einleitung eines Konkurs- oder Restrukturierungsverfahrens

Das Fondsgesetz unterscheidet zwischen den einzelnen Insolvenzverfahrensarten.

Es findet keine Anwendung auf das Vergleichsbestätigungsverfahren.

Die Vorschrift des Art. 3 u.o.r.p. erfasst drei Fälle der inländischen Zahlungsunfähigkeit: die Eröffnung eines Konkurs- oder Sekundärinsolvenzverfahrens, die Eröffnung eines Restrukturierungsverfahrens i.S.d. Art. 2 Nr. 2–4 p.r. sowie die Abweisung eines Antrags auf Konkursverfahrenseröffnung. Das Datum, an dem Zahlungsunfähigkeit eintritt, ist das Datum des Erlasses der jeweiligen Entscheidung. Der Eintritt der Zahlungsunfähigkeit ist also nicht die Stellung des entsprechenden Eröffnungsantrags[426].

---

423 Andres/Leithaus/Dahl/*Andres*, Kommentar zur InsO, Vorbemerkung vor §§ 270–285, Rn. 6.

424 Uhlenbruck/*Zipperer*, Kommentar zur InsO, § 270, Rn. 2.

425 Krüger, Insolvenzrecht, S. 139.

426 SN, Urt. v. 05.08.2014, Az. I PK 8/14 sowie Urt. v. 28.05.2013, Az. I PK 294/12 lex). Das Oberste Gericht stellt in den Urteilen fest, dass das Abstellen auf den Eröffnungszeitpunkt und nicht auf den Zeitpunkt der Antragstellung seit der Änderung der Richtlinie 80/987/EGW durch die Richtlinie 2002/74/EG vom 23.09.2002 mit dem europäischen Recht konform ist (Art. 3 InsRL).

Einen vierten Fall, der einen Bezug zum Konkursverfahren hat, regelt Art. 8 Abs. 1 Nr. 1 u.o.r.p.

aa)   Eröffnung eines Konkurs- oder Sekundärinsolvenzverfahrens, Art. 3 Abs. 1 Nr. 1 u.o.r.p.

Das zuerst genannte leistungsauslösende Ereignis ist die Eröffnung eines Konkurs- oder eines Sekundärinsolvenzverfahrens[427] durch ein polnisches Konkursgericht (Art. 3 Abs. 1 Nr. 1 u.o.r.p.).

Mit der Eröffnung des Sekundärinsolvenzverfahrens (*wtórne postępowanie upadłościowe*) ist die Eröffnung eines Verfahrens i. S. d. Art. 3 Abs. 2 EuInsVO 2000/2015 über ein polnisches Unternehmen durch ein polnisches Gericht gemeint.

bb)   Eröffnung eines Restrukturierungsverfahrens, Art. 3 Abs. 1 Nr. 2 u.o.r.p.

Gem. Art. 3 Abs. 1 Nr. 2 u.o.r.p. stellen das beschleunigte Vergleichsverfahren, das Vergleichsverfahren sowie das Sanierungsverfahren ein Ereignis der Zahlungsunfähigkeit vor.

Der Gesetzgeber erweitert damit den Anwendungsbereich des Fondsgesetzes auf die drohende Zahlungsunfähigkeit i. S. d. Restrukturierungsrechts[428].

Gleichzeitig schließt er jedoch das Vergleichsbestätigungsverfahren aus. Dieses ist nicht leistungsauslösend, weil nach dem gesetzgeberischen Konzept der Schuldner mit Erlass des Beschlusses über die Bestätigung des Vergleichs wieder zahlungsfähig sein soll. Dieses Konzept scheint jedoch nicht konsequent zu sein. Denn einerseits soll der Schuldner mit der gerichtlichen Bestätigung des Vergleichs die Zahlungsfähigkeit wiedererlangen. Andererseits wird ihm jedoch zur Ausführung des Vergleichs ein Aufseher zur Seite gestellt, der die ordnungsgemäße Vergleichserfüllung beaufsichtigen soll (vgl. Art. 171 Abs. 1 p.r. *nadzorca wykonania układu*). Eine solche Beaufsichtigung wäre allerdings unnötig, wenn doch der Schuldner wieder zahlungsfähig wäre. Die Auferlegung der Beaufsichtigung zeigt vielmehr, dass die Zahlungsfähigkeit noch nicht sicher gegeben ist und erst sicher hergestellt wird, wenn der Vergleich eingehalten wird. Die alleinige Bestätigung des Vergleichs sagt deshalb m. E. nichts über die

---

427 Der Aufnahme des Sekundärinsolvenzverfahrens (Drucks. 2014, Nr. 2152) lag der Fall der polnischen Gesellschaft Christianapol Sp.z.o o. zugrunde, über deren Vermögen in Frankreich ein Hauptinsolvenzverfahren im Januar 2013 und sodann im Mai 2013 in Polen das Sekundärinsolvenzverfahren eröffnet wurden. Zu dieser Zeit löste die Eröffnung eines Sekundärinsolvenzverfahrens in Polen über das Vermögen eines polnischen Unternehmens keine Fondsleistungen aus, was zu einer Schutzlücke geführt hat. Diese Schutzlücke wurde nunmehr durch Art. 3 Abs. 1 Nr. 1 Alt. 2 u.o.r.p. geschlossen.

428 Das war vor der Insolvenzrechtsreform nicht der Fall. Bis zum 31.12.2015 war das Fondsgesetz auf Sanierungsverfahren (*postępowanie naprawcze*) nicht anwendbar (Art. 500 p.u.n.), vgl. dazu Sanetra (Hrsg.), Europeizacja polskiego prawa pracy, 2004, S. 83.

Zahlungsfähigkeit des Schuldners aus. Bis zur Vergleichserfüllung besteht vielmehr weiterhin Ungewissheit, ob der Schuldner wieder zahlungsfähig wird.[429]

cc)   Abweisung eines Konkursantrags, Art. 3 Abs. 1 Nr. 3, 4 u.o.r.p.

Gem. Art. 3 Abs. 1 Nr. 3 und 4 u.o.r.p. liegt ein Ereignis der Zahlungsunfähigkeit vor, wenn ein Antrag auf Eröffnung eines Konkursverfahrens abgewiesen wird. Die Abweisung muss erfolgt sein, entweder weil das Vermögen des Arbeitgebers nicht oder nur für die Befriedigung der Verfahrenskosten ausreicht, oder weil festgestellt wird, dass das Vermögen dermaßen mit Hypotheken, Pfand, Registerpfand, Fiskuspfand oder Schiffshypothek belastet ist, dass das übrige Vermögen nicht für die Verfahrenskosten reicht.

Im Unterschied zur europäischen Vorgabe wird in diesen Fällen nicht gefordert, dass kumulativ dazu der Betrieb endgültig stillgelegt werden muss. Insoweit schließt der polnische Gesetzgeber eine Schutzlücke, die der europäische Gesetzgeber[430] offen gelassen hat.

Auch in Deutschland ist gem. Art. 165 Abs. 1 Nr. 2 SGB III die Abweisung des Antrags auf Eröffnung des Insolvenzverfahrens mangels Masse alleinige Voraussetzung.

dd)   Einstellung eines Konkursverfahrens, Art. 8 Abs. 1 Nr. 1 u.o.r.p.

Gem. Art. 8 Abs. 1 Nr. 1 u.o.r.p. kann auch die Einstellung des Konkursverfahrens ein Ereignis der Zahlungsunfähigkeit darstellen. Das ist der Fall, entweder wenn das Vermögen, das nach Aussonderung der Gegenstände, die mit einer Hypothek, einem Pfand, einem Register- oder Fiskuspfand, oder einer Schiffshypothek belastet sind, nicht oder nur für die Deckung der Verfahrenskosten ausreicht, oder wenn die verpflichteten Gläubiger keinen Kostenvorschuss geleistet haben und es in der Konkursmasse keine flüssigen Mittel für die Verfahrenskosten gibt[431].

Neben diesem Kriterium verlangt das Gesetz, dass der Arbeitgeber keine Finanzmittel mehr hat und deshalb Arbeitnehmeransprüche nicht mehr erfüllt werden können. Die alleinige Einstellung des Konkursverfahrens indiziert also noch nicht die Nichterfüllung der Arbeitsentgeltansprüche.

ee)   Eintritt der Zahlungsunfähigkeit (data wystąpienia niewypłacalności)

Als Zeitpunkt des Eintritts der Zahlungsunfähigkeit sieht Art. 3 Abs. 2 u.o.r.p. das Datum des Erlasses des jeweiligen Beschlusses vor.

---

429 So zum deutschen Insolvenzplan auch Hauck/Noftz/*Voelzke*, Kommentar zum SGB III, § 165, Rn. 63 sowie BSG, Urt. v. 17.03.2015, Az. B 11 AL 9/14 R, Rn. 17 (juris).
430 Vgl. Art. 2 Abs. 1 lit. b). Insolvenzrichtlinie; EAS, B 3300/*Weber*, Rn. 32.
431 Die Einstellung des Konkursverfahrens erfolgt durch gerichtlichen Beschluss.

Bei Einstellung des Konkursverfahrens ist allerdings gem. Art. 8 Abs. 2 u.o.r.p. der Zeitpunkt maßgebend, an dem der Beschluss über die Einstellung des Konkursverfahrens rechtskräftig wird.

Nach deutschem Recht gilt generell als Zeitpunkt des Eintritts des Insolvenzereignisses das auf dem Beschluss befindliche Datum über die Eröffnung des Insolvenzverfahrens bzw. über die Abweisung des Insolvenzantrags mangels Masse.

ff)   Ergebnis

Alle oben aufgeführten Ereignisse der Zahlungsunfähigkeit haben einen Bezug zum Insolvenzverfahren. Im Unterschied zum deutschen Recht stellt auch die Einstellung eines Konkursverfahrens ein solches Ereignis dar.

Durch die Aufnahme der Restrukturierungsverfahren in den Anwendungsbereich des Gesetzes werden auch Insolvenzfälle erfasst, bei denen lediglich eine drohende Zahlungsunfähigkeit vorliegt. Im Hinblick auf die Vorfinanzierung von Fondsleistungen ist diese Erweiterung als positiv zu bewerten. Zur Erhöhung der Sanierungschancen hätte der polnische Gesetzgeber jedoch auch das Vergleichsbestätigungsverfahren in den Anwendungsbereich aufnehmen können.

b)   Einleitung sonstiger förmlicher Verfahren, Art. 8 u.o.r.p.

Die in Art. 8 Abs. 1 Nr. 2–6 u.o.r.p. aufgeführten weiteren Ereignisse der Zahlungsunfähigkeit haben gemeinsam, dass eine sonstige förmliche Entscheidung erlassen wird.

Die Entscheidung alleine ist jedoch nicht leistungsauslösend. Daneben wird verlangt, dass der Arbeitgeber keine Finanzmittel mehr hat, und es deshalb nicht zur Erfüllung der Arbeitnehmeransprüche gekommen ist.

Die Ereignisse beziehen sich auf Fälle außerhalb von Insolvenzverfahren, so dass sie hier nicht weiter erörtert werden[432]. Die Aufnahme anderer Verfahren als Konkursverfahren zeigt jedoch, dass der polnische Gesetzgeber auch hier über die Anforderungen der Insolvenzschutzrichtlinie hinausgeht.

c)   Faktische Einstellung der Tätigkeit des Arbeitgebers

Art. 12a u.o.r.p. erweitert[433] die Ereignisse der Zahlungsunfähigkeit um den Fall der faktischen, über zwei Monate andauernden Einstellung der Tätigkeit des Arbeitgebers (*faktyczne zaprzestanie działalności*). Im Unterschied zu den anderen Ereignissen der Zahlungsunfähigkeit berechtigt der Eintritt der faktischen

---

432 S. dazu Schürmeyer, Osteuropa-Recht 2015, S. 138 ff.
433 Zu Art. 8a u.o.r.p. a. F. siehe SN, Urt. v. 04. 09. 2012, Az. I PK 72/2012; SN, Urt. v. 12. 06. 2013, Az. I PK 12/2013 (lex).

Einstellung der Tätigkeit des Arbeitgebers die Arbeitnehmer jedoch nur dazu, Vorschüsse auf die Fondsleistungen zu verlangen[434]. Zur Klarstellung dieses Unterschieds zu den anderen Ereignissen wurde Art. 8a u.o.r.p. gestrichen und das Ereignis einer Neuregulierung in Art. 12 a u.o.r.p. zugeführt. Der Gesetzgeber wollte damit der Gleichbehandlung dieses Ereignisses mit den anderen Ereignissen der Zahlungsunfähigkeit ein Ende setzen[435].

Die bisherige Definition der faktischen Einstellung der Tätigkeit des Arbeitgebers wurde in Art. 12a Abs. 2 u.o.r.p. weiter konkretisiert und teilweise abgeändert.

Ursprünglich war es ausreichend, dass der Arbeitgeber die Arbeitsentgeltansprüche wegen fehlender Finanzmittel nicht erfüllt und faktisch seine Tätigkeit für länger als zwei Monate eingestellt hat[436]. Die neue Definition stellt klar, dass neben der Einstellung seiner Tätigkeit auch der Umstand gegeben sein muss, dass aus der Tätigkeit keine Einnahmen erzielt werden. Unberührt davon bleibt die vorübergehende Aussetzung der betrieblichen Tätigkeit, die in den jeweiligen Registern veröffentlicht wird (Art. 12a Abs. 2 Nr. 1 u.o.r.p.). Weiter darf sich der Arbeitgeber trotz Eintragung in den einschlägigen Registern nicht mehr am Sitz bzw. an sonstigen Orten des Unternehmens aufhalten, oder es muss der Sitz des Arbeitgebers bzw. die sonstigen Stellen des Unternehmens von Amts wegen aus den Registern gelöscht sein (Art. 12a Abs. 2 Nr. 2 u.o.r.p.). Das Verlassen des Betriebes durch die Geschäftsleitung, das zum Stillstand der Tätigkeit führt, wurde damit als eine Variante der faktischen Einstellung explizit ins Gesetz aufgenommen[437]. Schließlich wird verlangt, dass der Arbeitgeber seinen Verpflichtungen, die mit Arbeitnehmerrechten in Beziehung stehen und aus den allgemein geltenden Vorschriften stammen, nicht gegenüber seinen Arbeitnehmern, der Sozialversicherungsanstalt, den Finanzämtern und Registerbehörden nachkommt.

Die Einstellung der arbeitgeberischen Tätigkeit soll weiter als die Einstellung der wirtschaftlichen/betrieblichen Tätigkeit reichen. Der polnische Gesetzgeber

---

434 Begründung des Regierungsentwurfs zur Änderung des Fondsgesetzes und des Gesetzes über Gerichtskosten in Zivilsachen vom 22.03.2017, S. 2, zu Art. 1 Nr. 1, projekt numer UD23 (öffentlich zugänglich auf der Homepage des polnischen Ministeriums für Familie, Arbeit und soziale Politik: https://www.mpips.gov.pl/archiwum-projekty-aktow-praw nych-/archiwum-projekty-ustaw/fundusze/projekt-ustawy-o-zmianie-ustawy-o-ochronie-roszczen-pracowniczych-w-razie-niewyplacalnosci-pracodawcy-oraz-ustawy-o-kosztach-sadowych-w-sprawach-cywilnych-/. (Abruf am 24.10.2017).

435 Begründung des Regierungsentwurfs zur Änderung des Fondsgesetzes und des Gesetzes über Gerichtskosten in Zivilsachen vom 22.03.2017, S. 3 oben, projekt numer UD23.

436 SN, Urt. v. 04.09.2012, Az. I PK 72/2012 (lex).

437 Vor der Novellierung stellte dieser Fall zwar auch eine Variante der faktischen Zahlungsunfähigkeit dar, war jedoch nicht ausdrücklich im Gesetz formuliert, vgl. zu diesem Fall der faktischen Betriebseinstellung SN, Urt. v. 04.09.2012, Az. I PK 72/2012 (lex).

wollte mit der Novellierung die bisherige Gleichsetzung beider Tätigkeiten in der Rechtsprechung beenden, um den Zugang der Arbeitnehmer zu den Vorschusszahlungen zu erhöhen[438].

Aus der Gesetzesbegründung zur Novellierung des Fondsgesetzes vom 20.03. 2017 ist zu entnehmen, dass nunmehr das Bestehen des Arbeitsverhältnisses verlangt wird[439].

Der Eintritt der Zahlungsunfähigkeit tritt gem. Art. 12 Abs. 3 u.o.r.p. einen Tag nach Ablauf von zwei Monaten seit Einstellung der Tätigkeit kraft Gesetzes ein[440].

Im Unterschied zum polnischen Recht setzt die Vorschusszahlung im deutschen Recht ein beendetes Arbeitverhältnis voraus. Ferner knüpft es an ein Insolvenzverfahren an. Der Eintritt des Insolvenzereignisses i.S.d. § 165 Abs. 1 S. 2 Nr. 3 SGB III wird – ebenfalls anders als in Polen – von der zuständigen Agentur für Arbeit festgestellt[441].

d) Ausländische Ereignisse der Zahlungsunfähigkeit nach dem Fondsgesetz

Bei den ausländischen Ereignissen der Zahlungsunfähigkeit wird nach den Herkunftsländern der Unternehmen, nach der Art des Verfahrens bzw. der förmlichen Entscheidung und teils nach der Art des Unternehmens unterschieden.

aa) Verfahren nach der EuInsVO, Art. 6 u.o.r.p.

Art. 6 u.o.r.p. erfasst polnische und ausländische Unternehmen und regelt die Zahlungsunfähigkeit für Fälle, bei denen die Europäische Insolvenzverordnung Anwendung findet.

Danach ist zunächst die Einleitung eines Hauptinsolvenzverfahrens i.S.d. Art. 3 Abs. 1 i.V.m. Art. 2 lit. a) oder lit. c). EuInsVO 2000 (bzw. i.V.m. Art. 2 Nr. 4 EuInsVO 2015) durch ein zuständiges Organ eines EU-Mitgliedsstaates (außer Dänemark) gegenüber einem polnischen oder einem ausländischen Unternehmer ein solches Ereignis, wenn ein Verwalter bestellt wird.

Gem. Art. 6 Abs. 1 Nr. 2 u.o.r.p. liegt ein Ereignis der Zahlungsunfähigkeit zudem vor, wenn ein zuständiges Organ eines EU-Mitgliedsstaates (außer Dä-

---

438 Begründung des Regierungsentwurfs zur Änderung des Fondsgesetzes und des Gesetzes über Gerichtskosten in Zivilsachen vom 22.03.2017, S. 6 oben, projekt numer UD23.

439 Begründung des Regierungsentwurfs zur Änderung des Fondsgesetzes und des Gesetzes über Gerichtskosten in Zivilsachen vom 22.03.2017, S. 5 zu Art. 1 Nr. 4 lit. a-f, projekt numer UD23. Anders war die Interpretation noch vor der Gesetzesänderung, wonach auch ehemalige Arbeitnehmer geschützt waren (SN, Urt. v. 12.06.2013, Az. I PK 12/2013, lex).

440 SN, Urt. v. 12.06.2013, Az. I PK 12/2013 (lex).

441 BSG, Urt. v. 23.11.1981, Az. 10/8b RAr 6/80, Rn. 19; BSG, Urt. v. 29.02.1984, Az. 10 RAr 14/ 82, Rn. 14 (juris); Hauck/Noftz/*Voelzke*, Kommentar zum SGB III, § 165, Rn. 70.

nemark) eine Entscheidung über die Nichteröffnung eines Hauptinsolvenzverfahrens erlässt, weil eine endgültige Betriebsschließung festgestellt werden konnte, oder weil die Aktiva für die Deckung der Verfahrenskosten nicht ausreichen.

Gem. Art. 6 Abs. 1 Nr. 3 der Vorschrift ist schließlich die Eröffnung eines Sekundär- oder Partikularinsolvenzverfahrens i.S.d. Art. 3 Abs. 2 oder Abs. 4 EuInsVO 2000 (bzw. EuInsVO 2015) über das Vermögen eines ausländischen Unternehmens durch ein polnisches Konkursgericht ein Ereignis der Zahlungsunfähigkeit.

Zeitpunkt der Zahlungsunfähigkeit ist das Datum, an dem die Entscheidung durch das zuständige Organ erlassen wird.

bb)   Ausländische Unternehmen aus Dänemark und EFTA-Staaten, Art. 5 u.o.r.p.
Ausländische Unternehmen aus Dänemark oder den EFTA-Mitgliedsstaaten sind in Art. 5 u.o.r.p. geregelt.

Zahlungsunfähigkeit liegt bei ihnen vor, wenn ein inländisches (polnisches) Konkursgericht die Eröffnung eines ausländischen Hauptkonkursverfahrens nach dem polnischen Internationalen Insolvenzrecht anerkennt, oder wenn ein ausländisches Gericht ein Konkursverfahren nicht einleitet, weil eine endgültige Betriebsschließung festgestellt wurde, oder weil die Aktiva zur Deckung der Verfahrenskosten nicht ausreichen.

Erforderlich ist damit die Anerkennung der ausländischen Konkursverfahrenseröffnung durch ein polnisches Konkursgericht oder der Erlass einer Entscheidung über die Nichteröffnung eines Konkursverfahrens wegen Betriebsschließung oder mangels Verfahrenskostendeckung durch ein ausländisches Gericht.

Zeitpunkt der Zahlungsunfähigkeit ist gem. Art. 5 Abs. 3 u.o.r.p. das Datum des Erlasses des Anerkennungsbeschlusses oder das Datum des Erlasses der Entscheidung über die Nichteröffnung.

cc)   Kreditinstitute und Versicherungsunternehmen, Art. 4 u.o.r.p.
In Art. 4 u.o.r.p. sind Kreditinstitute und Versicherungsunternehmen mit Sitz in den EU- und EFTA-Mitgliedsstaaten erfasst. Das Ereignis der Zahlungsunfähigkeit tritt bei ihnen ein, wenn über ihr Vermögen die Eröffnung eines Konkurs-, Vergleichs- oder eines ähnlichen Verfahrens in einem EU- oder EFTA-Mitgliedsstaat eingeleitet wurde, oder wenn ein ausländisches Gericht eine Entscheidung erlässt, wonach ein Konkursverfahren nicht eröffnet wird, weil eine endgültige Betriebsschließung vorliegt, oder weil die Aktiva für die Kostendeckung eines solchen Verfahrens nicht ausreichen.

Erforderlich ist demnach entweder die Einleitung eines Gesamtverfahrens oder deren Ablehnung wegen Betriebsschließung oder mangels Verfahrenskostendeckung.

Stichtag der Zahlungsunfähigkeit ist das Datum, an dem das ausländische Gericht eine der beiden Entscheidungen erlässt.

3. Verhältnis der Ereignisse der Zahlungsunfähigkeit wegen Insolvenz

Es stellt sich die Frage, in welcher Beziehung die einzelnen Ereignisse der Zahlungsunfähigkeit zueinander stehen, die einen Bezug zum Insolvenzverfahren aufweisen, wenn sie mehrmals in der Person desselben Arbeitgebers (und derselben Vermögensmasse) eintreten.

Hierzu sind zwei mögliche Grundkonstellationen des Eintritts mehrerer Ereignisse zu unterscheidend.

Zum einen kann ein Fall der erneuten Zahlungsunfähigkeit im materiellrechtlichen Sinne eintreten (*powtórny bzw. ponowny stan niewypłacalności*). Damit ist gemeint, dass die erste Zahlungsunfähigkeit vollständig beseitigt wird und dann, etwa wegen neuer Schulden, eine erneute, weitere Zahlungsunfähigkeit eintritt.

Zum anderen kann ein Fall eintreten, in dem ein und dieselbe materiellrechtliche Zahlungsunfähigkeit zu zwei oder mehreren Ereignissen der Zahlungsunfähigkeit führt (*jeden stan niewypłacalności, ta sama niewypłacalność*). Gemeint ist damit, dass ein und dieselbe Zahlungsunfähigkeit länger andauert.

In beiden Fällen können es ausländische und/oder inländische (polnische) Ereignisse sein.

a)   Historische Entwicklung des Art. 13 u.o.r.p.

Das Fondsgesetz regelt in Art. 13 das erneute Erscheinen von Zahlungsunfähigkeit. Nach dieser Vorschrift können im Fall des erneuten Eintritts von Zahlungsunfähigkeit i. S. d. Art. 3–6 und Art. 8 u.o.r.p. bei demselben Arbeitgeber die Vorschriften über die Leistungen aus den Mitteln des Fonds nicht erneut auf dieselben Arbeitnehmer bezüglich derselben Ansprüche angewendet werden.

Die Vorschrift wurde mit der Novellierung des Fondsgesetzes, die am 01.10. 2006 in Kraft trat[442] aufgenommen.

Gemäß der Gesetzesbegründung sollte dadurch die damalige Vorschrift des Art. 3 Abs. 2 b). u.o.r.p. 1993 durch eine klare Formulierung ersetzt werden, weil sie sich in der Praxis sprachlich nicht als eindeutig erwies[443].

Art. 3 Abs. 2 b). u.o.r.p. 1993 bestimmte, dass Zahlungsunfähigkeit im Sinne des Gesetzes eintrat, wenn einer der in Abs. 1 und 2 dieser Vorschrift genannten

---

442 Dz.U. 2006 Nr. 158, Pos. 1121.
443 Vgl. die Begründung des Gesetzesentwurfs, Druck Nr. 497 vom 13.04.2006.

Ereignisse vorlag[444]. Zweck dieser Vorschrift war, dass eine mehrmalige Inanspruchnahme der Fondsmittel bei ein und demselben Arbeitgeber verhindert werden sollte in Fällen, in denen der Fonds wegen des Eintritts eines Ereignisses bereits Ansprüche erfüllt hat[445]. Der Fonds sollte bei wiederholter Zahlungsunfähigkeit geschützt werden.

b)   Folgerungen

Da mit der Einführung des Art. 13 u.o.r.p. im Jahr 2006 der Zweck des ehemaligen Art. 3 Abs. 2 b). u.o.r.p. verdeutlicht werden sollte, kann die bisherige Rechtsprechung auch auf die aktuelle Rechtslage angewendet werden.

Die Rechtsprechung entschied zum früheren Recht, dass das Fondsgesetz dann mehrmals auf denselben Arbeitgeber angewendet werden kann, wenn eine erneute Zahlungsunfähigkeit im materiell – rechtlichen Sinne vorlag. Das war nach der Rechtsprechung dann der Fall, wenn die erste Zahlungsunfähigkeit beendet wurde, der Arbeitgeber zunächst wieder zahlungsfähig wurde und ihm dann erneut Finanzmittel für die Zahlung der Arbeitsentgelte fehlten[446]. Eine zeitweilige Zahlung der Arbeitsentgelte, die wieder durch Nichtzahlung unterbrochen wurde, sollte jedoch nicht automatisch bedeuten, dass der Arbeitgeber zwischendurch seine Zahlungsfähigkeit wiedererlangt hat, der eine erneute Zahlungsunfähigkeit gefolgt ist, so dass der Dreimonatszeitraum von neuem zu laufen beginnt.[447] Jedoch musste der Arbeitgeber für das Bejahen der Zahlungsfähigkeit nicht die volle Finanzkraft wieder erlangen[448]. Erneute Zahlungsunfähigkeit war zu bejahen, wenn sie bei Vorliegen anderer Umstände und wegen anderer Ursachen eingetreten ist.[449] Dieselbe Zahlungsunfähigkeit lag demgegenüber vor, wenn die Umstände und ihre Ursachen sich nicht wesentlich verändert haben[450].

Zusammenfassend folgt daraus, dass die Fondsleistungen auch nach dem neuen Recht nur dann von neuem im Ganzen ausgelöst werden, wenn bei

---

444 Diese Vorschrift wurde durch das Gesetz über die Restrukturierung bestimmter öffentlich-rechtlicher Forderungen gegenüber Privatunternehmen vom 30.08.2002 eingeführt, vgl. Art. 27 Ziff. 1. lit. b des Gesetzes (*ustawa o restrukturyzacji niektórych należności publicznoprawnych od przedsiębiorców*), Dz.U. 2002, Nr. 155, Pos. 1287.

445 Vgl. Begründung des Gesetzesentwurfs über die Restrukturierung der öffentlich-rechtlichen Forderungen gegenüber Privatunternehmen sowie die Änderung des Gesetzes über den Schutz der Arbeitnehmeransprüche bei Zahlungsunfähigkeit des Arbeitgebers, S. 19, Druck Nr. 758 vom 24.07.2002.

446 SN, Urt. v. 07.08.2002, Az. I PKN 243/01 (lex).

447 SN, Urt. v. 07.08.2002, Az. I PKN 243/01; SN, Beschl. v. 17.01.1995, Az. I PZP 55/94 (lex).

448 SN, Urt. v. 07.08.2002, Az. I PKN 243/01 (lex).

449 SN, Urt. v. 04.10.2007, Az. I PK 124/07; Beschl. v. 12.07.2006, Az. II PZP 4/06; Urt. v. 07.08.2002, Az. I PKN 243/01 (lex).

450 SN, Beschl. v. 17.01.1995, Az. I PZP 55/94 (lex).

demselben Arbeitgeber eine erneute Zahlungsunfähigkeit im materiell – rechtlichen Sinne eintritt.

c) Verhältnis der Ereignisse zueinander

Das Fondsgesetz enthält keine Regelung darüber, in welchem Verhältnis die einzelnen in Art. 3 bis 6 und Art. 8 u.o.r.p. genannten Ereignisse der Zahlungsunfähigkeit zueinanderstehen, wenn eine Zahlungsunfähigkeit mit mehreren Ereignissen vorliegt.

Im Fondsgesetz 1993 standen alle in Art. 3 u.o.r.p. aufgeführten Ereignisse der Zahlungsunfähigkeit gleichrangig nebeneinander[451]. Gleichrangig waren demnach die konkursrechtlichen Ereignisse[452] mit den sonstigen Ereignissen der Zahlungsunfähigkeit, in denen es an Finanzmitteln zur Erfüllung der Arbeitnehmeransprüche fehlte. Letzteres waren die faktische Betriebseinstellung und das Liquidationsverfahren.

Begründet wurde die Gleichrangigkeit der Ereignisse mit der grammatikalisch-logischen Auslegung der Absätze 1, 2 und 2a des Art. 3 u.o.r.p. (a. F.), aus denen sich eine Subsidiarität der Ereignisse der Zahlungsunfähigkeit untereinander nicht herleiten ließ[453].

In Bezug auf das bis zum 31. 12. 2015 geltende Konkursrecht sprach sich das Oberste Gericht ebenfalls für eine Gleichrangigkeit der einzelnen Konkursverfahren untereinander aus (d. h. dem Konkursvergleichs-, Konkursliquidationsverfahren sowie dem Wechsel beider Verfahrensarten). Jedes Verfahren für sich begründete gleichrangig den Eintritt der Zahlungsunfähigkeit[454] und war damit leistungsauslösend.

Hintergrund dessen war, dass es aufgrund der Privilegierung der Arbeitnehmeransprüche in der Insolvenz dazu kommen konnte, dass die Fondszahlungen nicht schon im ersten, sondern erst im nachfolgenden Konkursverfahren beansprucht werden mussten. Deshalb musste jede der Verfahrensart eingen-

---

451 SN, Urt. v. 04. 08. 2009, Az. I PK 1/09; Urt. v. 20. 11. 2008, Az. III UK 57/08; Urt. v. 04. 10. 2007, Az. I PK 124/07; Beschl. v. 12. 07. 2006, Az. II PZP 4/06; Urt. v. 07. 08. 2002, Az. I PKN 243/01; Beschl. v. 20. 11. 1996, Az. III ZP 6/96 (lex); Gersdorf, Anmerkung zum o.g. Beschluss des SN, OSP 1997, Heft 9, S. 430 ff. (legalis).

452 Das waren die Eröffnung eines Konkursverfahrens, die Zurückweisung des Antrags mangels Zahlung eines Verfahrenskostenzuschusses, die Abweisung des Antrages mangels genügender Masse für die Verfahrenskosten sowie die Einstellung eines Konkursverfahrens mangels Verfahrenskostendeckung oder mangels Zahlung des Verfahrenskostenvorschusses.

453 SN, Beschluss v. 20. 11. 1996, Az. III ZP 6/96 (lex).

454 SN, Urt. v. 04. 10. 2007, Az. I PK 124/07; Urt. v. 19. 04. 2007, Az. I PK 267/06; Urt. v. 18. 12. 2006, Az. II PK 17/06; Urt. v. 05. 12. 2006, Az. II PK 18/06; Beschluss v. 12. 07. 2006, Az. II PZP 4/06 (lex).

ständig als ein gleichrangiges Ereignis der Zahlungsunfähigkeit angesehen werden[455].

Auch im neuen Konkurs- und Restrukturierungsrecht ist die Privilegierung der Arbeitnehmeransprüche erhalten geblieben[456]. Damit besteht auch heute die Möglichkeit, dass Ansprüche der Arbeitnehmer im ersten Insolvenzverfahren (etwa einem Restrukturierungsverfahren) befriedigt werden und erst im zweiten Verfahren (etwa dem Konkursverfahren) ausfallen können, so dass das zweite Verfahren genauso wie das erste Verfahren leistungsauslösend sein muss.

Eine Überbeanspruchung der Fondsleistungen (mehrmalige Inanspruchnahme) wird durch die betragsmäßige Begrenzung gem. Art. 13 u.o.r.p. verhindert.

d)   Deutsche Rechtslage

Auch nach dem deutschen Recht stehen die Insolvenzereignisse gleichwertig und gleichrangig nebeneinander. Jedes Insolvenzereignis löst für sich begründet den Anspruch auf Insolvenzgeld aus[457].

Der Anspruch auf Insolvenzgeld wird erstmals durch das zeitlich früheste Insolvenzereignis ausgelöst[458].

Allerdings löst das zuerst eingetretene Insolvenzereignis bei andauernder Zahlungsunfähigkeit eine Sperrwirkung aus, die dazu führt, dass die danach folgenden Insolvenzereignisse nicht mehr leistungsauslösend sind[459] (sog. Prioritätsprinzip/Prioritätsgrundsatz[460]).

Bei erneuter Zahlungsunfähigkeit in materiell-rechtlichem Sinn löst das erste Insolvenzereignis keine Sperrwirkung aus.

Ein neues Insolvenzereignis tritt ein, sobald die auf dem ersten Ereignis

---

455 SN, Beschluss v. 12.07.2006, Az. II PZP 4/06 (lex).

456 Art. 342 p.u. sieht vor, dass Arbeitnehmeransprüche, die auf die Zeit vor der Eröffnung des Konkursverfahrens entfallen (*wierzytelności upadłościowe*), in der ersten Kategorie beglichen werden, wobei vor der ersten Kategorie die Verfahrenskosten, zu den u.a. auch die Arbeitnehmeransprüche gehören, die auf die Zeit nach der Konkurseröffnung entfallen (*wierzytelności wobec masy upadłości*), aus der Masse vorab zu begleichen sind (vgl. Art. 343 i.V.m. Art. 230 p.u.); zu den genauen Auswirkungen der Reform des polnischen Insolvenzrechts auf die Behandlung der Arbeitnehmeransprüche in der Insolvenz s. Gurynow, Aleksandra, MoPr 2016, Heft Nr. 8, S. 406–411.

457 Hauck/Noftz/*Voelzke*, Kommentar zum SGB III, § 165, Rn. 60.

458 Ständige Rsp. des BSG, vgl. BSG, Urt. v. 17.12.1975, Az. 7 RAr 17/75, Rn. 28; Urt. v. 05.06. 1981, Az. 10/8b RAr 3/80, Rn. 31; Urt. v. 17.05.1989, Az. 10 RAr 10/88, Rn. 13; Urt. v. 30.10. 1991, Az. 10 Rar 3/91, Rn. 13; Urt. v. 08.02.2001, Az. B 11 AL 27/00 R (jew. juris); Lakies, NZA 2000, 565ff. (565 a.E.).

459 BSG, Urt. v. 17.12.1975, Az. 7 RAr 17/75, Rn. 28; Urt. v. 05.06.1981, Az. 10/8b RAr 3/80, Rn. 31; Urt. v. 17.05.1989, Az. 10 RAr 10/88, Rn. 13; Urt. v. 30.10.1991, Az. 10 Rar 3/91, Rn. 13; Urt. v. 08.02.2001, Az. B 11 AL 27/00 R (jew. juris); Lakies, NZA 2000, 565ff. (565 a.E.).

460 Hauck/Noftz/*Voelzke*, Kommentar zum SGB III, § 165, Rn. 60, 91.

beruhende Zahlungsunfähigkeit des Arbeitgebers nicht mehr andauert[461]. Eine andauernde, auf dem ersten Insolvenzereignis beruhende Zahlungsunfähigkeit liegt vor, solange der Schuldner wegen eines länger dauernden Mangels an Zahlungsmitteln nicht in der Lage ist, seine fälligen Geldschulden im Allgemeinen zu erfüllen.[462]

e)   Zwischenergebnis

Leistungsauslösend ist grundsätzlich jedes Ereignis der Zahlungsunfähigkeit. Bei ein- und derselben Zahlungsunfähigkeit im materiell – rechtlichen Sinne können die Fondsleistungen jedoch nur einmal an die selben Arbeitnehmer für die selben Ansprüche gezahlt werden. Die Ereignisse der Zahlungsunfähigkeit werden damit zu einem Fall der Zahlungsunfähigkeit zusammengezogen. Eine Sperrwirkung des ersten Ereignisses kennt das polnische Recht nicht. Damit können Fondsleistungen für verschiedene Zeiträume gewährt werden, je nachdem für welche Monate die Arbeitnehmer mit ihrer Vergütung ausgefallen sind. Die Auslösung der Sperrwirkung im deutschen Recht führt demgegenüber dazu, dass nur für diejenigen Ansprüche Insolvenzgeld gezahlt wird, zu dessen Ausfall das erste Insolvenzereignis geführt hat.

Kommt es zur erneuten Zahlungsunfähigkeit, die mit der ersten Zahlungsunfähigkeit nicht im Zusammenhang steht, werden die einzelnen Ereignisse nicht zusammengezogen. Jedes dieser Ereignisse löst von Neuem die Fondsleistungen in voller Höhe aus. Dasselbe gilt auch im deutschen Recht.

4.   Andere Krisenfälle außerhalb der Insolvenz

Eine weitere Besonderheit des Fondsgesetzes im Vergleich zu den deutschen Vorschriften liegt darin, dass die im Fonds gesammelten Finanzmittel auch bei Lohnausfall in anderen, nicht im Fondsgesetz genannten Krisenfällen verwendet werden können (vgl. Art. 21 a i. V. m. Art. 27 Abs. 1 a S. 1 u.o.r.p.).

Es handelt sich dabei um Krisenfälle, in denen das Arbeitsentgelt nicht gezahlt wird, weil Zahlungsschwierigkeiten in Folge wirtschaftlicher Ursachen oder unabwendbarer Ereignisse eingetreten sind[463].

Erfasst werden insbesondere Fälle, in denen der Arbeitgeber seine Tätigkeit infolge von Überschwemmung vorübergehend oder erheblich eingeschränkt

---

461 BSG, Urt. v. 06.12.2012, Az. B 11 AL 10/11 R, Rn. 14.
462 BSG, Urt. v. 06.12.2012, Az. B 11 AL 10/11 R, Rn. 14.
463 Vgl. beispielsweise zum Ereignis der Zahlungsunfähigkeit i. S. d. Art. 8 Abs. 1 Nr. 6 u.o.r.p.
    SA in Białystok, Urt. 28.11.2013, Az. III AUa 604/13 (lex).

hat[464] sowie Fälle, bei denen ein näher beschriebener wirtschaftlicher Stillstand oder eine nähe beschriebene Arbeitszeitreduzierung eintreten[465].

Diese Regelungen weisen in gewisser Weise Ähnlichkeiten zu den deutschen Vorschriften über das Kurzarbeitergeld (vgl. §§ 95 ff. SGB III) und damit zu den sozialrechtlichen Leistungen in der Unternehmenskrise auf[466].

5.   Zusammenfassung

Bis auf das Ereignis der faktischen Einstellung der Tätigkeit als Arbeitgeber (Art. 12 a Abs. 2 u.o.r.p.) treten alle im Fondsgesetz genannten Ereignisse der Zahlungsunfähigkeit mit Erlass einer hoheitlichen (teilweise rechtskräftigen) Entscheidung ein[467].

Die ausländischen Ereignisse der Zahlungsunfähigkeit erfassen Fälle der Eröffnung eines Gesamtverfahrens sowie Fälle der Nichteröffnung eines Gesamtverfahrens wegen endgültiger Betriebsschließung oder mangels Verfahrenskostendeckung. Es wird damit immer ein Bezug zu einem Gesamtverfahren vorausgesetzt.

Wesentlich weiter reichen dagegen die inländischen (polnischen) Ereignisse der Zahlungsunfähigkeit. Es werden neben den Fällen mit einem Bezug zum Insolvenzverfahren auch Fälle der faktischen Einstellung ohne insolvenzrechtlichen Bezug, andere außerinsolvenzliche förmliche Verfahren sowie sonstige näher bezeichnete außerinsolvenzliche Krisenfälle außerhalb des Fondsgesetzes erfasst.

Der dem deutschen Recht zugrundeliegende Prioritätsgrundsatz, wonach das erste Insolvenzereignis die weiteren, zeitlich später eintretenden Insolvenzereignisse bei ein und derselben (andauernden) Zahlungsunfähigkeit sperrt, ist dem polnischen Recht fremd. Es wäre mit dem polnischen Insolvenzrecht, das eine Privilegierung von Arbeitnehmeransprüchen vorsieht, nicht vereinbar.

---

464 Gesetz über besondere Lösungen zur Beseitigung der Überschwemmungsfolgen vom 16. September 2011, Dz.U. 2011, Nr. 234, Pos. 1385 (*Ustawa o szczególnych rozwiązaniach z usuwaniem sktutków powodzi*, dort Art. 23).

465 Gesetz über bestimmte Lösungen zum Schutz von Arbeitsplätzen, Dz.U. 2013, Pos. 1291 (*Ustawa o szczególnych rozwiązaniach związanych z ochroną miejsc pracy*).

466 Weiterführend zu den sozialrechtlichen Leistungen in der Krise des Unternehmens außerhalb der Insolvenz, vgl. Peters-Lange, Sozialrecht in der Insolvenz, S. 1–36.

467 Zur Vereinbarkeit der gesetzlichen Bestimmung mit dem EU-Recht, wonach das Datum des Eintritts der Zahlungsunfähigkeit der Tag des Erlasses einer Gerichtsentscheidung ist, vgl. SN, Urt. v. 05.08.2014, Az. I PK 4/14.

V. Schutzzeitraum

Der Zeitraum, in dem die Ansprüche der Arbeitnehmer geschützt sind, wird in einen Garantie- bzw. Bezugszeitraum (*okres gwarancyjny*), und teilweise zusätzlich in einen Referenzzeitraum (*okres referencyjny*[468]) unterteilt. Während der Bezugszeitraum drei Monate erfasst, umfasst der Referenzzeitraum 12 oder vier Monate (bis zur Reform im September 2017 waren es neun oder vier Monate).

Der Schutzzeitraum ist in Art. 12 Abs. 3–6 u.o.r.p. und damit systematisch nach der Darstellung der garantierten Vergütungsansprüche geregelt.

1. Die einzelnen Garantie- und Referenzzeiträume in Polen

Es werden zwei Schutzzeiträume je nach Art der Vergütungsansprüche vorgegeben. Jeder Schutzzeitraum orientiert sich an dem Tag des Eintritts des Ereignisses der Zahlungsunfähigkeit sowie am Bestehen des Arbeitsverhältnisses[469].

Die in Art. 12 Abs. 2 Nr. 1, Nr. 2 Buchstaben a) bis c) und Buchstabe g) u.o.r.p. genannten Ansprüche[470] werden in allen Schutzzeiträumen geschützt. Der erste Schutzzeitraum erfasst den Dreimonatszeitraum, der dem Tag des Eintritts der Zahlungsunfähigkeit unmittelbar vorgeht, (vgl. Art. 12 Abs. 3 HS 1 u.o.r.p.). Der zweite Schutzzeitraum erfasst einen Dreimonatszeitraum unmittelbar vor Beendigung des Arbeitsverhältnisses, wenn diese innerhalb des Referenzzeitraums von 12 Monaten vor Eintritt der Zahlungsunfähigkeit (Art. 12 Abs. 3 HS 2 u.o.r.p.[471]) oder innerhalb des Referenzzeitraums von 4 Monaten nach Eintritt der Zahlungsunfähigkeit eingetreten ist. Letzteres gilt nur, wenn ein Ereignis der Zahlungsunfähigkeit in Form der Abweisung des Insolvenzantrages gem. Art. 3 Abs. 1 Nr. 3 und 4 u.o.r.p. vorliegt (Art. 12 Abs. 3 HS 3 u.o.r.p.).

Nach der bisherigen Rechtsprechung wurde nicht verlangt, dass der Bezugszeitraum zusammenhängt[472]. Es waren nur diejenigen Zeiten zu berücksichtigen, in denen die Ansprüche nicht erfüllt wurden[473].

---

468 SN versteht den Begriff des *okres referencyjny* weiter als hier angegeben. Danach handelt es sich um den Zeitraum, für den man Erfüllung der unerfüllten Ansprüche verlangen kann (vgl. SN, Urt. 28.05.2013, Az. I PK 294/12 sowie Urt. v. 27.11.2012, Az. I PK 116/12). *Okres referencyjny* ist demnach auch der 3-monatige Zeitraum, der hier als Garantie- bzw. Bezugszeitraum (*okres gwarancyjny*) bezeichnet wird, vgl. auch SN, Urt. v. 21.10.2013, II PK 19/13.

469 SN, Urt. v. 28.05.2013, Az. I PK 294/12 (lex).

470 Das sind: Arbeitsentgelt, Vergütung für entschuldigte Abwesenheit von der Arbeit, ferner Entgeltfortzahlung, Urlaubsentgelt und Zuschläge zum Ausgleich der Entgeltkürzung.

471 Dieser Garantiezeitraum ist mit der Gesetzesreform im September 2017 hinzugekommen.

472 SN, Beschl. v. 17.01.1995, Az. I PZP 55/94 (lex).

Aufgrund der Gesetzesänderung im Jahr 2017 könnte dies nunmehr anders aussehen. Der Gesetzgeber verlangt nunmehr durch die Einfügung des Wortes »unmittelbar«, dass der relevante Dreimonatszeitraum unmittelbar vor dem Eintritt der Zahlungsunfähigkeit bzw. vor Beendigung des Arbeitsverhältnisses liegen muss. Begründet wird dies damit, dass die bisherige Praxis den Zeitraum unmittelbar vor dem Ereignis der Zahlungsunfähigkeit geschützt habe[474].

Urlaubsabgeltungsansprüche (Art. 171 § 1 k.p. i. V. m. Art. 12 Abs. 2 Nr. 2 Buchstabe e) u.o.r.p.), Barabfindungsansprüche i. S. d. u.z.r.s. sowie Schadensersatzansprüche i. S. d. Art. 36¹ § 1 k.p. (Art. 12 Abs. 2 Nr. 2 Buchstaben e) und f) u.o.r.p.) werden geschützt, wenn das Ende des Arbeitsverhältnisses entweder in einen Referenzzeitraum von 12 Monaten vor dem Tag des Eintritts der Zahlungsunfähigkeit oder in einen Referenzzeitraum von vier Monaten nach Eintritt der Zahlungsunfähigkeit fällt (Art. 12 Abs. 5 u.o.r.p.).

Die Arbeitsentgeltansprüche sind durch den Fonds geschützt, wenn sie am Tag des Eintritts der Zahlungsunfähigkeit fällig waren[475].

Art. 12 Abs. 6 u.o.r.p. stellt klar, dass alle in Abs. 2 aufgelisteten Ansprüche auch dann erfüllt werden, wenn sie an dem Tag entstehen, an dem das Ereignis der Zahlungsunfähigkeit oder das Ende des Arbeitsverhältnisses eintreten. Der Gesetzgeber wollte damit sicherstellen, dass auch Ansprüche geschützt werden, die genau an diesen Tagen entstehen, unter der Voraussetzung, dass zugleich der in Art. 12 Abs. 3 und 5 u.o.r.p. genannte Referenzzeitraum eingehalten wird[476].

Der Referenzzeitraum beginnt an dem Tag der Beendigung des Arbeitsverhältnisses bzw. am Tag des Eintritts der Zahlungsunfähigkeit[477].

2.   Der Insolvenzgeldzeitraum in Deutschland

Die deutsche Sozialleistung ersetzt Arbeitsentgeltansprüche, die in den letzten drei Monaten des Arbeitsverhältnisses vor dem Insolvenzereignis offen geblieben sind (sog. Insolvenzgeldzeitraum). Die Drei-Monats-Frist wird gem. § 26 Abs. 1 SGB X nach den §§ 187, 188 BGB berechnet; der Tag des Insolvenzereignisses wird – anders als im polnischen Recht – nicht mitgezählt[478].

Da der deutsche Gesetzgeber – anders als in Polen – keinen Referenzzeitraum

---

473 SN, Beschl. v. 17.01.1995, Az. I PZP 55/94 (lex).
474 Begründung des Regierungsentwurfs zur Änderung des Fondsgesetzes und des Gesetzes über Gerichtskosten in Zivilsachen vom 22.03.2017 S. 5, projekt numer UD23.
475 SN, Urt. v. 21.10.2013, Az. II PK 19/13.
476 SN, Urt. v. 06.06.2000, Az. I PKN 688/99; Gersdorf, Niewypłacalność pracodawcy, S. 156.
477 SN, Urt. v. 21.10.2013, Az. II PK 19/13.
478 BSG, Urt. v. 22.03.1995, Az. 10 RAr 1/94, Rn. 50–52 (juris). Der 10. Senat hat mit dieser Entscheidung die bisherige Rechtsprechung des 12. Senats u.a. aus Gründen der Praktikabilität aufgegeben, vgl. BSG, Urt. v. 08.03.1979, Az. 12 RAr 54/77, Rn. 14 (juris); Brand/ Kühl, SGB III, § 165, Rn. 43.

festgelegt hat, innerhalb dessen der Dreimonatszeitraum liegen muss[479], kann der Insolvenzgeldzeitraum eine längere Zeit zurückliegen[480]. Eine zeitliche Grenze setzt allerdings die Verjährung der Ansprüche, wenn der Arbeitgeber oder Insolvenzverwalter die Verjährungseinrede erhebt, bzw. wenn der Anspruch aufgrund einer (tariflichen) Ausschlussfrist verfällt[481].

Es können drei Varianten der Insolvenzgeldzeiträume unterschieden werden.

Die erste Variante betrifft den Fall, in dem das Arbeitsverhältnis am Tag des Eintritts des Insolvenzereignisses noch fortbesteht (bestehendes Arbeitsverhältnis).

Die zweite Variante liegt vor, wenn das Arbeitsverhältnis vor dem Eintritt des Insolvenzereignisses beendet wurde (beendetes Arbeitsverhältnis).

Die dritte Variante regelt den Fall, in dem der Arbeitnehmer in Unkenntnis des Insolvenzereignisses weiter arbeitet (§ 165 Abs. 3 SGB III).

Im ersten Fall ist das Arbeitsentgelt für die letzten drei Monate vor Eintritt des Ereignisses geschützt.

Im zweiten Fall sind die Arbeitsentgelte für die letzten drei Monate des Arbeitsverhältnisses geschützt.

Im dritten Fall kann der Insolvenzgeldzeitraum bei gutgläubiger Weiterarbeit zeitlich nach dem Insolvenzereignis liegen und zwar für drei Monate des Arbeitsverhältnisses bis zur Kenntnisnahme des Arbeitnehmers[482].

Diese Vorschrift ist besonders für ausländische Insolvenzverfahren von praktischer Relevanz, wenn der Arbeitnehmer in Unkenntnis eines Insolvenzereignisses im Ausland weitergearbeitet oder die Arbeit aufgenommen hat.

Der dreimonatige Insolvenzgeldzeitraum muss nicht zusammenhängend verlaufen.

3.　Zusammenfassung

In beiden Ländern beträgt der Garantiezeitraum, in dem die Arbeitsentgeltansprüche gesichert werden, drei Monate (sog. Dreimonatszeitraum).

Während nach dem deutschen Recht der Tag des Eintritts des Insolvenzereignisses bzw. der Beendigung des Arbeitsverhältnisses für den Garantiezeitraum nicht mitgezählt wird, wird in Polen dieser Tag vom Garantiezeitraum erfasst.

Während es in Polen bei beendeten Arbeitsverhältnissen eine zeitliche Begrenzung der Fondsleistungen durch einen Referenzzeitraum von 12 bzw. vier

---

479 Die Festlegung eines Bezugszeitraums wäre gem. Art. 4 Abs. 2 S. 3 InsRL zulässig.
480 Hauck/Noftz/*Voelzke*, Kommentar zum SGB III, § 165, Rn. 84.
481 Hauck/Noftz/*Voelzke*, Kommentar zum SGB III, § 165, Rn. 84.
482 Hauck/Noftz/*Voelzke*, Kommentar zum SGB III, § 165, Rn. 204.

Monaten gibt, setzt in Deutschland lediglich die Verjährungs- bzw. eine etwaige Ausschlussfrist eine Grenze. Damit besteht nach dem deutschen Recht ein faktischer Referenzzeitraum von bis zu drei Jahren. Im polnischen Recht können die Ansprüche demgegenüber maximal 15 Monate seit Eintritt der Zahlungsunfähigkeit zurückliegen.

Wird in Polen in Unkenntnis des Ereignisses der Zahlungsunfähigkeit gutgläubig gearbeitet, ist dieser Zeitraum anders als im deutschen Recht dann nicht geschützt, wenn kein Fall des Art. 12 Abs. 3 HS 3 bzw. Abs. 5 HS 2 u.o.r.p. vorliegt. Insoweit besteht im polnischen Recht eine Schutzlücke.

VI.   Gesicherte Entgeltansprüche

Gesichert sind gem. Art. 12 Abs. 1 u.o.r.p. unerfüllte Ansprüche des Arbeitnehmers. Die in Art. 12 u.o.r.p. enumerativ[483] aufgeführten Entgeltansprüche werden bei allen[484] Ereignissen der Zahlungsunfähigkeit geschützt.

Durch die enumerative Auflistung wird eine Einbeziehung weiterer Forderungen in den Entgeltbegriff ausgeschlossen.

Der deutsche Gesetzgeber bedient sich demgegenüber keiner Auflistung oder Definition der geschützten Arbeitsentgeltansprüche. Dadurch wird eine Auslegung des Entgeltbegriffs ermöglicht.

Erfasst sind gem. Art. 12 Abs. 2 u.o.r.p. nur Hauptforderungen (*należności główne*) aus dem Arbeits- bzw. einem gleichgestellten Vertragsverhältnis ohne Nebenforderungen (*roszczenia uboczne*)[485]. Vor allem Zinsforderungen für verspätete Zahlungen durch den Arbeitgeber sind nicht vom Schutz erfasst[486].

Der Gesetzgeber unterteilt die Hauptforderungen in Ansprüche auf Arbeitsvergütung (Art. 12 Abs. 2 Nr. 1 u.o.r.p.), ferner in Ansprüche, die dem Arbeitnehmer auf Grundlage allgemein gültiger Vorschriften des Arbeitsrechts zustehen (Art. 12 Abs. 2 Nr. 2 u.o.r.p.) und schließlich in die arbeitgeberseits zu zahlenden Sozialversicherungsbeiträge nach dem Gesetz über das Sozialversicherungssystem (*ustawa o systemie ubezpieczeń społecznych, u.s.u.s.*), Art. 12 Abs. 2 Nr. 3 u.o.r.p.

---

483 Całka, Jakie roszczenia mogą zostać zaspokojone z FGSP?, S. 1; Tomanek, Stosunki pracy, S. 269.

484 SN, Urt. v. 12.06.2013, Az. I PK 12/2013 (lex).

485 SN, Urteil v. 26.09.2000, Az. I PKN 53/00 (lex); Całka, Jakie roszczenia mogą zostać zaspokojone z FGSP?, S. 1; Małysz, Służba Pracownicza, 2011, Heft Nr. 8, S. 18 ff. (19); Gersdorf, Niewypłacalność pracodawcy, S. 154, 157.

486 Vgl. SN, Urt. v. 26.09.2000, Az. I PKN 53/00; Urt. v. 27.11.2012, Az. I PK 116/12 (lex).

1. Vergütungsansprüche

Zu den geschützten Vergütungsansprüchen gehören Arbeitsvergütungsansprüche (*wynagrodzenia za pracę*) und sonstige Vergütungsansprüche. Zu den letzteren zählen: Ansprüche auf Vergütung für Zeiten des arbeitnehmerseits unverschuldeten Betriebsstillstands, für Zeiten der Nichtleistung von Arbeit (Arbeitsbefreiung) und für Zeiten anderer entschuldigter Abwesenheit von der Arbeit, ferner für Zeiten der Arbeitsunfähigkeit wegen Krankheit i.S.d. Art. 92 k.p. sowie für Zeiten des Erholungsurlaubs (geregelt in Art. 12 Abs. 2 Nr. 2 u.o.r.p.).

Während die Arbeitsvergütungsansprüche in Art. 12 Abs. 2 Nr. 1 u.o.r.p. geregelt werden, werden die übrigen Vergütungsansprüche getrennt davon in Art. 12 Abs. 2 Nr. 2 u.o.r.p. aufgelistet.

Diese gesetzessystematische Trennung lässt den Schluss zu, dass es sich bei den Arbeitsvergütungsansprüchen um Bezüge handeln muss, die als Gegenleistung für verrichtete Arbeit erbracht werden[487], während es sich bei den anderen um Entgeltfortzahlungsansprüche handelt, die darauf beruhen, dass der Arbeitnehmer die Arbeitsleistung aus bestimmten Gründen nicht erbringen konnte.

Ähnlich sieht es im deutschen Recht aus.

Gem. § 165 Abs. 1 S. 1, Abs. 2 S. 1 SGB III gehören zu den geschützten Ansprüchen Arbeitsentgeltansprüche i.S.v. Ansprüchen auf Bezüge aus dem Arbeitsverhältnis.

Der Begriff des Arbeitsentgelts ist umfassend zu verstehen.[488] Er erfasst Bezüge, die als Gegenleistung für die geleistete Arbeit, oder die für die Zurverfügungstellung der Arbeitskraft erbracht werden[489].

Darüber hinaus werden Entgeltfortzahlungsansprüche i.w.S. erfasst, die entstehen, wenn der Arbeitnehmer aus bestimmten Gründen (z.B. wegen Ur-

---

487 So auch Gersdorf, Niewypłacalność pracodawcy, S. 154 (Fn. 9), die diese Trennung jedoch enger interpretiert und die Ansicht vertritt, dass ausschließlich Arbeitsentgeltansprüche für tatsächlich geleistete Arbeit geschützt sind. Diese Interpretation führt u.a. zu dem Folgeproblem in Bezug auf Arbeitsentgeltansprüche, die gerichtlich festgestellt und nicht tatsächlich erarbeitet wurden. M.E. ist diese Interpretation zu eng und entspricht nicht dem Gesetzeszweck des Arbeitnehmerschutzes. Vielmehr ist diese Trennung dahin gehend zu verstehen, dass der Gesetzgeber damit abstrakt das Arbeitsentgelt, das als Gegenleistung erbracht wird, vom Entgelt, das als Ersatzleistung für nicht erbrachte Arbeit geleistet wird, trennen wollte.

488 Hauck/Noftz/*Voelzke*, Kommentar zum SGB III, § 165, Rn. 98.

489 St. Rsp.: BSG, Urt. v. 30.11.1977, Az. 12 RAr 99/76, Rn. 12; BSG, Urt. v. 18.01.1990, Az. 10 RAr 10/89, Rn. 17; BSG, Urt. v. 2.11.2000, Az. B 11 AL 23/00 R, Rn. 21 (jeweils juris); Hauck/Noftz/*Voelzke*, Kommentar zum SGB III, § 165, Rn. 98; Mutschler/*Schmidt*, Kommentar zum SGB III, § 165, Rn. 67.

laubs, Krankheit, Feiertagen, Freistellung) keine Arbeitsleistung erbringen konnte[490].

2.   Sonstige Zahlungsansprüche

Über die Vergütungsansprüche hinaus werden gem. Art. 12 Abs. 2 Nr. 2 d). – g). u.o.r.p. Urlaubsabgeltungsansprüche (*ekwiwalent pieniężny za urlop wypoczynkowy*, Art. 171 § 1 k.p.), bestimmte Geldabfindungsansprüche[491] (*odprawa pieniężna*, Art. 12 Abs. 2 Ziff. 2, lit. d).), Entschädigungsansprüche für verkürzte Kündigungsfristen wegen Konkurses, Liquidation oder anderer vom Arbeitnehmer unabhängiger Gründe (*odszkodowanie* i. S. d. Art. 36¹ § 1 k.p.[492]) sowie Ansprüche auf einen Zuschlag zum Ausgleich der Entgeltkürzung (*dodatek wyrównawczy*, Art. 230, 231 k.p. i. V. m. Art. 12 Abs. 2 Ziff. 2 lit. g).) gesichert.

Gem. Art. 12 Abs. 2 Nr. 3 u.o.r.p. sind auch die vom Arbeitgeber geschuldeten Sozialversicherungsbeiträge gesichert, die für die Fondsleistungen angefallen sind. Der Gesetzgeber stellt dabei klar, dass es sich nicht um eine eigenständige Fondsleistung handelt, sondern zusammen mit diesen gezahlt wird[493].

3.   Vom Schutz nicht erfasste Ansprüche

Trotz des in Art. 12 u.o.r.p. weit ausgebauten Katalogs von Ansprüchen werden Zahlungsansprüche nicht erfasst, die nicht vom traditionellen Begriff der Vergütung erfasst sind[494].

Hierzu zählen insbesondere sonstige Abfindungsansprüche (z. B. Abfindung wegen Renteneintritts oder Todes) sowie Entschädigungsansprüche wegen rechtswidriger Auflösung des Arbeitsverhältnisses[495].

Im deutschen Recht wird der weite Arbeitsentgeltbegriff durch § 166 Abs. 1 SGB III eingeschränkt. Nicht erfasst sind Arbeitsentgeltansprüche, die wegen

---

490 Hauck/Noftz/*Voelzke*, Kommentar zum SGB III, § 165, Rn. 98.
491 Es handelt sich um Ansprüche nach dem Gesetz vom 13. März 2003 über die besonderen Grundsätze bzgl. der Beendigung von Arbeitsverhältnissen aus arbeitnehmerunabhängigen Gründen, Dz.U. 2003, Nr. 90, Pos. 844, (*Ustawa o szczególnych zasadach rozwiązywania z pracownikami stosunków pracy z przyczyn niedotyczących pracowników*); im Folgenden auch als u.z.r.s. abgekürzt.
492 Dies gilt nicht für eine vertraglich vereinbarte Kürzung der Kündigungsfrist, vgl. SN, Urt. v. 24. 03. 2011, Az. I PK 229/10 (lex).
493 Begründung des Regierungsentwurfs zur Änderung des Fondsgesetzes und des Gesetzes über Gerichtskosten in Zivilsachen vom 22. 03. 2017, S. 4, projekt numer UD23.
494 Góral/Nowak, Wynagrodzenie za pracę, S. 214.
495 Góral/Nowak, Wynagrodzenie za pracę, S. 214.

Beendigung des Arbeitsverhältnisses oder für die Zeit danach erworben wurden. Dazu gehören insbesondere Abfindungs- und Urlaubsabgeltungsansprüche[496].

Ferner sind Ansprüche ausgeschlossen, die der Insolvenzanfechtung (§§ 129 ff. InsO) unterliegen sowie diejenigen, die wegen eines Leistungsverweigerungsrechts des Insolvenzverwalters nicht erfüllt werden.

VII. Die einzelnen Geldleistungen aus dem Fonds

Das Fondsgesetz unterscheidet zwischen Geldleistungen, die mit Eintritt des Ereignisses der Zahlungsunfähigkeit und Geldleistungen, die als Vorschüsse vor dem Datum der Zahlungsunfähigkeit beantragt werden können.

1. Fondsleistungen mit Eintritt der Zahlungsunfähigkeit

Die regulären Fondsleistungen sind in den Vorschriften der Art. 15 bis 18 u.o.r.p. geregelt. Sie umfassen den Arbeitsentgeltersatz und die Arbeitgeberbeiträge zur Sozialversicherung, die auf die Fondsleistungen entfallen.

Ihre Höhe richtet sich nach Art. 14 u.o.r.p. und hängt von der Art der nicht erfüllten Ansprüche ab.

In voller Höhe werden die vom Arbeitgeber geschuldeten Sozialversicherungsbeiträge gezahlt.

Eine betragsmäßige Begrenzung der Ersatzleistungen ist für das Arbeitsentgelt vorgesehen.

Die monatliche Gesamtleistung für das Arbeitsentgelt i.S.d. Art. 12 Abs. 2 Nr. 1 u.o.r.p., und für die Ersatzleistungen i.S.d. Art. 12 Abs. 2 Nr. 2 a). bis c). und g). darf insgesamt den Betrag des durchschnittlichen Monatseinkommens des vorherigen Jahresquartals nicht überschreiten. Gemeint ist das Jahresquartal vor dem Quartal, in dem Fondsleistungen beantragt bzw. die Verzeichnisse eingereicht wurden[497].

Das durchschnittliche Monatseinkommen wird vom Präsidenten des Zentralen Statistikamtes im Amtsblatt »Monitor Polski« veröffentlicht[498].

Die Fondsleistungen für die Erfüllung des Urlaubsabgeltungsanspruchs

---

496 BSG, Urt. v. 20.02.2002, Az. B 11 AL 71/01, Rn. 14 (juris); Mutschler/*Schmidt*, Kommentar zum SGB III, § 165, Rn. 85. Kritisch dazu auch im Hinblick auf die Vereinbarkeit mit der Insolvenzschutzrichtlinie Gagel/*Peters-Lange*, SGB III, § 166, Rn. 5a ff.

497 Begründung des Regierungsentwurfs zur Änderung des Fondsgesetzes und des Gesetzes über Gerichtskosten in Zivilsachen vom 22.03.2017, S. 7, projekt numer UD23.

498 Die Veröffentlichung erfolgt auf Grundlage von Vorschriften über den betrieblichen Fonds für Sozialleistungen sowie Vorschriften über das Sozialversicherungssystem.

dürfen ebenfalls den Betrag des monatlichen Durchschnittseinkommens nicht überschreiten, Art. 12 Abs. 1 u.o.r.p.

Die Leistungen wegen Geldabfindungs- und Entschädigungsansprüchen i. S. d. Art. 12 Abs. 2 Nr. 2 d). und f). u.o.r.p. sind auf die Höhe des o.g. Durchschnittseinkommens oder sein Vielfaches beschränkt. Letzteres ist der Fall, wenn den Ansprüchen ein Vielfaches der Vergütung zugrunde liegt.

Im zweiten Quartal des Jahres 2017 betrug die durchschnittliche Arbeitsvergütung 4.220,69 PLN / Monat[499]. Das entspricht einem Betrag von ca. 996,15 €[500],[501].

Trotz des im Vergleich zu deutschen Verhältnissen relativ niedrigen monatlichen Durchschnittseinkommens handelt es sich in Polen um einen Betrag, der die nicht erfüllten Vergütungsansprüche regelmäßig voll decken wird[502]. Bei den Besserverdienenden wird dieser Betrag jedenfalls die grundlegenden Lebensbedürfnisse decken[503].

So haben im Oktober 2014 66 % aller Beschäftigten in Polen ein Arbeitsentgelt erhalten, das der Durchschnittsvergütung entsprach oder kleiner war. Ein über die Durchschnittsvergütung hinausgehendes Arbeitsgehalt haben zu dieser Zeit fast nur Beschäftigte des öffentlichen Dienstes, höhere Beamte, Geschäftsleiter sowie Spezialisten verdient.[504]

Gem. Art. 21 Abs. 2 u.o.r.p. können von den Fondsleistungen Vorschüsse für die Einkommenssteuer natürlicher Personen, Sozialversicherungsbeiträge des Versicherten[505], Beiträge zur Gesundheitsvorsorge (*ubezpieczenie zdrowotne*) sowie Beträge für die Unterhaltsleistungen nach den im Arbeitsgesetzbuch ge-

---

499 Vgl. die amtliche Bekanntmachung des Präsidenten des Zentralen Statistikamtes vom 09. 08. 2017 unter http://stat.gov.pl/sygnalne/komunikaty-i-obwieszczenia/lista-komuni katow-i-obwieszczen/komunikat-w-sprawie-przecietnego-wynagrodzenia-w-ii-kwartale-2 017-roku,271,17.html (Abruf v. 25. 10. 2017).

500 S. die Währungsumrechnung der Polnischen Nationalbank unter http://www.nbp.pl/home. aspx?f=/statystyka/kursy.html (Abruf v. 25. 10. 2017). Der durchschnittliche Währungskurs lag am 25. 10. 2017 bei 4,2370 PLN für 1 €.

501 Es ist seit 1995 ein stetiger Anstieg des Durchschnittseinkommens zu verzeichnen, vgl. die Angaben des Zentralen Statistikamtes unter http://stat.gov.pl/obszary-tematyczne/rynek-pracy/pracujacy-zatrudnieni-wynagrodzenia-koszty-pracy/przecietne-miesieczne-wyna grodzenie-w-gospodarce-narodowej-w-latach-1950-2016,2,1.html (Abruf v. 25. 10. 2017).

502 Góral/Nowak, Wynagrodzenie za pracę, S. 216.

503 Góral/Nowak, Wynagrodzenie za pracę, S. 216.

504 Vgl. Informationen des Zentralen Statistikamtes zur Vergütungsstruktur nach Berufen im Oktober 2014 vom 11. 12. 2015 (http://stat.gov.pl/obszary-tematyczne/rynek-pracy/pracu jacy-zatrudnieni-wynagrodzenia-koszty-pracy/struktura-wynagrodzen-wedlug-zawodow -w-pazdzierniku-2014-r-,5,4.html, eingesehen am 25. 03. 2016).

505 Zu den Sozialversicherungsbeiträgen gehören gem. Art. 1 u.s.u.s. Beiträge zur Altersrenten- und sonstigen Rentenversicherung, zur Krankenversicherung (bei Arbeitsunfähigkeit) und zur Unfallversicherung, wobei letztere gem. Art. 16 Abs. 3 u.s.u.s. zu 100 % vom Arbeitgeber zu getragen sind und daher nicht von den Fondsleistungen abgezogen werden dürfen.

regelten Grundsätzen (vgl. Art. 87 ff. k.p.) abgezogen werden. Der Arbeitgeber bzw. die ihm gleichgestellte Person führt die vorgenannten Beträge vor der Weiterleitung der Fondsleistungen an die Arbeitnehmer ab und hat darüber gegenüber dem Vorsitzenden der Woiwodschaftsselbstverwaltung (*marszałek województwa*) Rechenschaft abzulegen.

Die deutschen Leistungen erfassen das Insolvenzgeld, die Gesamtsozialversicherungsbeiträge, die Lohn- und Kichensteuer sowie den Solidaritätsbeitrag. Auf Antrag der zuständigen Einzugsstelle zahlt die BA gem. § 175 Abs. 1 SGB III den im Insolvenzgeldzeitraum rückständig gewordenen Gesamtsozialversicherungsbeitrag nach § 28 d SGB IV. Dadurch soll die Finanzkraft der Sozialversicherungsträger abgesichert werden[506].

Die Lohn-, Kirchensteuer und Solidaritätszuschlag werden gezahlt, wenn das versicherte Arbeitsentgelt im In- oder Ausland steuerpflichtig ist[507].

Die Höhe des Insolvenzgeldes richtet sich nach § 167 SGB III. Danach wird das Insolvenzgeld in Höhe des Nettoarbeitsentgelts ausgezahlt, das sich daraus ergibt, dass man das auf die monatliche Beitragsbemessungsgrenze begrenzte Bruttoarbeitsentgelt um die gesetzlichen Abzüge[508] vermindert.

Das Nettoarbeitsentgelt wird genauso gezahlt, wie es der Arbeitgeber hätte zahlen müssen[509].

Die Beitragsbemessungsgrenze ergibt sich aus § 341 Abs. 4 SGB III i. V. m. §§ 159, 160 SGB VI i. V. m. § 3 Abs. 1 Nr. 1, Abs. 2 Nr. 1 SVBezGrV[510] und beträgt für das Jahr 2017 im Westen 6.350,00 € und im Osten 5.700,00 € monatlich.

Das Insolvenzgeld ist gem. § 3 Nr. 2 b). EStG einkommensteuerfrei und unterliegt anders als im polnischen Recht (vgl. Art. 12 Abs. 2 Nr. 3 u.o.r.p.) nicht der Beitragspflicht zur Sozialversicherung.

---

506 Gesetzesentwurf der Bundesregierung, Entwurf eines Gesetzes über Konkursausfallgeld (Drittes Gesetz zu Änderung des Arbeitsförderungsgesetzes) vom 01.03.1974, BT-Drucks. 7/1750, S. 15 zu § 141 n AFG; Hauck/Noftz/*Voelzke*, Kommentar zum SGB III, § 175, Rn. 10 sowie § 165, Rn. 30; Brand/*Kühl*, Kommentar zum SGB III, § 175, Rn. 3; Mutschler/*Lauer*, Kommentar zum SGB III, § 175, Rn. 4; Gagel/*Peters-Lange*, Kommentar zum SGB III, § 175, Rn. 4.

507 Brand/*Kühl*, Kommentar zum SGB III, § 167, Rn. 4.

508 Dazu gehören die gesetzlichen Abzüge für Lohn-, Kirchensteuer und Solidaritätszuschlag sowie die Arbeitnehmeranteile des Pflichtbeitrags zur gesetzlichen Renten-, Kranken-, Pflege- und Arbeitslosenversicherung (Brand/*Kühl*, Kommentar zum SGB III, § 167, Rn. 4).

509 Brand/*Kühl*, Kommentar zum SGB III, § 167, Rn. 4.

510 SVBezGrV ist die Abkürzung für die Verordnung über maßgebende Rechengrößen der Sozialversicherung (Sozialversicherungs-Rechengrößenverordnung), S. unter https://www.gesetze-im-internet.de/svbezgrv_2017/BJNR266500016.html (Abruf v. 25.10.17).

2.   Vorschusszahlungen vor Eintritt der Zahlungsunfähigkeit

Vor Eintritt der Zahlungsunfähigkeit können in beiden Staaten Vorschüsse auf die Fondsleistungen an die Arbeitnehmer gezahlt werden. Die Voraussetzungen dafür sind in beiden Staaten unterschiedlich.

a)   *Vorschuss auf die Fondsleistungen* (zaliczka na zaspokojenie roszczeń pracowniczych)

Das polnische Recht gewährt auf Antrag Vorschüsse bei faktischer Einstellung der Tätigkeit gem. Art. 12a Abs. 2 u.o.r.p. sowie bei Stellung eines Konkursantrags gem. Art. 15a u.o.r.p.

Es sind in beiden Fällen gebundene Entscheidungen zu treffen.

Die Vorschüsse stehen nur den Arbeitnehmern und nicht mehr den ehemaligen Arbeitnehmern zu[511].

Die Vorschriften über die Vorschusszahlungen wurden erstmalig in den Jahren 2009 und 2010 in das Fondsgesetz eingeführt.

Art. 14a u.o.r.p. a. F. (Art. 15a n. F.) wurde durch das Gesetz vom 01.07.2009 über die Linderung der Folgen der Wirtschaftskrise für Arbeitnehmer und Arbeitgeber[512] hinzugefügt. Der Gesetzgeber verfolgte damit das Ziel, den Schutz der Arbeitnehmeransprüche durch Verkürzung der Wartezeit auf die Fondsleistungen zu erhöhen[513].

Art. 8a sowie Art. 12a u.o.r.p. in der alten Fassung (Art. 12a Abs. 2 n. F.) wurden durch das Gesetz vom 8. Januar 2010 über die Änderung des Gesetzes über den Schutz der Arbeitnehmeransprüche bei Zahlungsunfähigkeit des Arbeitgebers[514] eingeführt. Ziel war die Sicherstellung des Arbeitnehmerschutzes vor zahlungsunfähigen Arbeitgebern, die ihre Tätigkeit faktisch eingestellt

---

511 In Bezug auf Art. 12a u.o.r.p. in der alten Fassung vgl. SN, Urt. v. 12.06.2013, Az. I PK 12/ 2013 (lex). Das gilt auch nach der Gesetzesänderung im September 2017 fort, vgl. Begründung des Regierungsentwurfs zum Fondsgesetz und dem Gesetz über Gerichtskosten in Zivilsachen, S. 5, projekt numer UD23.

512 Gesetz vom 1. Juli 2009 über die Milderung der Folgen der Wirtschaftskrise für Arbeitnehmer und Arbeitgeber, Dz.U. 2009, Nr. 125, Pos. 1035 (*Ustawa o łagodzeniu skutków kryzysu ekonomicznego dla pracowników i przedsiębiorców*), aufgehoben am 21.11.2013 durch Art. 33 des Gesetzes vom 11.10.2013 über besondere Lösungen zum Schutz der Arbeitsplätze (Dz.U. 2013, Pos. 1291).

513 Vgl. Begründung des Gesetzesentwurfs durch den Sejm der Republik Polen, VI. Legislaturperiode, Drucks. Nr. 2044 vom 05.06.2009.

514 Gesetz vom 8. Januar 2010 über die Änderung des Gesetzes über den Schutz der Arbeitnehmer bei Zahlungsunfähigkeit des Arbeitgebers, Dz.U. 2010, Nr. 18, Pos. 100 (*Ustawa o zmianie ustawy o ochronie roszczeń pracowniczych w razie niewypłacalności pracodawcy*).

haben, indem eine möglichst frühzeitige Auszahlung von Vorschüssen ermöglicht werden sollte.[515]

Die Höhe der Vorschusszahlungen ist auf den Betrag der Mindestarbeitsvergütung begrenzt, der jährlich durch Verordnung des Ministerrates festgesetzt wird[516]. Für das Jahr 2017 beträgt die minimale Arbeitsvergütung 2.000,00 PLN im Monat[517]. Das sind umgerechnet ca. 472,03 Euro[518].

Da es für die hier gestellte Frage nach der Vorfinanzierung der Fondsleistungen im Eröffnungsverfahren auf die Vorschussregelung bei faktischer Einstellung der Tätigkeit nicht ankommt, ist auf diese Regelung nicht weiter einzugehen.

b)   Regelung des Art. 15a u.o.r.p.

Art. 15a u.o.r.p. setzt voraus, dass ein formal zulässiger Antrag auf Eröffnung eines Konkursverfahrens gem. Art. 22–25 p.u. gestellt wird, über den noch nicht entschieden wurde. Bei Restrukturierungsverfahren gibt es somit keine Vorschüsse.

Antragsberechtigt ist der Arbeitgeber[519].

Die Leistung selbst wird gem. Art. 15a Abs. 4 u.o.r.p. unmittelbar an die Arbeitnehmer ausgezahlt. Aus dem Wortlaut des Abs. 4 dieser Vorschrift (»*pracownikowi*«) lässt sich entnehmen, dass anspruchsberechtigt nur die (noch) im Vertragsverhältnis stehenden Arbeitnehmer sind, mithin nicht die ehemaligen Beschäftigten.

Über den Vorschussantrag wird nach den Vorschriften des Verwaltungsverfahrensgesetzes entschieden. Die Bearbeitungsdauer gem. Art. 35 § 3 k.p.a.[520] kann bei bis zu zwei Monaten betragen, wovon bei komplizierten Angelegenheiten auszugehen ist (Art. 61 § 3 k.p.a.).

Das hat in der Praxis u.a. dazu geführt, dass regelmäßig keine Vorschussanträge gestellt werden.

---

515 Vgl. Begründung des Gesetzesentwurfs durch den Sejm der Republik Polen, VI. Legislaturperiode, Drucks. Nr. 2023 vom 25.03.2009.

516 Auf Grundlage des Gesetzes über die minimale Arbeitsvergütung vom 10. Oktober 2002 (*Ustawa o minimalnym wynagrodzeniu za pracę*), Dz. U. Nr. 200, Pos. 1679; zum Mindestlohn in Polen vgl. Aumann, ZIAS 2013, S. 18–31.

517 Vgl. Verordnung des Ministerrates vom 09.09.2016 über die Höhe der minimalen Arbeitsvergütung im Jahr 2017, Dz.U. vom 13.09.2016, Pos. 1456 (*Rozporządzenie Rady Ministrów w sprawie wysokości minimalnego wynagrodzenia za pracę w 2017 r.*).

518 Vgl. die Währungsumrechnung der Polnischen Nationalbank, wonach der durchschnittliche Währungskurs bei 1 € = 4,2370 PLN liegt, vgl. http://www.nbp.pl (Abruf v. 25.10.2017).

519 Vgl. auch Góral/Nowak, Wynagrodzenie za pracę, S. 222.

520 Gesetz vom 14.06.1960 über das Verwaltungsverfahren, Dz.U. 2000, Nr. 98, Pos. 1071 m. Ä. (*Ustawa– Kodeks postępowania administracyjnego, k.p.a.*).

Bei transnationalen Insolvenzfällen kann davon ausgegangen werden, dass die zuständige Verwaltungsbehörde die Angelegenheit als kompliziert einstuft.

Bereits aufgrund der langen Bearbeitungsdauer stellt die Vorschussregelung keine gesetzliche Alternative für eine Vorfinanzierung der Arbeitsentgelte dar.

c)   Vorschuss auf das Insolvenzgeld

Im deutschen Recht kann nach § 168 SGB III die Bundesagentur für Arbeit auf Antrag gem. § 324 Abs. 1, 3 SGB III einen Vorschuss auf das Insolvenzgeld bei Stellung eines Insolvenzantrags leisten. Der Vorschuss ist lediglich als Ermessensentscheidung zu leisten. Für das Insolvenzereignis der Betriebsstilllegung (i. S. d. § 165 Abs. 1 S. 2 Nr. 3 SGB III) ist ein Vorschuss nicht vorgesehen[521].

Der Anspruch setzt voraus, dass die Eröffnung eines Insolvenzverfahrens beantragt wurde, das Arbeitsverhältnis beendet ist und die Voraussetzungen für den Anspruch auf Insolvenzgeld mit hinreichender Wahrscheinlichkeit erfüllt werden.

Die frühere Vorschrift des § 141 f AFG (Arbeitsförderungsgesetz vom 1974[522]) verlangte nicht, dass das Arbeitsverhältnis beendet sein musste.

Die Voraussetzung der Beendigung des Arbeitsverhältnisses wurde eingefügt, weil mit dem Ende des Arbeitsverhältnisses vor der Verfahrenseröffnung der Insolvenzgeldzeitraum bereits feststeht, während beim fortgesetzten Arbeitsverhältnis erst das Insolvenzereignis den Zeitpunkt markiert, von dem an die 3-Monatsfrist zurückzurechnen ist[523]. Mit der Festsetzung des Insolvenzgeldzeitraums geht die Bundesagentur für Arbeit kein Risiko mehr ein, dass sie Vorschüsse für Lohnansprüche leistet, die nicht in den Insolvenzgeldzeitraum fallen, sollte das Insolvenzereignis später als erwartet eintreten.

Auch die deutsche Regelung stellt damit keine gesetzliche Alternative für die Insolvenzgeldvorfinanzierung dar.

Das Erfordernis des beendeten Arbeitsverhältnisses verdeutlicht, dass gerade

---

521   Im diesem Fall kann zwar auf die allgemeine Vorschussregelung des § 42 SGB I oder § 328 Abs. 1 S. 1 Nr. 3 SGB III zurückgegriffen werden. § 42 SGB I setzt jedoch voraus, dass der Anspruch auf Geldleistung dem Grunde nach bereits besteht, wohin gegen § 168 SGB III nur eine hinreichende Wahrscheinlichkeit des Insolvenzgeldanspruchs verlangt, vgl. Gagel/*Peters-Lange*, Kommentar zu SGB III § 168, Rn. 8. Für die Anwendung von § 328 Abs. 1S. 1 Nr. 3 SGB III muss hinreichend wahrscheinlich sein, dass die Voraussetzungen des § 165 Abs. 1 S. 2 Nr. 3 bereits eingetreten sind (und nicht erst in Zukunft eintreten werden), vgl. Brand/*Niesel*, SGB III, § 168, Rn. 3.

522   Das AFG hatte Gültigkeit bis zum Inkrafttreten des Arbeitsförderungsreformgesetzes zum 01.01.1999.

523   Gagel/*Peters-Lange*, Kommentar zu SGB III, § 168, Rn. 4 unter Berufung auf die Begründung des Ausschusses für Arbeit und Sozialordnung zur Änderung des §141 f AFG.

Arbeitnehmer, deren Weiterarbeit für die Sanierung notwendig ist, nicht zum Kreis der Vorschussberechtigten gehören[524].

d) Zusammenfassung und Stellungnahme

Anders als in § 168 SGB III vorgesehen, setzt 15a u.o.r.p. nicht voraus, dass das Arbeitsverhältnis beendet sein muss[525]. Die Voraussetzung der Beendigung des Arbeitsverhältnisses hat in Deutschland dazu geführt, dass die Vorschussregelung für Sanierungsbemühungen kein taugliches Instrument darstellt, um Arbeitnehmer fürs Weiterarbeiten zu motivieren.[526]

Die polnische Vorschussregelung des Art. 15a u.o.r.p. wäre demgegenüber grundsätzlich geeignet, Arbeitnehmer im Betrieb zu halten. Das Risiko einer etwaigen Überziehung des 3-Monatszeitraums ist in Anbetracht der zweimonatigen Instruktionsfrist im Konkursvorverfahren (Art. 27 Abs. 3 p.u.) gering.

Allerdings scheitert die Nutzung der Vorschüsse in der Praxis an der langen Bearbeitungsdauer der Behörden.

Nachteilig ist auch, dass der Betrag für die Vorschüsse auf das niedrige Niveau der minimalen Arbeitsvergütung beschränkt ist.

Etwaiger Nutzung als Sanierungsinstrument steht schließlich entgegen, dass in Restrukturierungsverfahren keine Vorschusszahlungen geleistet werden können.

3. Rückzahlung der Fondsleistungen

Art. 23 u.o.r.p. verpflichtet den Arbeitgeber oder eine andere Person, die über das Vermögen des Arbeitgebers verfügt, zur Rückzahlung der erbrachten Fondsleistungen.

Der Fondsverfügungsberechtigte kann unter näher beschriebenen Voraussetzungen die Bedingungen der Rückzahlung bestimmen, insbesondere eine Ratenzahlung vereinbaren oder einen Zahlungsaufschub gewähren, ferner von der Geltendmachung der Ansprüche ganz oder zum Teil absehen oder die Schulden im Ganzen oder zum Teil erlassen.

Die Entscheidung über den (teilweisen oder vollständigen) Verzicht oder über den Schuldenerlass trifft der Fonds nicht im Rahmen eines Verwaltungsverfahrens, insbesondere nicht durch einen Verwaltungsakt (*decyzja administracyja*), weil zwischen dem Fonds und dem zahlungsunfähigen Arbeitgeber kein verwaltungsrechtliches, sondern ein zivilrechtliches Rechtsverhältnis

---

524 Hase, WM 2000, S. 2231 ff. (2233).
525 Das gleiche gilt bei faktischer Betriebsstilllegung gem. Art. 12 a u.o.r.p.
526 Beck/Depré/*Braun/Wierzioch*, Praxis der Insolvenz, § 29, Rn. 89; Cranshaw, Einflüsse des Europ. Rechts, S. 1336.

besteht[527]. Die Entscheidung unterliegt daher der Kontrolle der Zivilgerichte, wenn der Arbeitgeber einen Einwand dagegen erhebt[528].

VIII.   Fondsleistungsverfahren und Rechtsschutz

1.   Finanzierung und Verfahrensablauf

Finanziert werden die Fondsleistungen nicht nur von den Arbeitgeberbeiträgen, sondern auch aus Einnahmen wie Zinsen, Rückerstattungsbeträgen, Mieten, Pachten u. a. Alle Einnahmen und Zuflüsse des Fonds sind in Art. 25 u.o.r.p. enumerativ aufgeführt.

a)   Die Beitragserhebung als Haupteinnahmequelle
Die Erhebung der Arbeitgeberbeiträge (vgl. Art. 25 Abs. 1 Nr. 1 u.o.r.p.) gehört jedoch zu der wichtigsten Einnahmequelle des Fonds[529].

In Deutschland wird das Insolvenzgeld demgegenüber ausschließlich über die Arbeitgeberumlage finanziert.

Nach Angaben des polnischen Ministeriums für Familie, Arbeit und Sozialpolitik wurde für das Jahr 2017 eingeplant, dass die Arbeitgeberbeiträge ca. 80 % aller Einnahmen ausmachen werden. An zweiter Stelle folgen ihnen diverse Zinseinkünfte (ca. 19,5 %). An dritter Stelle stehen sonstige Einnahmen.[530]

Gem. Art. 28 Abs. 1, Art. 9 u.o.r.p. sind grundsätzlich alle zahlungsfähigen Arbeitgeber dazu verpflichtet, für ihre Arbeitnehmer Beiträge an den Fonds zu leisten[531]. Nach Eintritt der Zahlungsunfähigkeit entfällt gem. Art. 28 Abs. 2 u.o.r.p. die Pflicht zur Beitragszahlung. Weitere Ausnahmen von der Beitragspflicht sind für bestimmte Arbeitnehmer gem. Art. 9a–9c u.o.r.p.[532] vorgesehen.

---

527 SN, Urt. 27. 06. 2006, Az. III CSK 88/06; zustimmend Tomanek in der Anmerkung zu diesem Urteil. Das Urteil bezieht sich auf die Vorschrift des Art. 10 Abs. 3 und 4 des Fondsgesetzes 1993, die generell das Absehen von der Geltendmachung der Rückzahlungsansprüche regelte. Das in Art. 23 Abs. 3 u.o.r.p. geregelte Absehen von der Geltendmachung und der Schuldenerlass stellen eine Konkretisierung des damals weitverstandenen Art. 10 Abs. 3,4 dar, vgl. Tomanek, Anmerkung zum Urteil v. 27. 06. 2006, Az. III CSK 88/06.

528 SN, Urt. v. 17. 03. 2010, Az. II CSK 506/09; SN, Urt. v. 27. 07. 2006, Az. III CSK 88/06, zustimmend Tomanek in der Anmerkung zu diesem Urteil; SN, Urt. v. 05. 02. 2002, Az. II CKN 895/99.

529 Krajewski, Kommentar zu u.o.r.p. 1993, Art. 13, S. 42, Nr. 1.

530 Vgl. die Information über den Finanzplanentwurf des Fonds für garantierte Arbeitnehmeransprüche des Ministeriums für Familie, Arbeit und Sozialpolitik für das Jahr 2017, Warschau Oktober 2016, S. 5 (*Informacja o projekcie planu finansowego Funduszu Gwarantowanych Świadczeń Pracowniczych na rok 2017 r.*), abrufbar unter https://generator. mpips.gov.pl/plan_fgsp (Abruf v. 25. 10. 2017).

531 Vgl. auch Małysz, Służba Pracownicza 2011, Heft Nr. 8, S. 18 (19).

532 Es handelt sich um Ausnahmen für Arbeitnehmer, die aus dem Mutterschafts-, Eltern- oder

b) Verfahren der Beitragserhebung

Die Beiträge werden monatlich durch die Sozialversicherungsanstalt (*Zakład Ubezpieczeń Społecznych, ZUS*) gemeinsam mit den Sozialversicherungsbeiträgen erhoben, vgl. Art. 30 Abs. 1 u.o.r.p., Art. 68 Abs. 1 Nr. 1 lit. c) u.s.u.s.[533].

Gem. Art. 32 u.s.u.s. findet das Gesetz über das Sozialversicherungssystem für die Beitragserhebung und die Durchsetzung der Beitragszahlung entsprechende Anwendung[534].

Die Sozialversicherungsanstalt ZUS leitet die Geldbeträge aus den Arbeitgeberbeiträgen jeweils bis zum 15. des Folgemonats an den Fonds weiter (vgl. Art. 25 Abs. 3, 30 Abs. 1 u.o.r.p.). Dafür sowie für die anderen Einnahmen und Zuflüsse wird ein gesondertes Bankkonto in Warschau geführt (vgl. Art. 29 Abs. 4 des Gesetzes über öffentliche Finanzen[535]).

Die Beitragsberechnung erfolgt grundsätzlich gem. Art. 29 Abs. 1 u.o.r.p. i. V. m. Art. 18 Abs. 1 u.s.u.s. anhand des Einkommens ohne eine Begrenzung. Die Höhe der Beiträge beträgt gem. Art. 29 Abs. 2 u.o.r.p. i. V. m. Art. 29 des Haushaltsgesetzes für das Jahr 2017[536] 0,10 % des jeweiligen Einkommens.

Der Einzug und die Weiterleitung der Umlage nach deutschem Recht erfolgt nach der Vorschrift des § 359 SGB III. Die Umlage wird seit dem 01.01.2009 mit dem Gesamtsozialversicherungsbeitrag durch die Einzugsstelle i. S. d. §§ 28 h, 28 i SGB IV eingezogen. Das sind gem. § 28 h Abs. 1 S. 1 SGB IV die Krankenkassen. Gem. § 359 Abs. 2 SGB III (i. V. m. § 28 k SGB IV) hat die Einzugsstelle die Umlagen arbeitstäglich an die Bundesagentur weiterzuleiten. Das SGB IV ist für den Einzug ergänzend anzuwenden.[537]

Der Umlagesatz für Deutschland ergibt sich aus §§ 358 Abs. 2, 360, 361 SGB III und ist ebenfalls nach einem Prozentsatz des Arbeitsentgelts zu erheben. Er liegt seit dem 01.01.2013 gem. § 360 SGB III bei 0,15 %. Der Satz kann durch das Bundesministerium für Arbeit und Soziales geändert werden. Im Jahr 2017

Erziehungsurlaub zurückgekehrt sind, sowie um Arbeitnehmer bestimmter Altersgruppen. Art. 9 c u.o.r.p. sieht eine Ausnahme für die Einstellung von Arbeitslosen unter 30 Jahren vor.

533 Gesetz vom 13.10.1998 über das System der Sozialversicherungen, Dz.U. 2013, Pos. 1442 (*Ustawa o systemie ubezpieczeń społecznych*, im Folgenden u.s.u.s.).

534 Vgl. auch Kaleta, Kommentar zu u.o.r.p., Art. 30.

535 Gesetz über öffentliche Finanzen vom 27.08.2009, Dz.U. 2013, Pos. 885 (*Ustawa o finansach publicznych, u.f.p.*).

536 Das Haushaltsgesetz für das Jahr 2017 vom 16.12.2016 ist veröffentlicht im Dz.U. 2017, Pos. 108 (*Ustawa budżetowa*); Der Beitrag liegt gem. Art. 29 des Haushaltsgesetzes bei 0,10 % der Beitragsbemessungsgrundlage für die (Alters-)Rentenversicherung ohne die in Art. 19 Abs. 1 u.s.u.s. genannte Begrenzung.

537 Mutschler/*Schmidt*, Kommentar zum SGB III, § 359, Rn. 1.

betrug die Insolvenzgeldumlage 0,09 %. Eine erneute Senkung erfolgt für das Jahr 2018 und wird 0,06 % betragen[538].

Zudem gelten die Beitragsbemessungsgrenzen, die sich aus § 341 Abs. 4 SGB III i. V. m. §§ 159, 160 SGB VI i. V. m. § 3 Abs. Nr. 1, Abs. 2 Nr. 1 SVBezGrV 2016 ergeben.

c)   Zuständigkeiten und Auszahlung der Fondsleistungen

Die für die Fondsleistungen vorgesehenen Finanzmittel werden gem. Art. 27 Abs. 3 u.o.r.p. durch den Minister für Arbeit, handelnd als Verfügungsberechtigter des Fonds (*Dysponent Funduszu,* Art. 24 Abs. 2 u.o.r.p.), auf ein Bankkonto der Selbstverwaltungen der Woiwodschaften (*samorządy województwa*) überwiesen.

Für die Erbringung der Fondsleistungen ist gem. Art. 15 Abs. 3, 4 u.o.r.p. der Vorsitzende der Woiwodschaftsselbstverwaltung (*marszałek województwa)* am Sitz des Arbeitgebers zuständig. Er ist über diese Aufgabe hinaus gem. Art. 24 Abs. 3, 31 Abs. 1 u.o.r.p. vom Minister für Arbeit (dieser handelnd in seiner Funktion als Fondsverfügungsberechtigter) bevollmächtigt, alle Aufgaben zu erfüllen, die sich aus dem Fondsgesetz ergeben.

Die Zuständigkeit der Selbstverwaltung der Woiwodschaften für die Erfüllung der Aufgaben aus dem Fondsgesetz ergibt sich auch aus Art. 14 Abs. 1 Nr. 16 des Gesetzes über die Selbstverwaltung der Woiwodschaften[539].

Auf Grundlage des Art. 31 Abs. 1 u.o.r.p. delegiert der Vorsitzende der Woiwodschaftsselbstverwaltung (in seiner Funktion als Dienstvorgesetzter der Arbeitsämter der Woiwodschaften, Art. 43 Abs. 3 usw.) die Aufgaben an das jeweilige Arbeitsamt am Sitz des Arbeitgebers.

Für die Erfüllung dieser Aufgaben verfügen die Arbeitsämter der Woiwodschaften über eigene FGSP-Abteilungen als Dienststellen. Die auszuführenden Aufgaben regeln die Satzung und die Geschäftsordnung des jeweiligen Arbeitsamtes der Woiwodschaft[540].

Das zuständige Arbeitsamt zahlt die Geldleistungen gem. Art. 15 Abs. 4, Art. 16 Abs. 3 u.o.r.p. i. V. m. der jeweiligen Verordnung an die Antragsteller aus.

Gem. Art. 18 u.o.r.p. findet auf die Auszahlung (sowie auf das unten näher

---

538 S. Verordnung zur Festsetzung des Umlagesatzes für das Insolvenzgeld für das Kalenderjahr 2018 vom 27.09.2017.

539 Dz.U. 2013, Pos. 596 (*Ustawa z dnia 5 czerwca 1998 r. o samorządzie województwa*), im Folgenden mit u.s.w. abgekürzt.

540 Das Arbeitsamt der Woiwodschaft in Krakau regelt beispielsweise in § 19a i. V. m. § 9 Abs. 2 seiner Geschäftsordnung vom 21.11.2013 in Form eines offenen Katalogs die Aufgaben der FGSP-Abteilung (*Regulamin organizacyjny wojewódzkiego urzędu pracy w Krakowie z dnia 21 listopada 2013 r. w załączniku do Zarządzenia Nr 41./2013 Dyrektora WUP w Krakowie z dnia 20 listopada 2013 r.*), http://wup-krakow.pl/o-wup/akty-prawne/Regulaminorganiza cyjnyWUP.pdf (aufgerufen am 01.07.2016).

beschriebene Antragsverfahren) das Gesetz über das Verwaltungsverfahren (k.p.a.) mit Ausnahme der Vorschriften über den Erlass von Verwaltungsakten und Beschlüssen entsprechende Anwendung.

Demzufolge ist die Fondleistung entsprechend Art. 35 § 3 k.p.a. grundsätzlich innerhalb eines Monats, bzw. in besonders komplizierten Fällen innerhalb von zwei Monaten auszuzahlen. Die Frist beginnt mit der Antragstellung (Art. 61 § 3 k.p.a.)[541].

Für die Auszahlung des Insolvenzgeldes ist gem. § 327 Abs. 3 SGB III die Agentur für Arbeit zuständig, in deren Bezirk die für den Arbeitgeber zuständige Lohnabrechnungsstelle liegt.

Das Insolvenzgeldverfahren ist in den Durchführungsanweisungen der Bundesagentur für Arbeit enthalten, da diese das Insolvenzgeld verwaltet.

Für das Verfahren ist neben den einschlägigen Vorschriften des SGB III ergänzend SGB X als »Allgemeiner Teil« für das Verwaltungsverfahren anwendbar.

d)   Das Verfahren der Anspruchserfüllung (tryb zaspokajania roszczeń)
Das Verfahren zur Auszahlung der Fondsleistungen ist in Art. 15–18 u.o.r.p. geregelt.

Es sind zwei Verfahrensarten zu unterscheiden: ein vom Arbeitgeber initiertes Verfahren für alle Arbeitnehmer (hier als Regelverfahren bezeichnet) sowie ein vom Arbeitnehmer selbst eingeleitetes Verfahren durch Individualantrag (*wniosek indywidualny*)[542]. In Fällen von ausländischen Insolvenzen ist nur ein Individualantrag zulässig (vgl. Art. 17 u.o.r.p.). Für alle vorgesehenen Verfahrensarten gilt gem. Art. 18 u.o.r.p. das Verwaltungsverfahrensgesetz.

Den Antrag auf Insolvenzgeld kann im Vergleich dazu gem. § 324 Abs. 3 SGB III nur der Inhaber des Arbeitsentgeltanspruchs stellen[543].

aa)   Gesamtverzeichnis (zbiorczy wykaz niezaspokojonych roszczeń)
Das in Art. 15 u.o.r.p. geregelte Verfahren wird vom Gesetzgeber gegenüber dem Individualverfahren bevorzugt[544].

Gem. Art. 15 Abs. 1 u.o.r.p. ist der Arbeitgeber, Verwalter, Konkursverwalter, Liquidator oder eine sonstige, über das Vermögen des Arbeitgebers verwaltende und verfügende Person verpflichtet[545], innerhalb eines Monats nach Eintritt der

---

541 Zur Fristberechnung vgl. Art. 57 § 3 k.p.a.; Przybysz, Kommentar zu k.p.a., Art. 35, Rn. 3.
542 Nur beim Individualverfahren spricht das Gesetz von der Stellung eines Antrags (*złożenie wniosku*). Im Regelverfahren ist die Rede von der Vorlage eines Gesamtverzeichnisses der unerfüllten Ansprüche (*złożenie zbiorczego wykazu niezaspokojonych roszczeń*).
543 Brand/*Kühl*, § 171, Rn. 5.
544 SN, Beschl. v. 17.01.1995, Az. I PZP 55/94; SN, Beschl. v. 02.03.1995, Az. I PZP 4/95 (lex).
545 SN, Beschl. v. 17.01.1995, Az. I PZP 55/94 (lex); Małysz, Służba Pracownicza, 2011, Heft Nr. 8, S. 18ff. (21); Masewicz, Należności pracownicze, S. 71.

Zahlungsunfähigkeit aus eigener Initiative[546] heraus ein Gesamtverzeichnis (*zbiorczy wykaz*) der im Betrieb unerfüllten Arbeitsentgeltansprüche für den Zeitraum vor Eintritt der Zahlungsunfähigkeit zu erstellen und beim zuständigen Vorsitzenden der Woiwodschaftsselbstverwaltung einzureichen.

Für den Konkursverwalter ergibt sich diese Verpflichtung zudem aus Art. 177 Abs. 1 p.u.

Bei Entgeltansprüchen aus dem Zeitraum nach Eintritt der Zahlungsunfähigkeit haben die o.g. Personen gem. Art. 15 Abs. 2 u.o.r.p. unverzüglich nach Beendigung des Arbeitsverhältnisses ein weiteres Verzeichnis (sog. ergänzendes Verzeichnis, *wykaz uzupełniający*) zu erstellen und vorzulegen.

Die Verzeichnisse sind schriftlich und unter Benutzung der vorgegebenen Formulare zu erstellen.[547]

Die Erstellung und Einreichung der Verzeichnisse sind als Anträge zu qualifizieren, zu deren Stellung der Gesetzgeber die o.g. Personen aufgrund existenzieller Interessen der Arbeitnehmer verpflichtet hat[548].

Die Erstellung und Einreichung der Verzeichnisse ist Voraussetzung für die Übermittlung der Finanzmittel an den Arbeitgeber zur Auszahlung an die Arbeitnehmer[549].

Eine Verletzung der Pflicht zur Erstellung der geforderten Verzeichnisse kann gem. Art. 169 a p.u. als Pflichtverletzung des Konkursverwalters durch den Richter-Kommissar ermahnt werden und führt bei Nichtabstellen der Verfehlung zu einer Geldbuße in Höhe von bis zu 30.000,00 PLN[550].

Zusammen mit den Verzeichnissen müssen insbesondere Nachweise der Zahlungsunfähigkeit vorgelegt werden.

Die Auszahlung der Leistungen erfolgt durch Überweisung unverzüglich nach Überprüfung der Verzeichnisse an die Bankverbindung der o.g. Person (§ 5 Abs. 1 i.V.m. § 3 Abs. 2 Nr. 3 der Verordnung vom 07.11.2011). Diese hat die Zahlungen an die Arbeitnehmer bzw. ihnen gleichgestellte Personen spätestens innerhalb von sieben Tagen seit dem Erhalt weiterzuleiten.

Schutz vor Pfändungen der Fondsleistungen oder Verrechnungen, insbesondere durch die Bank als Gläubigerin des Arbeitgebers, bietet die Vorschrift des Art. 21 u.o.r.p. Danach ist die Zwangsvollstreckung in die Fondsleistungen zu Ungunsten der berechtigten Personen verboten[551].

Vergleichbar mit den o.g. Verzeichnissen ist die Insolvenzgeldbescheinigung

---

546　Masewicz, Należności pracownicze, S. 71.
547　Vgl. § 3 Abs. 1 der Verordnung des Ministers für Arbeit und Sozialpolitik vom 7. Dezember 2011. Zu den einzelnen Rechtsverordnungen s. weiter unten unter Ziff. VIII. 1 lit. e).
548　Krajewski, Kommentar zu u.o.r.p. 1993, S. 31.
549　SN, Beschl. v. 17.01.1995, Az. I PZP 55/94 (lex).
550　Zur alten Rechtslage vgl. Krajewski, Kommentar zu u.o.r.p. 1993, S. 31.
551　Vgl. Krajewski, Kommentar zu u.o.r.p. 1993, Art. 9, Nr. 1, S. 36.

gem. § 314 SGB III[552], die der Insolvenzverwalter auf Verlangen der Agentur für Arbeit auszustellen hat.

Die Bescheinigung ist jedoch nicht als ein Antrag auf Insolvenzgeldzahlung auszulegen, da letzteren die Anspruchsinhaber selbst stellen müssen.

Die Bescheinigung dient der Sicherstellung der materiellen Richtigkeit der Entscheidungen im Insolvenzgeldverfahren und gehört zum Umfang der Auskunftspflichten des Insolvenzverwalters[553].

Sanktionsmöglichkeiten beim verschuldeten Verstoß gegen die Bescheinigungspflicht sind in § 404 Abs. 2 Nr. 22 SGB III (Bußgeld bis 2.000,00 €) vorgesehen.

Der Antrag auf Insolvenzgeld muss innerhalb einer Ausschlussfrist von zwei Monaten seit dem Eintritt des Insolvenzereignisses beantragt werden (§ 324 Abs. 3 S. 1 SGB III).

Der Antrag kann formlos[554] (allerdings unter Benutzung des amtlichen Antragsvordrucks) oder auch als Sammelantrag bei der am Sitz des Arbeitgebers zuständigen Bundesagentur für Arbeit gestellt werden.

Die Ausschlussfrist ist eine materiell – rechtliche Frist[555], so dass der Anspruch nach Fristablauf erlischt. Allerdings gilt nach § 324 Abs. 3 S. 2 SGB III bei unverschuldeter Fristversäumung eine Nachfrist.

Der Antrag kann innerhalb von weiteren zwei Monaten nach Wegfall des Hinderungsgrundes nachgeholt werden. Auch bei der Nachfrist handelt es sich um eine materiell – rechtliche Ausschlussfrist[556]. Sie ist mit der Insolvenzschutzrichtlinie vereinbar[557].

bb)   Das Individualverfahren (Individualantrag)

Der Verfahren des Arbeitnehmers bzw. der ihm gleichgestellten Personen zur Zahlung der Leistungen aus dem Fonds regelt Art. 16 u.o.r.p.

Der Individualantrag kann grundsätzlich frühestens zwei Wochen nach Ablauf der 1-Monats-Frist für die Erstellung des Gesamtverzeichnisses bzw. des Ergänzungsverzeichnisses gestellt werden. Diese Bestimmung verdeutlicht den

---

552 Der amtliche Vordruck kann im Internet unter http://www.arbeitsagentur.de heruntergeladen werden.
553 Mutschler/*Siefert*, Kommentar zum SGB III, § 314, Rn. 2.
554 Mutschler/*Schmidt*, Kommentar zum SGB III, § 169, Rn. 4.
555 Mutschler/*Scholz*, Kommentar zum SGB III, § 324, Rn. 16.
556 Mutschler/*Scholz*, Kommentar zum SGB III, § 324, Rn. 18.
557 Vgl. EuGH, Urt. v. 18.09.2003, Rs. C-125/01, Rn. 46 – Pflücke; BSG, Beschl. v. 17.10.2007, Az. B 11a AL 75/07 B (Leitsatz); dazu auch Cranshaw, jurisPR-InsR 4/2008 Anm. 5; Mutschler/*Scholz*, § 324, Rn. 17.

Ausnahmecharakter[558] des Individualantrags, der dem Regelverfahren Vorrang zu gewähren hat.

Auch hier gilt das Schriftformerfordernis.

Dem Antrag ist neben dem Nachweis der Anspruchsberechtigung insbesondere eine Erklärung darüber beizufügen, dass der Antragsteller nicht zu den gem. Art. 10 u.o.r.p. von der Leistung ausgeschlossenen Personen gehört (hat).

Der am Sitz des Arbeitgebers zuständige Vorsitzende der Woiwodschaftsselbstverwaltung hat die Leistungen unverzüglich und unmittelbar an die Anspruchsberechtigten per Überweisung oder Postanweisung[559] zu erbringen.

Zuvor hat er jedoch die gesetzlichen Abzüge (Beiträge zur Sozialversicherung, zur Gesundheitsvorsorge, den Vorschuss der Einkommenssteuer für natürliche Personen sowie Unterhaltszahlungen) vorzunehmen und abzuführen.

Über die Höhe und den Zeitpunkt der Auszahlung werden die Personen, die zur Verfügung und Verwaltung über das Vermögen des Schuldners befugt sind, vom Vorsitzenden der Woiwodschaftsselbstverwaltung benachrichtigt (vgl. Art. 16 Abs. 3 u.o.r.p.).

cc)   Das Vorschussverfahren

Der Antrag auf eine Vorschusszahlung nach der Stellung eines Konkursantrags i.S.d. Art. 15a u.o.r.p. ist vom Arbeitgeber zu stellen. Der Antrag erfasst wie beim Regelverfahren ein Gesamtverzeichnis, so dass Art. 15 Abs. 1 u.o.r.p. entsprechend anzuwenden ist. Darüber hinaus ist eine Kopie des Antrags auf Eröffnung eines Konkursverfahrens beizufügen.

Das Vorschussverfahren des Art. 15a u.o.r.p. ist damit dem Regelverfahren angegliedert.

Der Antrag auf eine Vorschusszahlung bei faktischer Einstellung der Tätigkeit ist demgegenüber vom Arbeitnehmer zu stellen, vgl. Art. 12 a Abs. 1 u.o.r.p.

Diese Regelung lässt sich aus der Entstehung der Vorschriften des Art. 8a und Art. 12a u.o.r.p. (a. F.) erklären. Anlass der Gesetzesänderung war damals ein Fall der Gesellschaft Hanpol Electronis sp. z o.o. aus Łódź, die von ihren Gesellschaftern und Vertretern verlassen wurde.[560] Die Bestimmungen sollten damit insbesondere Fälle erfassen, in denen keine Geschäftsleitung mehr vorhanden ist, so dass es unbillig wäre, wenn die Arbeitnehmer erst die für Arbeitgeber vorgesehene Antragsfrist abwarten müssten, bevor sie selbst einen Antrag stellen könnten.

---

558 Vgl. SN, Beschl. v. 17.01.1995, Az. I PZP 55/94; SN, Beschl. v. 02.03.1995, Az. I PZP 4/95 (lex).

559 Bei der Postanweisung handelt es sich um eine Übermittlung des Geldes durch den Postboten.

560 Vgl. Begründung des Gesetzesentwurfs durch den Sejm der Republik Polen, VI. Legislaturperiode, Drucks. Nr. 2023 vom 25.03.2009.

dd)   Verfahren bei ausländischen Konkursen

Das Gesetz regelt in Art. 17 u.o.r.p. das Antragsverfahren für bestimmte Fälle ausländischer Zahlungsunfähigkeit. In diesen Fällen darf ausschließlich ein Individualantrag gestellt werden (vgl. Art. 17 Abs. 2 u.o.r.p.). Dabei prüft der Vorsitzende der Woiwodschaftsselbstverwaltung insbesondere die Berechtigung des Antragstellers und die Frage, ob es sich um geschützte Arbeitnehmeransprüche handelt (Art. 17 Abs. 4 Nr. 5 und 6 u.o.r.p.).

Zu nennen ist hier insbesondere der in Art. 17 Abs. 1 Nr. 2 u.o.r.p. genannte ausländische Fall der Zahlungsunfähigkeit. Es handelt sich dabei um ein Insolvenzverfahren (Primärinsolvenzverfahren) gegenüber einem ausländischen oder polnischen Unternehmen, das auf Grundlage des Art. 3 Abs. 1 EuInsVO 2000/2015 eröffnet wurde.

Der Vorsitzende der Woiwodschaftsselbstverwaltung hat in diesem Fall gem. Art. 17 Abs. 4 Nr. 2 u.o.r.p. insbesondere vor der Auszahlung festzustellen, ob die Veröffentlichung der Entscheidung über die Verfahrenseröffnung und über die Verwalterbestellung im polnischen Amtsblatt zur Veröffentlichung von Handelsregistereintragungen und sonstigen amtlichen und gerichtlichen Bekanntmachungen (*Monitor Sądowy i Gospodarczy*) i. S. d. Art. 7 u.o.r.p. vorliegt.

Art. 17 Abs. 1 Nr. 3 u.o.r.p. regelt die Fälle von gegenüber Kreditinstituten und Versicherungsunternehmen eröffneten Insolvenz- bzw. ähnlichen Gesamtvollstreckungsverfahren in den EU- und EFTA-Mitgliedsstaaten, die dort ihren Sitz haben. Die Auszahlung erfolgt gem. Art. 17 Abs. 4 Nr. 3 u.o.r.p. nach Veröffentlichung der Entscheidung über die Verfahrenseröffnung im Amtsblatt der Europäischen Union.

ee)   Zusammenfassung und Schlussfolgerungen

Das übliche Fondsleistungsverfahren (Regelverfahren) wird, anders als im deutschen Insolvenzgeldverfahren, vom Arbeitgeber bzw. von einer für ihn handelnden Person für alle Arbeitnehmer beantragt.

Der Vorrang des Regel- vor dem Individualverfahren wird dadurch gesichert, dass Letzteres erst nach Ablauf der für das Regelverfahren vorgesehenen Frist von einem Monat und weiteren zwei Wochen eingeleitet werden darf.

Bei ausländischen Verfahren der Zahlungsunfähigkeit können die Fondsleistungen ausschließlich über das Individualverfahren beantragt werden.

Das deutsche Recht sieht demgegenüber den individuell zu stellenden Insolvenzgeldantrag als gesetzliche Regel vor. Sie hat sich in der Praxis, insbesondere in der Vorfinanzierung, als impraktikabel erwiesen.

Die Durchführung des Fondsleistungsverfahrens als eines Kollektivverfahrens ist wegen der damit einhergehenden Verfahrensbeschleunigung gegenüber einem Einzelverfahren vorteilhafter.

Die Pflicht und damit einhergehend der Anspruch des Arbeitgebers, für seine

Arbeitnehmer Fondsleistungen zu beantragen und zu erhalten, erklärt sich aus dem doppelten Schutzcharakter des Fondsgesetzes.

Die Übermittlung an den Arbeitgeber erfolgt jedoch ausschließlich mit dem Ziel der Erfüllung von Arbeitnehmeransprüchen. Die letztendlich Begünstigten sind daher die Arbeitnehmer und nicht der Arbeitgeber.[561]

Ein deutlicher Unterschied zwischen den polnischen und den deutschen Vorschriften zeigt sich in Bezug auf die Dauer der beantragten Entscheidung. Während in Polen gesetzliche Instruktionsfristen von bis zu zwei Monaten vorgesehen sind (vgl. Art. 35 § 3 k.p.a.), entscheidet die Bundesagentur für Arbeit bei Vorliegen aller notwendigen Informationen innerhalb einiger weniger Tage.

e)   Durchführungsvorschriften

Das Fondsgesetz enthält Ermächtigungsgrundlagen an den Minister für Arbeit zum Erlass von Rechtsverordnungen, die das Fondsgesetz ausführen sollen. Nachstehend werden hier relevante[562] Ausführungsverordnungen genannt, die auf diesen Ermächtigungsgrundlagen erlassen wurden.

Auf Grundlage des Art. 22 u.o.r.p. wurde die Rechtsverordnung des Ministers für Arbeit und Sozialpolitik vom 7. Dezember 2011 über Verzeichnisse, Anträge und die Auszahlung der Leistungen aus dem Fonds garantierter Arbeitnehmeransprüche[563] erlassen. In dieser Verordnung sind Bestimmungen über den Verfahrensablauf und Formulare für die Anträge enthalten.

Auf Grundlage der Vorschrift des Art. 22a u.o.r.p. wurde die Rechtsverordnung des Ministers für Arbeit und Sozialpolitik vom 17. November 2011 über Anträge auf Vorschusszahlungen aus dem Fonds für garantierte Arbeitnehmeransprüche[564] erlassen. Hier werden ebenfalls neben den Bestimmungen über

---

561 SN, Urt. v. 23.08.2005, Az. I PK 43/05 (lex).

562 D.h. Verordnungen, die für die Fälle der Zahlungsunfähigkeit wegen Insolvenz relevant sind. Für andere Fälle der Zahlungsunfähigkeit seien hier beispielhaft genannt: Gesetz vom 16. September 2011 über besondere Lösungen zur Beseitigung der Überschwemmungsfolgen, Dz.U. 2011 nr 234, poz. 1385 (*Ustawa o szczególnych rozwiązaniach związanych z usuwaniem skutków powodzi*) und auf Grundlage des Art. 23 Abs. 10 dieses Gesetzes erlassene Rechtsverordnung des Ministers für Arbeit und Sozialpolitik vom 10.11.2011 über ein zinsloses Darlehen aus dem FGSP für Arbeitgeber, die aufgrund von Überschwemmung seine wirtschaftliche Betätigung vorübergehend eingestellt oder wesentlich eingeschränkt haben, Dz.U. 2011 nr 262, poz. 1566 (*Rozporządzenie Ministra Pracy i Polityki Społecznej w sprawie nieoprocentowanej pożyczki z FGSP dla pracodawcy, który na skutek powodzi przejściowo zaprzestał prowadzenia działalności gospodarczej lub istotnie ograniczył jej prowadzenie*).

563 Vgl. *Rozporządzenie Ministra Pracy i Polityki Społecznej z dnia 7 grudnia 2011 r. w sprawie wykazów, wniosków i wypłat świadczeń z Funduszu Gwarantowanych Świadczeń Pracowniczych*, Dz. U. 2011, Nr. 278, Pos. 1635.

564 Vgl. *Rozporządzenie Ministra Pracy i Polityki Społecznej z dnia 17 listopada 2011 r. w*

den Verfahrensablauf Formulare angehängt, die bei der Vorschusszahlung zu benutzen sind.

Auf Grundlage der Vorschrift des Art. 27a u.o.r.p. wurde die Rechtsverordnung des Ministers für Arbeit und Sozialpolitik vom 16. Dezember 2011 erlassen. Sie betrifft die durch die Vorsitzenden der Woiwodschaftsselbstverwaltung an den Fondsverfügungsberechtigten zu übermittelnden Informationen über das Wirtschaften mit den Mitteln des Fonds garantierter Arbeitnehmeransprüche.[565]

Die Bundesagentur für Arbeit hat für die Durchführung des Insolvenzgeldverfahrens eigene Dienstanweisungen erlassen[566]. Sie sind als verwaltungsinterne gesetzeskonkretisierende Rechtssätze[567] für die Verwaltungspraxis bindend, allerdings durch die Gerichte voll überprüfbar.

2. Der Rechtsweg

Obwohl der Fonds über die Anträge grundsätzlich nach den Vorschriften über das Verwaltungsverfahren entscheidet (vgl. Art. 18 u.o.r.p.), ist in Bezug auf die Leistungserbringung und Leistungserstattung der Rechtsweg vor den ordentlichen Gerichten (*sądy powszechne*) eröffnet. Die Zuständigkeit spaltet sich dort in die Abteilungen für Arbeits- und Zivilsachen.

Bei Ablehnung der Zahlung von Fondsleistungen sind gem. Art. 20 Abs. 2 u.o.r.p. die Gerichte für Angelegenheiten des Arbeitsrechts (*sądy pracy*) sachlich zuständig[568]. Es handelt sich dabei um besondere Abteilungen der ordentlichen Gerichte[569].

Art. 20 Abs. 2 u.o.r.p. wird überwiegend so gedeutet, dass der Gesetzgeber den sachlichen und personellen Anwendungsbereich der Arbeitsgerichte, der in Art. 476 § 1 k.p.c. geregelt ist, erweitern wollte[570].

---

sprawie wniosków o wypłatę zaliczki z Funduszu Gwarantowanych Świadczeń Pracowniczych, Dz. U. 2011, Nr. 261, Pos. 1560 sowie die Änderungsverordnung vom 18. 11. 2014 (Dz.U. 2014, Pos. 1718).

565 Vgl. *Rozporządzenie Ministra Pracy i Polityki Społecznej z dnia 16 grudnia 2011 r. w sprawie informacji dotyczących gospodarki środkami Funduszu Gwarantowanych Świadczeń Pracowniczych, przekazywanych przez marszałków województw dysponentowi Funduszu*, Dz. U. 2011, Nr. 278, Pos. 1637.

566 Die Dienstanweisungen der Bundesagentur für Arbeit zum Insolvenzgeld, Stand 01.06. 2015, auch mit InsG-DA abgekürzt.

567 Vgl. nur SG Kassel, Urt. v. 07.11.2012, Az. S 7 AL 43/12 (juris); zum Begriff der Verwaltungsvorschrift s. Maurer, Allg. VwR, § 24, Rn. 2–4.

568 So auch zur Zeit der Geltung des Fondsgesetzes 1993, vgl. SN, Beschl. v. 17.01.1995, Az. I PZP 55/94 (lex).

569 Vgl. Art. 12 § 1a Nr. 2, Art. 16 § 4a Nr. 1 und Art. 18 § 1 Nr. 3 des Gesetzes über die Verfassung der ordentlichen Gerichte vom 26.01.2015, Dz. U. 2015, Pos. 133 (*Prawo o ustroju sądów powszechnych, p.u.s.p.*).

570 SN, Beschl. v. 17.01.1995, Az. I PZP 55/94.

Das Gericht für Angelegenheiten des Arbeitsrechts ist gem. Art. 20 Abs. 2 u.o.r.p. auch sachlich zuständig, wenn der Arbeitgeber bzw. ihm gleichgestellte Person die Weiterleitung der Fondsleistungen an sich geltend macht[571].

Klage gegen einen ablehnenden Bescheid ist innerhalb von 30 Tagen ab Zustellung zu erheben[572].

Nach erfolgter Auszahlung der Fondsleistungen wird der Fonds Gläubiger des Arbeitgebers bzw. der Konkursmasse. Es entsteht ein Schuldverhältnis, das nicht mit dem Arbeitsverhältnis verbunden ist, so dass das Arbeitsgericht nicht mehr zuständig ist[573].

Klagen des Fondsverfügungsberechtigten auf Rückerstattung der Fondsleistungen durch den Arbeitgeber bzw. aus der Insolvenzmasse auf Grundlage des Art. 21 Abs. 1 u.o.r.p. sind daher vor den Gerichten für Zivilsachen anhängig zu machen. Es handelt sich um zivilrechtliche Regressansprüche[574].

In Deutschland ist in allen Konstellationen der Rechtsweg vor den Gerichten der Sozialgerichtsbarkeit gem. § 51 Abs. 1 Nr. 4 SGG eröffnet, da es sich um öffentlich-rechtliche Rechtsstreitigkeiten aus dem Gebiet des Sozialrechts handelt.

3.   Die Prozessparteien

Prozessparteien können nur der Fondsverfügungsberechtigte (*dysponent FGŚP*) bzw. sein Bevollmächtigter, der Arbeitnehmer sowie der Arbeitgeber sein.

a)   Fonds ist nicht Partei

Der Fonds für garantierte Arbeitnehmeransprüche gehört gem. Art. 24 Abs. 1 u.o.r.p. den staatlichen Zielfonds i.S.d. Gesetzes über öffentliche Finanzen (u.f.p.) an, die gem. Art. 29 Nr. 3 u.f.p. keine Rechtspersönlichkeit (mehr[575]) besitzen.

Es handelt sich gem. Art. 29 Nr. 4 u.f.p. um ein gesondertes Bankkonto des

---

571 SN, Beschl. v. 17.01.1995, Az. I PZP 55/94; SN, Beschl. v. 02.03.1995, Az. I PZP 4/95 (lex).

572 Vor der Änderung durch das Gesetz über die Änderung des Fondsgesetzes und des Gesetzes über Gerichtskosten in Zivilsachen (Dz.U. 2017, Pos. 1557) war keine Klagefrist vorgesehen, so dass die Betroffenen auch noch Jahre später klagen konnten, vgl. Begründung der Gesätzesänderung, S. 11, projekt numer UD23.

573 SA in Łódź, Beschl. v. 28.03.1995, Az. I ACz 100/95 (lex).

574 SN, Urt. v. 05.02.2002, Az. II CKN 895/99; SN, Beschl. v. 18.04.2007, Az. V CZ 31/07; SA in Łódź, Beschl. v. 28.03.1995, Az. I ACz 100/95 (lex).

575 Die Rechtspersönlichkeit verlor der Fonds am 01.01.2012 mit dem Inkrafttreten des Einführungsgesetzes zum Gesetz über öffentliche Finanzen, das in Art. 70 weitreichende Änderungen der Organisationsvorschriften des Fondsgesetzes vorsah (vgl. Art. 123 Nr. 4 des o.g. Gesetzes). In der ursprünglichen Fassung des Fondsgesetzes vom 29. Dezember 1993 war der Fonds eine juristische Person, da die Staatlichen Zielfonds damals noch Rechtspersönlichkeit besaßen.

Sektors für öffentliche Finanzen, dessen Verfügungsbefugter der Minister für Arbeit ist (vgl. Art. 24 Abs. 2 u.o.r.p.).

Mangels Rechtspersönlichkeit fehlt dem Fonds die (einer juristischen Person innewohnende[576]) Rechts- und Geschäftsfähigkeit sowie die der Rechtsfähigkeit folgende[577] Partei- und Prozessfähigkeit.

Demzufolge kann der Fonds selbst keine Rechte erwerben und Pflichten eingehen sowie weder klagen noch verklagt werden.

Der Fonds wird entweder durch den Minister für Arbeit persönlich oder durch ein anderes, im Namen des Ministers handelndes Organ vertreten, das vom Minister bevollmächtigt wurde (Art. 24 Abs. 4 u.o.r.p.)[578].

Dies ist der Vorsitzende der jeweiligen Woiwodschaftsselbstverwaltung am Sitz des Arbeitgebers.

b) Die Leistungsberechtigten

Als Prozessparteien kommen vordergründig die zur Fondsleistung berechtigten Personen in Betracht. Das sind neben den Arbeitnehmern und ihnen gleichgestellten Personen auch die Arbeitgeber. Beide sind aktiv legitimiert.[579]

Im Fall der Ablehnung der Leistungserbringung (vgl. Art. 20 Abs. 2 u.o.r.p.) sind daher beide Personengruppen klagebefugt[580].

Grund für die Klagebefugnis sowohl der Arbeitnehmer als auch der Arbeitgeber ist der Zweck des Fondsgesetzes, beide Vertragsparteien zu schützen. Das Oberste Gericht führt dazu aus, dass die im Fondsgesetz vorgesehenen Ansprüche mit der Zahlungsunfähigkeit des zur Beitragszahlung verpflichteten Arbeitgebers verbunden sind, so dass auch der Arbeitgeber erwarten kann, dass seine Zahlungspflichten gegenüber seinen Arbeitnehmern vom Fonds »übernommen« werden. Die Fondsmittel sollen Folgen von Schicksalsschlägen mildern, die bei Arbeitgebern darin liegen, dass sie wegen Zahlungsunfähigkeit die Ansprüche ihrer Arbeitnehmer nicht erfüllen können. Bei den Arbeitnehmern liegen sie darin, dass die ihnen zustehenden Zahlungen ebenfalls wegen Zahlungsunfähigkeit nicht fristgerecht ausgezahlt werden können.[581]

Der Konkursverwalter, Liquidator sowie die sonstigen zur Verfügung/Verwaltung über das Vermögen des Schuldners berechtigten Personen handeln nicht im eigenen Namen, sondern im Namen und für den zahlungsunfähigen Arbeitgeber[582]. Hintergrund dessen ist, dass das Gesetz den Arbeitgeber schützt

---

576 Gniewek/Machnikowski/*Gniewek*, Kommentar zu k.c., Art. 33, Rn. 5.
577 Świderski, Kommentar zu k.c., Art. 33, Nr. 12, S. 355.
578 Vgl. WSA in Gliwice, Beschl. v. 19.05.2016, Az. IV SA/Gl 403/16.
579 SN, Beschl. v. 17.01.1995, Az. I PZP 55/94; SN, Beschl. v. 02.03.1995, Az. I PZP 4/95 (lex).
580 SN, Beschl. v. 17.01.1995, Az. I PZP 55/94; SN, Beschl. v. 02.03.1995, Az. I PZP 4/95 (lex).
581 SN, Beschl. v. 17.01.1995, Az. I PZP 55/94.
582 SN, Urt. v. 23.08.2005, Az. I PK 43/05.

und nicht den Schutz dieser Person bezweckt.[583] Sie können daher nur als Vertreter des Arbeitgebers für diesen klagen.

c)   Der Leistungsverpflichtete

Der Minister für Arbeit ist als Staatsorgan und Repräsentant des Fiskus rechts- und parteifähig. Wie sich aus Art. 24 Abs. 3 Nr. 1 u.o.r.p. ergibt, kann er für den Fonds Rechte erwerben und Verbindlichkeiten eingehen, klagen und verklagt werden. Das Recht zur Vertretung des Fonds haben neben dem Minister seine Bevollmächtigten (vgl. Art. 24 Abs. 4 u.o.r.p.)[584].

Zu beachten ist, dass der Fondsverfügungsberechtigte bzw. sein Bevollmächtigter im Rechtsverkehr gem. Art. 24 Abs. 3 Nr. 2 u.o.r.p. unter der Bezeichnung des Fonds, namentlich als »Fonds für garantierte Arbeitnehmerleistungen« / »*Fundusz Gwarantowanych Świadczeń Pracowniczych*« unter Angabe der Anschrift des Verfügungsberechtigten bzw. seines Bevollmächtigten auftritt[585].

Aufgrund dessen, das Art. 23 Abs. 2 u.o.r.p. den gleichen Schutzes der Rückgriffsansprüche wie für die Arbeitnehmeransprüche vorsieht, ist der »Fonds« unter den Voraussetzungen der polnischen Vorschriften über die Gerichtskosten in Zivilsachen[586] gem. Art. 96 Abs. 1 Nr. 4, Art. 35, 36 u.k.s.c. von den Gerichtskosten befreit bzw. steht ihm eine Gerichtskostenermäßigung zu[587].

d)   Schuldner der Rückzahlungsansprüche

Schuldner der Rückzahlungsansprüche und damit Prozesspartei ist der zahlungsunfähige Arbeitgeber und nicht die in Art. 23 Abs. 1 u.o.r.p. genannten Personen, die zur Verfügung/Verwaltung über das Vermögen des Arbeitgebers berechtigt sind[588].

---

583   SN, Beschl. v. 17.01.1995, Az. I PZP 55/94.

584   Vgl. WSA in Gliwice, Beschl. v. 19.05.2016, Az. IV SA/Gl 403/16.

585   Vgl. SA in Poznań, Beschl. v. 04.04.2014, Az. I ACz 311/2014; SR in Toruń, Beschl. v. 31.10. 2013, Az. VIII Cz 636/13; WSA in Gliwice, Beschl. v. 19.05.2016, Az. IV SA/Gl 403/16; Tomanek, Stosunki pracy, S. 337. Vor der Gesetzesreform im September 2017 war neben der Bezeichnung »*Fundusz Gwarantowanych Swiadczeń Pracowniczych*« noch die Angabe des Sitzes in Warschau vorgegeben. Dieser Zusatz wurde wieder gestrichen.

586   *Ustawa z dnia 28 lipca 2005 r. o kosztach sądowych w sprawach cywilnych* (Dz. U. 2016, Pos. 623) nachfolgend mit u.k.s.c. abgekürzt.

587   SN, Urt. v. 15.01.2010, Az. I CZ 97/09; SA in Gdańsk, Urt. 05.12.2013, Az. III APz 52/13 (lex).

588   Tomanek, Stosunki pracy, S. 337.

4.   Zusammenfassung

Das Fondsgesetz kennt das Individual- und Regelverfahren zur Gewährung von
Fondsleistungen. Grundsätzlich haben Arbeitgeber bzw. die zur Verfügung/
Verwaltung des Vermögens berechtigten Personen das Regelverfahren einzu-
leiten und die Fondsleistungen an die Arbeitnehmer weiterzuleiten. Eine Ausnahme davon stellen ausländische Insolvenzverfahren dar, für die das Individualverfahren gilt.

Anders als im deutschen Recht ist in Polen bzgl. der Leistungserbringung und
Leistungserfüllung der Rechtsweg zu den ordentlichen Gerichten eröffnet. Dabei
kann entweder die Abteilung für Arbeits- (bei Ablehnung der Fondsleistungen)
oder für Zivilsachen (bei Rückerstattungsansprüchen) zuständig sein. Für die
Erhebung der Klage auf Zahlung der Fondsleistungen ist eine Klagefrist von 30-
Tagen einzuhalten.

Teil IV:
Das polnische Insolvenzrecht[589], Deutsch-Polnische Unternehmensinsolvenzen, zusammenfassende Betrachtung

Dieser Teil geht der Frage nach, inwieweit die Insolvenzgeldvorfinanzierung für die Betriebsfortführung im Eröffnungsverfahren bei Unternehmen genutzt werden kann, die in beiden Ländern tätig sind. Es geht dabei um deutsch – polnische Insolvenzfälle, bei denen der Anwendungsbereich der europäischen Insolvenzverordnung eröffnet ist.

Hierzu muss neben der europäischen Insolvenzverordnung und den nationalen Lohnausfallersatzrechten das jeweils geltende nationale Insolvenzrecht berücksichtigt werden. Nachstehend wird deshalb das polnische Insolvenzrecht skizziert. Bezüglich des deutschen Insolvenzrechts ist auf die einschlägige Literatur zu verweisen.

A.   Auszüge aus dem polnischen Insolvenzrecht

Das polnische Insolvenzrecht wurde zum 1. Januar 2016 grundlegend reformiert[590].

Neben Polen gibt es weitere insolvenzrechtlichen Reformaktivitäten in verschiedenen EU-Mitgliedstaaten[591] sowie in der EU[592] selbst.

---

589 Den Begriff des Insolvenzrechts im polnischen Recht verwendet die Autorin als einen Oberbegriff für das Restrukturierungs- und Konkursrecht. Auch in der polnischen Literatur wird der Begriff »prawo insolwencyjne« als ein Oberbegriff der beiden Rechtsgebiete verwendet, so z. B. Porzycki.

590 Zur Einführung und Übersetzung des Gesetzes über das Restrukturierungsrecht ins Deutsche, vgl. Vries, WiRO 2016, S. 144–148 (Teil 1), S. 175–180 (Teil 2), S. 208–212 (Teil 3), S. 242–247 (Teil 4), S. 272–278 (Teil 5), S. 304–310 (Teil 6); WiRO 2017, S. 20–25 (Teil 7), S. 48–53 (Teil 8) und die Fortsetzungen in den Folgeheften; ein Überblick über das neue polnische Insolvenzrecht in deutscher Sprache ist zu finden bei Lewandowski/Wołowski, »Politik der zweiten Chance« als Hauptziel der Reform des Insolvenzrechts in Polen, WiRO 2016, S. 233–239; kritisch zu der Novelierung Horobiowski, Doradca restrukturyzacyjny, Heft 2, 2015, S. 32 ff.

591 Vgl. für Deutschland das Gesetz zur Erleichterung der Bewältigung von Konzerninsol-

Die Darstellung in dieser Arbeit konzentriert sich auf Ausschnitte aus dem Unternehmensinsolvenzrecht[593], die für die Frage nach den Auswirkungen der unterschiedlichen Lohnausfallersatzrechte auf die Betriebsfortführung durch Vorfinanzierung relevant sein können[594].

I.   Einführung

Die Reform des polnischen Insolvenzrechts führte zur Schaffung von zwei autonomen Gesetzen: dem Gesetz über das Restrukturierungsrecht (*Ustawa – Prawo restrukturyzacyjne*)[595] und dem Gesetz über das Konkursrecht (*Ustawa – Prawo upadłościowe*[596])[597].[598]

Das Gesetz über das Restrukturierungsrecht wurde im Rahmen der Reformarbeiten vollkommen neu erarbeitet.

Das Gesetz über das Konkursrecht ist demgegenüber eine Überarbeitung des bisher geltenden Gesetzes über das Konkurs- und Sanierungsrecht[599]. Es enthält nur noch Regelungen über das Konkursverfahren. Die dort bisher geregelten Vergleichs- und Sanierungsverfahren wurden in reformierter Gestalt in das Gesetz über das Restrukturierungsrecht überführt.

---

venzen vom 13.04.2017, BGBl. 2017 Teil I, Nr. 22, S. 866–871 vom 21.04.2017. Das Gesetz tritt am 21.04.2018 in Kraft.

592 Vgl. Verordnung (EU) 2015/848 des Europäischen Parlaments und des Rates vom 20.05. 2015 über Insolvenzverfahren.

593 Speziell zu den Änderungen im polnischen Unternehmensinsolvenzrecht, vgl. Hrycaj/Filipiak/Geromin/Groele, Restrukturyzacja i upadłość przedsiębiorstw 2.0, Warschau 2016.

594 Basis dieser Darstellung ist die Begründung des Regierungsentwurfs zum Gesetz über das Restrukturierungsrecht vom 09.10.2014, Drucks. Nr. 2824 (*Rządowy projekt ustawy – Prawo restrukturyzacyjne, druk nr 2824 z dnia 9 października 2014 r.*), veröffentlicht unter: http://orka.sejm.gov.pl/Druki7ka.nsf/0/2978B4B7B0ADFEFDC1257D78003BAB71/%24Fil e/2824.pdf (Abruf v. 28.10.17).

595 Ustawa z dnia 15 maja 2015 r. – Prawo restrukturyzacyjne (Dz.U. z 2015 r. poz. 978)/Das Gesetz vom 15. Mai 2015 über das Restrukturierungsrecht (poln. Gesetzbl. aus dem Jahr 2015, Pos. 978). Letzte konsolidierte Fassung stammt vom 12.07.2017, Dz. U. 2017, Pos. 1508. Das Gesetz wird mit den Anfangsbuchstaben p.r. abgekürzt.

596 Ustawa z dnia 28.02.2003 – Prawo Upadłościowe (Dz. U. 2016, Pos. 2171 m. Ä. Die letzte Änderung erfolgte am 09.03.2017, Dz. U. 2017, Pos. 791, Art. 10. Das Gesetz wird mit den Anfangsbuchstaben p.u. abgekürzt.

597 Vgl. Begründung des Regierungsentwurfs – Prawo restrukturyzacyjne, Druck Nr. 2824 v. 09.10.2014.

598 Zu den Übergangsbestimmungen gem. Art. 448 ff. p.r. vgl. Miczek, Doradca restrukturyzacyjny, Heft 2, 2015, S. 43 ff.

599 Das bis zum 31.12.2015 geltende Gesetz über das Konkurs- und Sanierungsrecht vom 28.02.2003 trat am 01.10.2003 in Kraft und wurde im polnischen Gesetzblatt, Dz.U., Nr. 60, Pos. 535 verkündet. Die polnische Bezeichnung des Gesetzes lautet: »*Ustawa-Prawo upadłościowe i naprawcze*« und wird im Folgenden mit den Anfangsbuchstaben p.u.n. abgekürzt.

Die gesetzliche Trennung der Restrukturierungs- und Konkursverfahren ist eine Rückbesinnung auf die vergangenen Gesetzesregelungen zum Insolvenzrecht[600] und soll die unterschiedliche Zweckrichtung beider Verfahren verdeutlichen: der Unternehmenssanierung beim Restrukturierungs- und der Unternehmensliquidation beim Konkursverfahren.

Die Reform basiert auf der empirischen Erkenntnis, dass die in Polen ansässigen, kriselnden Unternehmen zur Geltungszeit des bisherigen Insolvenzrechts selten den Weg des Konkurs- bzw. Vergleichsverfahrens gewählt haben. Die meisten zahlungsunfähigen Unternehmen stellten ihre Tätigkeit regelmäßig im Wege einer formlosen Liquidation durch Betriebsschließung ein[601].

Ein Grund dafür liegt darin, dass das Insolvenzverfahren, anders als in Deutschland, (noch) kein Regelinstrument zur Krisenbewältigung darstellt. Dies belegen die nachfolgenden Statistiken:

Zwar steigt die Anzahl der gestellten Konkursanträge seit 2010 stetig an[602]. Allerdings werden die Anträge meist so spät gestellt, dass sie mangels Masse oder wegen Vermögenslosigkeit abgelehnt werden müssen. Wenn genügend Masse für eine Konkursverfahrenseröffnung vorhanden ist, kann das Unternehmen meist nur noch in Form eines Liquidationsverfahrens abgewickelt werden. Eine Sanierung ist eher die Ausnahme[603]. Die Konkursvergleichsverfahren lagen in den Jahren 2008 bis 2015 bei ca. 20 % der eröffneten Insolvenzverfahren[604].

Die geringe Rolle des Insolvenzverfahrens in Krisensituationen zeigt auch ein Zahlenvergleich zu Deutschland. Wurden in Polen im Jahr 2012 nur 892 Unternehmensinsolvenzen durchgeführt[605], gab es in Deutschland 21.311 eröffnete

---

600 Bis zum 30.09.2003 regelten zwei Rechtsverordnungen des Präsidenten der polnischen Republik vom 24.10.1934 das Insolvenzrecht, namentlich *Rozporządzenie Prezydenta Rzeczypospolitej* vom 24.10.1934 r. – *Prawo upadłościowe* (Dz. U. 1934, Pos. 834) sowie *Rozporządzenie Prezydenta Rzeczypospolitej* vom 24.10.1934 r. – *Prawo o postępowaniu układowem.*

601 Kartus, http://www.for.org.pl/pl/a/2233,Analiza-102012-Upadlosc-w-Polce-jest-rzadko-wykorzystywanam-narzedziem (Abruf v. 07.11.2016).

602 Vgl. den Jahresbericht des Kreditversicherers Coface vom 08.02.2016 über die Anzahl der Insolvenzanträge seit 2009: »Raport Coface n.t. wniosków o ogłoszenie upadłości«, zu finden unter: http://www.coface.pl/AKTUALNOSCI-I-MEDIA/Biuro-prasowe/Raport-Coface-nt.-WNIOSKOW-o-ogloszenie-upadlosci-w-2015-r (Abruf v. 18.02.2017); ferner Winner/Cierpial-Magnor/*Cierpial-Magnor/Domańska-Mołdawa*, Dingliche Kreditsicherheiten, S. 186.

603 Kartus, http://www.for.org.pl/pl/a/2233,Analiza-102012-Upadlosc-w-Polce-jest-rzadko-wykorzystywanam-narzedziem (Abruf v. 07.11.2016).

604 Berechnet anhand der tabellarischen Zusammenstellung im Jahresbericht des Kreditversicherers Coface vom 02.01.2017 (http://www.coface.pl/AKTUALNOSCI-I-MEDIA/Biuro-prasowe/Raport-roczny-Coface-Upadlosci-i-restrukturyzacje-w-Polsce-w-2016-roku#, Abruf v. 18.02.17).

605 Eigene Statistik des polnischen Justizministeriums, veröffentlicht im Gesetzesentwurf zur

Unternehmensinsolvenzverfahren[606]. Im letzten Jahr vor der Reform (2015) haben polnische Insolvenzgerichte bei 4.531 Insolvenzanträgen lediglich ca. 741 Unternehmensinsolvenzverfahren eröffnet[607]. Das sind 16,35 %. In Deutschland wurden im Jahr 2015 23.101 Insolvenzanträge gestellt, davon wurden 16.961 Insolvenzverfahren eröffnet[608]. Das entspricht 73,42 %.

Im Jahr 2016 wurden 760 Insolvenzverfahren eröffnet. Die Anzahl der Konkursverfahren betrug 556 und die der Restrukturierungsverfahren 204. Es wurden 4 Vergleichsbestätigungsverfahren, 117 beschleunigte Vergleichsverfahren, 30 Vergleichsverfahren und 53 Sanierungsverfahren eingeleitet.[609]

Durch die Reform soll insbesondere die »Politik der Neuen Chance« (*Polityka Nowej Szansy*[610]) realisiert werden, wonach aus gesellschaftlicher und wirtschaftlicher Perspektive die Rettung eines Unternehmens günstiger als dessen Liquidation ist[611]. Mit dieser Politik soll Unternehmen, die aufgrund einer ungünstigen wirtschaftlichen Lage in die Krise geraten sind, ein neuer Start ermöglicht werden. Das neue Recht soll dafür wirksame insolvenzrechtliche Sanierungsinstrumente bieten. Parallel dazu ist die Maximierung des Gläubigerschutzes ein weiterer Zweck der Reform. Das soll insbesondere durch eine deutliche Stärkung des Gläubigereinflusses auf den Verfahrensablauf erreicht werden.[612]

Das Konkurs- und das Restrukturierungsrecht sollen den Gesamtgläubigerinteressen gegenüber den Einzelinteressen Vorrang gewähren und gleichzeitig berechtigte Interessen des Schuldners schützen.

Bei beiden Verfahren handelt es sich um Gesamtverfahren[613]. Sie unterliegen

---

Reform des Insolvenzrechts vom 24.07.2013, http://legislacja.rcl.gov.pl/lista/1/projekt/171400/katalog/171402 (Abruf v. 28.10.2017).

606 S. unter: https://www.destatis.de in der Datenbank GENESIS-online (Abruf v. 07.11.2016).

607 Vgl. den Pressebericht des Kreditversicherers Coface vom 08.02.2016 unter http://www.coface.pl/AKTUALNOSCI-I-MEDIA/Biuro-prasowe/Raport-Coface-nt.-WNIOSKOW-o-og loszenie-upadlosci-w-2015-r (Abruf v. 18.02.2016), die Anzahl der eröffneten Verfahren wurde im Jahresbericht vom 02.01.2017 nach unten korrigiert (von 798 auf 741); zu den Jahren davor vgl. Winner/Cierpial-Magnor/*Cierpial-Magnor/Domańska-Mołdawa*, Dingliche Kreditsicherheiten, S. 186.

608 www.destatis.de in der Datenbank GENESIS-online (Abruf v. 18.02.2017).

609 Laut Pressebericht des Kreditversicherers Coface vom 02.01.2017 abrufbar unter: http://www.coface.pl/Aktualnosci-i-media/Biuro-prasowe/Raport-roczny-Coface-Upadlosci-i-restrukturyzacje-w-Polsce-w-2016-roku# (Abruf v. 28.10.17).

610 Die Politik der Neuen Chance ist ein politisches Programm zur Entwicklung der polnischen Gesellschaft und Wirtschaft, die in den Jahren 2014–2020 realisiert werden soll, vgl. Hrycaj/Jakubecki/Witosz/*Hrycaj*, SPH, Abschnitt 1, Rn. 43, Fn. 84 (legalis).

611 Hrycaj/Jakubecki/Witosz/*Hrycaj*, SPH, Abschnitt 1, Rn. 43 (legalis).

612 Begründung des Regierungsentwurfs – Prawo restrukturyzacyjne, Druck Nr. 2824 vom 09.10.2014, S. 11–12.

613 Für das Restrukturierungsverfahren s. Grenda, Doradca restrukturyzacyjny, Heft 2, 2015, S. 11ff. (11).

dem Grundsatz der gemeinschaftlichen Gläubigerbefriedigung (*zasada domi-nacji wspólnego interesu wierzycieli*)[614].

Beide Verfahren stehen selbständig und unabhängig nebeneinander[615].

Gem. Art. 9a und 9b p.u. sowie Art. 11 und 12 p.r. haben Restrukturie-rungsverfahren Vorrang gegenüber dem Konkursverfahren[616] (Priorität des Restrukturierungsantrags[617]/Vorrang der Restrukturierung vor Konkurs, Art. 3 p.r.[618]). Bis zur Beendigung oder rechtskräftigen Einstellung des Restrukturie-rungsverfahrens kann deshalb kein Konkursverfahren eröffnet werden[619]. Da-hinter steckt die Ansicht des Gesetzgebers, dass dem Schuldner durch das Re-strukturierungsverfahren vor allem die Fortführung des Unternehmens und damit der Erhalt der Arbeitsplätze ermöglicht werden sollte. Die Eröffnung eines Konkursverfahrens soll *Ultima Ratio* gegenüber der Eröffnung eines Restruk-turierungsverfahrens sein.[620]

Um die Gläubigerinteressen zu sichern, kann das Konkursgericht jedoch von dieser gesetzlichen Reihenfolge abweichen und den Restrukturierungsantrag durch Beschluss zur gemeinsamen Entscheidung übernehmen (Art. 9b Abs. 3 p.u.) oder zuerst über den Konkursantrag entscheiden (Art. 9b Abs. 4 p.u.)[621].

Zur Erleichterung der Orientierung über die einzelnen Insolvenzverfah-rensarten ist am Ende des Abschnitts A ein tabellarischer Überblick über den Ablauf der einzelnen Verfahren zu finden.

II. Das Konkursrecht

Das Konkursrecht unterscheidet nicht mehr zwischen dem Vergleichs- und Li-quidationskonkursverfahren, sondern kennt nur noch das Liquidationskon-

---

614 Begründung des Regierungsentwurfs – Prawo restrukturyzacyjne, Druck Nr. 2824 vom 09.10.2014, S. 2.

615 Begründung des Regierungsentwurfs – Prawo restrukturyzacyjne, Druck Nr. 2824 vom 09.10.2014, S. 12.

616 S. auch Vries, JOR 2016, S. 117ff. (119).

617 Machowska, Doradca restrukturyzacyjny, Heft 7, 2017, S. 4ff. (5) formuliert es als eine Vorherrschaft der Restrukturierungsantrags »*prymat wniosku restrukturyzacyjnego nad upadłościowym*«.

618 Sąd Okręgowy in Toruń, Beschluss v. 8.12.2016, Az. VI Gz 216/16. Daraus zieht das Gericht den Schluss, dass Art. 8 p.r., wonach das Gericht die Verfahrenseröffnung wegen Gläubi-gerbenachteiligung ablehnt, eine Ausnahmevorschrift darstelle.

619 Zu der damit verbundenen Problematik im Einzelnen s. Machowska, Doradca rest-rukturyzacyjny, Heft 7, 2017, S. 4ff. (11ff.).

620 Gurgul, Kommentar zu p.u. und p.r., Art. 9a p.u., Rn. 2.

621 Zum Missbrauchsrisiko des Vorrangs der Restrukturierung gegenüber dem Konkurs durch Insolvenzschuldner sehr deutlich Merczyński/Bartosiewicz, Doradca restrukturyzacyjny, Heft 7, 2017, S. 35ff.

kursverfahren. Gleichwohl kann auch im Rahmen einer Liquidation ein Vergleich mit den Gläubigern geschlossen (sog. Vergleich im Konkurs/*układ w upadłości*, vgl. Art. 266a ff. p.u.) oder das Unternehmen im Ganzen veräußert werden (sog. Liquidation durch Veräußerung des Unternehmens im Ganzen/ *likwidacja w drodze sprzedaży przedsiębiorstwa w całości*, Art. 56a ff. p.u.)[622].

Ein wichtiges Unterscheidungsmerkmal zum Restrukturierungsrecht liegt darin, dass das Konkursrecht ausschließlich bei Vorliegen von Zahlungsunfähigkeit (Art. 10 p.u.), währenddessen das Restrukturierungsrecht zweckentsprechend gerade auch bei drohender Zahlungsunfähigkeit anwendbar ist.

1. Das Konkursverfahren *(postępowanie upadłościowe)*

Zu den formellen Voraussetzungen für die Eröffnung eines Konkursverfahrens gehören die Konkursfähigkeit des Schuldners (Art. 5 ff. p.u.), der inländische Gerichtsstand (Art. 382 p.u.), die sachliche und örtliche Gerichtszuständigkeit (Art. 18, 19 p.u.) sowie die Erfüllung formeller Anforderungen an den Konkursantrag (Art. 22–25 p.u.).

Zu den materiellen Voraussetzungen gehören die Stellung eines Konkursantrags (Art. 20, 21 p.u.) und das Vorliegen von Zahlungsunfähigkeit (Art. 10 ff. p.u.).

a) Der Konkursantrag

Gem. Art. 21 Abs. 1 p.u. ist der Schuldner verpflichtet, innerhalb von 30 Tagen seit Eintritt der Zahlungsunfähigkeit einen Konkursantrag zu stellen. Wird die Antragsfrist überschritten, macht sich der Schuldner bei Vorliegen der Voraussetzungen des Art. 21 Abs. 3 p.u. schadensersatzpflichtig[623] und strafbar.

Wer antragsberechtigt ist, regelt Art. 20 p.u. in 8 Ziffern. Danach kann ein Konkursantrag als Fremd- oder Eigenantrag gestellt werden. Den Konkursantrag können insbesondere neben dem Schuldner seine persönlichen Gläubiger stellen (vgl. Art. 20 Abs. 1 p.u.).

aa) Rücknahme des Konkursantrags

Ein Antrag kann bis zur Entscheidung des Gerichts gem. Art. 35 p.u. i. V. m. Art. 203 k.p.c. zurückgenommen werden[624]. Die Rücknahme des Antrages führt

---

622 Die Liquidation durch Veräußerung des Unternehmens im Ganzen wird im deutschen Recht als Fremdsanierung (in Unterscheidung zu Eigensanierung) bezeichnet.

623 Zu den einzelnen Voraussetzungen s. Oplustil, Krzysztof, PPH 2016, Heft 3, S. 15 ff. (16 ff.).

624 Für den Fremdantrag s. Gil, Postępowanie zabezpieczające, Abschnitt II, Ziff. 2.2.4. (lex); nichts anderes gilt für den Eigenantrag; Adamus, Kommentar zu p.u., Art. 29 a, Rn. 1 (legalis).

gem. Art. 35 p.u. i. V. m. Art. 355 k.p.c. zur Einstellung des Konkurseröffnungsverfahrens[625].

Ein Fremdantrag wurde in der bisherigen Rechtspraxis regelmäßig dann zurückgenommen, wenn der Schuldner die fälligen Verbindlichkeiten des Gläubigers, der den Antrag gestellt hatte, befriedigte. Die Befriedigung führte auch zum Wegfall der Antragsberechtigung des Antragstellers, so dass das Gericht den Antrag abzuweisen hatte.[626]

Mit Einführung des Art. 29 a p.u. will der Gesetzgeber diese unerwünschte Praxis beenden, in der Konkursanträge zum Zwecke der zwangsweisen Forderungseintreibung missbraucht wurden[627]. Diese Praxis schädigte andere Gläubiger[628].

Das Recht zur Antragsrücknahme ist durch Art. 29 a Abs. 1 p.u. beschränkt[629]. Nach dieser Vorschrift kann das Gericht daher die Antragsrücknahme für unzulässig erklären, wenn sie zur Gläubigerschädigung führen würde. Es handelt sich bei dieser Vorschrift um lex specialis zu Art. 203 § 4 k.p.c.[630] Eine Gläubigerschädigung liegt vor, wenn die Befriedigung des Gläubigers-Antragstellers nicht zur Wiederherstellung der Zahlungsfähigkeit des Schuldners führt[631].

Die Erfüllung von Verbindlichkeiten durch den Schuldner, nachdem ein Fremdantrag gestellt wurde, hat gem. Art. 29 a Abs. 2 p.u. keinen Einfluss (mehr) auf den weiteren Verfahrensablauf. Damit bleibt der Antragsteller antragsberechtigt.

bb)   Folgen der Rücknahme für die Fondsleistungen

Zwar hat die Begleichung der Schuld nicht zur Folge, dass der Fremdantrag unzulässig wird (Art. 29 Abs. 2 p.u.). Auch ist die Rücknahme des Fremdantrags nur unter der Einschränkung des Art. 29 a Abs. 1 p.u. möglich. Das Risiko der

---

625 Witosz/Witosz/*Ociessa*, Kommentar zu p.u.n. 2014, Art. 32, Anm. 4; Gil, Postępowanie zabezpieczające, Abschnitt II, Ziff. 2.2.4. (lex); die Einstellung des Konkurseröffnungsverfahrens (*umorzenie postępowania w przedmiocie ogłoszenia upadłości*) ist nicht zu verwechseln mit der Einstellung des bereits eröffneten Konkursverfahrens (*umorzenie postępowania upadłościowego*), die gem. Art. 8 Abs. 1 Nr. 1 u.o.r.p. ein Ereignis der Zahlungsunfähigkeit darstellt.

626 Vgl. Begründung des Regierungsentwurfs – Prawo restrukturyzacyjne, Druck Nr. 2824, Ziff. III, Absatz zum Art. 29a p.u.

627 Vgl. Begründung des Regierungsentwurfs – Prawo restrukturyzacyjne, Druck Nr. 2824, Ziff. III, Absatz zum Art. 29a p.u.; Zimmermann, Kommentar zu p.u., Art. 29a, Rn. 1 (legalis).

628 Hrycaj/Jakubecki/Witosz/*Hrycaj*, SPH, 23. Abschnitt, Rn. 13 (legalis).

629 So auch Kubiczek/Tatara, Doradca restrukturyzacyjny, Heft Nr. 4, 2016, S. 106ff. (107, Fn. 5).

630 Zimmermann, Kommentar zu p.u., Art. 29a, Rn. 3 (legalis).

631 Zimmermann, Kommentar zu p.u., Art. 29a, Rn. 1 (legalis).

Rücknahme des Fremdantrags kann damit jedoch nicht vollständig ausgeschlossen werden.

Sollte eine Antragsrücknahme wirksam sein und tritt auch kein anderes Ereignis der Zahlungsunfähigkeit ein, hat dies zur Folge, dass der Anspruch für Fondsleistungen mangels Eintritts der Zahlungsunfähigkeit nicht entsteht. Das ist bei der Entwicklung des Vorfinanzierungsinstruments zu berücksichtigen. Der Vorfinanzierende ist darauf hinzuweisen und vor dem Ausfallrisiko nach Möglichkeit zu schützen.

Die Minimierung des Ausfallrisikos kann genauso wie in Deutschland durch eine entsprechende Regelung im Rahmenvertrag zwischen dem Vorfinanzierenden, dem Schuldner und dem vorläufigen Verwalter/Aufseher erfolgen. Die Vorfinanzierung müsste auf den Eigenantrag beschränkt werden und der Schuldner müsste sich vertraglich verpflichten, den Antrag nicht zurückzunahmen.

b)   Zahlungsunfähigkeit

Als Eröffnungsgrund muss Zahlungsunfähigkeit vorliegen. Der Begriff der Zahlungsunfähigkeit wird in Art. 11 p.u. bestimmt und unterscheidet zwischen dem Verlust der Liquidität (*utrata płynności*)[632] und der Überschuldung (*nadmierne zadłużenie*)[633].

Zahlungsunfähigkeit durch den Verlust von Liquidität ist gegeben, wenn der Schuldner auf Dauer die Fähigkeit verloren hat, seine fälligen Geldforderungen jetzt und in Zukunft zu begleichen[634], Art. 11 Abs. 1 p.u. Ursache des Liquiditätsverlusts muss in der wirtschaftlichen Sphäre des Schuldners liegen, dem Fehlen finanzieller Mittel. Nicht ausreichend sind Ursachen psychischer (z. B. Zahlungsunwilligkeit[635]) oder technischer Art[636].

Um dem Gläubiger die Einschätzung der wirtschaftlichen Lage des Schuldners zu erleichtern, wird eine widerlegbare Vermutung[637] eingeführt, wonach

---

632 Speziell zum Merkmal der fehlenden Liquidität s. Kubiczek/Sokół, Doradca restrukturyzacyjny 2016, Nr. 1, S. 104–115.

633 Eine Gegenüberstellung der jetzigen Definition der Überschuldung mit der bis 2015 geltenden Definition sowie Beispiele der Berechnungsmethode ist zu finden bei Cybulska/Biel, Doradca Restrukturyzacyjny 2015, Nr. 2, S. 71–87.

634 Hrycaj/Filipiak/Germin/Groele/*Filipiak*, Restrukturyzacja i upadłość przedsiębiorstw, Teil IV, Niewypłacalność w ujęciu płynnościowym, Ziff. III.

635 Wołowski, MoP 2016, Nr. 8, S. 399 ff. (400).

636 Vgl. Begründung des Regierungsentwurfs – Prawo restrukturyzacyjne, Druck Nr. 2824 v. 09. 10. 2014; Hrycaj/Filipiak/Germin/Groele/*Filipiak*, Restrukturyzacja i upadłość przedsiębiorstw, Teil IV, Niewypłacalność w ujęciu płynnościowym, Ziff. II.

637 Wołowski, MoP 2016, Nr. 8, S. 399 ff. (400), sog. *praesumptio iuris tantum*.

von Zahlungsunfähigkeit auszugehen ist, wenn die Zahlungsverzögerung drei Monate überschreitet[638].

Zahlungsunfähigkeit durch Überschuldung ist für juristische Personen und für Personen ohne Rechtspersönlichkeit, den das Gesetz Rechtsfähigkeit zuschreibt (rechtsfähige Organisationseinheiten, Art. 33¹ k.c.), vorgesehen, wobei Personenhandelsgesellschaften, bei denen zumindest ein Gesellschafter unbeschränkt persönlich für die Verbindlichkeiten der Gesellschaft haftet, wiederum ausgeschlossen sind (Art. 11 Abs. 7 p.u.)[639]. Diese Art der Zahlungsunfähigkeit nimmt eine Hilfsfunktion gegenüber dem Verlust der Liquidität ein[640]. Sie soll nur auf Rechtssubjekte Anwendung finden, deren Vermögen die einzige Haftungsmasse für die Gläubiger darstellt[641].

Zahlungsunfähigkeit durch Überschuldung liegt vor, wenn die Geldverpflichtungen des Schuldners den Wert seines Vermögens übersteigen und dieser Zustand länger als 24 Monate andauert. Entscheidend sind damit zwei Merkmale: die Überschießung der Verbindlichkeiten gegenüber dem Vermögen sowie die Dauer dieses Zustandes[642]. Als Vermögen ist das Aktivvermögen gemeint (Art. 11 Abs. 5 p.u.)[643]. Der Vermögenswert ist anhand des tatsächlichen Veräußerungswertes auf dem freien Markt zu bestimmen[644]. Die Überschuldnung wird widerleglich vermutet, wenn der Zustand der Überschießung der Verbindlichkeiten gegenüber dem Vermögen länger als 24 Monate andauert[645].

c) Zusammenfassung

Die Eröffnung eines Konkursverfahrens setzt die Stellung eines wirksamen Konkursantrages und das Vorliegen von Zahlungsunfähigkeit voraus.

Vor dem Hintergrund des zu entwickelnden Instruments der Vorfinanzierung ist die Vorfinanzierung zur Minimierung des Risikos der Antragsrücknahme auf den Eigenantrag zu beschränken. Ferner ist eine vertragliche Regelung zu treffen, wonach sich der Schuldner verpflichtet, den Eigenantrag nicht zurückzunehmen.

---

638 Osajda, PPH 2016, Heft 1, S. 11ff. (11).
639 Oplustil, PPH 2016, Heft 2, S. 5ff. (8); Osajda, PPH 2016, Heft 1, S. 11ff. (11).
640 Adamus, Kommentar zu p.u., Art. 11, Rn. 25 (legalis).
641 Osajda, PPH 2016, Heft 1, S. 11ff. (11).
642 Kubiczek/Sokół, Doradca restrukturyzacyjny, Heft 5, 2016, S. 87ff. (87).
643 Wołowski, MoP 2016, Nr. 8, S. 399ff. (400).
644 Osajda, PPH 2016, Heft 1, S. 11ff.
645 Kubiczek/Sokół, Doradca restrukturyzacyjny, Heft 5, 2016, S. 87ff. (88).

2.   Das Verfahren über die Eröffnung des Konkursverfahrens *(postępowanie w przedmiocie ogłoszenia upadłości)*

Mit Stellung des Konkursantrags bis zur gerichtlichen Entscheidung darüber findet das Verfahren über die Eröffnung des Konkursverfahrens (*postępowanie w przedmiocie ogłoszenia upadłości*) statt, das hier auch als Eröffnungs- oder Vorverfahren bezeichnet wird.

Im Rahmen dieses Verfahrens überprüft das Gericht den Antrag und kann durch Einleitung eines Sicherungsverfahrens (*postępowanie zabezpieczające*) Sicherungsmaßnahmen anordnen.

Das Gesetz sieht vor, dass das Gericht innerhalb von zwei Monaten über den Antrag entscheidet, Art. 27 Abs. 3 p.u., und bestimmt dadurch die maximale Dauer eines Eröffnungsverfahrens. Bei dieser Frist handelt es sich um eine sog. (unverbindliche), verfahrensrechtliche Erledigungsfrist (*termin instrukcyjny*), die an die Gerichte gerichtet ist[646]. Sie regelt den ordnungsgemäßen Verfahrensgang[647] und soll dabei helfen, das Verfahren zu beschleunigen[648] und damit den Beschleunigungsgrundsatz des Insolvenzrechts zu realisieren[649]. Deren Verstoß kann die Einleitung eines Beschwerdeverfahrens nach sich ziehen[650]. In begründeten Fällen ist jedoch eine Verlängerung möglich.

a)   Das Sicherungsverfahren

Das Sicherungsverfahren verfolgt den Hauptzweck, das Vermögen des Schuldners zur späteren Verwertung im eröffneten Verfahren zu sichern[651]. Dadurch soll die Effektivität des Hauptverfahrens sichergestellt werden[652]. Das Gericht ordnet hierzu Sicherungsmaßnahmen auf Antrag oder von Amts wegen an (vgl. Art. 36 p.u.).

Neben der Aussetzung von Vollstreckungsverfahren oder der Aufhebung von Bankkontopfändungen (Art. 39 p.u.), kann das Gericht insbesondere einen

---

646 SN, Beschluss vom 25.06.1968, Az. III CZP 62/68 (legalis).
647 Vgl. Świeboda, Kommentar zu p.u.n., Art. 27, Anm. 3; Gil, Abschnitt II, Ziff. 2.2.4; Gil, Postępowanie zabezpieczające, Abschnitt II, Ziff. 2.2.4. (lex); Hrycaj/Jakubecki/Witosz/ *Hrycaj*, SPH, 23. Abschnitt, Rn. 11.
648 Świeboda, Kommentar zu p.u.n., Art. 27, Anm. 3.
649 Hrycaj/Jakubecki/Witosz/*Kruczalak-Jankowska*, SPH, Abschnitt 23, Rn. 11; praktische Hinweise zur besseren Funktionalität und zur Beschleunigung der Konkursverfahren gibt Zalewski in Doradca restrukturyzacyjny, Heft 5, 2016, S. 4–11.
650 Gil, Postępowanie zabezpieczające, Abschnitt II, Ziff. 2.2.4., die auf das Gesetz »*Ustawa z dnia 17 czerwca 2004 r. o skardze na naruszenie prawa strony do rozpoznania sprawy w postępowaniu przygotowawczym prowadzonym lub nadzorowanym przez prokuratora i postępowaniu sądowym bez nieuzasadnionej zwłoki*« hinweist (lex).
651 Porzycki, MoP 2015, S. 1073ff. (1075).
652 Hrycaj/Jakubecki/Witosz/*Kruczalak-Jankowska*, SPH, Abschnitt 23, Rn. 18; Zimmermann, Kommentar zu p.u., Art. 36, Rn. 1 (legalis).

vorläufigen gerichtlichen Aufseher (*tymczasowy nadzorca sądowy*), Art. 38 Abs. 1 p.u., bestellen. Dieser kann neben der Aufsicht des Vermögens auch mit der Erstellung eines Sachverständigengutachtens zur Vermögenslage beauftragt werden (Art. 38 Abs. 3 p.u.)[653]. Die Bestellung des vorläufigen gerichtlichen Aufsehers hat zur Folge, dass der Schuldner die Befugnis zu Rechtshandlungen, die zum gewöhnlichen Geschäftsbetrieb gehören, beibehält. Darüber hinausgehende Tätigkeiten bedürfen jedoch der Zustimmung des vorläufigen gerichtlichen Aufsehers. Eine Tätigkeit ohne Zustimmung ist unwirksam (Art. 38 a p.u.). Die Bestimmung der Tätigkeit, die zum gewöhnlichen Geschäftsbetrieb gehört (*czynność nieprzekraczająca zakresu zwykłego zarządu*) ist einzelfallabhängig unter Berücksichtigung des jeweiligen Gegenstandes, der Regeln der ordnungsgemäßen Geschäftsführung und Wirtschaft vorzunehmen[654]. Dazu gehören regelmäßig die Zahlung der Arbeitsentgelte, die Warenversicherung, Mietzahlungen usw.[655]

Als weiteres Sicherungsmittel kommt die Anordnung der Zwangsverwaltung (*zarząd przymusowy*) in Betracht. Das Gericht bestellt gem. Art. 40 p.u. einen Zwangsverwalter (*zarządca przymusowy),* wenn zu befürchten ist, dass der Schuldner sein Vermögen verheimlichen, in einer anderer Weise die Gläubiger schädigen wird, oder wenn er die Anweisungen des vorläufigen gerichtlichen Aufsehers nicht befolgt. Eine Anordnung ist dann unerlässlich, wenn die Gefahr einer Schmälerung der Gläubigerbefriedigung abgewendet werden muss[656].

Der Zwangsverwalter hat einen weiteren Handlungsspielraum als der gerichtliche Aufseher. Er ist zu Rechtshandlungen, die den gewöhnlichen Geschäftsbetrieb gehören, befugt. Darüber hinaus gehende Rechtshandlungen bedürfen der Zustimmung der Beteiligten bzw. ersatzweise des zuständigen Richters.[657] Daneben sind die Vorschriften über den Konkursverwalter (*syndyk*) entsprechend auf den Zwangsverwalter anzuwenden (Art. 40 Abs. 4 p.u. i. V. m. Art. 175–179 p.u.[658]

Rechtsgeschäfte des Schuldners über das der Zwangsverwaltung unterliegende Vermögen sind unwirksam (vgl. Art. 40 Abs. 3 i. V. m. Art. 77 Abs. 1 p.u.). Die Leistung eines Dritten an den Schuldner hat gem. Art. 40 Abs. 3 i. V. m. Art. 78 p.u. keine schuldbefreiende Wirkung.

---

653 Zum Umfang des Sachverständigengutachtens s. Janda, Doradca restrukturyzacyjny, Heft 6, 2016, S. 63 ff. (63).
654 SN, Urt. v. 01. 04. 1955, Az. III CR 1063/54 (legalis).
655 Allerhand, Kommentar zu pr. ukł., S. 49.
656 Hrycaj/Jakubecki/Witosz/*Kruczalak-Jankowska*, SPH, Abschnitt 23, Rn. 21.
657 Gurgul, Kommentar zu p.u. und p.r., Art. 40 p.u., Rn. 5. Gurgul verweist auf eine analoge Anwendung der Vorschriften über den Grundstückszwangsverwalter, Art. 935 § 3 k.p.c.
658 Hrycaj/Jakubecki/Witosz/*Kruczalak-Jankowska*, SPH, Abschnitt 23, Rn. 21; Gurgul, Kommentar zu p.u. und p.r., Art. 40 p.u., Rn. 5.

b)   *Die vorbereitete Liquidation* (przygotowana likwidacja)[659]

Als ein neues Rechtsinstitut des Konkursrechts wurde die sog. vorbereitete Liquidation (Art. 56a-h p.u.) eingeführt[660]. Durch dieses Verfahren soll eine schnellere und bessere Gläubigerbefriedigung sowie eine wesentliche Verkürzung der Verfahrensdauer erreicht werden[661].

Die vorbereitete Liquidation stellt eine besondere Liquidationsart der Insolvenzmasse i. S.v. 306 ff. p.u. dar[662].

Sie ist eine im Vorfeld des Konkursverfahrens vorbereitete Veräußerung des Unternehmens[663], seines organisierten Bestandteils oder seiner wesentlichen Vermögensbestandteile[664]. Aus der Sicht des Erwerbers handelt es sich um eine schnelle und sichere Möglichkeit, ein Unernehmen aus der Insolvenz ohne Schulden zu erwerben. Gem. Art. 56e Abs. 3 i.V.m. Art. 317 Abs. 2 S. 2 p.u. erlischen grundsätzlich alle Belastungen und Schulden des Unternehmens durch die Veräußerung[665].

Der Antrag auf Bestätigung der im Vorfeld vorbereiteten Veräußerungsbedingungen (*wniosek o zatwierdzenie warunków sprzedaży,* Art. 56a p.u.) kann zugleich mit der Stellung des Konkursantrags oder im Laufe des Vorverfahrens vom Schuldner, einem Gläubiger oder einer in Art. 20 p.u. bestimmten Person gestellt werden[666].

Der Antrag muss gem. Art. 56a Abs. 2–6 p.u. den Kaufpreis, den Erwerber, die Beschreibung und den Schätzwert des Veräußerungsgegenstands, den Nachweis der Sachverständigeneingeschaft, gegebenenfalls die schriftliche Zustimmung des Pfandgläubigers (im Fall des Art. 56a Abs. 2 p.u.) sowie den Nachweis der vollständigen Kaufpreiszahlung auf das Gerichtskonto im Fall des Art. 56a

---

659 Einen Überblick in deutscher Sprache verschafft Pierzchlewicz in ihrem Aufsatz in WiRO 2017, S. 230–233 »Die neue Institution der vorbereiteten Liquidation im polnischen Insolvenzrecht«.

660 Im angelsächsischen Rechtssystem als sog. *pre-pack* bezeichnet, vgl. Hrycaj/Jakubecki/Witosz/*Kruczalak-Jankowska*, SPH, Abschnitt 23, Rn. 46; die Bezeichnung »*pre-pack*« oder »*instytucja/postępowanie pre-pack*«wird auch in Polen für das Verfahren der geplanten Liquidation verwendet. Im Folgenden wird daher auch die Bezeichnung »Pre-pack-Verfahren« verwendet.

661 Vgl. Begründung des Regierungsentwurfs – Prawo restrukturyzacyjne, Drucks Nr. 2824 v. 09.10.2014; Hrycaj/Jakubecki/Witosz/*Kruczalak-Jankowska*, SPH, Abschnitt 23, Rn. 46; Zimmermann, Kommentar zu p.u., Art. 56a, Rn. 1.

662 Hrycaj/Jakubecki/Witosz/*Kruczalak-Jankowska*, SPH, Abschnitt 23, Rn. 47.

663 Unter einem Unternehmen ist gem. Art. 55 (1) k.c. eine organisierte Gesamtheit von materiellen und nicht materiellen Bestandteilen zu verstehen, die zur Führung einer wirtschaftlichen Tätigkeit bestimmt sind.

664 Zur Unternehmensveräußerung und der steuerrechtlichen Folgen s. Drosik/Kubiczek, Doradca restrukturyzacyjny, Nr. 7, 2017, S. 72 ff.

665 Drosik/Kubiczek, Doradca restrukturyzacyjny, Nr. 7, 2017, S. 72 ff. (72); Tatara/Trela/Kaliński, Doradca restrukturyzacyjny, Nr. 4, 2016, 76 ff. (80 ff.).

666 Kubiczek/Tatara, Doradca restrukturyzacyjny, Nr. 4, 2016, S. 106 ff. (106–107).

Abs. 5 p.u. enthalten[667]. Ist der Antrag nicht vollständig, fordert das Gericht den Antragsteller gem. Art. 130 § 1 k.p.c. i. V. m. Art. 35 p.u. zur Vervollständigung innerhalb von sieben Tagen auf und weist darauf hin, dass der Antrag andernfalls zurückgesendet wird[668].

Die Beschreibung und die Verkehrswertschätzung der zu veräußernden Unternehmens muss durch einen öffentlich bestellten Sachverständigen erfolgen (Art. 56a Abs. 3 p.u.). Gem. Art. 56b p.u. ist ein Sachverständigengutachten zur Schätzung des Unternehmenswertes als Beweismittel zwingend vorgesehen, wenn das Unternehmen an eine nahestehende Person i. S. d. Art. 128 p.u. veräußert werden soll[669]. Dadurch sollen Gläubiger vor der Veräußerung unter Wert geschützt werden[670].

Über beide Anträge entscheidet das Gericht gleichzeitig[671] durch Beschluss über den Konkursantrag (Art. 56d Abs. 1 S. 1 p.u.)[672]. Der Kaufvertrag wird sodann spätestens 30 Tage nach Eintritt der Rechtskraft des Beschlusses und nach Einzahlung des gesamten Kaufpreises zur Konkursmasse oder nach dessen Hinterlegung an den Konkursverwalter zwischen diesem und dem Erwerber geschlossen (Art. 56e p.u.)[673].

Die Einführung der Regelungen über die vorbereitete Liquidation begründet der Gesetzgeber mit dem Ziel, Gläubiger- und Schuldnerinteressen in bestimmten Konstellationen ausgewogen zu berücksichtigen[674].

Das Gericht hat dem Antrag zu entsprechen, wenn der Kaufpreis höher ist als der Liquidationserlös, der im Konkursverfahren nach allgemeinen Grundsätzen abzüglich der dadurch entstehenden Verfahrenskosten[675] zu erzielen wäre (Art. 56c Abs. 1 p.u.)[676].

In Situationen, in denen eine Gläubigerbefriedigung im Rahmen der vorbereiteten Liquidation nur unwesentlich geringer ausfällt als sie bei der Durch-

---

667 Kubiczek/Tatara, Doradca restrukturyzacyjny, Heft 4, 2016, S. 106 ff. (107–108).

668 Kubiczek/Tatara, Doradca restrukturyzacyjny, Heft 4, 2016, S. 106 ff. (108).

669 Aus Art. 30a p.u. folgt, dass der Sachverständigenbeweis im Vorverfahren grundsätzlich nicht zugelassen wird. Eine Ausnahme gibt es einzig für das Verfahren der vorbereiteten Liquidation.

670 Flaga-Gieruszyńska/*Flaga-Gieruszyńska*, Biegły w postępowaniu cywilnym i karnym, Art. 56b p.u., Ziff. 1.

671 Hrycaj/Jakubecki/Witosz/*Kruczalak-Jankowska*, SPH, Abschnitt 23, Rn. 50.

672 Zimmermann, Kommentar zu p.u., Art. 56d, Rn. 1.

673 Kubiczek/Tatara, Doradca restrukturyzacyjny, Heft 4, 2016, S. 106 ff. (111).

674 Vgl. Begründung des Regierungsentwurfs – Prawo restrukturyzacyjne, Drucks Nr. 2824 v. 09. 10. 2014.

675 Zu den Kosten im Einzelnen s. Kubiczek/Tatara, Doradca restrukturyzacyjny, Heft 4, 2016, S. 106 ff. (116).

676 Słowik, GP Nr. 132 vom 11. 07. 2016, http://prawo.gazetaprawna.pl/artykuly/958938,prepack-instytucja-przygotowanej-likwidacji-firm-zdaje-egzamin.html (Abruf v. 27. 10. 2017).

führung des Konkursverfahren ausfallen würde, die Gläubiger dafür jedoch einen zusätzlichen Vorteil in Form einer schnelleren Befriedigung ihrer Forderungen erhalten, soll es jedoch bei der Entscheidung über den Antrag zulässig sein, ein wichtiges öffentliches Interesse (wie insbesondere den Erhalt von Arbeitsplätzen) oder die Möglichkeit des Erhalts des Unternehmens zu bevorzugen (Art. 56c Abs. 2 p.u.).[677]

Die Arbeitsverhältnisse gehen gem. Art. 23[1] k.p. mit der Unternehmensveräußerung auf den Erwerber über[678].

Das Verfahren der vorbereiteten Liquidation ist in der Rechtspraxis angekommen[679].

Eine Untersuchung der Stiftung »*Fundacja Court Watch Polska*« hat ergeben, dass im ersten Jahr der Geltung des neuen polnischen Insolvenzrechts (01.01. 2016–31.12.2016) 30 Anträge auf Durchführung eines Pre-pack-Verfahrens gestellt wurden[680]. In mindestens 20 dieser Verfahren wurde der vorläufige Gerichtsaufseher bestellt[681]. Die Verfahrensdauer betrug zwischen 307 und 23 Tagen, durchschnittlich waren es 121 Tage und damit ca. 4 Monate[682]. Von 29 bekannten Verfahren wurden 20 noch im Jahr 2016 eröffnet, davon wurde in 18[683] oder 14[684] Fällen der Veräußerung zugestimmt.

c)   Beendigung des Eröffnungsverfahrens

Das Eröffnungsverfahren endet entweder durch einen Abweisungs- (*postanowienie o oddaleniu wniosku*) oder durch einen Eröffnungsbeschluss (*postanowienie o ogłoszeniu upadłości*).

Ein Konkursantrag wird insbesondere dann abgewiesen, wenn das Vermögen des Schuldners nicht für die Deckung der Verfahrenskosten oder lediglich für die

---

677 Hrycaj/Jakubecki/Witosz/*Kruczalak-Jankowska*, SPH, Abschnitt 23, Rn. 47.

678 SN, Urteil vom 16.5.2001, Az. I PKN 573/00 für den Fall der Liquidation eines Unternehmens und Übernahme durch einen Erwerber; Świątkowski, Kommentar zu k.p., Art. 23[1], Rn. 5.

679 Słowik, GP Nr. 132 vom 11.07.2016.

680 Hoffman/Hrycaj/Kubiczek/Pilitowski/Tatara/*Hoffman/Pilitowski*, Pre-pack – instytucja przygotowanej likwidacji w pierwszym roku obowiązywania w Polsce, S. 15, abrufbar unter: https://courtwatch.pl/baza-wiedzy/publikacje/ (Abruf v. 27.10.17).

681 Hoffman/Hrycaj/Kubiczek/Pilitowski/Tatara/*Hoffman/Pilitowski*, Pre-pack – instytucja przygotowanej likwidacji w pierwszym roku obowiązywania w Polsce, S. 20; für die generelle Bestellung eines vorläufigen Gerichtsaufsehers in Pre-pack-Verfahren sprechen sich Kubiczek und Tatara aus, vgl. Kubiczek/Tatara, Doradca restrukturyzacyjny, Heft 4, 2016, S. 106ff. (119).

682 Hoffman/Hrycaj/Kubiczek/Pilitowski/Tatara/*Hoffman/Pilitowski*, Pre-pack – instytucja przygotowanej likwidacji w pierwszym roku obowiązywania w Polsce, S. 22.

683 So Hoffman/Hrycaj/Kubiczek/Pilitowski/Tatara/*Hoffman/Pilitowski*, Pre-pack – instytucja przygotowanej likwidacji w pierwszym roku obowiązywania w Polsce, S. 25.

684 So Hoffman/Hrycaj/Kubiczek/Pilitowski/Tatara/*Kubiczek/Pilitowski/Tatara*, Pre-pack – instytucja przygotowanej likwidacji w pierwszym roku obowiązywania w Polsce, S. 30.

Verfahrenskosten ausreicht, Art. 13 Abs. 1 p.u. (*ubóstwo masy upadłości*). Der Abweisungsbeschluss stellt einen Fall der Zahlungsunfähigkeit gem. Art. 3 Abs. 1 Nr. 3 u.o.r.p. dar.

Der Beschluss über die Eröffnung des Konkursverfahrens, geregelt in Art. 51 f. p.u., ist ein Fall der Zahlungsunfähigkeit i.S.d. Art. 3 Abs. 1 Nr. 1 u.o.r.p.

Gem. Art. 51 Abs. 2a S. 1 p.u. wird in den Eröffnungsbeschluss die Rechtsgrundlage für die internationale Zuständigkeit der polnischen Gerichte aufgenommen. Gem. S. 2 dieser Vorschrift ist im Fall der Anwendbarkeit der europäischen Insolvenzverordnung zudem aufzunehmen, ob es sich um ein Haupt- oder ein Sekundärverfahren handelt.

d) Schlussfolgerungen

Kennzeichnend für das polnische Konkurseröffnungsverfahren ist die Prüfung des Konkursantrags und die Sicherung und Erhaltung des Vermögens des Schuldners zwecks möglichst hoher Gläubigerbefriedigung. Die Fortführung des Betriebs im Eröffnungsverfahren ist, anders als im deutschen Insolvenzrecht, das den vorläufigen »starken« Insolvenzverwalter gem. § 22 Abs. 1 Nr. 2 InsO sogar zur Betriebsfortführung verpflichtet, im Gesetz grundsätzlich nicht vorgesehen. Trotz des gesetzgeberischen Ziels, das neue Insolvenzrecht insgesamt sanierungsfreundlicher zu gestalten, wurde das Eröffnungsverfahren zur Erreichung dieses Ziels nicht herangezogen.

Die Vorstellung, das Eröffnungsverfahren sei vordergründig zur Sicherung und Erhaltung des Schuldnervermögens und zur Antragsprüfung vorgesehen, findet sich auch in der Begründung des Gesetzgebers zur Einführung der vorbereiteten Liquidation wieder. Danach soll erst die beschleunigte Unternehmensveräußerung, die im Rahmen des Verfahrens mit der vorbereiteten Liquidation vorgesehen ist, eine Betriebsfortführung ohne Unterbrechung ermöglichen[685].

Ein Konkurseröffnungsverfahren mit Betriebsfortführung scheint damit nicht nur in der Praxis eine Ausnahme zu sein, sondern ist bereits im Verständnis über das Eröffnungsverfahren angelegt.

Jedoch eröffnet das neue Pre-pack-Verfahren einen neuen Handlungsspielraum für die Vorfinanzierung der Arbeitsentgelte. Eine Weiterführung des Betriebes im Eröffnungsverfahren wird am besten den bestehenden Vermögenswert des Unternehmens und Arbeitsplätze erhalten. Wird der Konkursantrag sowie der Antrag auf Bestätigung der Veräußerungsbedingungen rechtzeitig gestellt, könnte der gesamte Garantiezeitraum genutzt werden. Gleichzeitig gibt

---

685 Vgl. Begründung des Regierungsentwurfs – Prawo restrukturyzacyjne, Drucks Nr. 2824 v. 09.10.2014.

es bei diesem Verfahren kein Risiko des Missbrauchs der Vorfinanzierung für einzelne Gläubigerinteressen oder Beteiligte am Unternehmen, weil das Verfahren von Anfang an mit dem Ziel eingeleitet wird, das Unternehmen an einen bestimmten Interessenten zu veräußern.

3.   Das eröffnete Konkursverfahren

Mit der Eröffnung des Konkursverfahrens wird das Vermögen des Schuldners, das am Tag der Eröffnung in seinem Eigentum stand sowie das der Schuldner im Rahmen des Konkursverfahrens erwirbt, zur Konkursmasse (Art. 61, 62 p.u.).

Zu den gerichtlichen Verfahrensorganen gehören das Konkursgericht (*sąd upadłościowy*) und der kommissarische Richter (*sędzia-komisarz*), bei Bedarf mit einem Stellvertreter.

Zu den Aufgaben des kommissarischen Richters gehören insbesondere die Leitung des Verfahrens, die Überwachung der Tätigkeit des Konkursverwalters, die Bestimmung von Tätigkeiten, die der Konkursverwalter nicht ohne seine Erlaubnis oder ohne die Zustimmung des Gläubigerrates ausüben darf (Art. 152 p.u.).

Der Konkursverwalter (*syndyk masy upadłościowej*) ist ein außergerichtlicher Verfahrensbeteiligter. Er wird im Eröffnungsbeschluss bestimmt, Art. 51 Abs. 1 Nr. 6 p.u. Als Konkursverwalter kann nur bestellt werden, wer eine Verwalterlizenz sowie eine Berufshaftpflichtversicherung vorweisen kann[686].

Er nimmt das Vermögen unverzüglich in Beschlag und erlangt darüber die Verfügungs- und Verwaltungsbefugnis (Art. 173 p.u.). Er übernimmt die Pflichten zur Buchführung und Erstellung von Jahresabschlüssen und Bilanzen[687]. Der Schuldner verliert sein Recht zur Verwaltung, Nutzung und Verfügung über das in die Konkursmasse fallende Vermögen (Art. 75 Abs. 1 p.u.). Rechtsgeschäfte des Schuldners über dieses Vermögen sind unwirksam (Art. 77 Abs. 1 p.u.).

Leistungen, die an den Schuldner erbracht werden, nachdem die Verfahrenseröffnung im Zentralen Register für Restrukturierungen und Konkurs bekannt gemacht wurde, befreien nicht von der Erbringung der Leistung zu Gunsten der Konkursmasse. Anders ist es nur, wenn der Schuldner diese oder eine gleichwertige Leistung in die Konkursmasse erbracht hat (Art. 78 p.u.).

Wie der Verwalter im Restrukturierungsverfahren handelt der Konkursver-

---

686 Die Voraussetzungen sind geregelt im Gesetz über die Verwalterlizenz, Ustawa z 15.06.2007 r. o licencji syndyka (Dz.U. 2014, Pos. 776 m.Ä.); Zimmermann/Danielak, Doradca restrukturyzacyjny, Nr. 2, 2015, S. 48 ff.

687 Missala, Doradca restrukturyzacyjny, Nr. 7, 2017, S. 63 ff. (63).

walter in Bezug auf die Konkursmasse im eigenen Namen und auf Rechnung des Schuldners, ohne persönlich aus dem Rechtsgeschäft verpflichtet zu werden.

Der Konkursverwalter ist verpflichtet, das Verfahren so zu gestalten, dass die Beendigung der Liquidation innerhalb von sechs Monaten seit der Verfahrenseröffnung möglich gemacht wird (Art. 308 Abs. 2 p.u.).

Die Möglichkeit der Betriebsfortführung im eröffneten Konkursverfahren regelt Art. 312 Abs. 1 p.u. Sie ist nur zulässig, wenn der Abschluss eines Vergleichs oder die Veräußerung des Unternehmens im Ganzen oder in seinen organisierten Bestandteilen möglich ist.

Der Konkursverwalter kann das Unternehmen für drei Monate ab Verfahrenseröffnung fortführen, ohne dass er dafür einer Zustimmung des Gläubigerrates, des kommissarischen Richters oder des Gerichts bedürfte[688]. Danach ist eine Zustimmung des Gläubigerrates erforderlich (Art. 206 Abs. 1 Nr. 1 p.u.).[689]

a)   *Rangfolge der Gläubigerbefriedigung* (kolejność zaspokajania wierzycieli)
         und Gegenüberstellung zum deutschen Recht

Die Verwertung und Verteilung der Konkursmasse erfolgt nach einer in Art. 342 ff. p.u. vorgeschriebenen Rangfolge der Gläubigerbefriedigung. Art. 342 p.u. sieht vier Gläubigerkategorien vor.

Vor diesen vier Gläubigerkategorien sind vorab die in Art. 343 Abs. 1 p.u. genannten Masseverbindlichkeiten (*zobowiązania masy*) zu erfüllen (gem. Art. 344 Abs. 1 p.u.). Zu den Masseverbindlichkeiten gehören Verfahrenskosten (*koszty postępowania*, geregelt in Art. 230 Abs. 1 p.u.), ferner sonstige Masseverbindlichkeiten i. S. d. Art. 230 Abs. 2 p.u. (*inne zobowiązania masy upadłości*) sowie Unterhaltspflichten (*zobowiązania alimentacyjne*), die auf die Zeit nach der Verfahrenseröffnung fallen (Art. 343 Abs. 2 p.u.)[690].

Zu den sonstigen Masseverbindlichkeiten gehören insbesondere die nach der Verfahrenseröffnung anfallenden Verbindlichkeiten aus Arbeitsverhältnissen (Art. 343 Abs. 2 i. V. m. Art. 230 Abs. 2 p.u.).

Die Regelungen über die Rangfolge der Gläubigerbefriedigung unterscheiden damit zwischen den Masseverbindlichkeiten (*zobowiązania masy*) und den Verbindlichkeiten des Schuldners (*zobowiązania upadłego*). Erstere werden privilegiert.

Die Befriedigung erfolgt grundsätzlich nach dem sog. »Auffüllprinzip«[691],

---

688 Vgl. dazu § 157 InsO, wonach über die Fortführung des schuldnerischen Unternehmens die Gläubigerversammlung im Berichtstermin entscheidet.

689 Gurgul, Kommentar zu p.u. und p.r., Art. 312 p.u., Rn. 1.

690 Zu den Masseverbindlichkeiten im Einzelnen s. Hrycaj/Sierakowski, Doradca restrukturyzacyjny, Nr. 5, 2016, S. 51 ff.

691 Schmidt/Liebscher, ZInsO 2007, 393 (402).

Art. 344 Abs. 2 p.u. Das bedeutet, dass zunächst die an erster Stelle stehenden Verbindlichkeiten vollständig erfüllt werden, bevor die Erfüllung der Verbindlichkeiten erfolgt, die sich in der nächsten Rangstelle befinden (Prioritätsprinzip[692]). Reicht die Konkursmasse für die Befriedigung aller aus einem Rang stammenden Verbindlichkeiten nicht aus, werden diese quotal nach dem Proportionalitätsprinzip[693] befriedigt.

Masseverbindlichkeiten werden grundsätzlich aus der Konkursmasse bezahlt und damit durch den Schuldner, da die Konkursmasse sein Vermögen darstellt[694]. Für die nach der Beendigung des Verfahrens noch nicht erfüllten Masseverbindlichkeiten i.S.d. Art. 230 p.u. haftet gem. Art. 231 p.u. grundsätzlich der Schuldner persönlich. Dazu gehören neben Verfahrenskosten insbesondere auch Verbindlichektein aus Arbeitsverhältnissen, die in der Zeit nach Verfahrenseröffnung angefallen sind (Art. 230 Abs. 2 p.u.). Eine Befreiung von der Kostentragungspflicht ist nur ausnahmsweise möglich. Dabei wird nicht zwischen den Massenverbindlichkeiten, die der Konkursverwalter begründet hat und sonstigen Masseverbindlicheiten unterschieden. Anders ist die Rechtslage in Deutschland. Gem. § 61 S. 1 InsO ist der Insolvenzverwalter dem Massegläubiger zum Schadensersatz verpflichtet, wenn eine Masseverbindlichkeit, die durch seine Rechtshandlung begründet wurde, aus der Insolvenzmasse nicht voll erfüllt werden kann.

Zu den im Rang gleich nach den Masseverbindlichkeiten zu befriedigenden Verbindlichkeiten des Schuldners gehören gem. Art. 342 Abs. 1 Nr. 1 p.u. Verbindlichkeiten, die vor der Verfahrenseröffnung angefallen sind und nach dem Willen des Gesetzgebers einen besonderen Schutz bedürfen. Hierzu zählen insbesondere Verbindlichkeiten aus Arbeitsverhältnissen, ausgenommen Vergütungsansprüche eines Vertreters des Schuldners oder von Personen, die Tätigkeiten im Zusammenhang mit der Geschäftsführung oder Unternehmensaufsicht ausgeführt haben[695]. Ferner gehören dazu noch Beiträge zur Sozialversicherung für die letzten drei Jahre vor Verfahrenseröffnung sowie näher bestimmte Verbindlichkeiten, die aus einem zuvor eröffneten Restrukturierungsverfahren resultieren.

Gem. Art. 342 Abs. 3 p.u. finden die Vorschriften über die Erfüllung von Verbindlichkeiten aus Arbeitsverhältnissen entsprechende Anwendung auf Rückzahlungsansprüche des Fonds für Garantierte Arbeitnehmeransprüche.

Die Regelungen über den grundsätzlichen Vorrang der Arbeitsentgelt- und

---

692 Gurgul, Kommentar zu p.u. und p.r., Art. 344 p.u., Rn. 2 (*zasada pierwszeństwa).*
693 Gurgul, Kommentar zu p.u. und p.r., Art. 344 p.u., Rn. 2 (*zasada proporcjonalności).*
694 Zimmermann, Kommentar zu p.u., Art. 231, Rn. 1.
695 Kritisch zum Nachrang der Arbeitnehmeransprüche gegenüber den Verfahrenskosten s. Gurynow, MoPr 2016, Nr. 8, S. 406 ff. (407).

Rückzahlungsansprüche des Fonds unterscheiden sich deutlich von den deutschen Regelungen.

Danach sind Arbeitsentgeltansprüche, die vor der Eröffnung des Verfahrens begründet wurden, grundsätzlich nur Insolvenzforderungen (§ 38 InsO). Eine Ausnahme ist gem. § 55 Abs. 2 InsO für den in der Praxis seltenen Fall der Bestellung eines vorläufigen »starken« Insolvenzverwalters vorgesehen, wenn dieser die Arbeitsleistung in Anspruch nimmt.

Zu Masseverbindlichkeiten werden die Arbeitsentgeltansprüche dann, wenn sie in der Zeit nach der Eröffnung des Verfahrens begründet werden. Sie konkurrieren dann jedoch mit den anderen Masseverbindlichkeiten (§§ 53 ff. InsO). Alle Masseverbindlichkeiten stehen grundsätzlich gleichrangig nebeneinander[696]. Bei Eintritt von Masseunzulänglichkeit haben allerdings die Verfahrenskosten gem. § 54 InsO vor allen anderen Masseverbindlichkeiten Vorrang[697].

Auf die Bundesagentur für Arbeit übergegangene Arbeitsentgeltansprüche sind immer Insolvenzforderungen.

b)   *Arten der Verfahrensbeendigung: der Vergleich im Konkursverfahren* (układ w upadłości) *und die Liquidation* (likwidacja)

Das Konkursverfahren kann durch Liquidation oder Vergleich beendet werden.

Die Liquidation der Konkursmasse regeln Art. 306 ff. p.u. Sie erfasst insbesondere die Veräußerung des Unternehmens im Ganzen oder seiner organisierten Bestandteile (Art. 311 Abs. 1 HS 1 p.u.). Die Liquidation soll entsprechend dem Beschleunigungsgrundsatz innerhalb von sechs Monaten seit Verfahrenseröffnung beendet sein (Art. 308 Abs. 2 S. 1 p.u.)[698].

Die Möglichkeit des Vergleichsabschlusses regeln Art. 266a ff. p.u. Nach einer rechtskräftigen Vergleichsbestätigung erlässt das Gericht einen Beschluss über die Beendigung des Verfahrens, Art. 166d p.u.

III.   Das Restrukturierungsrecht

Das Gesetz über das Restrukturierungsrecht verfolgt sechs grundlegende Ziele, die bei der Gesetzesauslegung nicht aus den Augen zu verlieren sind. Das sind: die Schaffung wirksamer Restrukturierungsinstrumente bei gleichzeitiger Maximierung des Gläubigerschutzes, die Autonomie der Restrukturierungsverfahren gegenüber dem Konkursverfahren, die Subsidiarität der Konkursver-

---

696 Ahrens/Gehrlein/Ringstmeier/*Homann*, FA-Kommentar InsO, § 54 InsO, Rn. 2.
697 Ahrens/Gehrlein/Ringstmeier/*Homann*, FA-Kommentar InsO, § 54 InsO, Rn. 2.
698 Grenda, Doradca restrukturyzacyjny, Nr. 4, 106, S. 35 ff.; zu den Folgen der Unternehmensveräußerung im Konkursverfahren s. Tatara/Trela/Kaliński, Doradca restrukturyzacyjny, S. 76 ff. (80 ff.).

fahren gegenüber den Restrukturierungsverfahren, die Erhöhung der Gläubigerrechte und -befugnisse im Verfahren, die Beschleunigug und Effektivität der Insolvenzverfahren sowie die Realisierung der Politik der zweiten Chance.[699]

Es sollen Rechtsinstrumente geschaffen werden, die die Krisensituation des (drohend) zahlungsunfähigen Schuldners und den zwischen ihm und den Gläubigern aufgrund der (drohenden) Zahlungsunfähigkeit verursachen Konflikt lösen und dadurch den Konkurs des Schuldners verhindern (Art. 3 Abs. 1 p.r.) sollen, so dass im Ergebnis das Unternehmen als Ganzes erhalten bleibt[700].

Die Vermeidung des Konkurses ist das Hauptziel des Restrukturierungsrechts[701].

Ein gemeinsames Merkmal aller Restrukturierungsverfahren ist die Restrukturierung des Vermögens durch den Abschluss eines Vergleichs[702].

Der Konkurs soll durch einen Vergleich mit den Gläubigern und im Fall des Sanierungsverfahrens zusätzlich durch Sanierungsmaßnahmen (Art. 3 Abs. 1 p.r.) verhindert werden.

Das Gesetz nennt in Art. 2 p.r. vier Arten von Restrukturierungsverfahren: das Vergleichsbestätigungsverfahren[703] (*postępowanie o zatwierdzenie układu*), das beschleunigte Vergleichsverfahren (*przyśpieszone postępowanie układowe*), das Vergleichsverfahren (*postępowanie układowe*) sowie das Sanierungsverfahren (*postępowanie sanacyjne*)[704]. Die vier Verfahrensarten sind so angeordnet, dass der Eingriff in die Rechte des Schuldners entsprechend der Reihenfolge in Art. 2 p.r. zunimmt.

Welches der Restrukturierungsverfahren zu eröffnen ist, ist anhand der konkreten Bedürfnisse, Umstände und der konkreten finanziellen Situation des Unternehmens zu entscheiden[705].

Grundsätzlich bestehen alle Restrukturierungsverfahren aus zwei Verfah-

---

699 Kubiczek/Sokół, Doradca restrukturyzacyjny, Nr. 2, 2015, S. 22 ff. (22–23).

700 Hrycaj/Jakubecki/Witosz/*Hrycaj*, SPH, Abschnitt 1, Rn. 41 (legalis).

701 Zimmermann, Kommentar zu p.u. und p.r., Art. 3 p.r., Rn. 1; Kubiczek/Sokół, Doradca restrukturyzacyjny, Nr. 2, 2015, S. 22 ff. (23, 24); eine andere Ansicht vertritt Adamus, Kommentar zu p.r. Art. 3, Rn. 8, wonach der Zweck der Konkursvermeidung und der Zweck der Sicherung der Gläubigerrechte gleichrangig zu behandeln sind.

702 Lipowicz, Doradca restrukturyzacyjny, Nr. 2, 2015, S. 4 ff. (4, 10).

703 Es handelt sich dabei nicht um eine bloße Bestätigung des geschlossenen Vergleichs. Wie aus Art. 165 p.r. folgt, überprüft das Gericht auch die Recht- und Zweckmäßigkeit des Vergleichs. Insofern findet auch eine gerichtliche Billigung des Vergleichs statt. Die Übersetzung »Vergleichsbestätigungsverfahren« ist insofern ungenau.

704 Hrycaj/Jakubecki/Witosz/*Hrycaj*, SPH, Abschnitt 1, Rn. 113 ff. (legalis); einen Überblick über die vier Restrukturierungsverfahren in deutscher Sprache bieten Tallen/Kuglarz, Osteuroparecht 2016, S. 239–251.

705 Zur Auswahl des optimalen Restrukturierungsverfahrens s. Głowacki/Zalewski/*Głowacki/ Szymańska*, Postępowanie restrukturyzacyjne. Komentarz praktyczny, 6. Abschnitt (legalis).

rensabschnitten *sensu stricto*, dem gerichtlichen Verfahren über die Eröffnung des Restrukturierungsverfahrens (*postępowanie o otwarcie postępowania restrukturyzacyjnego*) und dem eigentlichen Restrukturierungsverfahren (*właściwe postępowanie restrukturyzacyjne*)[706]. Eine Ausnahme davon stellt das Vergleichsbestätigungsverfahren dar, welches ein vorgerichtliches Verfahren (*postępowanie przedsądowe*) ist, das mit einem gerichtlichen Beschluss endet[707].

1. Voraussetzungen der Eröffnung eines Restrukturierungsverfahrens

Die Eröffnung eines Restrukturierungsverfahrens setzt positiv einen Restrukturierungsantrag, Restrukturierungsfähigkeit des Schuldners sowie einen Restrukturierungsgrund voraus. Als Negativmerkmale sind die Gläubigerbenachteiligung[708] (Art. 8 Abs. 1 p.r.) sowie die Unfähigkeit des Schuldners, die laufenden Verfahrenskosten sowie die sonstigen Masseverbindlichkeiten zu erfüllen (Art. 8 Abs. 2 p.r.)[709].

a) Restrukturierungsantrag

Die Eröffnung erfolgt grundsätzlich nur auf Antrag des Schuldners (Art. 7 p.r.). Hintergrund dessen ist, dass das Restrukturierungsverfahren auf ein hohes Engagement und Aktivität des Schuldners ausgerichtet ist[710]. Lediglich das Sanierungsverfahren kann auch auf Antrag eines persönlichen Gläubigers oder Verfahrenspflegers i.S.d. Art. 26 u.k.r.s. eröffnet werden (vgl. Art. 283, 284 Abs. 4 p.r.)[711].

Im Vergleichsbestätigungsverfahren stellt der Antrag auf Bestätigung des angenommenen Vergleichs einen Restrukturierungsantrag dar (vgl. Art. 7 Abs. 2 p.r.). Der Antrag hat jedoch nicht das Ziel der Eröffnung eines Verfahrens,

---

706 Hrycaj/Jakubecki/Witosz/*Hrycaj*, SPH, Abschnitt 1, Rn. 118 (legalis); Zum Restrukturierungsverfahren *sensu largo* zählt noch der dritte Verfahrensabschnitt nach dem Vergleichsbestätigungsbeschluss bis zur Rechtskraft des Beschlusses über die Erfüllung des Vergleichs (vgl. Art. 172 p.r.), über seine Aufhebung (Art. 176 p.r.) oder über sein Erlöschen kraft Gesetzes (Art. 178 p.r.), vgl. Hrycaj a.a.O.

707 Hrycaj/Jakubecki/Witosz/*Hrycaj*, SPH, Abschnitt 1, Rn. 118 (legalis).

708 Zum Prüfungsumfang der Gläubigerbenachteiligung durch das Gerichts. Grenda, Doradca restrukturyzacyjny, Nr. 2, 2015, S. 11ff. (26–30); zu diesem Negativvmerkaml s. auch den Aufsatz von Hrycaj, Doradca restrukturyzacyjny, Nr. 1, 2016, S. 82ff.

709 Wołowski, MoP 2016, Nr. 8, S. 399ff. (400); zum Prüfungsumfang der Fähigkeit der Kostendeckung s. Grenda, Doradca restrukturyzacyjny, Nr. 2, 2015, S. 11ff. (30–31).

710 Hrycaj/Jakubecki/Witosz/*Hrycaj*, SPH, Abschnitt 4, Rn. 9 (legalis); Torbus/Witosz/*Witosz*, Kommentar zu p.r. Art. 7, Rn. 1.

711 Zu den Einzelheiten s. Czornik/Koczwara, Doradca restrukturyzacyjny, Nr. 4, 2016, S. 115ff.

sondern dessen Ziel ist die Beendigung des außergerichtlichen Verfahrens durch eine gerichtliche Entscheidung[712].

Neu im polnischen Insolvenzrecht ist das Erfordernis eines vorläufigen Restrukturierungsplans (*wstępny plan restrukturyzacyjny*), der im Anhang zum Restrukturierungsantrag vorzulegen ist (außer beim Vergleichsbestätigungsverfahren[713])[714]. Der Inhalt soll dem zukünftigen Gerichtsaufseher einen Überblick über die wirtschaftliche Situation verschaffen und Angaben enthalten, die für den Abschluss eines Vergleichs und seiner Durchführung wesentlich sind[715]. Art. 9 p.r. regelt den Mindestinhalt eines vorläufigen Restrukturierungsplans.

Der Antrag muss neben den im Gesetz über das Restrukturierungsrecht genannten Anforderungen[716] auch die Voraussetzungen einer Prozesserklärung erfüllen (Art. 209 p.r.)[717].

Er ist beim Restrukturierungsgericht (*sąd restrukturyzacyjny*) zu stellen. Sachlich zuständig ist wie im Konkursverfahren das Amtsgericht – Handelsgericht (*sąd rejonowy – sąd gospodarczy*), Art. 15 Abs. 1 p.r.

Örtlich zuständig ist das Gericht an dem Ort, an dem sich der Mittelpunkt der hauptsächlichen Tätigkeit des Schuldners befindet, Art. 15 Abs. 1 p.r. Die in Art. 15 Abs. 2 p.r. normierte Definition soll mit dem Begriff des Mittelpunktes der hauptsächlichen Interessen des Schuldners i. S. d. Art. 3 Abs. 1 EuInsVO 2000/2015 übereinstimmen.

b)   Restrukturierungsfähigkeit (zdolność restrukturyzacyjna)

Restrukturierungsfähig sind gem. Art. 4 p.r. Unternehmen i. S. d. Art. 43¹ k.c., die Gesellschaft mit beschränkter Haftung und die Aktiengesellschaft, die keiner wirtschaftlichen Betätigung nachgehen, die persönlich haftenden Gesellschafter der Personenhandelsgesellschaften sowie Gesellschafter der Partnerschaftsgesellschaft. Keine Restrukturierungsfähigkeit besitzen der Fiskus, die territorialen Selbstverwaltungseinheiten, die Staatsbanken, die (Rück-) Versicherungsanstalten sowie die Investitionsfonds[718].

---

712 Grenda, Doradca restrukturyzacyjny, Nr. 2, 2015, S. 11 ff. (19).
713 In Art. 219 p.r., der den formalen Inhalt des Antrags auf Vergleichsbestätigung bestimmt, ist der vorläufige Restrukturierungsplan nicht erwähnt. Für die Anträge auf Eröffnung der anderen Restrukturierungsverfahren regeln Art. 227 Abs. 1 Nr, 2, 265, 284 Abs. 1 Nr. 3 p.r. das Erfordernis der Vorlage des vorläufigen Restrukturierungsplans.
714 Adamus, Kommentar zu p.r., Art. 9, Rn. 1; Sierakowski, GP Nr. 184 vom 22.09.2015.
715 Sierakowski, GP Nr. 184 vom 22.09.2015.
716 Zum Inhalt des Restrukturierungsantrags je nach Verfahren s. Grenda, Doradca restrukturyzacyjny, Nr. 2, 2015, S. 11 ff.
717 Grenda, Doradca restrukturyzacyjny, Nr. 2, 2015, S. 11 ff. (15).
718 Grenda, Doradca restrukturyzacyjny, Nr. 2, 2015, S. 11 ff. (17).

Das Fehlen der Restrukturierungsfähigkeit fehlt zur Abweisung des Antrags (Art. 199 § 1 Nr. 3 k.p.c. i. V. m. Art. 209 p.r.)[719].

c) Restrukturierungsgrund

Als Restrukturierungsgründe kommen für alle Verfahrensarten die Zahlungsunfähigkeit oder alternativ die drohende Zahlungsunfähigkeit in Betracht, Art. 6 p.r.

Bezüglich der Zahlungsunfähigkeit verweist Art. 6 p.r. auf das Konkursrecht (Art. 11 p.u.). Im Hinblick darauf, dass das Restrukturierungsrecht von dem Schuldner verlangt, dass er in der Lage ist, die Masseverbindlichkeiten zu decken (Art. 8 Abs. 2 p.r.) ist allerdings zweifelhaft, ob die Restrukturierung in der Praxis tatsächlich auch zahlungsunfähigen Schuldnern offensteht.

Drohende Zahlungsunfähigkeit liegt vor, wenn die wirtschaftliche Situation des Schuldners zeigt, dass er in der nächsten Zeit zahlungsunfähig werden kann.

2. Das Verfahren über die Eröffnung des Restrukturierungsverfahrens (postępowanie o otwarcie postępowania restrukturyzacyjnego[720])

Ziel des Verfahrens über die Eröffnung des Restrukturierungsverfahrens ist die Entscheidung des Gerichts über den Restrukturierungsantrag[721]. Das Gesetz sieht dafür zwecks Beschleunigung des Verfahrens bestimmte Fristen vor, innerhalb derer das Gericht zu entscheiden hat (sog. Instruktionsfristen). Ebenfalls zum Zwecke der Beschleunigung wird ein Sachverständigenbeweis grundsätzlich nicht zugelassen (Art. 196 p.r.).

Ein solches Verfahren ist für das beschleunigte und das gewöhnliche Vergleichsverfahren sowie für das Sanierungsverfahren vorgesehen.

Ein Sicherungsverfahren im Rahmen des Vorverfahrens findet nur beim Vergleichs- und Sanierungsverfahren statt (vgl. Art. 226 p.r.).

Aus diesem Grund und auch weil über den Antrag nur auf Grundlage von eingereichten Unterlagen entschieden wird, soll das Vorverfahren des beschleunigten Vergleichsverfahrens lediglich eine Woche dauern, Art. 232 p.r. Um diese kurze Frist einhalten zu können, wird ein Nachreichen von Unterlagen nicht zulässig sein.[722]

Für die anderen beiden Verfahren ist gem. Art. 270 p.r. grundsätzlich eine Instruktionsfrist von 2 Wochen zwecks Prüfung des Restrukturierungsantrags

---

719 Wołowski, MoP 2016, Nr. 8, S. 399ff. (399).

720 Auch als ein Verfahren über die Prüfung des Restrukturierungsantrags bezeichnet (*postępowanie w przedmiocie rozpoznania wniosku restrukturyzacyjnego*).

721 Zum Prüfungsumfang des Gerichts im Vorverfahren s. Lipowicz, Doradca restrukturyzacyjny, Nr. 2, 2015, S. 4ff. (7–9).

722 Lipowicz, Doradca restrukturyzacyjny, Nr. 2, 2015, S. 4ff. (9).

vorgesehen. Für den Fall, dass eine mündliche Verhandlung stattfinden muss, ist über den Antrag innerhalb von 6 Wochen zu entscheiden.

a)   Das Sicherungsverfahren

Ein Sicherungsverfahren wird (wie auch im Konkursverfahren) sowohl auf Antrag als auch von Amts wegen durchgeführt.

Hauptzweck des Sicherungsverfahrens ist der Schutz des Vermögens vor seiner Schmälerung[723].

Die möglichen Sicherungsmaßnahmen sind im Gesetz abschließend geregelt[724]. Als Maßnahmen sind die Bestellung eines vorläufigen Gerichtsaufsehers (*tymczasowy nadzorca sądowy*) oder eines vorläufigen Verwalters (*tymczasowy zarządca*), die Aufhebung von Zwangsvollstreckungsmaßnahmen in Forderungen, die kraft Gesetzes dem Vergleich unterliegen sowie die Aufhebung von Bankkontopfändungen vorgesehen[725]. Ergänzend werden die Vorschriften des Zivilverfahrensgesetzbuchs über das Sicherungsverfahren (Art. 730 ff. k.p.c.) angewendet (vgl. Art. 269 p.r. und Art. 287 p.r.).

aa)   Der vorläufige Gerichtsaufseher

Der vorläufige Gerichtsaufseher kann sowohl im Vergleichs- als auch im Sanierungsverfahren auf Antrag oder von Amts wegen[726] bestellt werden (Art. 268 Abs. 1, Art. 286 Abs. 1 p.r.). Die Vorschriften über den Gerichtsaufseher werden auf ihn (außer Art. 42–46 p.r., Vorschriften über die Vergütung) entsprechend angewendet.

Gem. Art. 268 Abs. 5 i. V. m. Art. 39 p.r. 39 Abs. 1 p.r. ist der Schuldner berechtigt, die gewöhnlichen Geschäftsführertätigkeiten selbständig zu führen. Darüber hinausgehende Geschäftstätigkeiten sind nur wirksam, wenn der vorläufige Gerichtsaufseher zustimmt.

Der Zustimmung bedürfen insbesondere der Abschluss eines Vergleichs oder die Erklärung eines Forderungsverzichts im Rahmen eines Gerichts- oder Verwaltungsverfahrens[727].

Der vorläufige Gerichtsaufseher hat dem kommissarischen Richter Berichte über seine Tätigkeiten sowie die des Schuldners zu erstatten, insbesondere, ob der Schuldner Verbindlichkeiten begleicht, die nach der Bestellung des vorläufigen Gerichtsaufsehers entstanden sind (vgl. Art. 268 i.V. Art. 31 p.r.).

Die Funktion des vorläufigen Gerichtsaufsehers erlischt mit rechtskräftigem

---

723 Lipowicz, Doradca restrukturyzacyjny, Nr. 2, 2015, S. 4ff. (9).
724 Hrycaj/Jakubecki/Witosz/*Groele/Hrycaj*, SPH, 4. Abschnitt, Rn. 108.
725 Hrycaj/Jakubecki/Witosz/ *Groele/Hrycaj*, SPH, 4. Abschnitt, Rn. 109.
726 Hrycaj/Jakubecki/Witosz/ *Groele/Hrycaj* SPH, 4. Abschnitt, Rn. 111.
727 Hrycaj/Jakubecki/Witosz/ *Groele/Hrycaj*, SPH, 4. Abschnitt, Rn. 117.

Beschluss über die Eröffnung, Einstellung, Zurück- oder Abweisung des Restrukturierungsantrags[728].

bb) Der vorläufige Verwalter

Im Sanierungsverfahren bestellt das Gericht entweder einen vorläufigen Gerichtsaufseher oder einen vorläufigen Verwalter (Art. 286 Abs. 1 p.r.). Gem. Art. 286 Abs. 1 p.r. sind die Vorschriften über den Verwalter (außer Art. 55–59, 61–62 p.r.) entsprechend auf den vorläufigen Verwalter anzuwenden.

Gem. Art. 286 Abs. 1 i. V. m. Art. 52 Abs. 1 p.r. erhält der vorläufige Verwalter die Vermögens- und Verwaltungsbefugnis über das Vermögen des Schuldners. Der vorläufige Verwalter handelt im eigenen Namen auf Rechnung des Schuldners (Art. 53 Abs. 1 i. V. m. Art. 286 Abs. 1 p.r.). Wie der vorläufige Gerichtsaufseher hat auch der vorläufige Verwalter Berichte an den kommissarischen Richter zu erstatten. Die Funktion des vorläufigen Verwalters erlischt mit Eröffnung des Restrukturierungsverfahrens bzw. mit Eintritt der sonstigen Beendigungstatbestände.

cc) Zwischenergebnis für die Vorfinanzierung

Das Vergleichsbestätigungsverfahren und das beschleunigte Vergleichsverfahren sind für eine Vorfinanzierung der Arbeitsentgelte im Eröffnungsverfahren nicht geeignet. Hintergrund ist das Fehlen eines Sicherungsverfahrens sowie die kurze Instruktionsfrist beim beschleunigten Vergleichsverfahren.

Eine Vorfinanzierung im Rahmen des Eröffnungsverfahrens des Vergleichs- oder Sanierungsverfahrens ist nur dann realistisch, wenn das Verfahren nicht innerhalb der vorgesehenen zwei Wochen eröffnet wird.

b) Beendigung des Eröffnungsverfahrens

Das Gericht erlässt einen Beschluss entweder über die Eröffnung des Restrukturierungsverfahrens oder über seine Ablehnung. Eine Ausnahme davon bildet das Vergleichsbestätigungsverfahren, welches keiner Entscheidung über die Eröffnung bedarf. Es wird außergerichtlich und selbständig durch den Schuldner eingeleitet.

Das Restrukturierungsgericht lehnt die Eröffnung insbesondere dann ab, wenn sich aus den Umständen eine Gläubigerschädigung durch das Verfahren ergibt, Art. 8 Abs. 1 p.r.

Für alle Verfahren gilt, dass die nach Verfahrenseröffnung entstehenden Verbindlichkeiten durch den Schuldner laufend bedient werden müssen. Erfüllt der Schuldner diese Verpflichtung nicht, wird gesetzlich vermutet, dass ein

---

728 Hrycaj/Jakubecki/Witosz/ *Groele/Hrycaj*, SPH, 4. Abschnitt, Rn. 120.

Restrukturierungsvergleich offensichtlich nicht eingehalten wird. Das Gericht lehnt dann gem. Art. 165 Abs. 1 p.r. die Bestätigung des Vergleichs ab.

3. Eröffnung des Restrukturierungsverfahrens

Das Verfahren ist an dem Tag eröffnet, an dem der Beschluss über die Eröffnung des (beschleunigten) Vergleichs- bzw. Sanierungsverfahrens erlassen wird (vgl. Art. 189 Abs. 1 p.r.).

Das Vergleichsbestätigungsverfahren wird nicht durch einen Beschluss eröffnet. Es wird außergerichtlich durch den Abschluss eines Vertrags über die Verfahrensaufsicht mit einem Vergleichsaufseher eingeleitet (Art. 211 p.u.). Da es keinen Eröffnungsbeschluss gibt, bestimmt Art. 189 Abs. 2 p.r., dass der Tag, an dem die Gläubiger über den Vergleich abstimmen (*dzień układowy*, Art. 211 p.r.), die gleichen Wirkungen wie ein Eröffnungsbeschluss hat.

Bedeutend ist die Bestimmung des Zeitpunkts der Verfahrenseröffnung für die Frage, welche Forderungen der Vergleich erfasst[729]. Gem. Art. 150 Abs. 1 Nr. 1 p.u. sind grundsätzlich diejenigen persönlichen Forderungen vom Vergleich umfasst, die vor der Verfahrenseröffnung entstanden sind.

Eine weitere Folge der Verfahrenseröffnung ist die Begrenzung des Schuldners in seiner Verwaltungs- und Verfügungsmacht über sein Vermögen, die unterschiedlich ausgestaltet ist. Auch hier gilt wieder eine Ausnahme für das Vergleichsbestätigungsverfahren.

Ebenso wie im Konkursrecht sind Rechtsgeschäfte des Schuldners über Vermögensgegenstände, über die er keine Verwaltungs- und Verfügungsbefugnis hat, unwirksam.

Leistungen an den Schuldner, die nach Veröffentlichung der Verfahrenseröffnung im Amtsblatt für Veröffentlichungen von Eintragungen im Handelsregister und sonstigen amtlichen und gerichtlichen Bekanntmachungen (*Monitor Sądowy i Gospodarczy, MSiG*[730]) bzw. im Zentralen Register für Restrukturierungen und Insolvenzen (*Centralny Rejestr Restrukturyzacji i Upadłości, CRRU*[731]) erbracht werden, haben grundsätzlich keine schuldbefreiende Wirkung, es sei denn, dass eine gleichwertige Leistung zur Restrukturierungsmasse geflossen ist.

---

729 Gurgul, Kommentar zu p.u. und p.r., Art. 189 p.r., Rn. 1.
730 Öffentlich zugängliches Amtsblatt; auf der Website des Justizministeriums zugänglich unter: https://ems.ms.gov.pl/msig/przegladaniemonitorow (Abruf v. 19.02.2017).
731 Veröffentlichung im CRRU ist ab dem 01.02.2018 geplant.

a)   Beschränkung der Verfügungs- und Verwaltungsbefugnis

Die außergerichtlichen Verfahrensorgane, auf die die Verwaltungs- und Verfügungsbefugnis (teilweise) übergeht, bzw. die das Verfahren des Schuldners beaufsichtigen, sind der vom Schuldner bestimmte Vergleichsaufseher im Vergleichsbestätigungsverfahren (*nadzorca układu*), der vom Gericht bestellte Aufseher (*nadzorca sądowy*) sowie der Verwalter (*zarządca*).

Der Umfang der Verwaltungs- und Verfügungsmacht des jeweiligen Verwalters bzw. Aufsehers über das Vermögen des Schuldners ist nach der jeweiligen Verfahrensart abgestuft.

Eine unbeschränkte Verwaltungs- und Verfügungsmacht über das Vermögen erlangt der Verwalter.

Die Verwaltungs- und Verfügungsbefugnis des gerichtlich bestellten Aufsehers betrifft die Tätigkeiten, die über den üblichen Geschäftsbetrieb hinausgehen.

Das Vergleichsbestätigungsverfahren lässt keinen Eingriff in die Verwaltungs- und Verfügungsbefugnis des Schuldners über sein Vermögen zu. Der Vergleichsaufseher übt lediglich eine Überwachungsfunktion aus.

Der Gerichtsaufseher kann im (beschleunigten) Vergleichsverfahren bestellt werden. Er ist für die Beaufsichtigung der Geschäfte des Schuldners zuständig, Art. 38 Abs. 1 p.r. Zu seinen weiteren Aufgaben gehören insbesondere die Mitteilung an die Gläubiger über die Eröffnung des Restrukturierungsverfahrens, die Erstellung des Restrukturierungsplans und des Gläubiger- und Forderungsverzeichnisses sowie die Beurteilung der Vergleichsvorschläge (Art. 40 p.r.).

Tätigkeiten, die über den üblichen Geschäftsbetrieb hinausgehen, bedürfen seiner Zustimmung oder, wenn im Gesetz vorgeschrieben, der Zustimmung des Gläubigerrates (*rada wierzycieli*)[732], Art. 39 p.r. Ein Verstoß gegen das Zustimmungserfordernis führt zur Nichtigkeit des Geschäfts.

Der Verwalter wird regelmäßig im Sanierungsverfahren bestellt (Art. 288 Abs. 2 p.r.). Im (beschleunigten) Vergleichsverfahren wird er dann bestellt, wenn Zweifel an der Redlichkeit und Zuverlässigkeit des Schuldners aufkommen (Art. 239 p.r.).

Zu den Aufgaben des Verwalters gehören die unverzügliche Übernahme der Verwaltungs- und Verfügungsbefugnis über die Restrukturierungsmasse, die Erstellung des Inventarverzeichnisses sowie die Erstellung und Ausführung des Restrukturierungsplans, Art. 52 Abs. 1 p.r.

Der Verwalter handelt in Bezug auf die Restrukturierungsmasse im eigenen

---

732 Art. 129 ff. p.r. Zur Zuständigkeit des Gläubigerrates vgl. Groele/Koczwara, Doradca restrukturyzacyjny, Nr. 1, 2016, S. 71 ff. (75–76); generell zum Institut des Gläubigerrates vgl. Kozub, Doradca restrukturyzacyjny, Nr. 8, 2107, S. 40 ff.

Namen und auf Rechnung des Schuldners ohne für die eingegangenen Verbindlichkeiten persönlich einstehen zu müssen (Art. 53 p.r.). Die gleiche Regelung findet sich auch für den Konkursverwalter.

b)   Restrukturierungsplan

In allen Restrukturierungsverfahren wird als ein neues Instrument[733] die Erstellung eines Restrukturierungsplans (plan restrukturyzacyjny) verlangt. Wesentlicher Inhalt eines Restrukturierungsplanes ist in Art. 10 Abs. 1 p.r. geregelt[734].

Durch die Erstellung des Restrukturierungsplans erübrigt sich eine gesonderte Begründung der Vergleichsvorschläge. Das Gesetz sieht unter bestimmten
Voraussetzungen die Möglichkeit vor, für die Durchführung des Restrukturierungsplans staatliche Beihilfen in Anspruch zu nehmen, Art. 140 ff. p.r.

c)   Der Vergleich

Über den Abschluss des Vergleichs stimmt die Gläubigerversammlung
(zgromadzenie wierzycieli) ab. Sie findet bis auf das Vergleichsbestätigungsverfahren in allen Restrukturierungsverfahren statt. Die Terminbestimmung
und Einberufung der Gläubigerversammlung erfolgt durch den kommissarischen Richter. Einzelheiten zum Ablauf der Gläubigerversammlung regeln
Art. 104–120 p.r.

Der Vergleich umfasst grundsätzlich alle schuldrechtlichen Forderungen, die
vor der Eröffnung des jeweiligen Restrukturierungsverfahrens entstanden sind,
Art. 150 p.r.

Forderungen, die vom Vergleich nicht erfasst sind, sind in Art. 151–154 p.r.
geregelt. Zu nennen sind insbesondere Forderungen aus einem Arbeitsverhältnis (Art. 151 Abs. 2 p.r.) sowie Forderungen des Fonds für Garantierte Arbeitnehmeransprüche (Art. 153 p.r.). Gem. Art. 151 Abs. 2 S. 1 a.E., S. 2 i.V.m.
Art. 153 p.r. können sie jedoch mit Zustimmung des jeweiligen Gläubigers in den
Vergleich aufgenommen werden.

Ein Vergleichsvorschlag ist gem. Art. 155 Abs. 1 p.r. grundsätzlich vom
Schuldner zu unterbreiten. Er muss beinhalten, auf welche Art und Weise die
Verbindlichkeiten des Schuldners restrukturiert werden können. Zu nennen
sind insbesondere Stundung, Ratenzahlungsvereinbarung, Schuldenreduzierung, Umwandlung der Forderungen in Gesellschaftsanteile oder Aktien, vgl.
Art. 156 p.r. Die Möglichkeit der Umgestaltung von (Beitrags-)Forderungen der
Sozialversicherungen und des Fonds für Garantierte Arbeitnehmeransprüche ist

---

733 Sierakowski, GP Nr. 184 vom 22.09.2015.
734 Biała, Doradca restrukturyzacyjny, Nr. 4, 2016, S. 125 ff., beschreibt den Restrukturierungsplan am Beispiel des beschleunigten Vergleichsverfahrens der Biomed-Lublin SA.

jedoch eingeschränkt. Sie kann nur in Form einer Stundung oder Ratenzahlung erfolgen, vgl. Art. 160 Abs. 1 p.r.

Der von der Gläubigerversammlung angenommene Vergleich wird vom Gericht in einer Verhandlung, die nicht früher als eine Woche nach der Vergleichsannahme stattfindet, durch Beschluss bestätigt, Art. 164 Abs. 2 p.r.

d) Beendigung und Einstellung des Verfahrens

Das Verfahren endet regulär mit dem Eintritt der Rechtskraft des gerichtlichen Beschlusses über die Bestätigung des Vergleichs (*postanowienie o zatwierdzenie układu*) oder über die Ablehnung der Vergleichsbestätigung (*postanowienie o odmowie zatwierdzenia układu*), Art. 165 p.r.

Es kann darüber hinaus eine Einstellung des Verfahrens durch einen rechtskräftigen Beschluss erfolgen. Zur Einstellung führt insbesondere die Ablehnung des Vergleichsvorschlags durch die Gläubigerversammlung.

Mit Rechtskraft des Beschlusses über die Vergleichsbestätigung erhalten der gerichtlich bestellte Aufseher und der Verwalter die Funktion eines Aufsehers über die Erfüllung des Vergleichs (*nadzorca wykonania układu*), auf den die Vorschriften des Vergleichsaufsehers (*nadzorca układu*) grundsätzlich entsprechende Anwendung finden, Art. 171 p.r.

Nachdem der Vergleich erfüllt wird, erlässt das Gericht auf Antrag gem. Art. 172 p.r. einen Beschluss über die Erfüllung des Vergleichs (*postanowienie o wykonaniu układu*). Mit Rechtskraft dieses Beschlusses erhält der Schuldner insbesondere die volle Verwaltungs- und Vermögensbefugnis über sein Vermögen zurück, Art. 172 Abs. 4 p.r.

Die Ablehnung des Vergleichsvorschlags oder die Ablehnung der Vergleichsbestätigung müssen nicht das Ende der Restrukturierungschancen bedeuten.

Das Gesetz verbietet nicht, bei einem erfolglos gebliebenen Restrukturierungsverfahren einen neuen Restrukturierungsantrag zu stellen. Der Schuldner kann auf diese Weise versuchen, eine Einigung mit seinen Gläubigern über ein anderes Restrukturierungsverfahren zu erzielen[735]. Insbesondere sieht Art. 328 p.r. einen erleichterten Wechsel vom beschleunigten und »gewöhnlichen« Vergleichsverfahren in das Sanierungsverfahren durch einen vereinfachten Sanierungsantrag vor.

Gelingt keines der Restrukturierungsverfahren, kann ein vereinfachter Konkursantrag (Art. 334ff. p.r.) gestellt werden.

Bis zur Entscheidung über den Konkursantrag wird das Vermögen des

---

735 Insoweit spricht Vries, JOR 2016, S. 117ff. (119) richtigerweise davon, dass der Unternehmer das für ihn passende Verfahren auswählen könne.

Schuldners durch die Bestellung eines gerichtlichen Aufsehers oder eines Verwalters gesichert.

In den Fällen, in denen ein vereinfachter Sanierungs- bzw. Konkursantrag gestellt wird, erhält der Schuldner seine Verwaltungs- und Verfügungsbefugnis erst wieder, wenn der Antrag rechtskräftig ab- oder zurückgewiesen wird, oder wenn das beantragte Verfahren eingestellt wird (vgl. Art. 329 Abs. 2 p.r.).

4.   Einige Besonderheiten der einzelnen Verfahrensarten

Zum besseren Überblick über das polnische Insolvenzrecht wird nachfolgend auf einige Besonderheiten der verschiedenen Restrukturierungsverfahren eingegangen. Ein tabellarischer Überblick findet sich im Anhang des Abschnitts A.

a)   Das *Vergleichsbestätigungsverfahren* (postępowanie o zatwierdzenie układu)

Das Vergleichsbestätigungsverfahren ist für Schuldner vorgesehen, die in der Lage sind, ohne Beteiligung des Gerichts ein Einvernehmen mit der Mehrheit ihrer Gläubiger zu erzielen[736]. Der Schwerpunkt des Verfahrens liegt im außergerichtlichen Bereich[737]. Bis zur Veröffentlichung des Vergleichsbestätigungsbeschlusses im CRRU (Art. 324 Abs. 2, Art. 164 Abs. 5 p.r.), der das Ende des Verfahrens bedeutet, läuft es vertraulich ab.

Das Vergleichsbestätigungsverfahren nimmt dadurch eine besondere Rolle unter den Restrukturierungsverfahren ein. Es ist ein eigenverantwortlich durch den Schuldner durchgeführtes, außergerichtliches Einigungsverfahren, das den Charakter eines außerinsolvenzlichen Sanierungsverfahrens hat.

Das Verfahren ist zulässig, wenn die Anzahl der bestrittenen Forderungen, deren Inhaberschaft zur Vergleichsabstimmung berechtigt, den Prozentsatz von 15 aller zur Abstimmung berechtigten Forderungen nicht überschreitet. Diese Begrenzung der streitigen Forderungen findet sich auch im beschleunigten Vergleichsverfahren. Dadurch soll eine Gläubigermehrheit sichergestellt werden. Sie verhindert, dass in Fällen, in denen für den Abschluss eines Vergleichs eine Mehrheit von 2/3 der stimmberechtigten Forderungen erforderlich ist, eine Entscheidung durch Gläubiger strittiger Forderungen blockiert wird.

Nachdem der Schuldner die Person des Vergleichsaufsehers bestimmt hat, legt er unverzüglich einen Tag fest, an dem über den Vergleich abgestimmt

---

736 Kruczalak-Jankowska, PPH 2016, S. 5ff. (6).
737 Grenda, Doradca restrukturyzacyjny, Nr. 2, 2015, S. 11ff. (19).

werden soll (*dzień układowy*), Art. 211 Abs. 1 p.r. Der Vergleichstag hat die Wirkungen eines Eröffnungsbeschlusses, Art. 189 Abs. 2 p.r.[738]

Der Schuldner sammelt für den Vergleichsabschluss selbständig Gläubigerstimmen ohne Beteiligung des Gerichts[739]. Es werden weder ein kommissarischer Richter noch ein gerichtlich bestellter Aufseher tätig, Art. 223 Abs. 3 i.V. m. Art. 233 Abs. 1 Nr. 1 und Nr. 3 p.r.

Das Restrukturierungsgericht beschließt ausschließlich über die Bestätigung und Billigung oder aber über die Ablehnung des Vergleichs, den die Gläubiger zuvor angenommen haben[740].

Bisher hat das Verfahren in der Rechtspraxis keine große Rolle gespielt[741].

b)   *Das beschleunigte Vergleichsverfahren* (przyśpieszone postępowanie układowe)

Das beschleunigte Vergleichsverfahren war im Jahr 2016 das gefragteste Restrukturierungsverfahren. Die 230 eröffneten Restrukturierungsverfahren enthielten 117 beschleunigte Vergleichsverfahren[742].

Es ist wie das Vergleichsbestätigungsverfahren nur zulässig, wenn die Anzahl der bestrittenen Forderungen, die den Gläubigern ein Stimmrecht einräumen, den Prozentsatz von 15 aller stimmberechtigten Forderungen nicht überschreitet, Art. 3 Abs. 3 Nr. 2 p.r. Dies ist im Antrag durch Vorlage eines Verzeichnisses über die strittigen Forderungen zu belegen.

Mit dem Restrukturierungsantrag hat der Schuldner zudem einen Vergleichsvorschlag, einen vorläufigen Restrukturierungsplan sowie Abschriften des Vergleichsvorschlags an alle Gläubiger einzureichen (Art. 227 Abs. 1 Nr. 2 p.r.). Mit der Beifügung der Abschriften an alle Gläubiger soll eine Beschleunigung der Terminierung der Gläubigerversammlung erreicht werden.

Ferner hat der Schuldner mit dem Antrag einen Vorschuss auf die Verfahrenskosten zu zahlen, Art. 230 p.r. Der Schuldner stellt damit seine Fähigkeit zur Zahlung der laufenden Verfahrenskosten und der nach Verfahrenseröffnung entstehenden Verbindlichkeiten unter Beweis.

Das Gericht entscheidet über den Antrag ausschließlich auf Grundlage der überreichten Unterlagen innerhalb einer Woche (Art. 232 p.r.) durch Beschluss.

---

738 Zur näheren Ausgestalung des Vergleichstags vgl. Tatara/Trela/Królik, Doradca restrukturyzacyjny, Nr. 1, 2017, S. 36 ff. (36).

739 Winner/Cierpial-Magnor/*Cierpial-Magnor/Domańska-Mołdawa*, S. 190.

740 Zum Inhalt der gerichtlichen Prüfung Lipowicz, Doradca restrukturyzacyjny, Nr. 2, 2015, S. 4 ff. (5–7).

741 Tatara/Trela/Królik, Doradca restrukturyzacyjny, Nr. 1, 2017, S. 36 ff. (45).

742 Jahresbericht des Kreditversicherers Coface vom 02.01.2017, veröffentlicht unter: http://www.coface.pl/AKTUALNOSCI-I-MEDIA/Biuro-prasowe/Raport-roczny-Coface-Upadlos ci-i-restrukturyzacje-w-Polsce-w-2016-roku# (Abruf v. 28.10.2017).

Der Beschluss ist zu veröffentlichen (Art. 235 Abs. 1 p.r.). Im Beschluss werden insbesondere der kommissarische Richter und der gerichtliche Aufseher bestellt (Art. 233 Nr. 2 p.r.).

Im Unterschied zum Vergleichsbestätigungsverfahren wird mit Verfahrenseröffnung das Vermögen, welches der Führung des Unternehmens dient sowie das Vermögen des Schuldners zur Vergleichsmasse (Art. 40 p.r.)[743]. Diese wird geschützt, insbesondere durch die Unzulässigkeit der dinglichen Belastung des schuldnerischen Vermögens mit einer Hypothek oder einem Pfandrecht (Art. 246 p.r.), die Unwirksamkeit von bestimmten Vertragsklauseln (Art. 247, 248 p.r.), das Aufrechnungsverbot (Ar. 253 p.r.) und die Unzulässigkeit von Kündigungen der Pacht- und Mietverträge sowie anderer in Art. 256 p.r. genannter Vertragsverhältnisse durch die andere Vertragspartei.

Anders als im Vergleichsbestätigungsverfahren wird über den Vergleich auf einer durch das Gericht einberufenen Gläubigerversammlung entschieden, Art. 263 Abs. 1 p.r.[744]

Für die Dauer des Verfahrens ist ein Zeitrahmen von zwei Monaten und bei der Förderung durch eine Beihilfe drei bis vier Monaten vorgesehen[745].

c)   Das Vergleichsverfahren (postępowanie układowe)

Das Vergleichsverfahren ist zulässig, wenn die Anzahl der strittigen Forderungen, deren Inhaberschaft zur Abstimmung über den Vergleich berechtigt, 15 % der Gesamtsumme der zur Abstimmung berechtigenden Forderungen übersteigt. Damit steht das Verfahren in einem Alternativverhältnis zum beschleunigten Vergleichsverfahren. Welches der Verfahren zulässig ist, entscheidet allein die Anzahl der strittigen Forderungen, deren Inhaberschaft zur Abstimmung berechtigt (Art. 3 Abs. 3 Nr. 2 p.r.).

Für den Antrag des Schuldners gelten die Vorschriften des Art. 227 Abs. 1 Nr. 1–3 und Nr. 6–10, Abs. 2, 3 p.r. über den Antrag auf Eröffnung des beschleunigten Vergleichsverfahrens entsprechend. Darüber hinaus muss der Schuldner im Antrag glaubhaft machen, dass er in der Lage ist, die laufenden Verfahrenskosten und die laufenden Zahlungsverpflichtungen, die nach der Eröffnung des Verfahrens entstehen, zu decken. Andernfalls lehnt das Gericht die Eröffnung des Vergleichsverfahrens gem. Art. 8 Abs. 2 p.r. ab.

Das Gericht entscheidet über den Antrag durch Beschluss innerhalb von zwei Wochen auf einer nicht öffentlichen Sitzung und wenn eine Verhandlung notwendig wird, innerhalb von sechs Wochen, Art. 270 p.r.

---

743 Wołowski, MoP 2016, Nr 8, 400ff. (400).
744 Wołowski, MoP 2016, Nr. 8, 400ff. (400).
745 Begründung des Regierungsentwurfs – Prawo restrukturyzacyjne, Druck Nr. 2824 v. 09.10. 2014, S. 52.

Für die Beschlussfassung finden die gleichen Vorschriften wie für die Eröffnung des beschleunigten Vergleichsverfahrens Anwendung, Art. 271 Abs. 1 i. V. m. Art. 233–235, Art. 272 i. V. m. Art. 236–237 p. r.

Für das Vergleichsverfahren ist ein Zeitraum von sechs bis zu 10 Monaten vorgesehen.

Die Rechtsfolgen der Verfahrenseröffnung sind gem. Art. 273 p. r. den Vorschriften der Art. 238–256 p. r. zu entnehmen.

d) *Das Sanierungsverfahren* (postępowanie sanacyjne)

Das Sanierungsverfahren kommt in Betracht, wenn der Abschluss eines Vergleichs in den zuvor beschriebenen Verfahren nicht realisiert werden kann[746].

Im Unterschied zu den anderen Verfahren werden besondere Maßnahmen zur Verfügung gestellt, um die wirtschaftliche Situation des Schuldners zu verbessern und dadurch den Gläubigern einen Vergleichsvorschlag zu unterbreiten (Art. 3 Abs. 5, 6 p. r.). Dazu gehören insbesondere die Möglichkeit, sich von einem für den Schuldner ungünstigen gegenseitigen Vertrag zu lösen, das Beschäftigungsniveau den Bedürfnissen des Betriebes anzupassen sowie die Veräußerung entbehrlicher Vermögensbestandteile.[747]

Die Maßnahmen werden bereits vor der Abstimmung der Gläubiger über den Vergleich durchgeführt.

Hinzuweisen ist auf die erleichterte Kündigungsmöglichkeit der Arbeitsverhältnisse. Art. 300 p. r. verweist diesbezüglich auf das Konkursrecht. Hier ist insbesondere nach Art. 36^1 k. p. eine erleichterte Kündigung möglich. Anders jedoch als im Konkursverfahren sind im Restrukturierungsplan Angaben zu den Voraussetzungen von Kündigungen enthalten. Der Plan muss vom kommissarischen Richter bestätigt werden, der berechtigt ist, Änderungen der Voraussetzungen vorzunehmen und Kündigungsverbote oder -einschränkungen auszusprechen.

Im Eröffnungsantrag hat der Schuldner glaubhaft zu machen, dass er in der Lage ist, die laufenden Verfahrenskosten und die nach Verfahrenseröffnung entstehenden Verbindlichkeiten zu begleichen, Art. 284 Abs. 1 Nr. 4, Art. 8 Abs. 2 p. r.

Das Gericht entscheidet über den Antrag auf Eröffnung eines Sanierungsverfahrens innerhalb von zwei bis zu sechs Wochen, Art. 288 Abs. 1, 270 p. r.

Im Eröffnungsbeschluss wird dem Schuldner gem. Art. 288 Abs. 2 a.E. p. r. grundsätzlich[748] die Verwaltungs- und Verfügungsgewalt über das Vermögen

---

746 Begründung des Regierungsentwurfs – Prawo restrukturyzacyjne, Druck Nr. 2824, S. 54.
747 Begründung des Regierungsentwurfs – Prawo restrukturyzacyjne, Druck Nr. 2824, S. 54.
748 Eine Ausnahme sieht Art. 288 Abs. 3 p. r. vor. Danach kann der Schuldner bei Vorliegen bestimmter Voraussetzungen beantragen, dass er die Verwaltungs- und Verfügungsbe-

entzogen und ein Verwalter bestellt. Dadurch soll dem Risiko vorgebeugt werden, dass der Schuldner das Sanierungsverfahren zur Gläubigerschädigung missbraucht. In der Rechtspraxis zeigt sich jedoch, dass die Gerichte von der Ausnahme, dem Schuldner die Verwaltungs- und Verfügungsbefugnis über den gewöhnlichen Geschäftsbetrieb gem. Art. 288 Abs. 3 p.r. zu belassen, regelmäßig Gebrauch machen[749].

Bezüglich der Rechtsfolgen des eröffneten Sanierungsverfahrens verweist das Gesetz wie auch schon beim Vergleichsverfahren auf die Vorschriften zum beschleunigten Vergleichsverfahrens in Art. 247–256 p.r. (Art. 297 p.r.). Weitere Folgen regeln Art. 298 ff. p.r.

Nach Umsetzung eines Teils oder des gesamten Restrukturierungsplans, jedoch vor Ablauf von 12 Monaten seit Verfahrenseröffnung, beruft der kommissarische Richter zwecks Abstimmung über den Vergleich die Gläubigerversammlung ein.

IV.   Konsequenzen für die Arbeitsentgeltvorfinanzierung

Der Zweck des Restrukturierungsrechts – die Rettung von Unternehmen und die Verhinderung ihres Konkurses ist (Art. 3 Abs. 1 p.r.) – kann durch das Instrument der Vorfinanzierung nicht unterstützt werden.

Das Hauptinstrument zur Erreichung des Sanierungsziels ist im Restrukturierungsrecht das Instrument des Vergleichs, auf dessen Grundlage es zu einer Restrukturierung der Schulden kommen soll[750].

Das Konzept der Restrukturierungsverfahren ist deshalb so angelegt, dass sie schnell eröffnet werden sollen, was die Vorfinanzierung von Arbeitsentgelten im Stadium des Vorverfahrens praktisch verhindert.

Das Konkursverfahren ist demgegenüber für die Nutzung der Vorfinanzierung geeignet.

Dieses Ergebnis widerspricht dem Konzept des polnischen Insolvenzrechts, wonach die Unternehmensrettung gerade mit dem Restrukturierungsrecht erfolgen soll, während das Konkursrecht für die Unternehmensliquidation vorgesehen ist.

Diesen Widerspruch macht auch das in Art. 3 Abs. 1 p.r. normierte Ver-

---

fugnis über die Geschäftstätigkeit, die zum gewöhnlichen Geschäftsbetrieb gehört, beibehält.

749 Kritisch zu dieser Entwicklung Zalewski, Doradca restrukturyzacyjny, Nr. 4, 2016, S. 56 ff. (56).

750 Wołowski, MoP 2016, Nr. 8, 400 ff. (402).

ständnis deutlich, wonach es den Konkurs zu verhindern gilt. Er sei negativ für das kriselnde Unternehmen[751].

Dabei scheint nicht hinreichend berücksichtigt worden zu sein, dass oftmals gerade das Konkursverfahren die einzige Chance bietet, um das Unternehmen durch Veräußerung zu retten[752].

Eine Vorfinanzierung der Arbeitsentgelte kommt deshalb insbesondere im Verfahren über die vorbereitete Liquidation in Betracht.

Die Entscheidung über die Veräußerung im Eröffnungsverfahren und die Veräußerung innerhalb von 30 Tagen nach Verfahrenseröffnung bieten hinreichende Aussicht auf den Erhalt der Vermögenwerte und Arbeitsplätze.

Die Fortführung des Betriebs im Eröffnungsverfahren könnte durch die Arbeitsentgeltvorfinanzierung unterstützt werden, so dass der Erhalt des Unternehmens und seiner Arbeitsplätze gestärkt wird.

Das Pre-pack-Verfahren bietet zudem das geringste Missbrauchsrisiko der Vorfinanzierung. Dadurch, dass es von Anfang an mit dem Ziel eingeleitet wird, das Unternehmen zu veräußern und durch einen neuen Rechtsträger fortzuführen, ist die Gefahr, die Vorfinanzierung für einzelne Gläubigerinteressen oder Beteiligte am Unternehmen auszunutzen, gering.

Der Gefahr der Antragsrücknahme ist wie im deutschen Recht zu begegnen (Beschränkung der Vorfinanzierung auf den Eigenantrag sowie eine vertragliche Regelung über die Verpflichtung des Schuldners, den Antrag nicht zurückzunehmen).

Die Arbeitsentgeltvorfinanzierung würde jedoch nur eine Kredithingabe an das Unternehmen bedeuten. Der Vorrang der Fondsleistungen im Konkursverfahren gem. Art. 342 Abs. 3 p.u. zeigt, dass das vorfinanzierte Entgelt in voller Höhe erstattet werden muss.

---

751 Głowacki/Szymańska/*Zalewski*, Postępowanie restrukturyzacyjne. Komentarz praktyczny, Abschnitt 2 (legalis).
752 Głowacki/Szymańska/*Zalewski*, Postępowanie restrukturyzacyjne. Komentarz praktyczny, Abschnitt 2 (legalis).

Tabelle 1: Übersicht über den Verfahrensablauf der Insolvenzverfahren

Verfahrensarten (ohne Sonderverfahren)	Antragsberechtigung	(Gerichtliches) Eröffnungsverfahren			Gerichtliches Verfahren		»Dritter Verfahrensabschnitt«
		Instruktionsfristen in Bezug auf die Dauer des Eröffnungsverfahrens / Termin instrukcyjny	Sicherungsverfahren / Postępowanie zabezpieczające	Beschränkung der Verwaltungs- und Verfügungsbefugnis / Ograniczenie zarządu	Instruktionsfristen in Bezug auf die Dauer des Verfahrens / Termin instrukcyjny	Beschränkung der Verwaltungs- und Verfügungsbefugnis / Ograniczenie zarządu	
1. Postępowanie o zatwierdzenie układu / Vergleichsbestätigungsverfahren, Art. 210–226 (i.V.m. Art. 189–209) p.r.)	Der Schuldner stellt den Antrag auf Vergleichsbestätigung (Art 7 Abs. 1, 219, 221 p.r.)	*NEIN: Es findet kein Eröffnungsverfahren statt. Bis zum Beschluss über die Vergleichsbestätigung (Art. 223 p.r.) liegt lediglich ein außergerichtliches Verfahren vor, das vom nadzorca układu (Vergleichsaufseher, Art. 35ff. p.r.) beaufsichtigt wird, ohne die Verfügungs- und Verwaltungsbefugnis des Schuldners einzuschränken (Art. 36 p.r.). Vorschriften über das Sicherungsverfahren finden keine Anwendung. Art. 226 p.r. Im Rahmen des außergerichtlichen Verfahrens findet innerhalb von 3 Monaten seit dem Vertragsabschluss mit dem Vergleichsaufseher ein Vergleichstag (dzień układowy, Art. 211 p.r.) statt, an dem ein Vergleich geschlossen wird, dem folgt ein Antrag auf Erlass des Vergleichsbestätigungsbeschlusses (Art. 219 p.r.) und der Erlass des Beschlusses selbst innerhalb von 2 Wochen (Art. 223 p.r.).*			*Es findet kein gerichtliches Insolvenzverfahren statt. Der Vergleichstag hat jedoch die gleiche Wirkung wie die Verfahrenseröffnung (Art. 189 Abs. 2 p.r.). Mit Erlass des zu veröffentlichenden Vergleichsbestätigungsbeschlusses bis zum Eintritt der Rechtskraft handelt es sich um ein gerichtliches Verfahren. Es werden die Befugnisse des Vergleichsaufsehers auf die Befugnisse eines Gerichtsaufsehers (nadzorca sądowy) heraufgestuft, Art. 224 p.r. Die Verwaltungs- und Verfügungsbefugnis des Schuldners ist auf die übliche Geschäftsführung beschränkt. Darüber hinausgehende Tätigkeiten bedürfen der Zustimmung des Gerichtsaufsehers (Art. 224 i.V.m. Art. 39 p.r.).*		1). Durchführung des Vergleichs unter Aufsicht des nadzorca wykonania układu (Aufsehers über die Vergleichserfüllung), Art. 171 p.r. Mit Erfüllung des Vergleichs wird auf Antrag ein Beschluss über die Erfüllung des Vergleichs durch das Gericht erlassen, Art. 172 p.r. 2). Art. 176 p.r.: Aufhebung des Vergleichs auf Antrag, wenn der Schuldner den Vergleich nicht einhält oder die zukünftige Nichteinhaltung offensichtlich ist. 3). Art. 178 p.r.: Erlöschen des Vergleichs bei Eröffnung eines Konkursverfahrens über das Vermögen des Schuldners oder bei Abweisung des Antrags auf Eröffnung des Konkursverfahrens
2. Przyśpieszone postępowanie układowe / Beschleunigtes Vergleichsverfahren, Art. 227–264 (i.V.m. Art. 189–209) p.r.	Schuldner, Art 7 Abs. 1 p.r.	Über den Antrag wird innerhalb 1 Woche entschieden, Art. 232 Abs. 2 p.r.	NEIN	NEIN	2 bis 4 Monate	Bestellung eines Gerichtsaufsehers (nadzorca sądowy), Art. 38, 233 Abs. 1 Nr. 2 p.r. oder Verwalters (zarządca), Art. 239 p.r.	
3. Postępowanie układowe / Vergleichsverfahren, Art. 265–282 (i.V.m. Art. 189–209) p.r.	Schuldner, Art 7 Abs. 1 p.r.	Über den Antrag wird innerhalb von 2 Wochen entschieden, bei Erforderlichkeit einer mdl. Verhandlung innerhalb von 6 Wochen, Art. 270 Abs. 2 p.r.	Sicherung des Vermögens des Schuldners auf Antrag oder von Amts wegen; Art. 268f. p.r.: Aussetzung von Zwangsvollstreckungsverfahren in Bezug auf Verbindlichkeiten, die kraft Gesetzes vom Vergleich erfasst sind; Aufhebung von Bankkontopfändungen	Bestellung eines vorläufigen Gerichtsaufsehers, Art. 268 Abs. 1, 268 Abs. 5, 39, 42–46 p.r. (tymczasowy nadzorca sądowy)	6 bis 10 Monate	Bestellung eines Gerichtsaufsehers, Art. 271 Abs. 1 p.r. (nadzorca sądowy), Art. 38, 233 Abs. 1 Nr. 2 p.r.) oder Verwalters, Art. 273 p.r. (zarządca, Art. 239 p.r.)	

((Fortsetzung))

Verfahrensarten (ohne Sonderverfahren)	Antragsberechtigung	(Gerichtliches) Eröffnungsverfahren			Gerichtliches Verfahren		»Dritter Verfahrensabschnitt«
		Instruktionsfristen in Bezug auf die Dauer des Eröffnungsverfahrens / Termin instrukcyjny	Sicherungsverfahren / Postępowanie zabezpieczające	Beschränkung der Verwaltungs- und Verfügungsbefugnis / Ograniczenie zarządu	Instruktionsfristen in Bezug auf die Dauer des Verfahrens / Termin instrukcyjny	Beschränkung der Verwaltungs- und Verfügungsbefugnis / Ograniczenie zarządu	
4. Postępowanie sanacyjne / Sanierungsverfahren, Art. 283–323 (i. V. m. Art. 189–209) p.r.	Grundsätzl. der Schuldner, Art. 7 Abs. 1 p.r., ausnahmsw. auch eine andere Person, Art. 283 p.r., wie Verfahrenspfleger gem. Art. 26 u.k.r.s. oder der persönliche Schuldner im Fall der Zahlungsunfähigkeit einer Person mit Rechtspersönlichkeit	Über den Antrag wird innerhalb von 2 Wochen entschieden, bei Erforderlichkeit einer mdl. Verhandlung innerhalb von 6 Wochen, Art. 288 i. V. m. 270 Abs. 2 p.r.	Sicherung des Vermögens des Schuldners auf Antrag oder von Amts wegen; Art. 286, 287 p.r.	Bestellung eines vorläufigen Gerichtsaufsehers, Art. 286 Abs. 1, 39, 42–46 p.r. (tymczasowy nadzorca sądowy) oder vorläufigen Verwalters (tymczasowy zarządca, Art. 52 p.r.)	bis zu 12 Monaten, Art. 321 Abs. 1 p.r.	Bestellung eines Verwalters, Art. 288 Abs. 2 p.r. (zarządca), Aufhebung der Verwaltungs- und Verfügungsbefugnis	
5. Postępowanie upadłościowe (bez postępowania wobec konsumentów) / Konkursverfahren (ohne das Verbraucherkonkursverfahren), Ustawa – prawo upadłościowe (p.u.)	Der Schuldner, seine persönlichen Gläubiger sowie weitere Personen, die in Art. 20 p.u. enumerativ aufgeführt sind.	Über den Antrag wird innerhalb von 2 Monaten entschieden, Art. 27 Abs. 3 p.u.	Sicherung des Vermögens auf Antrag oder von Amts wegen Art. 36 p.u.: Aussetzung von Zwangsvollstreckungsverfahren in Bezug auf Verbindlichkeiten, die kraft Gesetzes vom Vergleich erfasst sind; Aufhebung von Bankkontopfändungen	Bestellung eines vorläufigen Gerichtsaufsehers, Art. 38 Abs. 1 p.u. oder eines Zwangsverwalters, Art. 40 p.u.	6 Monate bei Liquidation des Vermögens des Schuldners, Art. 308 Abs. 2 p.u., wozu auch die (Teil-) Veräußerung des Unternehmens gehört (Art. 316ff. p.u.)	Bestellung eines Konkursverwalters (syndyk), Art. 156 p.u., Aufhebung der Verwaltungs- und Verfügungsbefugnis	Liquidation (Art. 306ff. p.u.) oder Vergleich (Art. 266 a ff.)

Eigene Darstellung.

Tabelle 2: Übersicht über die Insolvenzverfahren: Insolvenzgründe – Vorverfahren – Verfahrenseröffnung – Verfahrensende

Verfahrensarten (ohne Sonderverfahren)	Insolvenzgründe	Vorverfahren	Verfahrenseröffnung	Verfahrensende
1. Postępowanie o zatwierdzenie układu / Vergleichsbestätigungsverfahren, Art. 2 Nr. 1, 210–226 (i.V.m. Art. 189–209) p.r.	Zahlungsunfähigkeit oder drohende Zahlungsunfähigkeit, Art. 6 Abs. 1 p.r.	*Kein Vorverfahren; Keine Verfahrenseröffnung. Aber: Die Wirkungen der Verfahrenseröffnung entstehen mit Bestimmung des Vergleichstags (dzień układowy), Art. 211 p.r.: Art. 189 Abs. 2 p.r.*		Art. 324 p.r.: Das Restrukturierungsverfahren ist mit dem Tag beendet, an dem der Beschluss über die Vergleichsbestätigung oder über die Vergleichsablehnung rechtskräftig wird. Es kann auch durch Einstellung beendet werden, Art. 325, 326 p.r. Es wird dann ohne einen Vergleichsabschluss beendet.
2. Przyśpieszone postępowanie układowe / Beschleunigtes Vergleichsverfahren, Art. 227–264 (i.V.m. Art. 189–209) p.r.	Zahlungsunfähigkeit oder drohende Zahlungsunfähigkeit, Art. 6 Abs. 1 p.r.	Kein Sicherungsverfahren	Art. 189 Abs. 1 p.r.: Der Tag, an dem der Beschluss über die Eröffnung des beschleunigten Vergleichsverfahrens erlassen wird, ist der Tag der Verfahrenseröffnung	
3. Postępowanie układowe / Vergleichsverfahren, Art. 265–282 (i.V.m. Art. 189–209) p.r.	Zahlungsunfähigkeit oder drohende Zahlungsunfähigkeit, Art. 6 Abs. 1 p.r.	Sicherungsverfahren Art. 268, 269 p.r.	Art. 189 Abs. 1 p.r.: Der Tag, an dem der Beschluss über die Eröffnung des Vergleichsverfahrens erlassen wird, ist der Tag der Verfahrenseröffnung.	
4. Postępowanie sanacyjne / Sanierungsverfahren, Art. 283–323 (i.V.m. Art. 189–209) p.r.	Zahlungsunfähigkeit oder drohende Zahlungsunfähigkeit, Art. 6 Abs. 1 p.r	Sicherungsverfahren, Art. 286, 287 p.r.	Art. 189 Abs. 1 p.r.: Der Tag, an dem der Beschluss über die Eröffnung des Sanierungsverfahrens erlassen wird, ist der Tag der Verfahrenseröffnung	

((Fortsetzung))

Verfahrensarten (ohne Sonderverfahren)	Insolvenzgründe	Vorverfahren	Verfahrenseröffnung	Verfahrensende
5. Postępowanie upadłościowe (bez postępowania wobec konsumentów) / Konkursverfahren (ohne das Verbraucherkonkursverfahren), Ustawa – prawo upadłościowe (p.u.)	Zahlungsunfähigkeit, Art. 10 p.u.	Sicherungsverfahren, Art. 36ff. p.u. Verfahren über die vorbereitete Liquidation (Pre-pack-Verfahren), Art. 56 a-h p.u.	Mit Erlass des Beschlusses über die Eröffnung des Verfahrens, Art. 51 p.r.	1). Art. 266 d (i.V.m. Art. 266 a) p.u.: Mit rechtskräftigem Beschluss über die Vergleichsbestätigung wird ein Beschluss über die Beendigung des Verfahrens erlassen. 2). Art. 368 p.u.: Das Gericht stellt mit Erfüllung des endgültigen Masseverteilungsplans die Beendigung des Insolvenzverfahrens fest

Eigene Darstellung.

B.   Deutsch-Polnische Unternehmensinsolvenzen

In diesem Abschnitt werden die folgenden Fragen behandelt:
Wann kann das Instrument der Insolvenzgeldvorfinanzierung bei deutsch-polnischen Unternehmensinsolvenzen zu Sanierungszwecken genutzt werden?
Welche Erkenntnisse ergeben sich daraus für die Entwicklung eines Vorfinanzierungsinstruments in Polen?

I.   Wann kann die Vorfinanzierung zu Sanierungszwecken genutzt werden?

Um die Frage nach der Nutzungsmöglichkeit der Insolvenzgeldvorfinanzierung bei deutsch-polnischen Unternehmensinsolvenzen beantworten zu könne, sind folgende Vorfragen zu klären[753]:

Welches ist das in diesen Fällen anwendbare Lohnausfallersatzrecht? Welches nationale Insolvenzrecht findet Anwendung? Welches Insolvenzkollisionsrecht ist anzuwenden? Welche Auswirkungen wird das Zusammentreffen ausländischer und inländischer Insolvenzereignisse auf die Arbeitsentgelteersatzleistungen haben? Bei der letzten Vorfrage ist herauszuarbeiten, welches das leistungsauslösende Insolvenzereignis ist, und welche Auswirkungen die Bestimmung dieses Ereignisses auf die Insolvenzgeldvorfinanzierung hat.

1.   Anwendbares Lohnausfallersatzrecht

Bei deutsch-polnischen Unternehmensinsolvenzen ist gem. Art. 9 InsRL das Lohnausfallersatzrecht desjenigen Staates anzuwenden, in dessen Hoheitsgebiet der gewöhnliche Beschäftigungsort der Arbeitnehmer liegt bzw. lag.

Da regelmäßig sowohl in dem einen als auch in dem anderen Staat Arbeitnehmer beschäftigt werden, wird das polnische neben dem deutschen Lohnausfallersatzrecht parallel anzuwenden sein.

2.   Anwendbares Insolvenzrecht

Die Frage nach dem anwendbaren Insolvenzrecht ist für die Erstattung der gewährten Arbeitsentgeltersatzleistungen relevant. Es findet das Insolvenzrecht desjenigen Staates Anwendung, in dem das Insolvenzverfahren eröffnet wird (Insolvenzstatut des Staates der Verfahrenseröffnung, Art. 4 Abs. 1 EuInsVO 2000/Art. 7 EuInsVO 2015). Solange in dem anderen Staat kein Verfahren er-

---

753 Vgl. Cranshaw, ZInsO 2013, S. 1493 ff. (1495).

öffnet wurde, hat das Insolvenzverfahren des Staates, in dem der Mittelpunkt der hauptsächlichen Interessen[754] des Arbeitgebers liegt, universelle Wirkung.

Wird davor oder danach ein Partikularinsolvenzverfahren eröffnet, findet territorial das Insolvenzrecht desjenigen Staates Anwendung, in welchem das Partikularinsolvenzverfahren eröffnet wurde. Es hat territoriale Wirkung.

3. Anwendbares Insolvenzkollisionsrecht und Anerkennung als ausländisches Insolvenzverfahren

Das anwendbare Insolvenzkollisionsrecht sagt etwas darüber aus, ob die Insolvenzverfahren in den Staaten untereinander anerkannt werden und ob es sich dabei um ausländische Insolvenzereignisse i. S.d jeweiligen nationalen Lohnausfallersatzrechts handelt.

Als anwendbares Insolvenzkollisionsrecht kommt grundsätzlich die Europäische Insolvenzverordnung, das deutsche Internationale Insolvenzrecht (§§ 335 ff. InsO) sowie das polnische Internationale Insolvenzrecht (Art. 378 ff. p.u.) in Betracht.

Bei grenzüberschreitenden Insolvenzverfahren innerhalb der EU (außer Dänemark) ist, soweit der sachliche Anwendungsbereich der EuInsVO eröffnet ist, diese vorrangig gegenüber dem deutschen Internationalen Insolvenzrecht[755] und gegenüber dem polnischen Internationalen Insolvenzrecht[756] anzuwenden (Anwendungsvorrang des Unionsrechts[757]). Eine ergänzende Anwendung des nationalen Rechts erfolgt nur, wenn dadurch das Ziel der Verordnung, die Rechtsvereinheitlichung, nicht gefährdet wird[758].

Mit Änderung der Anhänge zur EuInsVO 2000 zum 12. 10. 2016 ist diese bis auf das Vergleichsbestätigungsverfahren auf alle übrigen polnischen Insolvenzverfahren sachlich anwendbar. Vor dem 12. 10. 2016 waren diese Verfahren nicht von der EuInsVO 2000 erfasst und kamen demzufolge auch nicht in den Genuss der Anerkennungswirkung nach Art. 17 ff. EuInsVO 2000[759].

---

754 Wegen des englischen Begriffs »*centre of main interests*« auch mit der Abkürzung COMI bezeichnet.

755 Uhlenbruck/*Lüer*, Kommentar zur InsO, Vorbemerk. §§ 335 ff., Rn. 2; Liersch, NZI 2003, S. 302 ff. (303).

756 Zedler, Prawo upadłościowe i naprawcze w zarysie, S. 207. Das polnische internationale Insolvenzrecht kann nach Ansicht von Zedler in Ausnahmen entsprechend angewendet werden; für ergänzende Anwendung des polnischen internationalen Insolvenzrechts Piasecki, Komentarze do międzynarodowego postępowania cywilnego, Kommentar zur EuInsVO, Einführung, Rn. 6 (legalis).

757 Reithmann/Martiny/*Hausmann*, Rn. 7.481.

758 Reithmann/Martiny/*Hausmann*, Rn. 7.481.

759 So auch Porzycki, MoP 2015, S. 1073 ff. (1074); vgl. zu der Anwendbarkeit der EuInsVO Uhlenbruck/*Lüer*, Kommentar zur InsO, Art. 1 EuInsVO, Rn. 3.

Die seit dem 26.06.2017 geltende Änderung der Anhänge zur EuInsVO 2015 hat zur Folge, dass die EuInsVO 2015 auf alle polnischen Insolvenzverfahren, also auch auf das Vergleichsbestätigungsverfahren, Anwendung findet[760].

Für die deutschen Insolvenzverfahren ist die sachliche Anwendbarkeit der EuInsVO 2000/2015gegeben.

Die Eröffnung des Hauptinsolvenzverfahrens in einem der beiden EU-Mitgliedsstaaten ist gem. Art. 16 EuInsVO 2000/Art. 19 EuInsVO 2015 von dem anderen Mitgliedsstaat anzuerkennen, selbst wenn es sich um eine ungerechtfertigte Inanspruchnahme der internationalen Zuständigkeit durch das entscheidende Gericht handelt[761].

Nach dem Ansatz der Europäischen Insolvenzverordnung soll es nur ein Hauptinsolvenzverfahren geben[762]. Entsprechend dem Grundsatz der Priorität ist das Hauptinsolvenzverfahren in demjenigen Mitgliedsstaat eröffnet, in dem das Verfahren zuerst eröffnet wurde[763]. Die Eröffnung ist in allen anderen Mitgliedsstaaten anzuerkennen und unterliegt dort keiner Nachprüfung[764].

4.   Das Zusammentreffen ausländischer und inländischer Insolvenzereignisse

Da in grenzüberschreitenden Insolvenzfällen oftmals mehrere Insolvenzereignisse in Bezug auf denselben Arbeitgeber aufeinander treffen können, ist zu untersuchen, welches Insolvenzereignis leistungsauslösend ist. Anhand des maßgeblichen (leistungsauslösenden) Insolvenzereignisses ist der Garantiezeitraum zu bestimmen. Es hängt von der Festlegung des Garantiezeitraums ab, ob eine Insolvenzgeldvorfinanzierung (noch) in Betracht kommt.

a)   Maßgebliches Insolvenzereignis nach deutschem Recht
Gem. § 165 Abs. 1 S. 3 SGB III kann der Anspruch auf Insolvenzgeld auch durch ein ausländisches (und damit in Polen eingetretenes) Insolvenzereignis begründet werden.

Mit dieser Vorschrift sollte die Gleichstellung eines ausländischen Insolvenzereignisses mit einem inländischen Insolvenzereignis hergestellt werden.

---

760 Porzycki, Doradca restrukturyzacyjny, Nr. 8, 2017, S. 70 ff.
761 Vgl. EuGH ZIP 2006, 907 ff. (913).
762 Herchen ZIP 2005, S. 1401 ff. (1401).
763 H.M., vgl. insbesondere EuGH ZIP 2006, 907 ff. (913), Eurofood; BGH, Beschl. v. 29.05. 2008, Az. IX ZB 102/07, Rn. 30 (juris); LG Hamburg NZI 2005, 645 ff. (645); Reithmann/ Martiny/*Hausmann*, Rn. 7.610; Herchen ZIP 2005, S 1401 ff. (1402) mit weiteren Nachweisen; a.A. Kolmann, S. 287 f.
764 EuGH, Urt. v. 21.01.2010, Rs. C-444/07, Rn. 29 ff. – MG Probud Gdynia (juris); Reithmann/ Martiny/*Hausmann*, Rn. 7.610; Herchen ZIP 2005, S 1401 ff. (1402).

Die beiden Insolvenzereignisse stehen demnach nicht in einem Rangverhältnis zueinander.[765]

In der Gesetzesbegründung zur Einfügung des Satzes 3 in damaliger Vorschrift des § 183 Abs. 1 SGB III fehlen Angaben darüber, welche ausländischen Insolvenzereignisse erfasst werden sollen[766]. Unklar ist deshalb, unter welchen Voraussetzungen ein ausländisches Insolvenzereignis als leistungsauslösend nach dem SGB III anzuerkennen ist[767].

Der Ausgangsfrage dieser Arbeit folgend, beschränkt sich die Untersuchung auf das Insolvenzereignis der Eröffnung eines Insolvenzverfahrens im Ausland. In der Literatur haben sich dazu zwei Ansichten herauskristallisiert.

aa) Unterschiedliche Rechtsansichten

Nach Voelzke und Kühl müssen sich die gleichgestellten ausländischen Insolvenzereignisse an den für das Inland in § 165 Abs. 1 S. 2 SGB III geregelten Insolvenzereignissen orientieren, da davon auch der Gesetzgeber stillschweigend ausgehe[768]. Bei den in Nr. 1 und Nr. 2 geregelten Tatbeständen (Eröffnung des Insolvenzverfahrens und der Abweisung der Eröffnung mangels Masse) sei es erforderlich, aber auch ausreichend, wenn das ausländische Verfahren in seinen wesentlichen insolvenzrechtlichen Grundzügen dem inländischen Recht entspreche[769]. Abzustellen sei dabei auf die insolvenzrechtlichen und nicht die sozialrechtlichen Vorschriften.

Auf das Vorhandensein einer betrieblichen Einrichtung, von Vermögen des Arbeitgebers im Inland oder einer im Inland registrierten Zweigniederlassung oder eine feste Niederlassung komme es für die Fälle der Insolvenzeröffnung oder Abweisung mangels Masse nicht an. Der EuGH verlangt für die Anerkennung eines Insolvenzereignisses im Ausland lediglich eine mit Personal besetzte wirtschaftliche Präsenz im Inland.[770]

Die Bundesagentur für Arbeit und Klüter erweitern diese Ansicht dahingehend, dass es sich zusätzlich um ein Verfahren handeln müsse, welches in den Anhängen A oder B der EuInsVO aufgeführt sei[771].

Diese einschränkende Auffassung ist abzulehnen, weil sich aus dem Sinn und Zweck des Gesetzes keine Anhaltspunkte für eine Beschränkung der ausländi-

---

765 Gagel/*Peters-Lange*, Kommentar zum SGB III, § 165, Rn. 63.
766 BT-Drucks. 14/7347, S. 31, 73 (Job-AQTIV-Gesetz).
767 Hauck/Noftz/*Voelzke*, Kommentar zum SGB III, § 165, Rn. 202.
768 Hauck/Noftz/*Voelzke*, Kommentar zum SGB III, § 165, Rn. 202; Brand/*Kühl*, Kommentar zum SGB III, § 165, Rn. 30.
769 Hauck/Noftz/*Voelzke*, Kommentar zum SGB III, § 165, Rn. 202.
770 EuGH, Urt. v. 16.10.2008, Rs. C-310/07, Leitsatz – Holmqvist (juris); Gagel/*Peters-Lange*, Kommentar zum SGB III, § 165, Rn. 64.
771 Vgl. DA-InsG, Ziff. 3.7., S. 24; Klüter, WM 2010, 1483 (1484).

schen Insolvenzereignisse auf Fälle aus der EuInsVO ergeben. Vielmehr kommen auch Insolvenzereignisse außerhalb der EU in Betracht[772].

Bei der Bestimmung des ausländischen Insolvenzereignisses ist zu berücksichtigen, dass die Vorschrift des § 165 Abs. 1 S. 3 SGB III im Lichte der Insolvenzschutzrichtlinie auszulegen ist.

Das bedeutet, dass das Vorliegen eines ausländischen Insolvenzereignisses jedenfalls dann zu bejahen ist, wenn die Voraussetzungen der Zahlungsunfähigkeit i. S. d. Art. 2 InsRL gegeben sind.

Nach Mutschler erlangt ein ausländisches Insolvenzereignis daher dann Bedeutung für die Insolvenzgeldzahlung im Inland, wenn der ausländische Arbeitgeber zahlungsunfähig im Sinne der Insolvenzschutzrichtlinie sei[773].

Gem. Art. 2 Abs. 1 InsRL ist ein Arbeitgeber zahlungsunfähig, wenn die Eröffnung eines nationalen Gesamtverfahrens beantragt wurde und die zuständige nationale Behörde über die Eröffnung dieses Gesamtverfahrens entschieden hat, sei es durch Eröffnung des Verfahrens oder durch die Feststellung, dass eine endgültige Stilllegung des Betriebs/Unternehmens vorliegt und die Vermögensmasse für die Eröffnung nicht ausreicht. Das Gesamtverfahren muss ferner die Insolvenz des Arbeitgebers voraussetzen, einen teilweisen oder vollständigen Vermögensbeschlag sowie die Bestellung eines Verwalters oder einer Person mit ähnlicher Funktion zur Folge haben.

Die Ansicht, wonach für ein ausländisches Insolvenzereignis das Vorliegen von Zahlungsunfähigkeit i. S. d. Art. 2 InsRL vorauszusetzen ist, erscheint gegenüber der Ansicht von Voelzke und Kühl insofern überzeugender, als dass die Auslegung anhand der europäischen Insolvenzschutzrichtlinie sachlich näher liegt als das Verlangen nach einer Vergleichbarkeit zum inländischen Insolvenzereignis. Es geht vordergründig um Garantieleistungen, deren Gewährung europarechtlich verpflichtend ist.

Allerdings führt die Ansicht von Voelzke und Kühl zu einem höheren Schutz der Arbeitnehmer. Sie erfasst auch Sanierungsverfahren, die keine Zahlungsunfähigkeit des Arbeitgebers voraussetzen, sondern bereits eine drohende Zahlungsunfähigkeit genügen lassen.

Die Insolvenzschutzrichtlinie gilt demgegenüber nur in Fällen der materiellen Zahlungsunfähigkeit. Ihr Anwendungsbereich ist insoweit enger.

Des Weiteren spricht der unionsrechtliche Grundsatz der »Gleichheit und Nichtdiskriminierung«[774] dafür, dass das Insolvenzgeld bei einem ausländischen

---

772 Braun/Wierzioch, ZIP 2003, 2001 ff. (2002).
773 Mutschler/*Schmidt*, Kommentar zum SGB III, § 165, Rn. 36.
774 EuGH, Urt. v. 17.01.2008, Rs. C -246/06, Rn. 32 –Navarro (juris).

Insolvenzereignis mit im Inland Beschäftigten auch ohne Eintritt der Zahlungsunfähigkeit zu leisten ist[775].

Da somit die Ausweitung der Garantieleistungen auf Verfahren, die keine Zahlungsunfähigkeit des Arbeitgebers voraussetzen, zu einem höheren Arbeitnehmerschutz führt, ist der Ansicht von Voelzke und Kühl zu folgen.

Mithin ist auf die Vergleichbarkeit des ausländischen mit dem inländischen Insolvenzverfahren abzustellen.

Die Eröffnung der polnischen Insolvenzverfahren stellt mithin dann ein Insolvenzereignis i.S.d. § 165 Abs. 1 S. 2 SGB III dar, wenn sie den wesentlichen insolvenzrechtlichen Grundzügen eines inländischen Insolvenzverfahrens entspricht.

bb) Das Prioritätsprinzip bei der Leistungsauslösung

Die in § 165 Abs. 1 S. 3 SGB III normierte Gleichstellung hat zur Folge, dass in Bezug auf das in- und ausländische Verfahren gleichermaßen das Prioritätsprinzip anzuwenden ist.

Nach dem Prioritätsprinzip wird der Insolvenzgeldanspruch allein durch dasjenige Insolvenzereignis ausgelöst, durch welches die Zahlungsunfähigkeit/ Insolvenz zum ersten Mal begründet wird.

Der Insolvenzgeldanspruch wird demzufolge durch das zeitlich erste Insolvenzereignis ausgelöst und löst für das zeitlich nachfolgende Insolvenzereignis eine Sperrwirkung aus.

Einer näheren Auseinandersetzung bedarf die Frage, ob die Gleichstellung der Insolvenzereignisse und dem folgend das Prioritätsprinzip für Hauptinsolvenzverfahren und Partikularinsolvenzverfahren gleichermaßen gilt.

Einem Partikularinsolvenzverfahren ist immanent, dass es sich nur auf das Vermögen im jeweiligen Eröffnungsstaat beschränkt. Es ist gegenständlich-territorial beschränkt (sog. Territorialverfahren) und entfaltet deshalb seine Wirkung nur auf das im Gebiet des Verfahrens belegene Vermögen[776].

Die Anerkennung eines Partikularinsolvenzverfahrens in anderen Staaten kann deswegen auch nur diese Wirkung erfassen[777].

Würde man die Wirkung eines ausländischen Partikularinsolvenzverfahrens auf das deutsche Sozialrecht erstrecken, indem man das Vorliegen eines ausländischen Insolvenzereignisses i.S.d. § 165 Abs. 1 S. 3 SGB III annehmen würde, würde dies eine mittelbare Auswirkung auf das Vermögen im Inland

---

775 Cranshaw, ZInsO 2013, S. 1493ff. (1496).

776 Westpfahl/Goetker/Wilkens, Rn. 34.

777 Vgl. für die Anerkennung nach § 343 InsO: Braun/*Ehret*, Kommentar zur InsO, § 343, Rn. 7; Kolmann, S. 143.

haben und insoweit die territoriale Wirkung auf eine universelle Wirkung ausweiten.

Es hätte des Weiteren zur Folge, dass das Verhältnis zwischen dem Haupt- und dem Partikularinsolvenzverfahren, das vom Gedanken der Unterordnung des Partikular- zum Hauptinsolvenzverfahren geprägt ist, in die Schiefe geriete. Die Durchschlagswirkung des Partikularinsolvenzverfahrens auf das deutsche materielle Recht (hier das Sozialrecht) würde dazu führen, dass das Partikularinsolvenzverfahren den Ablauf des Insolvenzverfahrens bestimmen würde.

Der Begriff des in § 165 Abs. 1 S. 3 i.V.m. § 165 Abs. 1 S. 2 Nr. 1 SGB III genannten ausländischen Insolvenzereignisses ist daher dahin gehend zu verstehen, dass damit nur Insolvenzverfahren mit universeller Wirkung erfasst werden.

cc)   *Polnische Insolvenzverfahren als Insolvenzereignisse i. S. d. § 165 Abs. 1 S. 2 SGB III*

Kein Hindernis für die Vergleichbarkeit der polnischen mit den deutschen Verfahren ist es, dass das deutsche Insolvenzrecht nur ein Einheitsverfahren kennt, wohingegen das polnische Recht Konkurs- vom Restrukturierungsverfahren unterscheidet. Die Trennung beider Verfahren in Polen dient nur der Verdeutlichung der verschiedenen Verfahrenszwecke (Liquidation und Restrukturierung), die auch bei den inländischen Insolvenzverfahren unterschieden werden.

Die wesentlichen insolvenzrechtlichen Grundzüge der Eröffnung eines inländischen Insolvenzverfahrens liegen darin, dass es sich um ein gerichtliches Gesamtverfahren handeln muss. Das gerichtliche Verfahren wird gem. § 13 Abs. 1 InsO auf Antrag des Schuldners oder eines Gläubigers eröffnet. Die Eröffnung setzt einen Eröffnungsgrund i. S. d. §§ 17–19 InsO voraus, der in der Zahlungsunfähigkeit, der drohenden Zahlungsunfähigkeit oder bei juristischen Personen auch der Überschuldung liegen muss. Das Insolvenzverfahren wird durch Beschluss des zuständigen Insolvenzgerichts (§ 27 InsO) eröffnet.

(1)   *Konkursverfahren*

Das polnische Konkursverfahren ist ein gerichtliches Gesamtverfahren. Es wird auf Antrag des Schuldners oder eines Gläubigers eröffnet (Art. 3 p.u.). Die Eröffnung setzt als Eröffnungsgrund (*podstawa ogłoszenia upadłości*) die Zahlungsunfähigkeit oder Überschuldung des Schuldners voraus.

Über den Eröffnungsantrag entscheidet das zuständige Konkursgericht gem. Art. 51 p.u. durch Beschluss. Das Konkursverfahren wird mit dem Erlass des Beschlusses eröffnet, Art. 52 p.u.

Die Eröffnung eines polnischen Konkursverfahrens erfüllt damit alle drei

Voraussetzungen, die für die Eröffnung eines inländischen Verfahrens erforderlich sind. Eine Vergleichbarkeit beider Verfahren ist daher zu bejahen.

(2) Vergleichsbestätigungsverfahren

Problematisch ist die Vergleichbarkeit des polnischen Vergleichsbestätigungsverfahrens.

Das Vergleichsbestätigungsverfahren ist ein vorgerichtliches Gesamtverfahren. Es wird dadurch eingeleitet, dass der Schuldner einen Vertrag über die Beaufsichtigung des Verfahrens mit einem Vergleichsaufseher (*nadzorca układu*) abschließt, Art. 210 Abs. 1 p.r. Die Einleitung des Verfahrens ist zulässig, wenn Zahlungsunfähigkeit oder drohende Zahlungsunfähigkeit vorliegt. Der außergerichtliche Vergleichsabschluss wird am Ende gerichtlich bestätigt (Art. 223 p.r.). Eine gerichtliche Entscheidung über die Eröffnung/Einleitung des Verfahrens ergeht jedoch nicht[778].

Damit fehlt es am gerichtlichen Verfahren, einem Eröffnungsantrag und einem Eröffnungsbeschluss.

Die Verfahrensstruktur ist damit eine andere beim inländischen Insolvenzverfahren, auch wenn der Zweck beider Verfahren vergleichbar ist.

Entscheidend ist hier, dass es sich lediglich um ein vorgerichtliches Verfahren handelt. Es ist damit auch nicht mit dem Insolvenzverfahren mit Eigenverwaltung vergleichbar, §§ 270 ff. InsO. Dieses setzt voraus, dass ein Eröffnungsantrag gestellt wurde und ein gerichtliches Verfahren durch Beschluss eröffnet wird. Auch liegt insoweit keine Vergleichbarkeit zum Insolvenzplanverfahren vor. Dort wird ebenfalls ein Gerichtsverfahren durchgeführt und ein Eröffnungsantrag gestellt.

Das Vergleichsbestätigungsverfahren ist folglich nicht mit einem der inländischen Insolvenzereignisse vergleichbar.

(3) Sonstige Restrukturierungsverfahren

Die übrigen Restrukturierungsverfahren sind mit dem inländischen Insolvenzverfahren vergleichbar. In allen Fällen handelt es sich um gerichtliche, formalisierte Gesamtverfahren, die durch einen Eröffnungsantrag eingeleitet werden, Art. 7 Abs. 1, Art. 188 Abs. 1 p.r. Sie setzen entweder Zahlungsunfähigkeit oder drohende Zahlungsunfähigkeit voraus, Art. 6 Abs. 1 p.r.[779]. Im Erfolgsfall werden sie mit dem Erlass eines Beschlusses eröffnet.

---

778 Vgl. Begründung des Regierungsentwurfs – Prawo restrukturyzacyjne, Druck Nr. 2824 v. 09.10.2014, Ziff. II.8., Teil II, Titel I; Tatara/Trela/Królik, Doradca restrukturyzacyjny, Nr. 7, 2017, S. 36 ff. (36).

779 Vgl. Begründung des Regierungsentwurfs – Prawo restrukturyzacyjne, Druck Nr. 2824 v. 09.10.2014, Ziff. II. 1.

dd)   Zwischenergebnis

Das Vergleichsbestätigungsverfahren stellt kein ausländisches Insolvenzereignis i. S. d. § 165 Abs. 1 S. 3 SGB III dar. Die anderen polnischen Insolvenzverfahren erfüllen demgegenüber die Voraussetzungen des § 165 Abs. 1 S. 3 SGB III.

Polnische Partikularinsolvenzverfahren, die zeitlich vor der Eröffnung eines Hauptinsolvenzverfahrens in Deutschland eröffnet werden, haben keine grenzüberschreitende Wirkung auf das deutsche Sozialrecht und wirken deshalb nicht leistungsauslösend.

Wird demgegenüber zunächst in Polen ein Hauptinsolvenzverfahren (bis auf das Vergleichsbestätigungsverfahren) eröffnet, wirkt dieses Verfahren für die im Inland Beschäftigten leistungsauslösend.

b)   Maßgebliches Insolvenzereignis nach dem polnischen Recht

Die ausländischen Ereignisse der Zahlungsunfähigkeit sind im Fondsgesetz enumerativ in Art. 4 bis 6 u.o.r.p. aufgeführt. Die hier interessierenden deutschen Insolvenzverfahren befinden sich in Art. 6 Abs. 1 Nr. 1 und 3 u.o.r.p.

Gem. Art. 6 Abs. 1 Nr. 1 u.o.r.p. stellt die Eröffnung eines Hauptinsolvenzverfahrens i. S. d. Art. 3 Abs. 1 EuInsVO i. V. m. den Anhängen A und B[780] über das Vermögen eines polnischen oder ausländischen Unternehmens durch eine ausländische Stelle ein Ereignis der Zahlungsunfähigkeit i. S. d. Art. 2 Abs. 1 u.o.r.p. dar. Das deutsche Vorverfahren ist zwar ein Hauptinsolvenzverfahren i. S. d. Art. 3 Abs. 1 EuInsVO 2000/2015. Es ist jedoch (zumindest noch[781]) nicht als ein Ereignis i. S. d. Art. 6 Abs. 1 Nr. 1 Alt. 1 u.o.r.p. anzusehen.

Die Vorschrift sagt ausdrücklich, dass es sich um ein Verfahren nach Art. 3 Abs. 1 EuInsVO 2000 handeln muss, welches in Art. 2 a oder 2 c EuInsVO 2000 benannt ist. Art. 2 a und c EuInsVO verweisen auf Verfahren im Anhang A und B. Das vorläufige Insolvenzverfahren ist in keinem der Anhänge aufgeführt, sodass es kein Ereignis der Zahlungsunfähigkeit i. S. des Fondsgesetzes darstellt.

Nach Art. 6 Abs. 1 Nr. 3 u.o.r.p. liegt ein Ereignis der Zahlungsunfähigkeit i. S. d. Art. 2 Abs. 1 u.o.r.p. ferner vor, wenn ein polnisches Konkursgericht eine Entscheidung über die Eröffnung eines Partikular- oder Sekundärinsolvenzverfahrens i. S. d. Art. 3 Abs. 2 und 4 EuInsVO über das Vermögen eines ausländischen Unternehmers erlässt, deren Wirkungen sich auf das in Polen befindliche Vermögen beschränken.

Die Eröffnung eines Partikular- oder Sekundärinsolvenzverfahrens i. S. d. EuInsVO über das Vermögen eines polnischen Unternehmens durch eine aus-

---

780   Eine redaktionelle Anpassung des Fondsgesetzes an die EuInsVO 2015 ist noch nicht erfolgt.

781   Die Auslegung kann sich mit Geltung der EuInsVO 2015 zugunsten der Vorverfahren ändern, da Art. 1 Abs. 1 EuInsVO (i. V. m. Erwägungsgrund Nr. 15) ausdrücklich auch vorläufige Verfahren erfasst.

ländische Stelle wird vom Fondsgesetz demgegenüber nicht erfasst. Es stellt damit kein Ereignis der Zahlungsunfähigkeit dar. Das Gleiche gilt für die Eröffnung eines Sekundärinsolvenzverfahrens über ausländische Unternehmen im EU-Ausland.

Das Vergleichsbestätigungsverfahren ist gem. Art. 3 Abs. 1 Nr. 2 u.o.r.p. kein Ereignis des Zahlungsunfähigkeit.

Anders als im deutschen Recht kennt das polnische Lohnausfallersatzrecht keinen Prioritätsgrundsatz. Das Zusammentreffen mehrerer Ereignisse der Zahlungsunfähigkeit regelt Art. 13 u.o.r.p.

Die europarechtskonforme Auslegung des Art. 13 u.o.r.p. ergibt, dass bei einer Insolvenz alle hierdurch ausgelösten Ereignisse der Zahlungsunfähigkeit als ein Insolvenzereignis gelten, wobei bei sich wiederholenden Ansprüchen der Garantiezeitraum von drei Monaten nicht überschritten werden darf.

Damit können alle Ereignisse der Zahlungsunfähigkeit Leistungen nach dem Fondsgesetz auslösen (Gleichlauf der Ereignisse der Zahlungsunfähigkeit). Bezüglich des Leistungsumfangs ist die zeitliche Beschränkung auf den Zeitraum von drei Monaten zu beachten.

c) Festlegung der Garantiezeiträume

Für die in Deutschland gewöhnlich beschäftigten Arbeitnehmer umfasst der Insolvenzgeldzeitraum gem. § 165 Abs. 1 S. 1 SGB III die letzten drei Monate vor dem Insolvenzereignis. Die Drei-Monats-Frist wird nach §§ 187, 188 BGB i. V. m. § 26 Abs. 1 SGB X berechnet.

Für die gewöhnlich in Polen beschäftigten Arbeitnehmer berechnet sich der Garantiezeitraum nach Art. 12 Abs. 3, 5, 6 u.o.r.p. Er umfasst drei mögliche Zeiträume. Erstens erfasst er drei Monate, die unmittelbar vor dem Ereigniss der Zahlungsunfähigkeit liegen, zweitens drei Monate, die unmittelbar vor dem Ende des Arbeitsverhältnisses liegen, wenn dieses innerhalb von 12 Monaten vor dem Ereignis der Zahlungsunfähigkeit eingetreten ist. Handelt es sich im zweitgenannten Fall um ein Ereignis der Zahlungsunfähigkeit in Gestalt der Abweisung des Konkursantrages mangels ausreichender Konkursmasse, erfasst der Garantiezeitraum drei Monate unmittelbar vor dem Ende des Arbeitsverhältnisses auch dann, wenn dieses innerhalb von vier Monaten nach dem Abweisungsbeschluss eingetreten ist.

d)   Auswirkungen des Zusammentreffens deutscher und polnischer
Insolvenzereignisse auf die Insolvenzgeldvorfinanzierung

aa)   Deutsches Hauptinsolvenzverfahren und polnisches
Partikularinsolvenzverfahren

Wird in Deutschland ein Hauptinsolvenzverfahren und in Polen lediglich ein (territorial wirkendes) Partikularinsolvenzverfahren eröffnet, kann der vorläufige Insolvenzverwalter für die gewöhnlich im Inland Beschäftigten den Betrieb mi Hilfe der Insolvenzgeldvorfinanzierung fortführen, ohne dass der Garantiezeitraum durch das polnische Verfahren verkürzt werden könnte. Er kann also den Zeitrahmen für die Insolvenzgeldvorfinanzierung bei Sanierungsaussichten voll ausschöpfen.

Die Fortführung des in Polen befindlichen Betriebes bis zur Eröffnung eines der polnischen Insolvenzverfahren wird demgegenüber davon abhängen, ob das Unternehmen eine Kapitalreserve für die Vergütungsansprüche vorhält bzw. ob die Arbeitnehmer bereit sind, bis zur Auszahlung der Fondsleistungen ihre Arbeitskraft vorübergehend ohne Vergütung zur Verfügung stellen.

bb)   Polnisches Hauptinsolvenzverfahren und deutsches
Partikularinsolvenzverfahren

Wird in Polen zeitlich früher ein Hauptinsolvenzverfahren eröffnet, hat dieses leistungsauslösende Wirkung für die Beschäftigten in Deutschland. Die kurzen Vorverfahren der polnischen Restrukturierungsverfahren bzw. das Fehlen des Vorverfahrens im beschleunigten Vergleichsverfahren werden regelmäßig zu einer früheren Eröffnung des Insolvenzverfahrens in Polen führen. Die frühere Eröffnung löst gemäß dem in Deutschland geltenden Prioritätsprinzip Sperrwirkung für das deutsche Insolvenzverfahren aus.

Dies führt zu einer Verkürzung des möglichen Insolvenzgeldzeitraums in Deutschland und damit zu einer Behinderung bzw. Vereitelung der Insolvenzgeldvorfinanzierung. Eine (fast) personalkostenfreie Betriebsfortführung im Vorverfahren ist daher nicht bzw. kurz möglich sein.

Wird ein Vergleichsbestätigungsverfahren als ein Hauptinsolvenzverfahren (i. S. d. EuInsVO 2015) eingeleitet, löst es keine Insolvenzgeldleistungen aus, da es kein Insolvenzereignis i. S. d. § 165 Abs. 1 S. 3 SGB III darstellt. In diesem Fall kann in Deutschland ein Sanierungsversuch mithilfe der Vorfinanzierung unterstützt werden. Die Fortführung des polnischen Betriebs mithilfe von Fondsleistungen ist demgegenüber auch nach Erlass des Vergleichsbestätigungsbeschlusses nicht möglich.

cc)   Schlussfolgerung für Sanierungsversuche beider Betriebe

Eine ideale Vorstellung für die Restrukturierung eines Unternehmens, das in beiden Ländern Beschäftigte hat, wäre es, wenn beide Betriebe gleichzeitig trotz einer Krisensituation fortgeführt werden könnten.

Die finanzielle Unterstützung der Betriebsfortführung in Deutschland durch die Insolvenzgeldvorfinanzierung ist jedoch nur für die Sanierung des deutschen Betriebes möglich. Eine vergleichbare finanzielle Unterstützung zur gleichen Zeit gibt es für den polnischen Betrieb nicht.

Selbst wenn es zu einer frühen Eröffnung eines polnischen Restrukturierungsverfahrens kommt, führt dies wegen der bis zu zwei Monate dauernden Fondsverfahrens nicht zu einer finanziellen Unterstützung der Betriebsfortführung, die gerade zu Beginn des Insolvenzverfahrens von entscheidender Bedeutung ist.

Die frühe Eröffnung der polnischen Verfahren hat zudem zur Folge, dass die finanzielle Unterstützung der Sanierung durch die Insolvenzgeldvorfinanzierung in Deutschland beschränkt wird, wenn das polnische Verfahren als ein Hauptinsolvenzverfahren zeitlich früher eingeleitet wird.

II.   Auswirkungen deutsch-polnischer Insolvenzen auf die Vorfinanzierung

Für die Entwicklung einer Vorfinanzierung in Polen ist folgendes zu berücksichtigen:

1.   Möglichkeit der Vorfinanzierung in polnischen Verfahren

Die Restrukturierungsverfahren sind für die Vorfinanzierung von Arbeitsentgelten nicht geeignet.

Das Vorverfahren des Vergleichs- (*postępowanie układowe*) sowie des Sanierungsverfahrens (*postępowanie sanacyjne*) sieht zwar die Möglichkeit der Anordnung von Sicherungsmaßnahmen vor (Art. 268, 269 p.r.). Durch die Bestellung eines vorläufigen Gerichtsaufsehers bzw. eines vorläufigen Verwalters könnte somit ein ordnungsgemäßer Ablauf einer Vorfinanzierung der Arbeitsentgelte sichergestellt werden. Problematisch ist jedoch, dass für das Vorverfahren ein zu kurzer Zeitraum vorgesehen ist. Wirtschaftlich und zeitlich wird sich eine Vorfinanzierung deshalb nicht lohnen.

Für das beschleunigte Vergleichsverfahren (*przyśpieszone postępowanie układowe*) kommt wegen der sehr kurzen Instruktionsfrist von nur einer Woche (Art. 232 Abs. 2 p.r.) eine Vorfinanzierung ebenfalls nicht in Betracht.

Auch das Vergleichsbestätigungsverfahren (*postępowanie o zatwierdzenie układu*) ist für eine Vorfinanzierung ungeeignet. Es fehlt schon am Ereignis der Zahlungsunfähigkeit i. S. d. Fondsgesetzes.

Im Konkursverfahren (*postępowanie upadłościowe*) beträgt die Instruktionsfrist für die Eröffnung des Verfahrens bis zu zwei Monate, Art. 27 Abs. 3 p.u. Im Vorverfahren kann das Pre-pack-Verfahren eingeleitet werden.

Eine Vorfinanzierung wäre in diesem Fall zeitlich und wirtschaftlich sinnvoll.

2.   Blockierung der Vorfinanzierung bei deutsch-polnischen Verfahren

Deutsch-Polnische Unternehmensinsolvenzen können dazu führen, dass das Instrument der Insolvenzgeldvorfinanzierung durch das neue polnische Insolvenzrecht, welches kurze oder keine Vorverfahren vorsieht, beeinträchtigt und sogar blockiert wird.

Vorstehendes gilt nicht für das Vergleichsbestätigungsverfahren, da es kein ausländisches Insolvenzereignis i. S. d. § 165 Abs. 1 S. 3 SGB III darstellt.

Wenn jedoch eines der übrigen polnischen Insolvenzverfahren als ein Hauptinsolvenzverfahren eröffnet wird, wird es zum leistungsauslösenden Ereignis i. S. d. § 165 Abs. 1 S. 3 SGB III. Die Folge davon ist, dass bei Einhaltung der Instruktionsfristen eine Verkürzung oder gar Verhinderung der Insolvenzgeldvorfinanzierung in Deutschland eintritt. Damit wird der sanierungsfreundliche Nebeneffekt gerade in Sanierungsfällen beeinträchtigt bzw. beseitigt.

In Fällen, in denen die Vorfinanzierung zur Anwendung kommt, kann sie unterstützend nur auf der deutschen Seite eingesetzt werden.

3.   Auswirkungen der deutsch-polnischen Insolvenzen auf die Ansprüche der Garantieinstitutionen

Die Arbeitnehmerforderungen, die auf die BA bzw. auf den Fondsverfügungsberechtigten übergehen, richten sich nach dem Recht des Eröffnungsstaats (Insolvenzstatut), vgl. Erwägungsgrund Nr. 28 S. 2 EuInsVO 2000 bzw. Nr. 72 S. 3 EuInsVO 2015. Insbesondere richtet sich danach der Rang dieser Forderungen (Art. 4 Abs. 2 lit. i EuInsVO 2000 bzw. Art. 7 Abs. 2 lit. i EuInsVO 2015).[782] Gem. Art. 39 EuInsVO 2000 melden die Gläubiger ihre Forderungen schriftlich in dem Insolvenzverfahren an. Nach Art. 53 S. 1 EuInsVO 2015 dürfen sie sich zur Anmeldung aller Kommunikationsmittel bedienen, die nach dem Recht des Eröffnungsstaates zulässig sind.

Die BA kann damit die auf sie übergegangenen Ansprüche im polnischen

---

782 Cranshaw, Einflüsse des Europ. Rechts, S. 1327.

Konkursverfahren gem. Art. 342 Abs. 3 p.u. vorrangig geltend machen und ihre Position gegenüber § 55 Abs. 3 InsO oder § 38 InsO deutlich verbessern.

Der polnische Fondsberechtigte, der die Arbeitsentgeltansprüche der in Polen Beschäftigten erfüllt hat, hat bei der Geltung des deutschen Insolvenz-statuts demgegenüber nur die Möglichkeit, seine Forderungen als einfache Insolvenzforderungen oder aber (was in der Praxis selten vorkommt) als Masseverbindlichkeiten gem. § 55 Abs. 2 InsO geltend zu machen. § 55 Abs. 3 InsO gilt nicht für ausländische Garantieeinrichtungen[783]. Nur wenn ein Sekundärinsolvenzverfahren in Polen eröffnet wird, wird das polnische Insolvenzrecht anwendbar, wodurch der Vorrang des Verfügungsfondsberechtigten gem. § 343 InsO gewahrt bleibt.

4. Vorschussleistungen im Konkursverfahren

Die vorgesehenen Vorschussleistungen in Polen können eine Vorfinanzierung alleine deshalb nicht ersetzen, weil die behördliche Entscheidung über die Vorschusszahlung bis zu zwei Monaten dauern kann.

C. Zusammenfassende Betrachtung

Die Betrachtung des polnischen Insolvenz- und Lohnausfallersatzrechts führt zu der Erkenntnis, dass die Entwicklung einer Vorfinanzierung einen Paradigmenwechsel in Bezug auf die Einsatzmöglichkeiten des Vorverfahrens und des Lohnausfallersatzrechts erfordert.

I. Erstreckung des Sanierungsziels auf Vorverfahren

Vor dem Hintergrund der im Vergleich zu Deutschland kurzen Vorverfahren stellt sich die Frage, ob die Schaffung eines Vorfinanzierungsinstruments in das Konzept des polnischen Insolvenzrechts passen würde.

Der Zweck der polnischen Vorverfahren orientiert sich strikt an dem Ziel der Massesicherung und Antragsprüfung.

Aufgrund der negativen Erfahrungen mit dem bis zum 31. 12. 2015 geltenden polnischen Konkurs- und Sanierungsrecht wird eingewandt, dass ein langes Vorverfahren zur Ausplünderung des Massevermögens und damit zur Gläubigerbenachteiligung führen wird.

Zweck der Einführung der kurzen Instruktionsfristen ist es, der Verfah-

---

783 Cranshaw, jurisPR-InsR 18/2009, Anm. 1.

rensverzögerung entgegenzuwirken, um reelle Erhaltungschancen der Unternehmen nicht zu gefährden.[784]

Insbesondere die Restrukturierungsverfahren sollen den Beschleunigungsgrundsatz umsetzen[785]. Sanierungsversuche sollen erst im eröffneten Verfahren unternommen werden.

Aus dieser Perspektive ist die Möglichkeit der Nutzung des Sicherungsverfahrens (im Vorverfahren) zur Unternehmenssanierung nicht nachvollziehbar.

Dem polnischen Konzept, erst im eröffneten Verfahren zu sanieren, steht das deutsche Konzept, bereits im Vorverfahren nach Antragstellung zu sanieren, gegenüber.

In Verbindung mit der Insolvenzgeldvorfinanzierung führt das deutsche Konzept zu einer schnellen finanziellen Unterstützung der Betriebsfortführung.

Das deutsche Konzept verknüpft damit die zeitliche mit der finanziellen Komponente. Beide Komponenten gehören bei Unternehmensinsolvenzen zu den wichtigsten Entscheidungskriterien über die Fortführung oder Schließung eines kriselnden Unternehmens.

Das polnische Konzept der kurzen Vorverfahren führt zwar zur Beschleunigung der Insolvenzverfahren und setzt damit eine zeitliche Komponente ein. In diesem Konzept fehlt jedoch die finanzielle Komponente im eröffneten Verfahren.

In diesem Konzept gibt es keinen Platz für die Vorfinanzierung im Vorverfahren. Es würde auf den ersten Blick dem Beschleunigungsgrundsatz in Gestalt der kurzen Vorverfahren widersprechen.

Jedoch kann das Vorfinanzierungsinstrument dort eingesetzt werden, wo es mit dem bisherigen Konzept vereinbar ist. Das wäre im Konkursverfahren der Fall. Allerdings müsste das Ziel des Vorverfahrens auf die Sanierung erstreckt werden. Diese Zweckerweiterung würde die Tür für die finanzielle Komponente in Form der Vorfinanzierung öffnen.

Der unterstützende Effekt der Vorfinanzierung würde freilich kleiner als im deutschen Recht ausfallen, da eine volle Ausschöpfung des Garantiezeitraums bei Einhaltung der Instruktionsfrist von zwei Monaten nicht möglich wäre und eine Rückerstattung der Fondsleistungen vorgesehen ist.

---

784 Rządowy projekt ustawy – Prawo restrukturyzacyjne, Drucks. 2824 vom 09.10.2014.
785 Rządowy projekt ustawy – Prawo restrukturyzacyjne, Drucks. 2824 vom 09.10.2014.

II. Rückbesinnung auf den Schutz der Arbeitgeberinteressen im Lohnausfallersatzrecht

Obwohl das Fondsgesetz neben den Arbeitnehmer- auch die Arbeitgeberinteressen schützt, wird die Möglichkeit, das Lohnausfallersatzrecht als Restrukturierungshilfe für kriselnde Unternehmen einzusetzen, nicht wahrgenommen.

Bisher wird in der Arbeitgeberinsolvenz nur der Schutz der Arbeitnehmer berücksichtigt.

Sichtbar ist es in der Regelung über die Vorschussleistungen und im Vergleichsbestätigungsverfahren.

Vorschüsse sind nur bei Konkursverfahren, mithin nur bei Zahlungsunfähigkeit des Arbeitgebers vorgesehen, weil dort der Schutz der Arbeitnehmer besonders wichtig ist.

Das Vergleichsbestätigungsverfahren löst keine Fondsleistungen aus, weil der Gesetzgeber der Ansicht ist, dass mit der Bestätigung des Vergleichs der Schuldner die Zahlungsfähigkeit wiedererlangt. Ein Schutz der Arbeitnehmer ist damit nicht erforderlich.

Der im Fondsgesetz enthaltene wurde bei Insolvenzen zu Unrecht in den Hintergrund gedrängt. Denn dieser Zweck legitimiert die Nutzung der Fondsleistungen zu Sanierungsversuchen in der Arbeitgeberinsolvenz.

Insoweit ist eine Rückbesinnung auf diesen Gesetzeszweck erforderlich. Dies würde einen Paradigmenwechsel bei der Sanierung von Unternehmensinsolvenzen einleiten.

Teil V:
Entwicklung einer Sanierungshilfe im polnischen Recht durch Vorfinanzierung der Arbeitsentgelte

Der Einsatz staatlicher Mittel zur Sanierung von Unternehmen wird zwar als »ein deutscher Sonderweg« bezeichnet[786]. Die Idee der Vorfinanzierung von Arbeitsentgelten im Eröffnungsverfahren kann jedoch als ein Denkmodell für die Entwicklung einer Sanierungshilfe im polnischen Recht dienen.

A.   Vorüberlegungen

Es sind mehrere Gründe aufzuführen, weshalb es in der polnischen Rechtspraxis nicht zur Nutzung der Arbeitsentgeltvorfinanzierung in der Insolvenz als sanierungsunterstützende Maßnahme gekommen ist.

Als tragende Gründe sind das Übertragungsverbot von Arbeitsentgeltansprüchen sowie das damalige sozialistisch geprägte Staatssystem zu nennen. Das Übertragungsverbot ist im Arbeitsrecht seit Entstehung des Gesetzes 1974 bis heute fest verankert. Es ist eine tragende Säule des Arbeitnehmerschutzsystems[787]. Bis 1989/1990 waren weder eine Finanzierungshilfe für Unternehmen durch Private noch Lohnausfallschutz bei Insolvenz erforderlich. Die verstaatlichten Unternehmen wurden selten zahlungsunfähig, so dass die Arbeitnehmer selten einen Lohnausfall zu befürchten hatten.

Erst im Jahr 1993 entstand in Polen der Lohnausfallschutz. Die Nutzung der vordergründig als arbeitnehmerschützend verstandenen Fondsleistungen zugleich zur finanziellen Unterstützung von Unternehmen scheint vor dem rechtsgeschichtlichen und rechtspolitischen Hintergrund nicht erkannt worden zu sein.

Den Blick darauf erschwert auch die Struktur des Lohnausfallersatzrechts und des Insolvenzrechts.

Die Privilegierung der Rückgriffsansprüche des Fonds im Konkursverfahren

---

786 So Cranshaw auf dem 9. Kieler Insolvenzrechtlichen Symposium am 31.05./01.06.2013.
787 Muszalski/*Muszalski*, Kommentar zu k.p., Art. 84, Anm. 1.

(vgl. Art. 23 Abs. 2 u.o.r.p. i. V.m. Art. 342 Abs. 3 p.u.) macht die Vorfinanzierung der Arbeitsentgelte in finanzieller Hinsicht weniger interessant als in Deutschland. An eine dauerhafte Masseschonung bzw. sogar Massemehrung ist vor diesem Hintergrund nicht zu denken.

Gleichwohl führt dieser Umstand nicht zur Unbrauchbarkeit der Vorfinanzierung von Arbeitsentgelten als sanierungsunterstützendes Instrument. Die Vorfinanzierung bekommt dadurch nur den Charakter einer Kreditierung mit besonderen, in Art. 23 Abs. 2 bis 5 u.o.r.p. geregelten Rückzahlungsmodalitäten.

Der Blick auf die Möglichkeit der Vorfinanzierung im frühen Stadium des Eröffnungsverfahrens wird durch dessen vordergründigen Zweck der Vermögenssicherung und Antragsprüfung überdeckt.

Schließlich ist ein Grund auch darin zu sehen, dass das Insolvenzverfahren (noch) kein Regelinstrument zur Krisenbewältigung darstellt. Die meisten zahlungsunfähigen Unternehmen stellen ihre Tätigkeit regelmäßig im Wege einer formlosen Liquidation durch Betriebsschließung ein[788]. Die Frage nach der Finanzierung von Arbeitsentgelten im Eröffnungsverfahren stellt sich dadurch gar nicht erst.

I.   Erforderlichkeit der Entwicklung eines Sanierungsinstruments

Die Entwicklung einer Sanierungsunterstützung für (drohend) zahlungsunfähige Unternehmen im Zeitraum des Eröffnungsverfahrens wäre überflüssig, wenn ein vergleichbarer Effekt schon auf eine andere, ähnlich effektive Weise erreicht werden kann.

1.   Empfangsvollmacht *(upoważnienie do odbioru)*

Die Bevollmächtigung eines finanzierungsbereiten Dritten nach den Vorschriften des Zivilgesetzbuchs durch den Arbeitnehmer, sein Arbeitsentgelt bei Fälligkeit entgegenzunehmen und einzubehalten, wenn der Dritte zuvor an ihn einen Betrag in gleicher Höhe leistet, ist nicht geeignet, eine Vorfinanzierung von Arbeitsentgelten zu ersetzen.

Zwar ist die Bevollmächtigung eines Dritten zum Empfang des Arbeitsentgelts grundsätzlich nicht vom Übertragungsverbot des Art. 84 k.p. erfasst[789].

---

788 Kartus, http://www.for.org.pl/pl/a/2233,Analiza-102012-Upadlosc-w-Polce-jest-rzadko-wykorzystywanym-narzedziem (Abruf v. 29.10.2017).

789 Wratny, Nowy kodeks pracy, Art. 84, S. 99; Muszalski/*Muszalski*, Kommentar zu k.p. Art. 84, Anm. 2;, Świątkowski, Kommentar zu k.p. Art. 84, Rn. 4; Góral/Nowak, Wynagrodzenie za pracę, S. 178.

Dem Dritten wird durch die Bevollmächtigung zum Empfang nicht das Recht auf Vergütung übertragen. Der Arbeitnehmer disponiert also nicht über sein Recht.

Auch spricht der Wortlaut des Art. 86 § 3 k.p. für die Anwendungsmöglichkeit der Empfangsvollmacht in Krisenfällen. Die Vorschrift bestimmt, dass die Pflicht zur Vergütungszahlung in anderer Weise als zu Händen des Arbeitnehmers erfüllt werden kann, wenn der Tarifvertrag dies bestimmt, oder wenn sich der Arbeitnehmer zuvor schriftlich damit einverstanden erklärt.

Nach Świątkowski wird eine Empfangsvollmacht jedoch dann von Art. 84 k.p. erfasst, wenn sie den Dritten neben dem Empfang zugleich zur freien Verfügung über das Arbeitsentgelt bevollmächtigt[790].

Ein Verstoß gegen Art. 84 k.p. liegt auch dann vor, wenn der Arbeitnehmer erst über die Übertragung des Rechts auf Vergütung auf den Dritten entscheidet und diesen dann zur Entgegennahme bevollmächtigt[791].

Auf diese Weise soll eine Umgehung des Übertragungsverbots verhindert werden. Gestattet ist nur die Entgegennahme des Arbeitsentgelts.

Die Erteilung einer Empfangsvollmacht an einen finanzierungsbereiten Dritten anstatt der Arbeitsentgeltvorfinanzierung ist damit nicht geeignet, in Krisenfällen den Lohnausfall zu ersetzen.

Die Konstellation überzeugt aber auch deswegen nicht, weil eine Vollmacht aus anderen Gründen unwirksam oder widerrufen werden kann, so dass der finanzierende Dritte keine Sicherheit für die Rückerstattung seines zuvor bezahlten Geldbetrages hätte.

2.   Einsatz der Vorschussvorschrift gem. Art. 14a u.o.r.p.

Für das Eröffnungsverfahren des Konkursverfahrens käme zwar grundsätzlich der Einsatz des Vorschusses, der bereits nach Stellung des Konkursantrags beantragt werden kann, in Betracht.

Gehindert wird eine solche Verwendung allerdings durch die zu lange Bearbeitungsdauer, die mit der vorgesehenen Dauer des Sicherungsverfahrens beim Konkursantrag nicht abgestimmt ist.

Eine gesetzliche Alternative zum Instrument der Vorfinanzierung ist die Vorschussbestimmung daher nicht.

3.   Darlehen

Die Gewährung eines Darlehens an den Arbeitgeber, mit dem dieser die Arbeitsentgeltansprüche erfüllen würde, würde zum Erlöschen der Fondsansprü-

---

790 Świątkowski, Kommentar zu k.p., Art. 84, Rn. 4.
791 Świątkowski, Kommentar zu k.p., Art. 84, Rn. 4.

che führen. Ein Lohnrückstand, der Voraussetzung für die Auszahlung der Fondsleistungen ist, entfiele damit.

Eine Darlehenshingabe an die Arbeitnehmer würde ebenfalls nicht zu dem gewünschten Effekt einer Vorfinanzierung führen. Die Kreditinstitute gewähren ein Darlehen regelmäßig erst nach einer positiven Bonitätsprüfung und verlangen meist eine Kreditsicherheit.

In der deutsch-polnischen Rechtspraxis der Unternehmensinsolvenzen scheint sich in diesem Bereich eine Alternative zur Insolvenzgeldvorfinanzierung in Polen zu entwickeln. Artur Bunk berichtet von zwei Fällen, in denen Arbeitsentgelte von in Polen Beschäftigten durch die Aufnahme eines Massedarlehens in Deutschland vorfinanziert werden konnten. Die Auszahlung erfolgte über Darlehensverträge zwischen den jeweiligen Arbeitnehmern und dem vorläufigen Insolvenzverwalter. Die offen gebliebenen Arbeitsentgeltansprüche wurden aus dem Fonds erfüllt. Um jedoch sicherzustellen, dass die Fondsleistungen an die Arbeitnehmer ausgezahlt werden, verlangte der Fonds die Einrichtung besonderer Gehaltskonten. Der vorläufige Insolvenzverwalter trug damit das volle finanzielle Risiko.[792] Diese Handlungsmöglichkeit stellt keine gleichwertige Alternative zur Arbeitsentgeltvorfinanzierung mit Hilfe der Fondsleistungen als Sicherungsmittel dar. Die Übernahme des vollen finanziellen Risikos ohne Absicherung durch den vorläufigen Insolvenzverwalter lässt vermuten, dass sich dieses Modell in der Praxis nicht etablieren wird.

II.   Rahmen für die Entwicklung eines Sanierungsinstruments

Das zu entwickelnde Sanierungsinstrument muss mit dem Sinn und Zweck des polnischen Lohnausfallersatzrechts und seiner rechtlichen Ausgestaltung vereinbar sein.

Die dann zu treffenden Überlegungen über die mögliche Rechtsgestalt des Sanierungsinstruments werden sich im Wesentlichen auf drei folgende Rechtsinstitute stützen: den Gläubigerwechsel in Form der Legalzession (Art. 518 k.c., *wstąpienie w prawa zaspokojonego wierzyciela* bzw. *subrogacja*[793]), das arbeitsrechtliche Verzichts- und Übertragungsverbot (Art. 84 k.p.) sowie den arbeitsrechtlichen Generalverweis auf das Zivilrecht (Art. 300 k.p.).

---

792 Bunk, Online-Veröffentlichung vom 12. 03. 2010 »Insolvenzgeldvorfinanzierung: Jetzt auch in Polen möglich«, abrufbar unter: http://www.openpr.de/news/407619/Insolvenzgeldvor finanzierung-Jetzt-auch-in-Polen-moeglich.html (Abruf v. 17.02.2017).

793 Der Begriff des Eintritts in die Rechte des befriedigten Gläubigers (*wstąpienie w prawa zaspokojonego wierzyciela)* meint den gesetzlichen Forderungsübergang. Nach dem französischen Vorbild wird auch die Bezeichnung *subrogacja* verwendet (vgl. Szpunar, Rejent 2000, Heft 2 (106), S. 13 ff. (15).

Das zivilrechtliche Rechtsinstitut der Subrogation (*subrogacja*) ist dahin gehend zu untersuchen, ob es die Erfüllung der arbeitsrechtlichen Forderungen durch einen finanzierungsbereiten Dritten zulässt und wie sich der Rechtseintritt des Dritten auf den Fondsanspruch auswirkt. In dem Zusammenhang wird der arbeitsrechtliche Generalverweis auf das Zivilrecht an Relevanz gewinnen.

Beim arbeitsrechtlichen Verzichts- und Übertragungsverbot ist darauf einzugehen, ob es die Subrogation zulässt. Im Falle der Verneinung ist die Frage zu stellen, ob eine Rechtsfortbildung in Form der teleologischen Reduktion möglich ist, um so die Übertragung von Arbeitsentgeltansprüchen an einen finanzierungsbereiten Dritte zu ermöglichen.

Rechtstechnisch ist darauf zu achten, dass der finanzierungsbereite Dritte hinreichend gesichert sein muss, um seine Finanzierungsbereitschaft zu erhöhen. Auch muss sichergestellt sein, dass die Arbeitnehmer besser gestellt werden als ohne das Sanierungsinstrument.

Schließlich sind Missbrauchsrisiken durch die Ausnutzung der Vorfinanzierung für Einzelgläubigerinteressen oder Beteiligte am Unternehmen durch entsprechende Maßnahmen zu minimieren bzw. zu vermeiden.

B. Vereinbarkeit mit dem Sinn und Zweck des Lohnausfallersatzrechts

Die Realisierung der Vorfinanzierung in Polen setzt voraus, dass das polnische Lohnausfallersatzrecht nach seiner Funktion und seinem Zweck die Verwendung der Fondsleistungen für die Unternehmenssanierung zulässt.

Hauptziel der Lohnausfallersatzrechte beider Länder ist der Schutz der Arbeitnehmer vor Zahlungsunfähigkeit des Arbeitgebers.

I. Sinn und Zweck des polnischen Lohnausfallersatzrechts

Bereits die Gesetzesbezeichnung »*Ustawa o ochronie roszczeń pracowniczych w razie niewypłacalności pracodawcy*« zeigt, dass das Gesetz den Schutz von Arbeitnehmeransprüchen regelt, die wegen Zahlungsunfähigkeit des Arbeitgebers nicht erfüllt wurden[794]. Das gleiche folgt aus Art. 1 u.o.r.p.

---

794 SN, Urt. v. 21.10.2013, Az. II PK 19/13; SN, Beschluss vom 12.07.2006, Az. II PZP 4/06 (lex).

1.   Schutz der Arbeitnehmerinteressen

Ratio legis des Fondsgesetzes ist die Erfüllung von Arbeitnehmeransprüchen, die der Arbeitnehmer wegen der Zahlungsunfähigkeit des Arbeitgebers verlustig wurde und die er nicht im normalen Verfahren vom Arbeitgeber einfordern konnte[795]. Der Arbeitnehmerschutz wird dadurch realisiert, dass die Garantieinstitution den Erhalt des Arbeitsentgeltes gewährleistet. Es ist die Hauptaufgabe des Fonds, die Arbeitnehmer gegen das Risiko der Zahlungsunfähigkeit des Arbeitgebers abzusichern[796].

Verbunden mit dem Insolvenzrecht werden die Ansprüche der Arbeitnehmer in doppelter Hinsicht geschützt: einmal durch das Fondsgesetz und zweitens durch die Privilegierung aus Art. 342 p.u.[797]

2.   Schutz der Arbeitgeberinteressen

Die Betonung des Arbeitnehmerinteresses lässt auf den ersten Blick Zweifel daran aufkommen, ob das polnische Lohnausfallersatzrecht daneben noch den Schutz der Arbeitgeber bezweckt.

Gersdorf sprach sich in Bezug auf das Fondsgesetz aus dem Jahr 1993 gegen einen solchen Zweck aus[798]. Sie kritisierte und machte zugleich deutlich, dass der Gesetzgeber mit dem Fondsgesetz 1993 neben dem Hauptzweck, dem Schutz der Arbeitnehmer vor dem Risiko der Zahlungsunfähigkeit ihrer Arbeitgeber, auch zusätzliche Ziele, wie den Schutz unrentabler Gewerbezweige oder die Unterstützung von beschützenden Werkstätten, verfolgt hat. Sie sprach sich gegen diese zusätzlichen Ziele aus mit der Begründung, dass sie nur mittelbar mit der Garantie der Arbeitnehmeransprüche verbunden seien[799].

In der heute geltenden Fassung wird die Geltung des Fondsgesetzes in Art. 21 a u.o.r.p. explizit auch auf andere Krisenfälle erweitert und diese damit in den Schutzumfang aufgenommen. Die Vorschrift wurde durch das Gesetz über die Milderung der Folgen von Wirtschaftskrisen für den Arbeitnehmer und den Unternehmer eingeführt[800]. Dazu gehören Fälle, in denen der Arbeitgeber seine Tätigkeit infolge von Überschwemmung vorübergehend oder erheblich einge-

---

795   SN, Urt. v. 21.10.2013, Az. II PK 19/13; SN, Urt. v. 27.11.2012, Az. I PK 116/12 (lex).
796   SN, Urt. v. 21.10.2013, Az. II PK 19/13; SN, Urt. v. 27.11.2012, Az. I PK 116/12 (lex).
797   Der Schutz durch die Privilegierung ist nur dann von Nutzen, wenn das Konkursverfahren aufgrund ausreichender Masse eröffnet wird. Das ist zweifelhaft, da jedenfalls in den letzten Jahren über 80 % aller Konkursanträge negativ beschieden wurden. Der Schutz durch die Privilegierung dürfte in der Rechtspraxis daher kaum realisierbar sein.
798   Gersdorf, Niewypłacalność pracodawcy, S. 11, 18.
799   Gersdorf, Niewypłacalność pracodawcy, S. 11.
800   Vgl. Dz.U. Nr. 125, Pos. 1035 (*Ustawa z 1 lipca 2009 r. o łagodzeniu skutków kryzysu ekonomicznego dla pracowników i przedsiębiorców*).

schränkt hat[801] sowie Fälle, bei denen ein näher beschriebener wirtschaftlicher Stillstand oder eine nähe beschriebene Arbeitszeitreduzierung eintreten[802]. Diese Regelungen zeigen, dass mit dem Fondsgesetz der Arbeitgeber, der sich in einer wirtschaftlichen Krise befindet, ebenfalls schützenswert erscheint und geschützt werden soll. Das Fondsgesetz gibt ihm die Möglichkeit, in diesen Krisenfällen Fondsleistungen in Anspruch zu nehmen.

Misztal-Konecka/Konecki vertreten die Ansicht, dass das Ziel des Fonds, die Vermögensinteressen von Arbeitgebern zu schützen, nur in einem erheblich geringeren Umfang bestehe[803].

Nach Ansicht des Obersten Gerichts ergibt sich aus der Verknüpfung der Ansprüche auf Fondsleistungen mit der Zahlungsunfähigkeit des Arbeitgebers, der für diese Leistungen Beiträge an den Fonds zahlt, dass das Gesetz auch den Schutz der Interessen der Arbeitgeber bezwecke. Zwar sei die Absicherung der Arbeitnehmerinteressen vorrangig, was jedoch nicht bedeute, dass nicht auch der Schutz der Interessen des zahlungsunfähigen Arbeitgebers bezweckt werde.[804] Auch in Folgeurteilen stellt das Oberste Gericht fest, dass neben dem Arbeitnehmerschutz auch die Interessen des Arbeitgebers im Fall seiner Zahlungsunfähigkeit geschützt werden[805]. Die Fondsleistungen sollen die schicksalhaften Ereignisse mildern, die durch die Unmöglichkeit der Zahlung von Arbeitsentgelten entstehen. Der Arbeitgeber könne deshalb vom Fonds die Übernahme der Zahlungen erwarten. Die Finanzmittel des Fonds stammen schließlich hauptsächlich aus den Arbeitgeberbeiträgen.[806]

Die vorstehend wiedergegebene Ansicht des Obersten Gerichts wird durch die Klageberechtigung des Arbeitgebers unterstützt. Er ist im Falle der Ablehnung der Fondsleistungen berechtigt, diese im eigenen Namen gerichtlich geltend zu machen.

Ausschlaggebendes Argument für die Bejahung des Arbeitgeberschutzes ist die durch Art. 21a u.o.r.p. erfolgte Ausweitung der Anwendung des Fondsgesetzes auf Wirtschaftskrisen, deren Bewältigung im Interesse des Arbeitgebers liegt. Zu berücksichtigen ist dabei, dass Hintergrund des Arbeitgeberschutzes der Erhalt von Arbeitsplätzen ist. Damit werden die Interessen der Arbeitgeber

---

801 Gesetz über besondere Lösungen zur Beseitigung der Überschwemmungsfolgen vom 16. September 2011, Dz.U. 2011, Nr. 234, Pos. 1385 (*Ustawa o szczególnych rozwiązaniach z usuwaniem sktutków powodzi*, dort Art. 23).
802 Gesetz über bestimmte Lösungen zum Schutz von Arbeitsplätzen, Dz.U. 2013, Pos. 1291 (*Ustawa o szczególnych rozwiązaniach związanych z ochroną miejsc pracy*).
803 Misztal-Konecka/Konecki, MoP 2003, Heft Nr. 7, Ziff. I (legalis).
804 SN, Beschluss vom 17.01.1995, Az. I PZP 55/94 (lex).
805 SN, Urt. v. 17.03.2010, Az. II CSK 506/2009; Urt. v. 05.02.2002, Az. II CKN 895/99 (lex).
806 SN, Urt. v. 05.02.2002, Az. II CKN 895/99 (lex).

insoweit geschützt, als dass dadurch auch der Schutz der Arbeitnehmer gewährleistet wird.

Die Nutzung der Fondsleistungen zum Schutz der Arbeitgeber ist daher mit dem Sinn und Zweck des Fondsgesetzes vereinbar, wenn dadurch auch Arbeitnehmerinteressen verfolgt werden.

II.   Sinn und Zweck des Insolvenzgeldrechts

Aus der Gesetzesbegründung folgt, dass das Insolvenzgeld allein der Sicherung der Arbeitsentgeltansprüche des einzelnen Arbeitnehmers dienen soll[807] (Sicherungsfunktion des Insolvenzgeldes). Nach der Rechtsprechung des BSG sollen die Mittel der Insolvenzgeldversicherung nicht zur Kreditbeschaffung für den Arbeitgeber verwendet werden, da es der Konzeption der Insolvenzgeldversicherung widersprechen würde, das Arbeitsentgeltausfallrisiko abzusichern[808].

Das Insolvenzgeld dient nach überwiegender Ansicht in erster Linie dazu, rückständige Lohnansprüche zu sichern[809]. Es hat vorrangig eine Unterhaltsersatzfunktion bzw. Arbeitnehmerschutzfunktion.

Letztere ist seit Inkrafttreten der Insolvenzordnung im Jahr 1999 umso wichtiger geworden, als dass die Insolvenzordnung die Privilegierung der Ansprüche auf rückständiges Arbeitsentgelt im Insolvenzverfahren weitgehend beseitigt hat. Hintergrund der Abschaffung war die Vermeidung von Massearmut, die zur Folge hatte, dass das Insolvenzverfahren nicht eröffnet werden konnte[810].

Neben der Sicherung des Arbeitsentgelts stellt die Sicherung des Beitragsaufkommens einen weiteren Zweck des Insolvenzgeldrechts dar[811].

Wie sich aus § 170 Abs. 4 SGB III entnehmen lässt, wird eine Sanierung des Unternehmens zugelassen, wenn dadurch ein erheblicher Teil der Arbeitsplätze erhalten wird. Daraus ist als weiterer Zweck der Erhalt von Arbeitsplätzen zu entnehmen[812].

Die Nutzung des Insolvenzgeldes zu Sanierungszwecken ist demnach unbe-

---

807 Gesetzesentwurf der Bundesregierung, Entwurf eines Gesetzes über Konkursausfallgeld (Drittes Gesetz zu Änderung des Arbeitsförderungsgesetzes) vom 01. 03. 1974, BT-Drucks. 7/1750, S. 1 (Zielsetzung) sowie Anlage 1 der Begründung, S. 10.

808 BSG, Urt. v. 18. 09. 1991, Az. 10 RAr 12/90, Rn. 21 (juris).

809 Gagel/*Gagel*, Die Bundesanstalt für Arbeit in der Insolvenzpraxis, S. 3; Gagel/*Peters-Lange*, Kommentar zum SGB III § 165, Rn. 8.

810 Grepl, S. 10.

811 Gagel/*Gagel*, Die Bundesanstalt für Arbeit in der Insolvenzpraxis, S. 4.

812 Gagel/*Gagel*, Die Bundesanstalt für Arbeit in der Insolvenzpraxis, S. 7.

denklich, wenn gleichzeitig der Arbeitnehmerschutzzweck in Form des Arbeitsplatzerhalts erfüllt wird.

Eine Sanierungsfunktion haben die Insolvenzgeldvorschriften nicht[813].

Die Sanierungsmöglichkeit der Unternehmen durch die Insolvenzgeldvorfinanzierung wird als ein Nebeneffekt (Rechtsreflex[814]) der Vorschriften gesehen und anerkannt[815].

Aus der Regelung des § 170 Abs. 4 SGB III als ein präventives Verbot mit Erlaubnisvorbehalt kann geschlussfolgert werden, dass die Tätigkeit der Sanierung zum Zweck des Arbeitsplatzerhalts erwünscht ist. Andernfalls hätte der Gesetzgeber sich eines repressiven Verbots mit Befreiungsvorbehalt bedient.

Festzuhalten ist, dass das Insolvenzgeld zu Sanierungsversuchen/als Sanierungshilfe eingesetzt werden kann, wenn es zugleich den Sicherungszweck erfüllt.

III. Zusammenfassung und Ergebnis

Der vorrangige Zweck des Fondsgesetzes, die Arbeitnehmer vor dem Risiko der Zahlungsunfähigkeit ihrer Arbeitgeber abzusichern, wird um einen weiteren untergeordneten Zweck, dem Schutz der Arbeitgeberinteressen ergänzt. Der Arbeitgeberschutz muss dabei dem Sicherungszweck dienen.

Beide Zwecke des Fondsgesetzes lassen sich mit der Nutzung der Fondsleistungen zur Unternehmenssanierung, die zum Arbeitsplatzerhalt beiträgt, umsetzen.

Das Insolvenzgeldrecht verfolgt nur den Sicherungszweck. Es wird jedoch eine Sanierung des Arbeitgebers mit Hilfe des Insolvenzgeldes als Rechtsreflex akzeptiert, wenn dadurch der Erhalt einer erheblichen Anzahl von Arbeitsplätzen gesichert wird.

---

813 Str., wie hier Denck, NZA 1987, 433 ff. (437, 438); Gagel/*Hase*, Die Bundesanstalt für Arbeit in der Insolvenzpraxis, S. 37; eine andere Ansicht vertritt Grepl, S. 211, 215, wonach die Funktion des Insolvenzgeldes auch die Sanierung des Unternehmens sei. Beide Funktionen, die Sicherungs- und die Sanierungsfunktion stehen nach Grepl gleichberechtigt nebeneinander.

814 So Peters-Lange, Sozialrecht in der Insolvenz, S. 39, Rn. 80; Denck, NZA 1987, S. 433 ff. (437). Vom Rechtsreflex wird im Verwaltungsrecht gesprochen, wenn es sich um rein faktische Vorteile handelt, ohne dass daraus ein Anspruch erwächst, vgl. Detterbeck, Allg. VwR, 14. Aufl. 2016, Rn. 396.

815 Gagel/*Gagel*, Die Bundesanstalt für Arbeit in der Insolvenzpraxis, S. 5; Peters-Lange, Sozialrecht in der Insolvenz, S. 39, Rn. 80.

C.   Rechtliche Ausgestaltung der Garantie für Arbeitnehmeransprüche

Um überprüfen zu können, ob sich der Fondsanspruch als ein Sicherungsmittel für Vorfinanzierende eignet, ist die rechtliche Konstruktion des Lohnausfallersatzrechts näher zu beleuchten.

Die polnische Rechtsprechung spricht von einem System gesetzlicher Garantie (*system gwarancji ustawowej*), bei dem sich der Fonds in der Rolle eines Garanten (*gwarant*) der Arbeitnehmerleistungen befindet[816]. In der Literatur wird teilweise eine Vergleichbarkeit des Fonds zum Garantiefonds der Banken (*Bankowy Fundusz Gwarancyjny*) gezogen[817]. *Bankowy Fundusz Gwarancyjny* ist ein gesetzlicher Einlagensicherungsfonds, der das Guthaben der Kunden bei den Banken sichert und akzessorisch bis zu einem bestimmten Betrag haftet[818].

Kernaussage beider Ansichten ist, dass es sich bei der Haftung des Fonds um eine Garantiehaftung (*odpowiedzialność gwarancyjna*) handelt[819]. Der Fonds steht anders als bei der Schadenshaftung (*odpowiedzialność odszkodowawcza*)[820] verschuldens- und schadensunabhängig für eine fremde Schuld ein, die ein Dritter nicht erfüllt hat.

I.   Der Fondsanspruch

Die Festlegung, welche rechtliche Eigenschaft der Anspruch gegen die Garantieeinrichtung hat, also seiner ›Rechtsnatur‹, obliegt dem nationalen Recht[821].

Art. 11 u.o.r.p. bestimmt, dass bei Zahlungsunfähigkeit des Arbeitgebers die arbeitsrechtlichen Ansprüche erfüllt werden. Gem. Art. 12 Abs. 1 u.o.r.p. sind die unerfüllten Arbeitnehmeransprüche aus den Finanzmitteln des Fonds zu erfüllen. Die Fondsleistungen werden entweder an den Arbeitgeber (bzw. ihnen gleichgestellten Personen) zur Auszahlung an die Arbeitnehmer (bzw. die sonstigen Berechtigten) übermittelt (vgl. Art. 15 Abs. 4 u.o.r.p.) oder direkt an

---

816 SN, Urt. v. 21.10.2013, Az. II PK 19/13; Urt. v. 27.11.2012, Az. I PK 116/12 (lex).

817 Gersdorf, Niewypłacalność pracodawcy, S. 170.

818 Vgl. das entsprechende Gesetz vom 10.06.2016, Dz. U. 2016, Pos. 996 vom 08.07.2016, *Ustawa o Bankowym Funduszu Gwarancyjnym, systemie gwarantowania depozytów oraz przymusowej restrukturyzacji.*

819 So auch Gersdorf, Niewypłacalność pracodawcy, S. 169, die die Haftung als *odpowiedzialność gwarancyjno-repartycyjna* bezeichnet, um deutlich zu machen, dass der Fonds sowohl bei der Risiko- als auch bei der Verschuldenshaftung des Hauptschuldners eintritt.

820 Kappes, Odpowiedzialność członków zarządu, S. 158.

821 EuGH, Urt. v. 16.07.2009, Rs. C-69/08, Rn. 29 – Visciano (juris).

die Arbeitnehmer (bzw. die sonstigen Berechtigten) ausgezahlt (vgl. Art. 16 Abs. 3, 14a Abs. 3, Art. 12a Abs. 3 S. 3, Art. 17 Abs. 2 u.o.r.p.).

1. Das Recht auf Fondsleistungen als ein Anspruch

Aus Art. 11 und 12 u.o.r.p. kann hergeleitet werden, dass der Fonds die Pflicht hat, die arbeitsrechtlichen Ansprüche zu erfüllen[822]. Diese Pflicht entsteht mit der Stellung des Antrags auf Zahlung von Fondsleistungen[823].

Aus der Verpflichtung ergibt sich ein Recht der Arbeitnehmer gegen den Fonds auf Erfüllung der offenen Arbeitsentgeltansprüche. Zwar ist im Gesetz nicht ausdrücklich von einem Anspruch i. S. eines subjektiven Rechts bzw. einer Berechtigung (*roszczenie, uprawnienie*) die Rede. Allerdings ist der Anspruch der Arbeitnehmer aus der Pflicht des Fonds herzuleiten. Wenn ein Anspruch aus der Verpflichtung selbst entspringt, ist es nicht erforderlich, dass er im Gesetz ausdrücklich als ein Anspruch bezeichnet wird[824].

Im Vergleich dazu ergibt sich nach dem deutschen Recht bereits aus der Formulierung des § 165 Abs. 1 SGB III, dass es sich um einen Anspruch der Arbeitnehmer handelt.

2. Anspruch auf Erfüllung einer fremden Schuld

Gem. Art. 12 u.o.r.p. werden die Arbeitnehmeransprüche aus den Mitteln des Fonds erfüllt. Gem. Art. 12 u.o.r.p. haben die Arbeitnehmer das Recht, die Erfüllung ihrer Arbeitsentgeltansprüche in Teilen aus dem Fonds zu verlangen[825].

Der Fondsanspruch ist darauf ausgerichtet, dass die Arbeitsentgeltansprüche erfüllt werden. Entweder erfolgt die Erfüllung unmittelbar durch den Fonds, indem er die Fondsleistungen an die Berechtigten auszahlt, oder er übermittelt die erforderlichen Finanzmittel an den Arbeitgeber, der davon die Arbeitsentgeltansprüche bezahlt.

Es handelt sich dabei um einen Rechtsvorgang, in dem der Lohnzahlungsanspruch entweder unmittelbar oder mittelbar durch einen Dritten erfüllt wird. Diese Drittleistung bedeutet aber nicht, dass der Fondsverfügungsberechtigte die Pflichten des Arbeitgebers übernimmt. Es handelt sich dabei nicht um einen Schuldenerlass (i. S.v. Art. 508 k.c.)[826].

Vielmehr werden die arbeitsrechtlichen Ansprüche ersatzweise anstatt des

822 Misztal-Konecka/Konecki, MoP 2003, Heft Nr. 7, Ziff. I (legalis).
823 SN, Urt. v. 26.09.2000, Az. I PKN 53/00 (lex).
824 Olejniczak/*Zoll.F*, SPP Ergänzungsband zu Band 6, Prawo zobowiązań-część ogólna, S. 80.
825 Majewska, Potrącenia z wynagrodzeń i zasiłków, S. 5.
826 SN, Urt. v. 16.01.1998, Az. I PKN 469/97 (lex).

Arbeitgebers erfüllt[827]. Der Fondsverfügungsberechtigte haftet für eine fremde Schuld[828].

Der Fondsanspruch kann daher als ein Anspruch auf Erfüllung einer fremden Schuld qualifiziert werden. Da er durch das Gesetz vorgegeben wird, handelt es sich um einen gesetzlichen Anspruch.

3.   Verhältnis des Fondsanspruchs zum arbeitsrechtlichen Anspruch

Die Entstehung des Fondsanspruchs setzt neben der Zahlungsunfähigkeit des Arbeitgebers vor allem voraus, dass ein unerfüllter Arbeitsentgeltanspruch vorliegt (Art. 12 Abs. 1 u.o.r.p.).

Gelangt der Arbeitsentgeltanspruch nicht zur Entstehung oder erlischt er, folgt daraus, dass auch der Fondsanspruch nicht entsteht. Der Fondsanspruch ist in seiner Entstehung vom Arbeitsentgeltanspruch abhängig[829].

Er besteht nur in dem Umfang, in dem der Arbeitsentgeltanspruch besteht[830], allerdings maximal bis zur in Art. 14 u.o.r.p. genannten Grenze. Der Umfang der Fondszahlungen hängt zudem von der Art der Arbeitsentgeltansprüche ab. Der Fondsanspruch teilt das »Schicksal«[831] des Hauptanspruchs. Er kann vom Arbeitsentgeltanspruch nicht getrennt werden, da er zu ihm akzessorisch ist[832].

Die funktionale Bestimmung des Fondsanspruchs liegt darin, die Arbeitsentgeltansprüche in dem Fall zu erfüllen, in dem der Arbeitgeber als Hauptschuldner die Ansprüche nicht erfüllt. Bei der Pflicht des Fonds zur Auszahlung der Fondsleistungen handelt es sich gegenüber dem Arbeitsentgeltanspruch deshalb um eine sekundäre Zahlungspflicht[833]. Die Fondsleistung ist gegenüber der gesicherten Arbeitsentgeltleistung subsidiär[834].

Die Akzessorietät des Fondsanspruchs zum Arbeitsentgeltanspruch kann im Erbfall durchbrochen werden. Der Fondsanspruch geht nur dann mit dem Arbeitsentgeltanspruch auf den Erben des verstorbenen Arbeitnehmers über, wenn der Erbe zugleich ein zur Hinterbliebenenrente berechtigter Arbeitnehmer ist (vgl. Art. 11 u.o.r.p.).

Für die Folgeüberlegungen zur Idee der Vorfinanzierung ergibt sich, dass der Fondsanspruch als ein vom Arbeitsentgeltanspruch abhängiges/akzessorisches Recht nur gemeinsam mit ihm übertragen werden könnte.

---

827 Misztal-Konecka/Konecki, MoP 2003, Heft Nr. 7 (legalis).
828 SN, Urt. v. 26.09.2000, Az. I PKN 53/00 (lex).
829 Gersdorf, Niewypłacalność pracodawcy, S. 170.
830 SN, Urt. v. 27.11.2012, Az. I PK 116/12 (lex).
831 SN, Urt. v. 27.11.2012, Az. I PK 116/12 (lex).
832 Gersdorf, Niewypłacalność pracodawcy, S. 170, 173–174.
833 SN, Urt. v. 27.11.2012, Az. I PK 116/12 (lex).
834 Gersdorf, Niewypłacalność pracodawcy, S. 167.

4. Die Zuordnung des Fondsanspruchs zum Arbeitsrecht

Der Fondsanspruch könnte dem Privatrecht (Arbeits- oder Zivilrecht) oder dem öffentlichen Recht zuzuordnen sein. Diese Frage ist für die vorliegende Arbeit entscheidend, weil eine Übertragung von öffentlich-rechtlichen Ansprüchen wegen ihrer Eigenart nach dem polnischen Recht nicht möglich ist[835].

Der Hauptzweck des Fondsgesetzes liegt im Schutz der Arbeitnehmer vor dem Ausfall der Vergütung.

Der Schutz vor Vergütungsausfall ist wegen der Alimentationsfunktion der Vergütung eine Hauptunktion des polnischen Arbeitsrechts[836]. Die Schutzfunktion des Arbeitsrechts *(funkcja ochronna prawa pracy*[837]*)* hat den Schutz des Arbeitnehmers als der schwächeren Vertragspartei zum Ziel[838].

Nach Ansicht des Obersten Gerichts handelt es sich bei der Pflicht des Fonds zur Zahlung um eine dem Zivilrecht zuzuordnende Pflicht[839].

Zwar entsteht zwischen dem Fonds und dem Arbeitnehmer kein Arbeitsverhältnis, aus welchem regelmäßig arbeitsrechtliche Rechte und Pflichten hergeleitet werden können. Es liegt jedoch ein arbeitsrechtliches und kein öffentlich-rechtliches Schuldverhältnis vor, da das Schuldverhältnis eine enge Verknüpfung zum Arbeitsverhältnis hat.[840]

Es liegt deshalb näher, den Fondsanspruch wegen der unmittelbaren Verbindung zum Arbeitsentgeltanspruch dem Arbeitsrecht zuzuordnen.

Für diese Zuordnung spricht die Funktion des Fondsanspruchs, Arbeitsentgeltansprüche zu sichern[841].

Schließlich hat der Gesetzgeber selbst in Art. 20 Abs. 1 u.o.r.p. bestimmt, dass die Arbeitsgerichte für Streitigkeiten bei Ablehnung der Fondsleistungen zuständig sind.

Die Rechtsstruktur der Garantieinstitution sowie Art. 18 u.o.r.p. könnten demgegenüber für eine Zuordnung des Fondsanspruchs zum öffentlichen Recht sprechen.

Die Garantieinstitution enthält Merkmale einer Sozialversicherung, insbesondere einer Unfallversicherung, weil sie Risiken durch Beitragszahlungen

---

835 Vgl. SN, Urt.v. 17.06.1980, Az. IV CR 210/80; Urt. v. 14.01.2013, Az. I PK 171/12; SA in Gdańsk, Urt. v. 22.01.2015, Az. V ACa 778/14 (lex).
836 Sobczyk, Prawo pracy w świetle Konstytucji RP, Abschnitt 1, § 2 (legalis); Święcicki, Prawo wynagrodzenia za pracę, S. 223 f.; Gersdorf, Niewypłacalność pracodawcy, S. 17.
837 Baran/*Baran*, Prawo pracy i ubezpieczeń społecznych, S. 44.
838 Liszcz, Prawo pracy, S. 26. Sobczyk, Prawo pracy w świetle Konstytucji RP, Abschnitt 1, § 2 (legalis).
839 SN, Urt. v. 26.09.2000, Az. I PKN 53/00 (lex); Urt. v. 23.08.2005, Az. I PK 43/05; so auch Misztal-Konecka/Konecki, MoP 2003, Heft Nr. 7, Ziff. 3 (legalis).
840 Gersdorf, Niewypłacalność pracodawcy, S. 177.
841 Tomanek, Stosunki pracy, S. 269.

absichert[842]. Nach Ansicht von Jaśkowski stellt die Garantieinstitution deshalb eine Art Versicherungsanstalt dar, die Leistungen wie eine Sozialversicherung erbringe[843]. Gegen eine sozialversicherungsrechtliche Zuordnung ist jedoch einzuwenden, dass der Fonds beim Beitragszahlenden Rückgriff nehmen kann[844]. Der Beitragszahlende muss die Fondsleistungen grundsätzlich wieder zurückzahlen, was für Sozialversicherungen eher untypisch ist.

Nach Art. 18 u.o.r.p. sind für das Leistungserbringungsverfahren die Vorschriften des Gesetzes über das Verwaltungsverfahren entsprechend anzuwenden. Diese Vorschrift bezieht sich jedoch nur auf den Ablauf des Verfahrens und die Beitragserhebung. Entscheidungen des Fonds ergehen nicht in Form von Verwaltungsakten oder verwaltungsrechtlichen Beschlüssen (Art. 18 a.E. u.o.r.p.). Der Fondsanspruch entsteht nicht aus einem Verwaltungsrechtsverhältnis heraus[845].

Insgesamt sprechen mehr Argumente dafür, von einem kraft Gesetzes entstehenden arbeitsrechtlichen Anspruch auszugehen.

5.   Die Ausgestaltung des Insolvenzgeldanspruchs

Der Insolvenzgeldanspruch ist ein »eigener öffentlich-rechtlicher«[846] Zahlungsanspruch, der mit dem Arbeitsentgeltanspruch nur über die cessio legis verbunden ist[847].

Er resultiert aus dem gesetzlichen Schuldverhältnis zwischen der Bundesagentur für Arbeit und dem Arbeitnehmer.

Mit Stellung des Insolvenzgeldantrags geht der Anspruch auf Arbeitsentgelt auf die BA über (vgl. § 169 S. 1 SGB III). Damit findet ein Forderungsübergang bereits vor der Leistung statt.

Der Antrag auf Insolvenzgeld stellt eine »zeitliche Zäsur«[848] dar, die über die Akzessorietät (bis zur Antragstellung) und die Loslösung des Insolvenzgeldanspruchs von dem Arbeitsentgeltanspruch (ab der Antragstellung) entscheidet.

Eine isolierte Abtretung des Insolvenzgeldanspruchs ist vor dem Antrag auf Insolvenzgeld gem. § 171 SGB III wegen der Akzessorietät nicht zulässig. Eine

---

842   Gersdorf, Niewypłacalność pracodawcy, S. 172.

843   Maydell/Zieliński/*Jaśkowski*, Der Schutz des Arbeitnehmers bei Insolvenz des Arbeitgebers, GS für Czesław Jackowiak, S. 417 ff. (426).

844   Gersdorf, Niewypłacalność pracodawcy, S. 173; Tomanek, Stosunki pracy, S. 268.

845   SN, Urt. v. 26.09.2000, Az. I PKN 53/00.

846   LSG Sachsen-Anhalt, Urt. v. 22.09.2011, Az. L 2 AL 87/08, Rn. 27; SG Duisburg, Urt. 27.04. 2016, Az. 33 AL 432/15, Rn. 24 (jew. juris).

847   Cranshaw, jurisPR-InsR 18/2009, Anm. 1.

848   Mutschler/*Schmidt*, Kommentar zum SGB III § 170, Rn. 1.

dennoch erfolgte Übertragung oder Verpfändung des isolierten Insolvenzgeldanspruchs ist daher unwirksam und nach § 134 BGB nichtig[849].

Die Akzessorietät bis zur Stellung des Insolvenzgeldantrags stellt sicher, dass das Insolvenzgeld nur demjenigen zugutekommt, der Inhaber des Arbeitsentgeltanspruchs ist sowie, dass mit der Antragstellung durch den Inhaber der Arbeitsentgeltforderung die Ansprüche auf Arbeitsentgelt auf die BA übergehen[850].

Eine Durchbrechung der Akzessorietät sieht § 170 Abs. 4 SGB III für den Fall vor, dass eine Verfügung über den Arbeitsentgeltanspruch zur Vorfinanzierung der Arbeitsentgelte ohne Zustimmung der BA vorgenommen wurde.

Der Sinn der Einschränkung der Akzessorietät liegt darin, dass damit dem Missbrauch der Insolvenzversicherung zu Gunsten einzelner Gläubiger vorgebeugt werden soll[851]. Die Zustimmung der BA, die eine positive Prognoseentscheidung über den erheblichen Erhalt von Arbeitsplätzen verlangt, soll verhindern, dass die Gläubiger des Insolvenzschuldners mit der Vorfinanzierung der Arbeitsentgelte bewusst die Entscheidung des Insolvenzgerichts verzögern (Insolvenzverschleppung), um sich auf Kosten der Insolvenzsicherung Sondervorteile zu verschaffen (beispielsweise durch die Fertigstellung und Veräußerung von Produkten, die dem verlängerten Eigentumsvorbehalt unterliegen).

6. Zusammenfassung

Der Fondsanspruch ist ein kraft Gesetzes entstehender arbeitsrechtlicher Anspruch auf Erfüllung einer fremden Schuld, und zwar der Pflicht des Arbeitgebers zur Arbeitsentgeltzahlung. Es handelt sich um ein einseitig abhängiges, akzessorisches Sicherungsrecht. Wegen der Akzessorietät kann es nicht einzeln auf einen Dritten übertragen werden.

Das deutsche Recht sieht demgegenüber einen öffentlich-rechtlichen Zahlungsanspruch vor, der parallel zum Arbeitsentgeltanspruch steht und grundsätzlich bis zur Stellung des Insolvenzgeldantrags akzessorisch ist. Die Akzessorietät entfällt, wenn der Arbeitsentgeltanspruch im Rahmen der kollektiven Vorfinanzierung von Arbeitsentgelten ohne Zustimmung der Bundesagentur für Arbeit abgetreten wird.

Der Arbeitsentgeltanspruch geht bereits mit der Stellung des Insolvenzgeldantrags auf die BA über. Der Übergang auf den Fonds erfolgt demgegenüber erst

---

849 Mutschler/*Schmidt*, Kommentar zum SGB III, § 171, Rn. 7.
850 Mutschler/*Schmidt*, Kommentar zum SGB III § 170, Rn. 2.
851 Mutschler/*Schmidt*, Kommentar zum SGB III § 170, Rn. 27. Ein weiterer Zweck des Zustimmungserfordernisses ist die Einbeziehung der BA in die Sanierungsbemühungen, vgl. Mutschler/*Schmidt*, a. a. O. § 170, Rn. 30.

mit der Auszahlung der Fondsleistungen an den Arbeitnehmer bzw. mit der Weiterleitung der Leistungen an den Arbeitgeber über.

In beiden Rechtsordnungen handelt es sich um eine Absicherung des Arbeitnehmers in Bezug darauf, dass sein Vergütungsanspruch erfüllt wird. Die Absicherung ist der Zweck der Garantieinstitutionen.

II.   Der Rückgriffanspruch

Gem. Art. 23 Abs. 1 u.o.r.p. geht mit erfolgter Auszahlung der Fondsleistungen bzw. deren Übermittlung zur Auszahlung der Anspruch des Arbeitnehmers gegen den Arbeitgeber bzw. die Konkursmasse auf Rückerstattung der ausgezahlten Leistungen kraft Gesetzes auf den Vorsitzenden der Woiwodschaftsselbstverwaltung, handelnd im Namen des Fondsverfügungsberechtigten (»Fonds«) über.

Rechtsfolge des Anspruchsübergangs ist die Pflicht des Arbeitgebers (bzw. der in Art. 15 u.o.r.p. genannten Personen), die erbrachten Fondsleistungen zurückzuerstatten, die kraft Gesetzes entsteht.[852] Die Entstehung der Erstattungspflicht ist nicht davon abhängig, dass der Fonds sich die Geltendmachung des Anspruchs bei der Weitergabe an den Arbeitgeber vorbehält[853].

1.   Subrogation der arbeitsrechtlichen Ansprüche

Einerseits ordnet Art. 23 Abs. 1 u.o.r.p. einen Übergang des Arbeitsentgeltanspruchs an. Andererseits soll ein Anspruch auf Rückerstattung der erfolgten Leistungen bestehen. Der Inhalt des Art. 23 Abs. 1 u.o.r.p. ist insoweit mehrdeutig.

Fraglich ist, ob damit nur ein Übergang des Arbeitsentgeltanspruchs gemeint ist, oder ob es sich um die Begründung eines neuen selbständigen Anspruchs (eines Rückgriffsanspruchs) in der Hand des Fonds unter dem gleichzeitigen Erlöschen des Arbeitsentgeltanspruchs handelt, der dem Arbeitsentgeltanspruch gleicht.

Nach überwiegender Ansicht handelt es sich um einen Übergang des erfüllten Arbeitsentgeltanspruchs und nicht um die Begründung eines neuen Anspruchs in der Hand des Fonds[854]. Es wird von einer Legalzession (*subrogacja*) ausgegangen[855].

---

852 SN, Beschl. v. 18.04.2007, Az. V CZ 31/07; Urt. v. 16.01.1998, Az. I PKN 469/97 (lex).

853 SN, Urt. v. 16.01.1998, Az. I PKN 469/97 (lex).

854 SN, Urt. v. 10.12.2009, Az. III CZP 109/09; SA in Katowice, Urt. v. 09.06.2009, Az. V Aca 188/09 (lex); Misztal-Konecka/Konecki, MoP 2003, Heft Nr. 7 (legalis); Tomanek, Stosunki

Ein Teil spricht sich für eine gesetzlich angeordnete Abtretung nach Art. 509 ff. k.c. (*ustawowa cesja*) aus[856].

Die Rechtsprechung und Literatur hat damit den unklaren Wortlaut des Gesetzes zu Gunsten eines Forderungsübergangs korrigiert.

Tomanek sieht bei dieser Auslegung insofern ein Problem, als dass nach seiner Ansicht ein Übergang des Arbeitsentgeltanspruchs wegen des in Art. 84 k.p. normierten Übertragungsverbots nicht möglich sei. Er versucht deswegen die Vorschrift des Art. 23 Abs. 1 u.o.r.p. (bzw. Art. 10 Abs. 1 des Fondsgesetzes 1993) so auszulegen, dass sie von den Vorgaben des *Kodeks Cywilny* abweiche, weil sie unübertragbare Ansprüche übertragen lasse. Es handele sich deshalb um ein besonderes Institut des Rechtsübergangs, das an die Bedürfnisse des Fondsgesetzes angepasst sei. Er argumentiert mit dem Wortlaut der Vorschrift, wonach nicht vom Übergang von Arbeitnehmeransprüchen, sondern vom Übergang von Rückerstattungsansprüchen die Rede sei.[857]

Der Ansicht von Tomanek ist nicht zuzustimmen. Der gesetzlich angeordnete Übergang der Arbeitsentgeltansprüche zeigt vielmehr, dass das in Art. 84 k.p. enthaltene Übertragungsverbot nicht den gesetzlichen Übergang umfasst.

a) Subrogacja

Mit der direkten Auszahlung bzw. der Weiterleitung der Finanzmittel an den Arbeitgeber wird der Fondsverfügungsberechtigte kraft Gesetzes Gläubiger des Arbeitsentgeltanspruchs. Es kommt zum Gläubigerwechsel gem. Art. 518 k.c. (*cessio legis/subrogacja*).

Das polnische Recht versteht unter einem gesetzlichen Forderungsübergang, dass mit der Drittleistung die erfüllte Forderung nicht erlischt, sondern auf den Dritten übergeht. Es wird der Begriff der *subrogacja ustawowa* oder *cessio legis* verwendet[858].

Subrogacja ist in Art. 518 k.c. in vier Fallgruppen geregelt.

Nach Misztal-Konecka/Konecki handelt es sich bei dem in Art. 23 Abs. 1

---

pracy, S. 271; Gersdorf, Prawo pracy, Art. 10 u.o.r.p.; Zoll/Kraft/Thurner, Poln. InsR, S. 150, Rn. 18.

855 SN, Urt. v. 28.08.2008, Az. III CSK 102/08; Besch. v. 10.12.2009, Az. III CZP 109/09; Urt. v. 17.03.2010, Az. II CSK 506/09; Urt. v. 13.04.2011, Az. V CSK 334/10; SA in Katowice, Urt. v. 09.06.2009, Az. V Aca 188/09 (lex); Misztal-Konecka/Konecki, MoP 2003, Heft Nr. 7 (legalis); Tomanek, Stosunki pracy, S. 271; ders. Anmerkung zum Urteil des SN vom 27.07. 2006, Az. III CSK 88/06 (legalis).

856 SN, Urt. v. 27.07.2006, Az. III CSK 88/06; Gersdorf, Niewypłacalność pracodawcy, S. 88; dies. in: Prawo pracy, Art. 10 u.o.r.p.

857 Tomanek, Anmerkung zum Urteil des SN vom 27.07.2006, Az. III CSK 88/06, darin auch Fußnote 6 (legalis).

858 Rechtstraditionell verwendet man den Begriff der gesetzlichen Subrogation (*subrogacja ustawowa*). Der ebenfalls verwendete Begriff *cessio legis* ist im polnischen Recht nicht präzise genug bestimmt, so Szpunar, Rejent 1998, Heft Nr. 6 (86), S. 89 ff. (92).

u.o.r.p. angeordneten Rechtsübergang um eine *subrogacja* i. S. v. Art. 518 § 1 Nr. 1 k.c.[859]. Nach dieser Vorschrift erwirbt ein Dritter, der den Gläubiger bezahlt, die erfüllte Forderung in Höhe der vorgenommenen Zahlung, wenn er eine fremde Schuld tilgt, für die er persönlich oder dinglich mit bestimmten Vermögensgegenständen haftet.

Die Rechtsprechung hält die in Art. 518 Abs. 1 Nr. 4 k.c. genannte Fallgruppe der Legalzession für einschlägig. Danach erwirbt ein Dritter, der den Gläubiger bezahlt, die bezahlte Forderung in Höhe des gezahlten Betrages, wenn dies besondere Vorschriften vorsehen. Art. 23 Abs. 1 u.o.r.p. stelle eine solche besondere Vorschrift dar[860].

Da mit der Subrogation nicht das Arbeitsverhältnis als Ganzes übergeht, sondern nur die erfüllten Arbeitsentgeltansprüche, handelt es sich um den Übergang sog. Sekundärberechtigungen (*uprawnienia wtórne/ roszczenia*), also um den Übergang der einzelnen Ansprüche. Die sog. Primärberechtigungen (*uprawnienia pierwotne*), die subjektive Rahmenrechte des Arbeitsverhältnisses darstellen und erst durch die einzelnen Ansprüche ausgefüllt werden, gehen nicht über[861].

Aus Art. 23 Abs. 1 u.o.r.p. folgt, dass der Anspruch erst übergeht, wenn die Leistung tatsächlich erbracht wird.

Art. 23 Abs. 1 u.o.r.p. gleicht im Hinblick auf den Zeitpunkt des Rechtsübergangs der Vorschrift des § 115 Abs. 1 SGB X. Danach geht der Anspruch des Arbeitnehmers gegen den Arbeitgeber auf den Leistungsträger bis zur Höhe der erbrachten Sozialleistungen über, soweit der Arbeitgeber den Anspruch des Arbeitnehmers auf Arbeitsentgelt nicht erfüllt und deshalb ein Leistungsträger Sozialleistungen erbringen musste. Der Arbeitsentgeltanspruch geht erst mit erfolgter Zahlung an den Arbeitnehmer über[862].

Art. 23 Abs. 1 u.o.r.p. enthält keine Regelung zum Umfang des übergegangenen Anspruchs. Gem. Art. 518 § 1 k.c. erwirbt der Dritte die erfüllte Forderung bis zur Höhe der erfolgten Zahlung. Damit ist der Anspruchsübergang auf die Höhe der erbrachten Fondsleistungen begrenzt.

---

859 Misztal-Konecka/Konecki, MoP 2003, Heft Nr. 7, Ziff. III (legalis).
860 Vgl. insbesondere SN, Urt. v. 13.04.2011, Az. V CSK 334/10, der sich auf den fast inhaltsgleichen Art. 10 Abs. 1 des Fondsgesetzes 1993 (in der im Dz.U. 2002, Nr. 9, Pos. 85 veröffentlichten Fassung) bezieht; ferner SN, Urt. v. 28.08.2008, Az. III CSK 102/08; SA in Poznań, Urt. v. 16.07.2014, Az. I ACa 461/14; SA in Katowice, Urt. 20.10.2013, Az. V ACa 381/13 (lex).
861 Vgl. zu der Unterscheidung zwischen Primär- und Sekundärberechtigungen, Święcicki, Prawo pracy, S. 148 sowie Włodkowska, PiZS 2001, Heft 10, S. 9–10. Bei den Primärberechtigungen handelt es sich um dem Arbeitsverhältnis dauerhaft innewohnende Rechte, die durch Erfüllung der einzelnen daraus erwachsenden Ansprüche nicht ausgeschöpft werden.
862 BSG Urt. v. 20.6.2001, Az. B 11 AL 97/00 R, Rn. 24 (juris).

Ein Abzug der durch den Arbeitgeber bezahlten Beiträge an den Fonds darf nicht vorgenommen werden[863].

Daneben stehen dem Fonds Zinsen ab Auszahlung der Fondsleistungen zu, die gem. Art. 509 § 2 k.c. auf ihn übergegangen sind[864].

Das Berufungsgericht in Katowice hat entschieden, dass die Vorschrift des Art. 23 Abs. 1 u.o.r.p. nicht gegen Art. 64 Abs. 1(Recht auf Eigentum) und Art. 84 (Gesetzesvorbehalt für öffentliche Lasten und Pflichten) der polnischen Verfassung verstoße[865].

b) Ausschluss der Subrogation gem. Art. 23 Abs. 10 u.o.r.p.

Gem. Art. 23 Abs. 10 i. V. m. Art. 17 u.o.r.p. führt die erfolgte Leistung nicht zum Rechtsübergang, wenn über die Zahlungsunfähigkeit ein ausländisches Gericht bzw. ein sonstiges zuständiges Organ entschieden hat.

Es ist davon auszugehen, dass auch in diesen Fällen die Leistungsgewährung zur Erfüllung der nichterfüllten arbeitsrechtlichen Ansprüche führt. Die Tilgung führt jedoch anders als bei inländischen Arbeitsentgeltansprüchen nicht zu einem Forderungsübergang auf den Fonds, sondern zum Erlöschen der arbeitsrechtlichen Ansprüche in Höhe der erfolgten Zahlung.

Es kann nur vermutet werden, dass der Gesetzgeber sich über die Wirksamkeit eines gesetzlichen Forderungsübergangs bei ausländischen Arbeitsentgeltansprüchen im Unklaren war und deshalb einen Rechtsübergang von Anfang an ausgeschlossen hat. Eine Begründung des Ausschlusses im Regierungsentwurf fehlt.

c) Forderungsübergang nach deutschem Recht

Gem. § 169 SGB III geht der Arbeitsentgeltanspruch ebenfalls kraft Gesetzes auf die Bundesagentur für Arbeit über. Der Anspruchsübergang erfolgt, weil der Arbeitsentgeltanspruch nicht erfüllt wurde und deswegen nicht erloschen ist, sondern fortbesteht.

Der Übergang vollzieht bereits mit der Stellung des Antrags auf Insolvenzgeld und nicht wie im polnischen Recht erst mit der Erbringung der Leistung[866].

Damit soll gewährleistet werden, dass durch das Insolvenzgeld weder die Arbeitnehmer (Gefahr der Doppelleistung auf Arbeitsentgelt und Insolvenzgeld[867]) noch die Insolvenzmasse (durch einen Verzicht der Arbeitnehmer auf

---

863 SA in Katowice, Urt. v. 13.11.2015, Az. I Aca 565/15 (lex).
864 SA in Warschau, Urt. v. 03.04.1997, Az. I Aca 124/97 (lex).
865 SA in Katowice, Urt. v. 13.11.2015, Az. I Aca 565/15 (lex).
866 In der allgemeinen Regelung des § 115 SGB X, dem die Vorschrift des § 169 SGB III vorgeht, geht der Anspruch des Arbeitnehmers erst über, sobald ein Leistungsträger Sozialleistungen erbracht hat.
867 Gesetzesentwurf der Bundesregierung, Entwurf eines Gesetzes über Konkursausfallgeld

die Geltendmachung von Arbeitsentgeltansprüchen im Insolvenzverfahren) ungerechtfertigt bereichert werden[868].

Unselbständige Sicherungsrechte gehen gem. § 401 Abs. 1 BGB mit über[869]. Der Anspruchsübergang soll dem Leistungsträger einen weitgehenden Schutz zu bieten[870]. Aus Gründen der Rechtsklarheit geht der Anspruch auch dann über, wenn der Insolvenzgeldantrag unbegründet ist[871].

Der Rechtsübergang tritt ferner auch dann ein, wenn der Antrag schon vor dem Eintritt des Insolvenzereignisses gestellt wird[872].

Bei Ablehnung oder Rücknahme des Insolvenzgeldantrags fällt der Arbeitsentgeltanspruch *ex tunc*[873] auf den Arbeitnehmer wieder zurück.[874] Die Ablehnung bzw. Rücknahme ist eine auflösende Bedingung für den Forderungsübergang[875].

2.   Ausgestaltung des Rückgriffsanspruchs

Der Rückgriff des Fonds gegenüber dem Arbeitgeber aus übergegangenem Recht wird als ein gesetzlicher Regress (*regres ustawowy*) bezeichnet[876]; das übergegangene Recht als Regressanspruch (*roszczenie regresowe*)[877].

Der Arbeitgeber ist kraft Gesetzes gem. Art. 23 Abs. 1 u.o.r.p zur Rückzahlung der erbrachten Fondsleistungen verpflichtet.[878].

Der Regressanspruch wird mit der Auszahlung der Leistungen bzw. Weiter-

---

(Drittes Gesetz zu Änderung des Arbeitsförderungsgesetzes) vom 01.03.1974, BT-Drucks. 7/1750, S. 14 zu § 141 m Abs. 1; BAG, Urteil vom 04.06.1977, Az. 5 AZR 663/75, Rn. 14 (juris).

868 Mutschler/*Schmidt*, Kommentar zum SGB III, § 169, Rn. 1.

869 Küttner/*Voelzke*, Personalbuch 2016, Insolvenzgeld des Arbeitgebers, Rn. 69.

870 BGH, Urt. v. 10.07.1969, Az. III ZR 78/66, Rn. 15 (juris).

871 BSG, Urt. v. 17.07.1979, Az. 12 RAr 15/78, Rn. 22 (unter Hinweis auf BGH, Urt. v. 10.07. 1967, Az. III ZR 78/66 und BGH, Urt. v. 03.05.1960, Az. VI ZR 74/59, die sich mit dem Forderungsübergang nach der damals geltenden Reichsversicherungsordnung befassten); LSG Baden-Württemberg, Urt. v. 06.02.2009, Az. L 8 AL 4096/06, Rn. 46 (jew. juris); Mutschler/*Schmidt*, Kommentar zum SGB III, § 169, Rn. 5.

872 Mutschler/*Schmidt*, Kommentar zum SGB III, § 169, Rn. 7.

873 KKW/*Mutschler*, Kommentar zum SozR, § 169, Rn. 3 SGB III.

874 BSG, Urt. v. 17.07.1979, Az. 12 RAr 15/78, Rn. 23; BAG, Urt. v. 10.02.1982, Az. 5 AZR 936/ 79, Rn. 29–30; LAG Düsseldorf, Urt. v. 17.05.1999, Az. 18 (16) Sa 194/99, Rn. 42 (jew. juris); Brand/*Kühl*, Kommentar zum SGB III, § 169, Rn. 4.

875 KKW/*Mutschler*, Kommentar zum SozR, § 169, Rn. 3 SGB III; Mutschler/*Schmidt*, Kommentar zum SGB III, § 169, Rn. 6; das BSG, Urt. v. 17.7.1979, Az. 12 RAr 15/78, Rn. 22 (juris) spricht davon, dass es wie eine auflösende Bedingung sei.

876 SN, Beschl. v. 18.04.2007, Az. V CZ 31/07 (lex).

877 SN, Urt. v. 16.01.1998, Az. I PKN 469/97 (lex).

878 SN, Urt. v. 16.01.1998, Az. I PKN 469/97; Urt. v. 05.02.2002, Az. II CKN 895/99; Beschl. v. 18.04.2007, Az. V CZ 31/07 (jew. lex); Misztal-Konecka/Konecki, MoP 2003, Heft Nr. 7 (legalis).

leitung der Finanzmittel an die Arbeitgeber (bzw. dem gleichgestellte Personen) fällig[879].

Er genießt den gleichen Schutz wie Ansprüche der Arbeitnehmer für ihre Arbeit, vgl. Art. 23 Abs. 2 u.o.r.p.[880]. Den besonderen Schutz der Arbeitnehmeransprüche bilden in diesem Zusammenhang insbesondere die privilegierte Befriedigung der Ansprüche im Konkursverfahren durch die Bestimmung einer Rangordnung (Art. 342 ff. p.u.) sowie im Zwangsvollstreckungs- und im Liquidationsverfahren[881].

a)   Die Zuordnung des Rückgriffsanspruchs zum Arbeitsrecht
Die rechtliche Qualifikation des Rückgriffsanspruchs wird nicht einheitlich beantwortet.

Das Oberste Gericht vertritt überwiegend die Ansicht, dass es sich bei den Ansprüchen, die auf den Vorsitzenden der Woiwodschaftsselbstverwaltung übergehen, um dieselben Ansprüche handele, die die Arbeitnehmer gegen ihren Arbeitgeber haben[882].

Zur Begründung wird ausgeführt, dass es infolge der stattgefundenen Subrogation zu einem Wechsel der berechtigten Personen komme, nicht aber zu einer Änderung der Forderungen, die ihre bisherigen Eigenschaften beibehalten, die sie bei dem ursprünglichen Gläubiger hatten[883]. Die Subrogation lasse die bisherigen Eigenschaften der übergegangenen Forderung unberührt, weil der Fonds nur formal eine eigene Schuld tilge, materiell handele es sich um eine fremde Schuld[884]. Insbesondere gelten die gleichen Verjährungsfristen[885] und die gleiche Rangfolge beim Zwangsvollstreckungsverfahren[886] wie für die Arbeitnehmeransprüche.

Die Zuständigkeit der Zivilgerichtsbarkeit und nicht der Arbeitsgerichtsbarkeit begründet das Oberste Gericht mit der Änderung der Parteien, die durch den Gläubigerwechsel eingetreten ist[887].

---

879 SA in Warschau, Urt. v. 03.04.1997, Az. I ACa 124/97 (lex); Gersdorf, Prawo pracy, Art. 10 u.o.r.p.
880 Gersdorf, Prawo pracy, Art. 10 u.o.r.p.
881 Vgl. SN, Urt. v. 29.04.2008, Az. III CZP 28/07 (legalis); Gersdorf, Prawo pracy, Art. 10 u.o.r.p.
882 SN, Urt. v. 13.04.2011, Az. V CSK 334/10; Urt. 29.04.2008, Az. III CZP 28/08 (lex).
883 SN, Urt. v. 13.04.2011, Az. V CSK 334/10 (lex); so auch Zoll/Kraft/Thurner, Poln. InsR, S. 150, Rn. 18.
884 SA in Katowice, Urt. v. 09.06.2009, Az. V ACa 188/09 (lex).
885 Art. 291 ff. k.p., vgl. SN, Urt. v. 31.05.1985, Az. III CRN 148/85; Urt. v. 18.05.2004, Az. IV CK 340/03; Urt. v. 18.11.2005, Az. IV CK 203/05; Urt. v. 15.01.2010, Az. CSK 166/09 (lex).
886 Art. 1025 § 1 Nr. 3, 6 k.p.c., vgl. SN, Urt. v. 29.04.2008, Az. III CZP 28/08 (lex).
887 SN, Urt. v. 13.04.2011, Az. V CSK 334/10 (lex). Für die Zuständigkeit der Zivilgerichtsbarkeit auch SN, Urt. v. 05.02.2002, Az. II CKN 895/99; SA in Łódź, Beschl. v. 28.03.1995, Az. I ACz 100/95 (lex).

In anderen Urteilen führt das Oberste Gericht jedoch aus, dass der Fonds einen gesetzlichen zivilrechtlichen Regressanspruch gegen den Arbeitgeber habe, der mit dem Arbeitsverhältnis nicht verbunden sei[888]. Die gleiche Ansicht vertritt das Berufungsgericht in Łódź[889] sowie Gersdorf[890].

Eine dritte Ansicht könnte einem Urteil des Berufungsgerichts in Katowice vom 13.11.2015 zu entnehmen sein. Danach soll Art. 23 Abs. 1 u.o.r.p. (sowie die anderen Vorschriften des Fondsgesetzes) eine von Art. 84 der polnischen Verfassung[891] geforderte Rechtsgrundlage für Belastungen mit öffentlichen Lasten und Pflichten darstellen[892]. Mit öffentlichen Lasten und Pflichten sind alle Lasten und Pflichten öffentlich-rechtlicher Art erfasst[893]. Als Belastungen mit öffentlichen Pflichten und Lasten nennt das Gericht die Pflicht zur Beitragszahlung sowie zur Rückerstattung der Fondsleistungen.

In Bezug auf das zwischen dem Fonds und dem Arbeitgeber durch den Rechtsübergang entstehende Rechtsverhältnis wird von der höchstrichterlichen Rechtsprechung und der Literatur die Ansicht vertreten, dass es dem Zivilrecht zuzuordnen sei[894].

Das Problem der rechtlichen Zuordnung des Rückgriffsanspruchs ist darauf zurückzuführen, dass mit der Subrogation ein arbeitsrechtlicher Anspruch ohne dem zugrunde liegenden Arbeitsverhältnis übergeht.

Ein Übergang des Arbeitsverhältnisses auf einen Rechtsnachfolger des Arbeitnehmers wäre auch wegen des persönlichen Rechtscharakters des Arbeitsverhältnisses grundsätzlich unzulässig[895].

Indem der Fonds den Arbeitsentgeltanspruch erfüllt, wird das arbeitsrechtliche Forderungsverhältnis als Schuldverhältnis i.e.S. zwischen dem Arbeitnehmer und dem Arbeitgeber beendet. Mit dem Übergang wird deshalb die arbeitsrechtliche Forderung aus der arbeitsrechtlichen Beziehung herausgelöst. In der Hand des Fonds dient sie nur noch der Durchsetzung des Regressanspruchs gegen den Arbeitgeber.

---

888 SN, Beschl. v. 18.04.2007, Az. V CZ 31/07; Urt. v. 05.02.2002, Az. II CKN 895/99 (lex).
889 SA in Łódź, Beschl. v. 28.03.1995, Az. I ACz 100/95 (lex).
890 Gersdorf, Prawo pracy, Art. 10 u.o.r.p. (»*Funduszowi przysługuje roszczenie regresowe o charakterze cywilnoprawnym.*«).
891 Art. 84 der Verfassung lautet: *Każdy jest obowiązany do ponoszenia ciężarów i świadczeń publicznych, w tym podatków, określonych w ustawie.* (Übersetzung: Jeder ist verpflichtet, öffentliche Lasten und Pflichten, insbesondere Steuern, zu tragen, die im Gesetz bestimmt sind).
892 SA in Katowice, Urt. v. 13.11.2015, Az. I Aca 565/15 (lex).
893 Safjan/Bosek/*Dębowska-Romanowska/Nowak*, Kommentar zur polnischen Verfassung, Art. 84, Rn. 22.
894 SN, Urt. v. 27.06.2006, Az. III CSK 88/06; SN, Urt. v. 05.02.2002, Az. II CKN 895/99 (lex); so auch Gersdorf, Niewypłacalność pracodawcy, S. 168; Misztal-Konecka/Konecki, MoP 2003, Heft Nr. 7, Ziff. III (legalis).
895 Włodkowska, PiZS 2001, Heft 10, S. 9ff. (S. 10).

Sie dient damit zwar keinem arbeitsrechtlichen Zweck mehr.[896] Nach den Grundsätzen der Subrogation bleibt dennoch die arbeitsrechtliche Eigenschaft der Forderung erhalten. Der Rechtseintritt eines Dritten kraft Gesetzes (*subrogacja*) wird ähnlich wie der vertragliche Rechtseintritt, die Abtretung (*przelew*), dadurch charakterisiert, dass die bisherige Forderung ohne Wesensänderung auf den neuen Gläubiger übergeht. Die Forderung erlischt mithin nicht, so dass an ihre Stelle keine neue Forderung in der Hand des Dritten entsteht.[897]

Das Konstruieren eines zivilrechtlichen Regressanspruchs, der mit dem Arbeitsverhältnis nicht verbunden sei, ist dogmatisch unklar und deshalb abzulehnen[898]. Es würde auf eine Verwandlung des übergehenden Arbeitsentgeltanspruchs in einen zivilrechtlichen Regressanspruch in der Hand des Fonds hinauslaufen, die den Grundsätzen der Subrogation wiedersprechen würde.

Auch die Ansicht, wonach die Rückzahlungsverpflichtung eine öffentlich-rechtliche Pflicht darstelle, ist abzulehnen. Der Regressanspruch hat seine Rechtsgrundlage im Fondsgesetz, welches dem Arbeitsrecht zugeordnet wird. Der Ansicht des Berufungsgerichts in Katowice im Urteil vom 13.11.2015 ist nur in Bezug auf die Beitragszahlung beizupflichten, da das Fondsgesetz in diesem Zusammenhang ausdrücklich auf die Anwendbarkeit des Verwaltungsverfahrensgesetzes verweist (Art. 18 u.o.r.p.).

Der Regressanspruch des Fonds gegenüber dem Arbeitgeber (bzw. ihm gleichgestellten Personen) ist daher dem Arbeitsrecht zuzuordnen.

b) Privilegierung im Konkursverfahren

Gem. Art. 342 Abs. 1 Nr. 1 p.u. werden Arbeitnehmeransprüche, die vor der Eröffnung des Konkursverfahrens angefallen sind (*wierzytelności upadłościowe*, Konkursforderungen) grundsätzlich als privilegierte Forderungen ersten Ranges (*kategoria pierwsza*) befriedigt. Arbeitnehmeransprüche, die nach Eröffnung des Konkursverfahrens angefallen sind, stellen gem. Art. 230 Abs. 2 p.u. sonstige Masseverbindlichkeiten (*inne zobowiązania masy upadłości*) dar und werden gem. Art. 344 Abs. 1 p.u. vorrangig vor den Forderungen des ersten Ranges (*kategoria pierwsza*) befriedigt. Sie werden aus den laufenden Masseeinkünften bezahlt, wobei gem. Art. 343 Abs. 1 p.u. zu allererst Verfahrenskosten beglichen werden.

Unter Anwendung des Art. 23 Abs. 2 u.o.r.p. (i.V.m. Art. 342 Abs. 3 p.u.) bedeutet es für die Regeressansprüche des Fonds, dass sie Konkursforderungen ersten Ranges darstellen, wenn sie aus den Arbeitnehmeransprüchen aus der

---

896 Angelehnt ist die Argumentation an den BGH zum Übergang eines öffentlich-rechtlichen Anspruchs auf einen privaten Dritten, vgl. BGH, Urt. v. 18.06.1979, Az. VII ZR 84/78 (juris).
897 SN, Urt. v. 17.06.1980, Az. IV CR 210/80 (lex).
898 So auch SN, Urt. v. 10.12.2009, Az. III CZP 109/09 (lex).

Zeit vor Eröffnung des Konkursverfahrens resultieren, und sonstige Masseverbindlichkeiten darstellen, wenn sie aus der Erfüllung der Abfindungs- und Entschädigungsansprüche resultieren.

Im ersten Rang werden darüber hinaus Ansprüche befriedigt, die im Restrukturierungsverfahren entstanden sind, wenn die in Art. 342 Abs. 1 Nr. 1 HS 2 p.u. näher angegebenen Voraussetzungen erfüllt sind.

Gem. Art. 237, 238 p.u. liegt eine weitere Privilegierung darin, dass die Regressansprüche bei der Masseverteilung von Amts wegen berücksichtigt werden und nicht zur Gläubigerliste angemeldet werden müssen.

Die Regressansprüche werden gem. Art. 151 Abs. 2 i.V.m. Art. 153 p.r. grundsätzlich nicht von einem Vergleich erfasst, der im Rahmen eines Restrukturierungsverfahrens zwischen dem Schuldner und den Gläubigern geschlossen wird. Jedoch kann gem. Art. 23a Abs. 1 u.o.r.p. der am Sitz des Arbeitgebers zuständige Vorsitzende der Woiwodschaftsselbstverwaltung einer Erfassung der Ansprüche vom Vergleich zustimmen, wenn er dazu vom Fondsverfügungsberechtigten ermächtigt wurde. Gibt der Vorsitzende der Woiwodschaftsselbstverwaltung eine solche Zustimmung nicht ab, kann der Fondsverfügungsberechtigte mit dem Schuldner eine Absprache über die Rückzahlungsbedingungen treffen (Art. 23 a Abs. 2 u.o.r.p.)

c)   *Folgen der Vorrangstellung für die Idee der Vorfinanzierung*
Die Privilegierung der Fondsersatzansprüche auf gleicher Stufe wie die Arbeitsentgeltansprüche führt zur Masseminderung.

Dadurch wird die Betriebsfortführung nicht so gut wie im deutschen Recht unterstützt, in dem die Forderungen der Bundesagentur für Arbeit grundsätzlich lediglich Insolvenzforderungen darstellen.

3.   Ansprüche der Bundesagentur für Arbeit

Die Bundesagentur für Arbeit wird Inhaberin der Arbeitsentgeltansprüche[899].

Ansprüche aus einem Dauerschuldverhältnis, wie hier die gegenständlichen Arbeitsentgeltansprüche, werden, wenn sie im Rahmen des vorläufigen Insolvenzverfahrens entstanden sind, weil der vorläufige Insolvenzverwalter für das von ihm verwaltete Vermögen die Gegenleistung in Anspruch genommen hat, gem. § 55 Abs. 2 S. 2 InsO zwar grundsätzlich zunächst einmal zu Masseverbindlichkeiten heraufgestuft. Gem. § 55 Abs. 3 S. 1 InsO werden sie jedoch

---

899 Der Übergang des Arbeitsentgeltanspruchs erfasst die Bruttoforderung, vgl. BAG, NZA 1998, 701ff. (711); NZA 2013, 376ff. (377).

wieder zu bloßen Insolvenzforderungen herabgestuft[900], wenn sie auf die Bundesagentur für Arbeit übergegangen sind.

Diese Herabstufung der Ansprüche soll die Chancen der Eröffnung eines Insolvenzverfahrens erhöhen, da dadurch die Insolvenzmasse geschont wird[901].

Das Argument des Gesetzgebers im Insolvenzrechtsänderungsgesetz 2001 für die Herabstufung der Forderungen war, dass die nicht durch Insolvenzgeld gedeckten Ansprüche der Arbeitnehmer sonst beeinträchtigt werden würden[902].

Der deutsche Gesetzgeber hat noch weitere Vorrechte einzelner Gläubiger aufgehoben, um die Eröffnungschancen zu erhöhen[903].

4. Zusammenfassung

Bei dem in Art. 23 Abs. 1 u.o.r.p. geregelten Rückgriffsanspruch des Fonds handelt es sich um den mit Auszahlung bzw. Weiterleitung der Fondsleistungen übergegangenen Arbeitsentgeltanspruch. Im Konkursverfahren tritt die gleiche Privilegierung wie beim Arbeitsentgeltanspruch ein. Da es sich um einen kraft Gesetzes angeordneten Rückgriff des Fonds gegen den Arbeitgeber handelt, ist die Bezeichnung als gesetzlicher Regressanspruch anerkannt.

Die auf die BA kraft Gesetzes bereits mit Stellung des Insolvenzgeldantrags übergegangenen Arbeitsentgeltforderungen sind nicht privilegiert. Es handelt sich grundsätzlich um einfache Insolvenzforderungen.

Die Privilegierung der Regressansprüche in Polen hat eine Belastung der Konkursmasse zur Folge, da sie vom Arbeitgeber grundsätzlich in voller Höhe zurückgezahlt werden müssen. In Deutschland wird demgegenüber die Konkursmasse gegebenenfalls durch die Herabstufung der übergegangenen Ansprüche zu Insolvenzforderungen geschont.

D. Übertragungsverbot, Gläubigerwechsel und die Verbindung zwischen dem Arbeits- und Zivilrecht

In diesem Abschnitt werden die Verbindung des Arbeits- mit dem Zivilrecht (Art. 300 k.p.), das Verzichts- und Übertragungsverbot (Art. 84 k.p.) sowie der Gläubigerwechsel durch Legalzession gem. Art. 518 k.c. behandelt. Ziel ist es,

---

900 BSG, Urt. v. 22.09.1993, Az. 10 Rar 9/91, Rn. 22 (juris).
901 Vgl. Gesetz zur Änderung der InsO und anderer Gesetze vom 26.10.2001, BGBl. I, S. 2710 (in Kraft seit 01.12.2001); BSG, Urt. v. 22.09.1993, Az. 10 Rar 9/91, Rn. 22 (juris); Braun/Wierzioch, ZIP 2003, 2001 ff. (2008).
902 BT-Drucks. 14/5680 v. 28.03.2001.
903 Vgl. InsO vom 05.10.1994, BGBl. I, S. 2866 (in Kraft seit 01.01.1998); Braun/Wierzioch, ZIP 2003, 2001 ff. (2008).

herauszufinden, ob eine Vorfinanzierung der Arbeitsentgelte dadurch ermöglicht werden kann, dass ein Dritter die fälligen Arbeitsentgeltansprüche mit schriftlicher Zustimmung des Arbeitgebers begleicht und dadurch in die Rechte der Arbeitnehmer-Gläubiger gem. Art. 518 § 1 Nr. 3 k.c. eintritt. Die Überlegung dabei ist, dass mit den Arbeitsentgeltansprüchen die Fondsansprüche auf den Dritten übergehen würden, die dieser gegenüber dem Fonds geltend machen könnte.

Das setzt voraus, dass Art. 518 k.c. im Arbeitsrecht über Art. 300 k.p. angewendet werden kann und der Übertragung der Arbeitsentgeltansprüche die Vorschrift des Art. 84 k.p. nicht entgegensteht.

I.   Historische Rückschau

Ursprünglich waren arbeitsrechtliche Vorschriften im Gesetz über Schuldverhältnisse aus dem Jahr 1933 (k.z.)[904] enthalten. Innerhalb der Regelungen über Dienstverträge befanden sich besondere Vorschriften über Arbeitsverträge. Darin waren verstreut einzelne Verzichts- und Übertragungseinschränkungen des Arbeitnehmers in Bezug auf sein Arbeitsentgelt vorgesehen.

Das vertragliche Arbeitsrecht war damit ein Teil des Zivilrechts, so dass eine Vorschrift wie Art. 300 k.p., die das Arbeits- mit dem Zivilrecht verknüpft, nicht erforderlich war.

Der ebenfalls im Gesetz über Schuldverhältnisse geregelte Gläubigerwechsel enthielt Regelungen über die Abtretung sowie über die Subrogation.

Im Jahre 1964 entstand zunächst ein neues Zivilgesetzbuch, das bis heute in veränderter Fassung Geltung hat. Im Jahre 1974 folge das ebenfalls bis heute geltende Arbeitsgesetzbuch.

1.   Verbindung des Arbeitsrechts zum Zivilgesetzbuch

Aufgrund des damaligen politischen Ziels des Aufbaus einer sozialistischen Rechtsordnung hat sich der Gesetzgeber im neuen Zivilgesetzbuch für eine Trennung der arbeitsrechtlichen von den zivilrechtlichen Bestimmungen entschieden. Die Arbeit als das höchste Gut der Gesellschaft sollte unter eine besondere Obhut des sozialistischen Staates gestellt werden[905]. Nach der sozialistischen Vorstellung stellte das Arbeitsrecht ein eigenständiges Rechtsgebiet

---

904 Rozporządzenie Prezydenta Rzeczypospolitej z dnia 27 października 1933 r. *Kodeks zobowiązań*, Dz.U. 1933 nr. 82, poz. 598; im Folgenden mit den Anfangsbuchstaben k.z. abgekürzt.

905 Regierungsentwurf des Arbeitsgesetzbuchs vom 10.01.1974, Druck Nr. 135 und 136 vom 10.01.1974, S. 5.

dar[906], um die besondere Rangstellung der Arbeiterklasse im sozialistischen Staat zu unterstreichen.

Die im Gesetz über Schuldverhältnisse enthaltenen Regelungen über Arbeitsverträge (Art. 441–477 k.z.) wurden deshalb nicht in das neue Zivilgesetzbuch übernommen. Sie sollten im noch zu entstehenden Arbeitsgesetzbuch aufgehen.

Die Trennung sollte jedoch nicht eine völlige Abkopplung der arbeitsrechtlichen Rechtsinstitute vom Zivilrecht zur Folge haben. Die rechtlichen Gemeinsamkeiten und Schnittbereiche des Arbeits- und Zivilrechts sind erhalten geblieben[907].

Bis zum Inkrafttreten des Arbeitsgesetzbuchs wurde in Art. XII § 1 des Einführungsgesetzes zum Zivilgesetzbuch vom 23.04.1964[908] (p.w.k.c.) auf die Andersartigkeit des Arbeitsrechts hingewiesen. Die Arbeitsgesetzgebung sollte grundsätzlich autonom und unabhängig von der Zivilgesetzgebung sein. Art. XII § 2 und § 3 p.w.k.c. ordnete aber zugleich eine entsprechende Anwendbarkeit bestimmter zivilrechtlicher Vorschriften an, solange es keine entsprechenden arbeitsrechtlichen Vorschriften gab und soweit die zivilrechtlichen Bestimmungen mit den arbeitsrechtlichen Grundsätzen zu vereinbaren waren.

Art. XII § 2 Nr. 2 p.w.k.c. verwies insbesondere auf die Vorschriften der Art. 441–477 des Gesetzes über die Schuldverhältnisse (k.z.) aus dem Jahre 1933, die die Vorschriften zum Arbeitsvertrag enthielten.

Mit Inkrafttreten des polnischen Arbeitsgesetzbuchs (k.p.)[909] regelt Art. 300 k.p. die Verknüpfung des Arbeits- mit dem Zivilrecht.

Darin wird der generelle Verweis des Art. XII § 3 HS 1 p.w.k.c. auf die Vorschriften des Zivilgesetzbuchs wiederholt[910].

Gem. Art. 300 k.p. ist in Angelegenheiten, die durch Vorschriften des Arbeitsrechts nicht geregelt sind, die Vorschriften des Zivilgesetzbuchs auf Arbeitsverhältnisse entsprechend anzuwenden, wenn sie nicht den Grundsätzen des Arbeitsrechts widersprechen.

Diese Vorschrift, im Regierungsentwurf zum Arbeitsgesetzbuch vom 10.01. 1974[911] unter Art. 298 geregelt, ist bis heute wortgleich geblieben. Eine ausdrückliche Begründung des Gesetzgebers zur Vorschrift findet sich im Gesetzesentwurf nicht.

---

906 Czachórski/*Grzybowski*, SPC 1985, Band I, Allg. Teil, S. 77.
907 Vgl. Czachórski/*Grzybowski*, SPC 1985, Band I, Allg. Teil, S. 77.
908 Ustawa z dnia 23 kwietnia 1964 r. Przepisy wprowadzające kodeks cywilny (Dz.U. Nr. 16, Pos. 94; zur deutschen Übersetzung des Einführungsgesetzes vgl. Meder/*Vogel*, S. 257ff.
909 Ustawa z dnia 26 czerwca 1974 r. Kodeks pracy, Dz.U. 2014 poz. 1502 ze zm.
910 Liszcz, Prawo pracy, S. 24; Baran/Ćwiertniak, Prawo pracy i ubezpieczeń społecznych, S. 51.
911 Projekt Rady Ministrów z dnia 10 stycznia 1974 r. Kodeks Pracy, Druki nr 135 i 136.

Der historische Rückblick zeigt jedoch, dass der Ursprung des Rechts über das Arbeitsverhältnis (seine Begründung, Änderung und Beendigung) im Zivilrecht liegt[912].

2.   Das Verzichts- und Übertragungsverbot

Das Gesetz über Schuldverhältnisse kannte lediglich Beschränkungen der Verfügungsbefugnis des Arbeitnehmers über die Vergütung. Es gab kein absolutes Verzichts- und Übertragungsverbot.

In Art. 442 § 1 k.z. war geregelt, dass ein im Voraus erklärter Verzicht auf das Arbeitsentgelt unwirksam ist[913]. Art. 444 § 1 k.z. bestimmte, dass das Recht des Arbeitnehmers auf Arbeitsentgelt nur in den Grenzen veräußert und verpfändet werden kann, in denen es der Zwangsvollstreckung unterworfen ist. Nach § 2 dieser Vorschrift waren diese Grenzen vertraglich nicht abdingbar.

Art. 460 § 1 k.z. regelte, dass der im Voraus erklärte Verzicht auf Arbeitsentgelt für Ausfallzeiten (insbesondere wegen Krankheit oder Unfalls) unwirksam war.

Gem. Art. 462 § 2 k.z. war der im Voraus erklärte Verzicht für Rechte wegen Krankheit bei familiär geprägten Arbeitsverhältnissen ebenfalls unwirksam.

Damit war die Veräußerung und Verpfändung von Arbeitsentgeltrechten im Rahmen der Zwangsvollstreckungsgrenzen zulässig (Art. 444 k.z.). Das erinnert an die deutsche Vorschrift in § 400 BGB.

Die vereinzelten Regelungen über das Verbot von im Voraus erklärtem Verzicht auf Arbeitsentgelt sowie über die Veräußerungs- und Verpfändungsbeschränkungen sind in verschärfter Form im Art. 84 k.p. zusammengeführt worden.

Im Regierungsentwurf des Arbeitsgesetzbuchs vom 10.01.1974[914] findet sich keine Begründung des damals unter Art. 81 k.p. eingeführten Verzichts- und Übertragungsverbots. Das Verbot ist bis heute wortgleich geblieben.

Hintergrund war jedoch der Schutz der schwächeren Vertragspartei vor Arbeitsentgeltausfall.

---

912 So auch Florek/Zieliński, Prawo pracy, S. 29, Rn. 43.
913 Vgl. zu dem dahinter liegenden Grundsatz der Entgeltlichkeit der Arbeit: Święcicki, Prawo wynagrodzenia za pracę, S. 7–17 (insb. S. 17).
914 Druck Nr. 135 und 136 vom 10.01.1974.

3. Der Gläubigerwechsel

Die Abtretung und die Legalzession (*subrogacja*) wurden bereits unter der Geltung des Gesetzes über Schuldverhältnisse als rechtlich selbständige Rechtsinstitute angesehen[915].

Ursprung der *subrogacja* ist römisches Recht[916]. Im römischen Recht wurde zwar nicht zwischen der Abtretung (Zession) und der *subrogacja* explizit unterschieden. Es war jedoch anerkannt, dass in bestimmten Situationen eine Zession kraft Gesetzes stattfindet (*cessio legis*).[917]

Im Gesetz über Schuldverhältnisse (*kodeks zobowiązań*) befanden sich unter dem ersten Abschnitt mit der Überschrift »Gläubigerwechsel« (»*zmiana wierzyciela*«) des dritten Titels »Rechts- und Pflichtenübergang aus dem Schuldverhältnis« (»*Przejście praw i obowiązków, wynikających z zobowiązań*«) zwei getrennte Unterabschnitte. Der erste Unterabschnitt war mit Forderungsabtretung (*przelew wierzytelności*, Art. 168 bis 176 k.z.) betitelt. Der zweite Unterabschnitt lautete: »Eintritt eines Dritten in die Rechte eines befriedigten Gläubigers« (»*wstąpienie osoby trzeciej w prawa zaspokojonego wierzyciela*«, Art. 177 bis 181 k.z.). Das letzte Institut wurde auch als *subrogacja* oder *podstawienie* (Ersetzung) bezeichnet[918].

Die Regelung beider Rechtsinstitute unter dem gemeinsamen Abschnitt »Gläubigerwechsel« zeigt, dass der Akzent der Regelung (bis heute) auf dem Wechsel der Rechtssubjekte liegt und nicht auf dem Übergang der Forderung[919].

a) Abtretung

Die Vorschriften über die Abtretung (Art. 168–176 k.z.) wurden an das deutsche und österreichische Recht angelehnt[920]. Die Abtretung wurde als ein Verfügungsgeschäft (als ein abstraktes Rechtsgeschäft[921]) angesehen, das von dem zugrunde liegenden Verpflichtungsgeschäft grundsätzlich zu trennen war[922]. Gem. Art. 174 k.z. konnte der Schuldner trotz erfolgter Abtretung an den Zedenten schuldbefreiend leisten, wenn er nicht schriftlich über die Abtretung informiert wurde und keine Kenntnis von der Abtretung hatte.

---

915 Szpunar, Wstąpienie, S. 37.
916 Szpunar, Wstąpienie, S. 21.
917 Szpunar, Wstąpienie, S. 20.
918 Im Folgenden werden die Ausdrücke »Subrogation« oder »*subrogacja*« für den gesetzlichen Forderungsübergang im polnischen Recht verwendet.
919 Vgl. zum k.z.: Czachórski/Radwański/Łętowska, SPC 1981, Band III, Teil 1, S. 893.
920 Szpunar, Wstąpienie, S. 40.
921 Olejniczak/Zawada, SPP, Band 6, S. 1353, § 50, Rn. 49 (legalis).
922 Szpunar, Wstąpienie, S. 41.

b)   subrogacja

Das Gesetz über Schuldverhältnisse kannte zwei Arten der Subrogation, einmal den Eintritt in die Gläubigerrechte kraft Vertrages (Art. 178 k.z.) und zweitens kraft Gesetzes (Art. 179 k.z.)[923].

Der damalige Gesetzgeber unterstrich, dass er sich bei der *subrogacja* kraft Vertrages (*subrogacja umowna*) an dem französischen Recht (Art. 1250 Code civil) orientiere[924].

Bei der vertraglichen *subrogacja* wurden zwei Unterarten unterschieden. Gem. Art. 178 Nr. 1 k.z. lag eine vertragliche *subrogacja* vor, wenn der Gläubiger, der eine Zahlung durch einen Dritten erhielt, diesen in seine Rechtsposition einsetzte und die Einsetzung deutlich und gleichzeitig mit der Bezahlung erfolgt ist.

Gem. Art. 178 Abs. 2 k.z. lag ein zweiter Fall vor, wenn der Schuldner seine Schuld mit einem Darlehensbetrag tilgte, den er mit dem Zweck der Schuldtilgung und der Subrogation von einem Dritten erhielt. Die Wirksamkeit dieser *subrogacja* bedurfte der notariellen Beurkundung der Erklärung über die Aufnahme des Darlehens, der Geldempfangsbescheinigung sowie der Bestätigung über die erfolgte Schuldtilgung. In dieser notariellen Urkunde war auch die Erklärung aufzunehmen, dass die Schuld mit dem Darlehensbetrag bezahlt wurde, der zu diesem Zweck von dem neuen Gläubiger herausgereicht wurde. Auf diese Weise konnte der Schuldner ohne Zustimmung des Gläubigers einen Dritten an seine Stelle setzen[925]. Diesen Subrogationsfall bezeichnete man als »*konwersja*« (Konversion).

Es erwies sich als schwierig, den Fall der *konwersja* in das Subrogationsrecht einzuordnen, insbesondere ihn von der Abtretung abzugrenzen. Sein Zweck und seine Bedeutung waren unklar.[926]

Das Verhältnis zwischen dem vertraglichen Subrogationsrecht und der Abtretung war umstritten, die Grenzen beider Rechtsinstitute zueinander waren in der Theorie verschwommen und in der Praxis gänzlich verwischt.[927]

Die gesetzliche Subrogation trat ebenfalls in zwei Formen auf. Gem. Art. 179 Nr. 1 k.z. war dies der Fall, wenn ein Gläubiger einen anderen Gläubiger befriedigt hatte, der Erfüllungsvorrang vor ihm hatte. Dieser Fall wurde als *ius*

---

923 Art. 177 k.z. regelte einleitend: »*Osoba trzecia, spłacająca wierzyciela, może wstąpić w jego prawa albo z mocy umowy, albo z mocy ustawy.*« (Übers. der Verfasserin: »Ein Dritter, der den Gläubiger bezahlt, kann in seine Rechte entweder durch Vertrag oder kraft Gesetzes eintreten.«

924 Vgl. die Begründung des Entwurfs des Gesetzes über Schuldverhältnisse (*projekt kodeksu zobowiązań*), Warschau 1936, S. 267.

925 Szpunar, Wstąpienie, S. 38.

926 Szpunar, Wstąpienie, S. 38–39; ders., Rejent 2000, Heft 2 (106), S. 13ff. (16–17).

927 Szpunar, Wstąpienie, S. 38–39; ders., Rejent 2000, Heft 2 (106), S. 13ff. (16–17).

offerendi bezeichnet[928]. Der zweite Fall der gesetzlichen Subrogation lag gem. Art. 179 Nr. 2 k.z. vor, wenn ein Dritter eine fremde Schuld tilgte, für die er persönlich oder mit bestimmten Vermögensgegenständen haftete.

Die Kodifikationskommission zum Zivilgesetzbuch hat auf mehrmaligem Anraten Adam Szpunars aufgrund der unklaren Trennbarkeit zwischen der vertraglichen Subrogation und der Abtretung die vertragliche Subrogation nicht in das neue Zivilgesetzbuch übernommen und neben der Abtretung nur noch die Subrogation kraft Gesetzes zugelassen[929].

Einen unmittelbaren Verweis auf die Anwendung der Vorschriften des Gläubigerwechsels im Arbeitsrecht gab es im Einführungsgesetz zum Zivilgesetzbuch nicht. Damit konnte eine entsprechende Anwendung nur über den generellen Verweis in Art. XII § 3 in Betracht kommen.

4. Zusammenfassung

Das Zivilrecht und Arbeitsrecht sind historisch über das Gesetz über Schuldverhältnisse (*kodeks zobowiązań*) miteinander verknüpft. Heute ist die normative Verknüpfung in Art. 300 k.p. zu finden.

Das in Art. 84 k.p. geregelte absolute Verzichts- und Übertragungsverbot wurde erst durch den sozialistischen Richtungswechsel initiiert, um einen hohen sozialen Schutz der Arbeitnehmer zu gewährleisten. Zuvor gab es ähnlich wie in § 400 BGB ein auf Grenzen in der Zwangsvollstreckung beschränktes Übertragungs- und Verzichtsverbot.

Im *kodeks zobowiązań* wurde zwischen vertraglicher und gesetzlicher Subrogation unterschieden. Die damals als vertragliche Subrogation verstandenen Fallgruppen sind im *kodeks cywilny* als Legalzessionen eingeführt worden.

II. Entsprechende Anwendbarkeit der Vorschriften des Zivilgesetzbuchs im Arbeitsrecht, Art. 300 k.p.

Art. 300 k.p. ist darauf zu untersuchen, ob er die Anwendung des Art. 518 k.c. im Arbeitsrecht zulässt.

Gem. Art. 300 k.p. sind in Angelegenheiten, die durch Vorschriften des Arbeitsrechts nicht geregelt sind, die Vorschriften des Zivilgesetzbuchs auf Arbeitsverhältnisse entsprechend anzuwenden, wenn sie nicht zu den Grundsätzen des Arbeitsrechts im Widerspruch stehen. Es handelt sich um einen Generalverweis auf einzelne Vorschriften des Zivilgesetzbuchs in Bezug auf Arbeits-

---

928 Szpunar, Wstąpienie, S. 38.
929 Szpunar, Wstąpienie, S. 38, 44; s. dort auch in Fußnote 30 auf Seite 40.

verhältnisse[930]. Die Vorschriften des Zivilgesetzbuchs werden subsidiär bei Vorliegen einer Regelungslücke im Arbeitsrecht angewendet[931].

Voraussetzung der (analogen) Anwendbarkeit einer zivilrechtlichen Vorschrift auf Arbeitsverhältnisse ist damit das Vorliegen einer Regelungslücke im Arbeitsrecht und kein Widerspruch der anzuwendenden Vorschrift zu den Grundsätzen des Arbeitsrechts[932].

1.   Regelungslücke

Eine Regelungslücke liegt vor, wenn Regelungen, die die Vornahme bestimmter Handlungen regeln, nicht hinreichend konkret sind[933]. Bei der arbeitsrechtlichen Regelungslücke muss es sich um eine echte gegenwärtige objektive Lücke im geltenden Arbeitsrecht (*rzeczywista luka prawna*) und nicht um das Fehlen einer begehrten Regelung (*de lege ferenda*) handeln (*luka aksologiczna*)[934]. Die Anwendung der Vorschriften des Zivilgesetzbuchs hat ausschließlich eine ergänzende Funktion, so dass vorrangig die Regeln über die Auslegung Geltung haben[935].

Es gibt im Arbeitsrecht keine Bestimmung darüber, nach welchen allgemeinen Grundsätzen die Erfüllung von Verbindlichkeiten aus Arbeitsverhältnissen erfolgen soll[936]. Es werden daher hilfsweise die allgemeinen Regeln des Zivilgesetzbuchs über die Erfüllung von Verbindlichkeiten angewendet (insbesondere Art. 354, 355, 359 k.c. und einige Vorschriften der Art. 450 ff. über die Erfüllung und die Folgen der Nichterfüllung)[937].

Art. 94 Nr. 5 k.p. bestimmt, dass der Arbeitgeber zur frist- und ordnungsgemäßen Zahlung des Arbeitsentgelts verpflichtet ist. Konkretisierungen dieser Pflicht finden sich insbesondere in Art. 77^1 ff. k.p. (Bestimmung des Arbeitsentgelts und anderer mit der Arbeit verbundener Leistungen), Art. 78 ff. k.p. (Das Arbeitsentgelt), Art. 84 ff. (Schutz des Arbeitsentgelts). Vorschriften über die Erfüllung des Vergütungsanspruchs durch Dritte finden sich im Arbeitsgesetzbuch nicht.

Eine Regelungslücke in Bezug auf die Erfüllung des Arbeitsentgeltanspruchs durch Dritte ist daher zu bejahen.

---

930 Baran/*Baran*, Prawo pracy i ubezpieczeń społecznych, S. 86; Florek/Zieliński, Prawo pracy, S. 29, Rn. 43.
931 Florek/Zieliński, Prawo pracy, S. 7, Rn. 13.
932 Florek/Zieliński, Prawo pracy, S. 29, Rn. 44.
933 Baran/*Baran*, Prawo pracy i ubezpieczeń społecznych, S. 86.
934 Baran/*Baran*, Kommentar zu k.p., Art. 300, Anm. 2.1; ders., Prawo pracy i ubezpieczeń społecznych, S. 86; Florek/Zieliński, Prawo pracy, S. 30, Rn. 44.
935 Baran/*Baran*, Kommentar zu k.p., Art. 300, Anm. 2.1.
936 Florek/Zieliński, Prawo pracy, S. 31, Rn. 44.
937 Florek/Zieliński, Prawo pracy, S. 31, Rn. 44.

2. Entsprechungsklausel *(klauzula odpowiedności)*

Als nächstens dürfen die anzuwendenden Vorschriften des Zivilgesetzbuchs nicht gegen bestimmte allgemeine Normen des Arbeitsrechts verstoßen, die eine grundlegende Bedeutung für die Regelungen der Arbeitsverhältnisse haben[938]. Das Arbeitsgesetzbuch enthält in Art. 10-18³ k.p. einen Katalog allgemeiner Grundsätze des Arbeitsrechts. Dieser Katalog ist nicht abschließend. Einige dieser Grundsätze werden in weiteren Vorschriften näher konkretisiert. In der polnischen Verfassung wird ein Großteil dieser Grundsätze wiederholt und zu Verfassungsrechten und Freiheiten emporgehoben.

Daneben hat die Rechtsprechung und Literatur weitere Grundsätze entwickelt, wie insbesondere die Unterordnung des Arbeitnehmers gegenüber dem Arbeitgeber (Handeln auf Weisung)[939], das unternehmerische Risiko sowie die persönliche Arbeitsleistung[940]. Diese Grundsätze stellen grundlegende Wesensmerkmale des Arbeitsverhältnisses dar.[941]

Zu berücksichtigen ist in dieser Arbeit, dass das Arbeitsverhältnis im polnischen Recht als ein besonderes Rechtsverhältnis verstanden wird, welches sich sowohl von den zivilrechtlichen als auch von den öffentlich-rechtlichen Rechtsverhältnissen unterscheidet. Dem Arbeitsverhältnis wird eine persönliche Eigenschaft zugesprochen, die sich darin äußert, dass der Arbeitnehmer die Arbeitsleistung persönlich zu erbringen hat und der Arbeitgeber die Pflicht hat, den Arbeitnehmer gegen Entgelt zu beschäftigen[942].

Ein für diese Arbeit relevanter arbeitsrechtlicher Grundsatz ist der Grundsatz der Entgeltlichkeit der untergeordneten Arbeit (*zasada odpłatności pracy podporządkowanej*[943]), der mit dem Schutz der Arbeitsvergütung (*ochrona wynagrodzenia*, Art. 84ff. k.p.). und dem Recht des Arbeitnehmers auf eine angemessene Vergütung der Arbeit (*prawo do wynagrodzenia za pracę*, Art. 10 § 2 k.p.) verbunden ist.

---

938 Florek/Zieliński, Prawo pracy, S. 31, Rn. 44.

939 SN, Urt. v. 07.09.1999, Az. I PKN 277/99 (lex).

940 SN, Urt. v. 26.11.1998, Az. I PKN 458/98, Urt. v. 28.10.1998, Az. I PKN 416/98 (lex); Jaśkowski/Maniewska/*Jaśkowski*, Kommentar zu k.p., Art. 22, Anm. 8.2.; Florek/Zieliński, Prawo pracy S. 44, Rn. 57.

941 SN, Urteil vom 28.10.1998, Az. I PKN 416/98; Urt. v. 26.11.1998, I PKN 458/98 (lex); Florek/Zieliński, Prawo pracy, S. 9, Rn. 15.

942 Włodkowska, PiZS 2001, S. 9ff. (9-10).

943 Zur Geltung dieses unabdingbaren Grundsatzes bereits vor dem Inkrafttreten des Arbeitsgesetzbuchs vgl. Święcicki, Prawo wynagrodzenia za pracę, S. 7-17.

3.   Rechtsfolge des Art. 300 k.p. und Ergebnis

Die Rechtsfolge des Art. 300 k.p. ist, dass die Vorschriften des Zivilgesetzbuchs auf die Arbeitsverhältnisse entsprechend angewendet werden können. Die Anwendung erfolgt entweder ohne Modifikationen auf das Arbeitsverhältnis (z. B. Art. 6 k.c. über die Beweislast), oder die Vorschrift wird entsprechend modifiziert (z. B. Art. 58 § 1 k.c. beim Verstoß gegen Bestimmungen des Tarifvertrags)[944].

Eine Regelungslücke in Bezug auf die Erfüllung arbeitsrechtlicher Verbindlichkeiten durch Dritte ist zu bejahen.

Die Anwendbarkeit des Art. 518 k.c. auf Arbeitsentgeltforderungen muss insbesondere vor dem Hintergrund des Grundsatzes des Schutzes des Arbeitsentgelts (Art. 84 ff. k.c.) und der Eigenschaft des Arbeitsverhältnisses und der Arbeitsentgeltforderung geprüft werden.

III.   Das Verzichts- und Übertragungsverbot des Art. 84 k.p.

Die Vorschrift des Art. 84 k.p. befindet sich gesetzessystematisch im dritten Abschnitt (betitelt mit »Das Arbeitsentgelt und andere Leistungen«), Unterabschnitt II, der in Art. 84 bis 91 den »Schutz des Arbeitsentgelts« regelt.

Art. 84 k.p., der ein absolutes Verzichts- und Übertragungsverbot von Arbeitsentgeltansprüchen vorsieht, schränkt im Bereich des Vergütungsrechts den zivilrechtlichen Grundsatz der Vertragsautonomie zum Schutz der Arbeitnehmer ein[945].

Die Vorschrift gehört zum in der Republik Polen weit ausgeprägten Schutz des Arbeitsentgelts. Darunter wird der soziale Schutz der Arbeitnehmer im Hinblick auf den Erhalt des ihnen rechtlich zustehenden Arbeitsentgelts in der richtigen Höhe, zum richtigen Zeitpunkt und in der richtigen Art und Weise verstanden. Historisch gesehen stellt Art. 84 k.p. das Grundelement der arbeitsrechtlichen Gesetzgebung zum Arbeitsentgeltschutz dar[946].

Zum Grundsatz des Arbeitsentgeltschutzes gehören noch die Beschränkung der Abzugsmöglichkeiten aus dem Arbeitsentgelt (*ograniczenie »potrąceń« z wynagrodzenia*, Art. 87 ff. k.p.), die gesetzliche Bestimmung der Auszahlungsgrundsätze (Art. 29 § 3, 85 f. k.p.) und die Bestimmungen über Ordnungswidrigkeiten (Art. 282 k.p.).[947] Die Vergütungspflicht des Arbeitgebers ist seine ar-

---

944 Florek/Zieliński, Prawo pracy, S. 32, Rn. 45.
945 Baran/*Walczak*, Prawo pracy i ubezpieczeń społecznych, S. 368.
946 Muszalski/*Muszalski*, Kommentar zu k.p., Art. 84, Anm. 1.
947 Florek/Zieliński, Prawo pracy, S. 192, Rn. 279; Liszcz, Prawo pracy, S. 305 (allerdings ohne das Ordungswidrigkeitenrecht); Małyszek, S. 136, Rn. 334.

beitsvertragliche Hauptpflicht (Art. 94 Nr. 5 k.p.)[948], deren Nichterfüllung einen schwerwiegenden, vorsätzlich begangenen Verstoß darstellt, und zwar nach der Rechtsprechung selbst dann, wenn dem Arbeitgeber aus unverschuldeten Gründen keine Finanzmittel für die Vergütung zur Verfügung stehen[949].

1. Zweck des Verbots

Grund des besonderen Schutzes des Arbeitsentgelts ist seine Unterhaltsfunktion (*funkcja alimentarna*)[950]. Es ist regelmäßig die alleinige Einnahmequelle des Arbeitnehmers und seiner Familie[951]. Der Arbeitnehmer soll deshalb gegenüber dem Verlust, einer rechtswidrigen Kürzung und einer nicht rechtzeitigen Auszahlung des ihm zustehenden Arbeitsentgelts abgesichert werden[952]. Damit beruht das Verbot auf einer sozialpolitischen Erwägung, wonach die Arbeitsentgeltforderungen dem Arbeitnehmer unter allen Umständen erhalten bleiben sollen, damit weder er sich selbst noch andere ihm und seiner Familie die Lebensgrundlage entziehen können. Das Arbeitsentgelt unterliegt einem unabdingbaren Schutz[953].

Das Verzichtsverbot ist im Zusammenhang mit dem allgemeinen arbeitsrechtlichen Grundsatz, wonach eine Beschäftigung, die im Rahmen eines Arbeitsverhältnisses verrichtet wird, entgeltlich erfolgen muss[954], zu sehen. Von diesem Grundsatz werden keine Ausnahmen zugelassen. Es soll durch das Verbot eine unentgeltliche Beschäftigung verhindert werden.[955] Der Grundsatz der Entgeltlichkeit findet sich in Art. 22 § 1 a.E. k.p., wonach der Arbeitgeber die Pflicht hat, den Arbeitnehmer gegen Arbeitsentgelt zu beschäftigen. Die Ent-

---

948 Baran/*Walczak*, Prawo pracy i ubezpieczeń społecznych, S. 358; Wratny/Kotowska/Szczot, Nowy Kodeks Pracy, Art. 84, S. 98; sehr deutlich schon vor dem Inkrafttreten des Arbeitsgesetzbuchs Święcicki, Prawo wynagrodzenia za pracę, S. 17.

949 SN, Urt. v. 04.04.2000, Az. I PKN 516/99 (lex); Baran/*Dörre-Nowak*, Prawo pracy i ubezpiecześ społecznych, S. 321.

950 Liszcz, Prawo pracy, S. 305; Florek/*Wagner*, Kommentar zu k.p., Art. 84, Anm. 2; Wratny/Kotowska/Szczot, Nowy Kodeks Pracy, Art. 84, S. 98.

951 Święcicki, Prawo wynagrodzenia za pracę, S. 24, der die Bedeutsamkeit des Arbeitsentgelts für den Arbeitnehmer und seine Familie sowie für die sozialistische Gesellschaft betont. Święcicki begründet die These, dass das Arbeitsentgelt regelmäßig die alleinige Einnahmequelle ist, damit, dass im sozialistischen Staat Einkünfte aus Grund und Kapital mit der Abschaffung von »kapitalistischen« Eigentumsformen und der wirtschaftlichen Ungleichheit zurückgedrängt werden (S. 12).

952 Florek/Zieliński, Prawo pracy, S. 192, Rn. 279; Małyszek, S. 136, Rn. 334.

953 Majewska, Potrącenia z wynagrodzeń i zasiłków, S. 1.

954 Baran/*Walczak*, Prawo pracy i ubezpieczeń społecznych, S. 367–368.

955 Florek/*Wagner*, Kommentar zu k.p., Art. 84, Anm. 1; Gersdorf/Raczkowski/Rączka/*Rączka*, Kommentar zu k.p., Art. 84, Anm. 2.

geltlichkeit der Arbeitsleistung ist ein charakteristisches Merkmal des Arbeitsverhältnisses[956].

2.   Der Tatbestand des Verbots

Verboten ist der Verzicht auf oder die Übertragung von Rechten auf Arbeitsentgelt (*prawo do wynagrodzenia*).

a)   Grundsätzliches zur Gesetzesauslegung

Das polnische Recht kennt drei Auslegungsmethoden, die logisch-grammatikalische, die systematische und die funktionelle Auslegung. Es handelt sich
dabei um die Interpretation der Gesetzestexte *sensu stricto*[957]. Bei der Auslegung
ist zuerst die logisch-grammatikalische Methode anzuwenden. Wenn ihr Ergebnis mit dem Grundsatz des rationalen Gesetzgebers und dem Gesetzeszweck
nicht zu vereinbaren ist, ist zu der systematischen und funktionellen Ausle-
gungsmethode zu greifen.[958]

Schlussfolgerungen, die aus den Rechtsnormen, die durch Auslegung er-
mittelt werden konnten, gezogen werden, werden als Auslegung *sensu largo*
bezeichnet[959]. Hierzu zählt insbesondere die Analogie und die teleologische
Reduktion, die im deutschen Recht als Rechtsfortbildung gelten[960].

Die allgemeine herkömmliche Auslegungslehre gilt auch für das Arbeitsrecht,
da es sich um ein Teilgebiet des Privatrechts handelt. Die Besonderheiten des
Arbeitsrechts sind jedoch unter Beachtung der arbeitsrechtlichen Grundsätze
angemessen zu berücksichtigen.[961]

b)   Generell zum Begriff des Arbeitsentgelts (wynagrodzenie)

Der polnische Gesetzgeber hat selbst keine Legaldefinition des Arbeitsentgelt-
begriffs vorgegeben[962].

Aus Art. 22 § 1, 94 Nr. 5, 282 § 1 Nr. 1 k.p. folgt, dass der Arbeitgeber durch

---

956 So schon Święcicki im Jahr 1963, Prawo wynarodzenia za pracę, S. 16; Muszalski/*Muszalski*,
     Kommentar zu k.c., Art. 84, Anm. 1; Baran/*Ćwiertniak*, Prawo pracy i ubezpieczeń spo-
     łecznych, S. 64; Kowalczyk unter Hinweis auf das römische Recht, ZNURz 2014, Heft 82,
     S. 67.
957 Zieliński, Wykładnia prawa, S. 44, Rn. 69.
958 SN, Urteil vom 12.12.2013, Az. I PK 135/13; strittig ist, ob tatsächlich eine Reihenfolge bei
     den Auslegungsmethoden eingehalten werden muss, vgl. dazu Bar/Wudarski/*Małolepszy*,
     S. 735 ff.
959 Zieliński, Wykładnia prawa, S. 44, Rn. 69.
960 Vgl. Bar/Wudarski/*Małolepszy*, S. 742.
961 Vgl. zur Anwendbarkeit der Methoden der Gesetzesauslegung im Arbeitsrecht etwa SN,
     Urteil vom 12.12.2013, Az. I PK 135/13.
962 Kosztyła, EP, Nr. 3, 2017, S. 13 ff. (14).

das Eingehen eines Arbeitsverhältnisses verpflichtet wird, dem Arbeitnehmer für seine Arbeit Arbeitsentgelt zu zahlen. Art. 13 k.p. bestimmt, dass der Arbeitnehmer ein Recht auf ein angemessenes Arbeitsentgelt hat. Daraus erwächst für den Arbeitnehmer ein Anspruch auf Erhalt der gesetzlich geregelten Mindestvergütung[963]. Das Arbeitsentgelt steht dem Arbeitnehmer grundsätzlich nur für verrichtete Arbeit zu, Art. 80 S. 1 k.p. Aber gem. Art. 80 S. 2 k.p. besteht dann ein Anspruch auf Arbeitsentgelt für Zeiten, in den der Arbeitnehmer keine Arbeit verrichtet hat, wenn es Vorschriften des Arbeitsrechts vorsehen.

Die Literatur bestimmt den Begriff des Arbeitsentgelts weit als eine obligatorische und vermögensmehrende Gegenleistung des Arbeitgebers an seinen Arbeitnehmer aus dem Arbeitsverhältnis, die periodisch für verrichtete Arbeit (oder für Zeiten nicht verrichteter Arbeit, wenn dies die Vorschriften des Arbeitsrechts vorsehen[964]) erbracht wird und zu ihr gleichwertig ist[965].

Nicht erfasst ist deshalb Entgelt, das keine Gegenleistung für die verrichtete Arbeit darstellt, wie etwa Entschädigungs- und Ausgleichsleistungen (*świadczenia odszkodowawcze i wyrównawcze*), weil sie nicht für verrichtete Arbeit erfolgen, sondern einen Verlust im Vermögen des Arbeitnehmers ausgleichen sollen[966]. Keine Gegenleistung stellt Schadensersatz wegen fehlerhafter Kündigung oder Auflösung des Arbeitsvertrages (*odszkodowania z tytułu wadliwego wypowiedzenia lub rozwiązania umowy o pracę*) sowie die Vergütung wegen Arbeitslosigkeit gem. Art. 47 k.p. (*wynagrodzenie za czas pozostawania bez pracy*) dar.

Die Abfindung (*odprawa*), die eine Einmalzahlung und damit keine periodisch zu erbringende Leistung darstellt, ist ebenfalls kein Arbeitsentgelt[967].

Zum weiten Arbeitsentgeltbegriff i. S. d. Art. 80 S. 2 k.p. ist insbesondere das Urlaubsentgelt zu nennen.

Zu den Bestandteilen des Arbeitsentgelts zählen die Grundvergütung (*wynagrodzenie zasadnicze*), die zusätzlichen ergänzenden und unselbständigen Arbeitsentgeltbestandteile (*dodatkowe składniki wynagrodzenia za pracę*), wie z. B. Prämien und Provisionen, sowie Zuschläge zur Grundvergütung (*dodatki do wynagrodzenia podstawowego*)[968]. Zu den Zuschlägen gehören insbesondere der Zuschlag für geleistete Überstunden (Art. 151[1] k.p.) und der

---

963 SN, Urt. v. 29.05.2006, Az. I PK 230/05; Baran/*Dörre-Nowak*, Prawo pracy i ubezpieczeń społecznych, S. 358.

964 Vgl. dazu Art. 80 S. 2 k.p.

965 Gersdorf/Raczkowski/Rączka/*Rączka*, Kommentar zu k.p. Art. 78, Anm. 1; Florek/Zieliński, Prawo pracy, S. 184, Rn. 264.

966 Florek/Zieliński, Prawo pracy, S. 183, Rn. 264.

967 Gersdorf/Raczkowski/Rączka/*Rączka*, Kommentar zu k.p., Art. 78, Anm. 1 a.E.

968 Florek/Zieliński, Prawo pracy, S. 189–192, Rn. 273–278.

Zuschlag zum Ausgleich von Vergütungskürzungen z.B. i.S.d. Art. 230 und Art. 231[969].

c)   Von Art. 84 k.p. erfasstes Recht auf Arbeitsentgelt
Es ist näher zu bestimmten, welches Recht auf Arbeitsentgelt geschützt wird.

aa)   Der Arbeitsentgeltbegriff
Der Arbeitsentgeltbegriff des Art. 84 k.p. ist weiter gefasst als der oben dargestellte Begriff. Darunter fallen neben dem oben bestimmten Arbeitsentgelt Leistungen, die mit der Arbeit verbunden und im dritten Abschnitt des Arbeitsgesetzbuchs (Art. 77^1 - 93) geregelt sind[970].

Insbesondere werden Abfindungen, wie die Abfindung wegen Renteneintritts[971] von der Vorschrift erfasst[972].

Es werden alle Bestandteile des Vergütungsanspruchs geschützt, nicht nur die Grundvergütung[973]. Dazu gehören insbesondere Urlaubsabgeltungsansprüche und Entgeltfortzahlungsansprüche wegen Arbeitsunfähigkeit[974].

bb)   Das Recht auf Arbeitsentgelt (prawo do wynagrodzenia)
Das Recht auf Arbeitsentgelt ist ein wesentlicher Bestandteil des Arbeitsverhältnisses (Art. 22 § 1, Art. 29 § 1 k.p.)[975]. Unter diesem Begriff wird nach überwiegender Ansicht in der Literatur die Gesamtheit der subjektiven Rechte auf Bezahlung (Berechtigungen) erfasst, die dem Arbeitnehmer aus dem Arbeitsvertrag oder aus anderen Rechtsakten zustehen, die ein Arbeitsverhältnis begründen, ferner der konkrete Arbeitsverdienst sowie die einzelnen Vergütungsansprüche aus dem Arbeitsverhältnis (*roszczenia o poszczególne wynagrodzenia z tytułu stosunku pracy*)[976].

---

969 Florek/Zieliński, Prawo pracy, S. 188–192, Rn. 272–278.
970 Vgl. SN, Urt. v. 06.01.2009, Az. II PK 117/08, 3. Leitsatz. Eine noch weitergehende Auslegung befürwortete dasGericht noch im Urteil vom 20.06.2006, Az. II PK 17/05. Danach waren alle Leistungen auf Grundlage von arbeitsrechtlichen Vorschriften gem. Art. 9 § 1 k.p. erfasst, wenn sie die gleiche Funktion wie das Arbeitsentgelt erfüllten.
971 SN, Urt. v. 03.02.2006, Az. II PK 161/05.
972 SN, Urt. v. 17.02.2006, Az. II PK 235/04.
973 Vgl. SN, Urt. v. 03.02.2006, Az. II PK 161/05; SN, Urt. v. 02.02.2001, Az. I PKN 225/00; WSA in Bydgoszcz, Urt. v. 10.09.2008, Az. II SA/Bd 527/08; Muszalski/*Muszalski*, Kommentar zu k.c., Art. 84, Anm. 1.
974 SN, Urt. v. 03.02.2006, Az. II PK 161/05; SN, Urt. v. 02.02.2001, Az. I PKN 225/00; WSAin Bydgoszcz, Urt. v. 10.09.2008, Az. II SA/Bd 527/08; zu den Urlaubsabgeltungsansprüchen bereits SN, Urt. v. 11.06.1980, Az. I PR 43/80; Jackowiak/*Piankowski*, Kommentar zu k.p., Art. 84, Anm. 6.
975 Wratny/Kotowska/Szczot, Nowy Kodeks Pracy, Art. 84, S. 98.
976 Str., so Florek/*Wagner*, Kommentar zu k.p., Art. 84, Anm. 4; Mojak, Obrót wierzytelnościami, S. 31ff.; Pietrzykowski/*Mojak*, Kommentar zu k.c., Art. 509, Rn. 23; Kidyba/

Eine andere Ansicht vertritt Mularski[977] und vertrat noch Wratny in seinem Kommentar zum Arbeitsgesetzbuch aus dem Jahr 1996. Nach Wratny erfasste Art. 84 k.p. alle Rechte auf Bezahlung, die dem Arbeitnehmer im Voraus aus dem Arbeitsverhältnis zustehen. Die im jeden Berechnungszeitraum neu entstehenden Vergütungsansprüche seien demgegenüber von den Verboten des Art. 84 k.p. nicht erfasst.[978] In seinen Aktualisierungen zum o.g. Kommentar schließt sich Wratny jedoch unter Hinweis auf die Rechtsprechung des Obersten Gerichts vom 03.02.2006 an die zuvor genannte Ansicht an. Das Gericht entschied, dass das Verbot nicht nur den Verzicht auf das ganze Recht, sondern auch auf einen Teil des Rechts auf Vergütung erfasse[979].

d) Begriff des Verzichts und der Übertragung

Eine Legaldefinition der Begriffe ›verzichten‹ (*zrzec się*) und ›übertragen‹ (*przenieść*) sieht das Gesetz nicht vor.

aa) Verzicht

Unter Verzicht werden alle Willenserklärungen des Arbeitnehmers, unabhängig von ihrer Bezeichnung, erfasst, deren Resultat es ist[980] bzw. die darauf abzielen[981], dass der Arbeitnehmer – unmittelbar oder mittelbar – auf sein Arbeitsentgelt verzichtet. Die Willenserklärungen können sich auf das Arbeitsentgelt für bereits verrichtete Arbeit beziehen oder zukünftiges Arbeitsentgelt erfassen[982].

Im erstgenannten Fall stellt der Verzicht einen Schuldenerlass gem. Art. 508 k.c. dar. Der Schuldenerlass setzt eine bereits bestehende Schuld voraus[983]. Gem. Art. 508 k.c. erlischt die Verpflichtung, wenn der Gläubiger dem Schuldner die Schuld erlässt und der Schuldner den Erlass annimmt. Art. 84 k.p. verbietet den Abschluss eines solchen Erlassvertrages[984]. Er führt im Ergebnis zur Unentgeltlichkeit der verrichteten Arbeitsleistung, was dem unabdingbaren Grundsatz der Entgeltlichkeit der Arbeit widersprechen würde.

Der Verzicht auf zukünftiges Arbeitsentgelt verpflichtet den Arbeitnehmer zu

---

Kozieł, Kommentar zu k.c. (zobowiązania – część ogólna), Art. 509, Anm. 26; a. A. vertritt Gutowski/*Mularski*, Kommentar zu k.c., Art. 509, Rn. 22, wonach die fälligen Vergütungsansprüche nicht vom Übertragungsverbot des Art. 84 k.p. erfasst sein sollen.

977 Gutowski/*Mularski*, Kommentar zu k.c., Art. 509, Rn. 22.

978 Wratny/Kotowska/Szczot, Nowy Kodeks Pracy 1996, Art. 84, S. 99; so im Ergebnis auch Gutowski/*Mularski*, Kommentar zu k.c., Art. 509, Rn. 22.

979 Wratny, Kommentar zu k.p., Art. 84, Anm. 3.

980 Gersdorf/Raczkowski/Rączka/*Rączka*, Kommentar zu k.p., Art. 84, Anm. 2; Świątkowski, k.p., Art. 84, Anm. 2.

981 Florek/*Wagner*, Kommentar zu k.p., Art. 84, Anm. 1; SN, Urt. v. 03.02.2006, Az. II PK 161/05.

982 Gersdorf/Raczkowski/Rączka/*Rączka*, Kommentar zu k.p., Art. 84, Anm. 2.

983 SN, Urt. v. 13.11.2003, Az. IV CK 202/02.

984 Gersdorf/Raczkowski/Rączka/*Rączka*, Kommentar zu k.p., Art. 84, Anm. 2.

unentgeltlicher Arbeitsleistung[985] und verstößt daher unmittelbar gegen den zwingenden Grundsatz der Entgeltlichkeit der Arbeit.

Auch der Verzicht auf bereits fällige[986] Vergütung wird nicht zugelassen.

Das Gesetz sieht keine Ausnahmen von dem Verzichtsverbot vor[987].

Die Bevollmächtigung einer anderen Person zur Entgegennahme des Arbeitsentgelts stellt keinen Verzicht auf die Vergütung dar[988].

bb)   Übertragung

Der Begriff der Übertragung (*przeniesienie*) umfasst als zur höheren Begriffskategorie gehörend die Begriffe des Abtretens (*przelew*) und andere Arten der Übertragung von Rechten[989].

(1)   Verbot der rechtsgeschäftlichen Übertragung

Die Vorschrift beschränkt das Disponieren-Können des Arbeitnehmers über sein eigenes Arbeitsentgelt[990].

Die Beschränkung der Dispositionsfreiheit bezieht sich nur auf das noch nicht erfüllte Recht auf Arbeitsentgelt. Über das ausbezahlte Arbeitsentgelt darf der Arbeitnehmer frei verfügen.[991]

Das Recht auf Arbeitsentgelt kann insbesondere nicht Gegenstand eines Pfandrechts sein, auch wenn die Verpfändung nicht ausdrücklich in Art. 84 k.p. geregelt wurde. Aus Art. 327 k.c. folgt, dass Gegenstände eines Pfandes nur Rechte sein können, die veräußerbar (*zbywalne*) sind. Art. 84 k.p. bestimmt, dass der Arbeitnehmer das Recht auf Arbeitsvergütung nicht übertragen darf. In Verbindung mit dem Grundsatz der unabdingbaren Entgeltlichkeit des Arbeitsverhältnisses bedeutet dies, dass das Recht nicht Gegenstand eines Pfandes sein kann.[992]

Einhellig ist die Ansicht in der Literatur, dass es sich bei Art. 84 k.p. um ein Verbot rechtsgeschäftlicher Übertragung handelt.

Wagner ist der Ansicht, dass mit dem Verbot alle Willenserklärungen des Arbeitnehmers erfasst seien, die darauf gerichtet sind, das Recht auf Arbeits-

---

985 Florek/*Wagner*, Kommentar zu k.p., Art. 84, Anm. 1.
986 Liszcz, Prawo pracy, S. 309.
987 Wratny, Kommentar zu k.c., Art. 84, Anm. 3.
988 Muszalski/*Muszalski*, Kommentar zu k.c., Art. 84, Anm. 2.
989 Olejniczak/*Zawada*, SPP, Band 6, S. 1334, 1335, § 48, Rn. 1 ff. (legalis).
990 Liszcz, Prawo pracy, S. 309; Wratny/Kotowska/Szczot, Nowy Kodeks Pracy, Art. 84, S. 98.
991 Świątkowski, Kommentar zu k.p., Art. 84, Rn. 1; Florek/*Wagner*, Kommentar zu k.p., Art. 84, Anm. 4; Gersdorf/Raczkowski/Rączka/*Rączka*, Kommentar zu k.p., Art. 84, Anm. 5.
992 Gersdorf/Raczkowski/Rączka/*Rączka*, Kommentar zu k.p., Art. 84, Anm. 3.

entgelt auf eine andere Person zu übertragen[993]. Er stellt damit auf die rechtsgeschäftliche Rechtsübertragung ab.

Nach Ansicht von Gersdorf erfasse das Übertragungsverbot den Abschluss eines Vertrages über die Abtretung des Rechts auf Arbeitsentgelt i. S. d. Art. 509 k.c. Es handele sich um ein Abtretungsverbot.[994]

Szpunar spricht davon, dass Art. 84 k.p. ein unabdingbares Verbot der Abtretung von Arbeitsentgeltansprüchen enthalte (*»bezwzględny zakaz przelewu wierzytelności o wynagrodzenie za pracę«*[995]).

Mularski beschränkt das Übertragungsverbot auf das Rahmenrecht auf Vergütung aus dem Arbeitsverhältnis sowie auf die einzelnen zukünftigen Vergütungsansprüche. Die bereits fälligen Vergütungsansprüche sollen demgegenüber nicht dem Übertragungsverbot unterfallen. Als Begründung führt er an, dass es sich bei Art. 84 k.p. um eine Ausnahmevorschrift handele, die nicht weit ausgelegt werden dürfe. Zweitens sei dabei zu berücksichtigen, dass in der polnischen Rechtsordnung Vorschriften (insbesondere Art. 28 und 29 k.r.o.)[996] existieren, die eine ähnliche gesellschaftliche Wirkung wie eine Abtretung von Arbeitsvergütungsansprüche haben. Arbeitsvergütungsansprüche unterfallen auch der Zwangsvollstreckung. Schließlich würde die Zulassung der Abtretung von Vergütungsansprüchen den Interessen der Arbeitnehmer dienen, insbesondere bei Zweifeln über die Zahlungsfähigkeit des Arbeitgebers.[997] Mularski vertritt daher die Ansicht, dass die Frage nach der Zulässigkeit der Abtretung von Arbeitsentgeltansprüchen im Einzelfall zu entscheiden sei, indem man den zugrundeliegenden Vertrag unter dem Gesichtspunkt der Vereinbarkeit mit den Grundsätzen des gesellschaftlichen Zusammenlebens (Art. 5 k.c.) betrachten soll. Die Natur des Arbeitsverhältnisses (Art. 300 k.p.) verbiete jedoch die Abtretung zukünftiger Arbeitsentgeltansprüche.[998]

Unklar und umstritten ist aber vor allem die Frage, ob Art. 84 k.p. die Übertragung kraft Gesetzes verbietet.

(2)   Verbot der cessio legis?

Ein Verbot der cessio legis durch Art. 84 k.p. hätte zur Folge, dass eine Vorfinanzierung von Arbeitsentgelt an dem Verbot scheitern müsste.

Die Möglichkeit der Anwendung des Art. 518 k.c. auf Arbeitsentgeltforde-

---

993 Florek/*Wagner*, Kommentar zu k.p., Art. 84, Anm. 3.

994 Gersdorf/Raczkowski/Rączka/*Rączka*, Kommentar zu k.p., Art. 84, Anm. 3; So schon Czachórski/Radwański/*Łętowska*, SPC 1981, Band III, Teil 1, S. 904.

995 Szpunar, Wstąpienie, S. 181.

996 Abkürzung für Kodeks rodzinny i opiekuńczy, das Familien- und Betreuungsgesetzbuch, Dz.U. 1964 Nr. 9, Pos. 59 m.Ä.

997 Gutowski/*Mularski*, Kommentar zu k.c., Art. 509, Rn. 22.

998 Gutowski/*Mularski*, Kommentar zu k.c., Art. 509, Rn. 22.

rungen ist auch wegen des in Art. 87 k.p. geregelten Verrechnungsverbots umstritten.[999]

(a)   Rechtsprechung

Die Rechtsprechung befasste sich bisher mit Subrogationen von Arbeitsentgeltforderungen auf selbständige Anstalten der öffentlichen Gesundheitsfürsorge (*samodzielne publiczne zakłady opieki zdrowotnej*)[1000]. Danach hat eine selbständige Anstalt der öffentlichen Gesundheitsfürsorge, die aus der öffentlichen Gesundheitsfürsorgeanstalt, geführt als Organisationseinheit des öffentlichen Sektors (*publiczny zakład opieki zdrowotnej prowadzony w formie jednostki budżetowej Skarbu Państwa*), entstanden ist, einen Rückzahlungsanspruch gegen den Fiskus aus Art. 518 k.c., wenn sie Arbeitsentgeltansprüche aus dem Zeitraum vor der Umwandlung erfüllt[1001]. Sie zahlt auf eine fremde Schuld i. S. d. Art. 518 § 1 Nr. 1 k.c.[1002]

Die Rechtsprechung ist allerdings insoweit widersprüchlich, als dass sie andererseits Zweifel an der Anwendbarkeit des Art. 518 k.c. in Bezug auf Arbeitsentgeltansprüche hat[1003].

Eine Übertragung von Arbeitsentgeltforderungen auf Privatpersonen war, soweit erkennbar, bisher nicht Gegenstand der Rechtsprechung.

(b)   Ansichten in der Literatur

Gegen die Zulassung der Subrogation von Arbeitsentgeltansprüchen wird vorgebracht, dass das gesetzliche Übertragungsverbot ein generelles Verbot des Wechsels der Inhaberschaft der Arbeitsentgeltforderungen beinhalte. Würde man die Subrogation zulassen, würde man dieses Verbot umgehen[1004]. Es würde gegen den Grundsatz des rationalen Gesetzgebers verstoßen, wenn der Gesetz-

---

999   SN, Urt. v. 13.03.2014, Az. I PK 157/13.

1000   Vgl. SN, Urt. v. 26.01.2005, Az. V CK 407/04, in dem es heißt: »*Jeśli samodzielny publiczny zakład opieki zdrowotnej spełni świadczenia z tytułu wynagrodzenia pracownika,...*, *powstałe w okresie przed przekształceniem zakładu, to spłaca cudzy dług w rozumieniu art. 518 § 1 pkt 1 k.c.*« (Übersetzung der Verf. »Wenn eine selbständige Anstalt der öffentlichen Gesundheitsfürsorge die Arbeitsentgeltforderungen erfüllt, die vor der Umwandlung des Anstalt entstanden sind, dann zahlt sie eine fremde Schuld i. S. des Art. 518 § 1 Nr. 1 k.c. ab.«; SN, Beschluss v. 8.10.2003, Az. III CZP 64/03; SA in Białystok, Urt. v. 6.11.2001, Az. I ACA 412/01 (lex); s. auch Pietrzykowski/*Mojak*, Kommentar zu k.c., Art. 518, Rn. 15.

1001   SN, Beschl. v. 8.10.2003, Az. III CZP 64/03; SA in Białystok, Urt. v. 6.11.2001, Az. I ACA 412/01 (jew. lex).

1002   SN, Urt. v. 26.01.2005, Az. V CK 407/04 (lex).

1003   SN, Urt. v. 23.04.2004, Az. I CK 581/03 (lex).

1004   Ciszewski/*Sikorski*, Kommentar zu k.c., Art. 518, Anm. 16.

geber einerseits die Zession gesetzlich verbieten und auf der anderen Seite den Gläubigerwechsel kraft Gesetzes zulassen würde[1005].

Ein weiteres Argument lautet, dass das Recht auf Arbeitsentgelt generell nicht übertragbar (*nieprzenoszalne*) sei[1006].

Nach Szpunar kann die Frage, ob die im Gesetz vorgesehenen Abtretungs-verbote zugleich bedeuten sollen, dass auch die Subrogation verboten sein soll, nicht einheitlich beantwortet werden[1007].

Es sei jeweils der Zweck der Gesetze, die die Abtretbarkeit der Forderungen verbieten, zu berücksichtigen[1008]. Regelmäßig wird allerdings der Schutzzweck des gesetzlichen Abtretungsverbots erfüllt, wenn der Gläubiger durch einen Dritten befriedigt wird[1009].

(c)   Stellungnahme

Der eindeutige Wortlaut der Vorschrift, wonach »der Arbeitnehmer« sein Recht auf Vergütung nicht übertragen darf, spricht gegen die Ausweitung des Verbots auf Übertragungen kraft Gesetzes. Die Fokussierung des Gesetzeswortlauts auf die Übertragung durch den Arbeitnehmer zeigt, dass nur solche Übertragungen verboten sein sollen, die durch seine Person erfolgen. Daraus ist abzuleiten, dass das Recht auf Arbeitsvergütung nicht veräußerbar ist. Eine generelle Unüber-tragbarkeit des Rechts ergibt sich nicht aus dem Gesetzeswortlaut.

Auch die systematische Auslegung (*wykładnia systemowa*) spricht gegen eine Anwendung des Art. 84 k.p. auf Legalzessionen. Nach einem der Grundsätze der systematischen Auslegung darf eine Rechtsvorschrift nicht so interpretiert werden, dass sie aufgrund der Interpretation zu anderen Vorschriften im Wi-derspruch stünde. Der Grundsatz der Einheitlichkeit der Rechtsordnung ist zu berücksichtigen.[1010]

Zu einem logischen Widerspruch würde es aber kommen, wenn einerseits Art. 84 k.p. den Rechtsübergang verbieten und andererseits Art. 23 Abs. 1 u.o.r.p. einen solchen erlauben soll.

In der polnischen Rechtsordnung finden sich in Art. 28, 29 k.r.o. Vorschrif-ten, die es erlauben, dass der Ehegatte des Arbeitnehmers bei Vorliegen der Voraussetzungen die Auszahlung des Arbeitsentgelts an sich verlangen kann.

1005 Ciszewski/*Sikorski,* Kommentar zu k.c., Art. 518, Anm. 16.
1006 Góral/Nowak, Wynagrodzenie za pracę, S. 149; Tomanek, Anmerkung zum SN, Urt. v. 27.07.2006, Az. III CSK 88/06, Fußnote 6.
1007 Szpunar, Wstąpienie, S. 181.
1008 Szpunar, Wstąpienie, S. 182.
1009 Szpunar, Wstąpienie, S. 181.
1010 Morawski, Wstęp do prawoznawstwa, S. 177.

Diese Vorschriften haben eine ähnliche Wirkung wie die Subrogation oder gar Abtretung[1011].

Rechtssystematisch kann Art. 84 k.p. daher nur dahin gehend ausgelegt werden, dass es nicht die Anwendbarkeit des Art. 518 k.c. auf Arbeitsentgeltansprüche ausschließt.

Es widerspräche zudem dem allgemeinen Grundsatz des rationellen Gesetzgebers, würde der Gesetzgeber einerseits die Subrogation von Arbeitsentgeltansprüchen im Gesetz zulassen und sie andererseits für unzulässig erklären.

Die Regelung des Art. 23 Abs. 1 u.o.r.p. macht deutlich, dass Arbeitsentgeltansprüche nicht unübertragbar sind.

Schließlich spricht auch die funktionale Auslegung (*wykładnia funkcjonalna*) gegen die Erstreckung des in Art. 84 k.p. normierten Verbotes auf Legalzessionen. Der Arbeitnehmerschutz wird durch den Rechtsübergang kraft Gesetzes bei Zahlungsunfähigkeit des Arbeitgebers nicht beeinträchtigt, sondern sogar erhöht[1012]. Der Arbeitnehmer erhält durch die Erfüllung seines Arbeitsentgeltanspruchs durch einen Dritten das, was ihm durch Art. 84 k.p. gesichert werden soll. Die Ausweitung des in Art. 84 k.p. enthaltenen Verbots auf Fälle der Subrogationen würde vielmehr dazu führen, dass der mit dieser Vorschrift bezweckte Schutz des Arbeitnehmers ins Gegenteil verkehrt wird.

Gegen eine Erweiterung des Verbotes auf die Legalzession spricht auch, dass es sich um eine Ausnahmevorschrift in der polnischen Rechtsordnung handelt. Grundsätzlich sind Forderungen auf andere Personen übertragbar[1013].

Vor dem historischen Hintergrund des Verbots ist eine Beschränkung des Verbots auf rechtsgeschäftliche Übertragungen geboten.

In der sozialistischen Gesellschaft sollte der Verdienst regelmäßig die einzige Einnahmequelle des Arbeitnehmers sein[1014], da selbständiges Gewerbe nicht gewollt war. Um die Existenz des Arbeitnehmers zu schützen, war ein besonders hoher Schutz des Arbeitsentgelts erforderlich und eine weite Auslegung des Verbots geboten. Eine (Vor-)Finanzierung der Arbeitsentgelte durch private Dritte war vor dem Hintergrund, dass die meisten Arbeitgeber verstaatlicht waren, auch gar nicht denkbar. Eine Ausnahme von dem Verzichts- und Übertragungsverbot war deshalb nicht erforderlich und auch nicht vorgesehen.

Erst die politische Veränderung zur freien Marktwirtschaft hat die Möglichkeit der Vorfinanzierung von Verdiensten durch Dritte (meist Banken) er-

---

1011 Vgl. bzgl. der Abtretung Gutowski/*Mularski*, Kommentar zu k.c., Art. 509, Rn. 22.

1012 So auch Mularski in Bezug auf die Abtretung von Vergütungsansprüchen im Falle der Zahlungsunfähigkeit des Arbeitgebers, vgl. Gutowski/*Mularski*, Kommentar zu k.c., Art. 509, Rn. 22.

1013 Gutowski/*Mularski*, Kommentar zu k.c., Art. 509, Rn. 27. Mularski spricht sich in diesem Zusammenhang für das Auslegungskriterium »*in dubio pro favorem cedendo*« aus.

1014 Święcicki, Prawo wynagrodzenia za pracę, S. 12.

öffnet. Diesen Veränderungen wird eine weite Auslegung des Art. 84 k.p. nicht mehr gerecht.

Schließlich stimmt es auch mit den Grundsätzen des gesellschaftlichen Zusammenlebens (*zasady współżycia społecznego*) gem. Art. 354 § 1 k.c. i.V.m. Art. 300 k.p., überein, wenn ein in eine wirtschaftliche Krise geratener Arbeitgeber sich der finanziellen Hilfe eines Dritten bedient, um wenigstens auf diese Weise seine Arbeitnehmer vor den negativen Auswirkungen der Krise zu bewahren.

(3)   Zwischenergebnis

Art. 84 k.p. ist entsprechend seinem Sinn und Zweck dahin gehend auszulegen, dass es nicht die Übertragung des Arbeitsentgeltanspruchs kraft Gesetzes verbietet. Die Arbeitsentgeltforderungen sind demnach nicht unübertragbar. Art. 84 k.p. regelt lediglich die rechtsgeschäftliche Unübertragbarkeit der Ansprüche.

e)   Umfang des Verbots und gesetzliche Ausnahmen

Verboten ist sowohl der Verzicht bzw. die Übertragung auf die gesamten als auch auf einen Teil der Ansprüche[1015]. Das Verbot erfasst nur die rückwirkende Reduzierung der Vergütung, nicht jedoch die Absprachen über die Herabsetzung der Vergütung für die Zukunft[1016]. Der Vergütungsanspruch darf dabei noch nicht entstanden sein[1017].

Weiter ist das Verbot nicht dispositiv[1018], sondern vielmehr unabdingbar (*»zakaz bezwzględny«*)[1019]. Es erfasst auch Willenserklärungen des Arbeitnehmers, die im Rahmen eines gerichtlichen[1020] oder außergerichtlichen[1021] Vergleichs[1022] abgegeben werden.

Eine Verpflichtung des Arbeitnehmers, zukünftig keine Arbeitsentgeltan-

---

1015 SN, Urt. v. 03.02.2006, Az. II PK 161/05; Muszalski/*Muszalski*, Kommentar zu k.c., Art. 84, Anm. 1.

1016 SN, Urt. v. 13.03.2014, Az. I PK 189/13; SN, Urteil vom 25.04.2014, Az. II PK 192/13; Majewska, Potrącenia z wynagrodzeń i zasiłków, S. 2.

1017 SN, Urt. v. 13.03.2014, Az. I PK 189/13 (Leitsatz).

1018 SN, Urt. v. 17.02.2005, Az. II PK 235/04 sowie Urteil vom 03.02.2006, Az. II PK 161/05.

1019 Wratny/Kotowska/Szczot, Nowy Kodeks Pracy, Art. 84, S. 98.

1020 SN, Urt. v. 03.02.2006, Az. II PK 161/05.

1021 SA in Warschau, Urt. v. 28.03.1996, Az. III Apr 11/96.

1022 Muszalski/*Muszalski*, Kommentar zu k.c., Art. 84, Anm. 1. Dies ist insbesondere in Bezug auf einen gerichtlichen Vergleich oder einen Vergleich im Rahmen einer Mediation streitig, weil der so geschlossene Vergleich gem. Art. 469 k.p.c. der gerichtlichen Kontrolle in Bezug auf die Vereinbarkeit mit den berechtigten Arbeitnehmerinteressen unterliegt, vgl. Jaśkowski/Maniewska/*Maniewska*, Kommentar zu k.p., Art. 84, Anm. 3.

sprüche gegen seinen Arbeitgeber geltend zu machen (*pactum de non petendo*) verstößt ebenfalls gegen Art. 84 k.p.[1023].

Ausnahmen vom Verzichts- und Übertragungsverbot sind zum Schutz der Familienangehörigen vorgesehen. Gem. Art. 28 k.r.o. kann das Gericht anordnen, dass die Arbeitsvergütung dem in Gemeinschaft mit dem Arbeitnehmer lebenden Ehegatten ausgezahlt wird, wenn der Arbeitnehmer seiner Pflicht nicht nachkommt, zur Befriedigung der familiären Bedürfnisse beizutragen. Eine weitere Ausnahme sieht Art. 29 k.r.o. vor, wonach der mit dem Arbeitnehmer in Gemeinschaft lebende Ehegatte kraft Gesetzes berechtigt ist, die dem Arbeitnehmer zustehende Vergütung entgegenzunehmen, wenn dieser aufgrund eines vorübergehenden Hindernisses die Vergütung nicht persönlich entgegennehmen kann und der Entgegennahme durch den Ehegatten nicht widersprochen hat.[1024]

3. Die Rechtsfolgen des Verbots

a) Allgemeine Rechtsfolgen

Ein gegen dieses Verbot verstoßende Rechtsgeschäft ist kraft Gesetzes unwirksam[1025]. Es ist gem. Art. 58 § 1 k.c. i.V.m. Art. 300 k.p. nichtig (*nieważność bezwzględna*)[1026]. Es verstößt auch gegen den Grundsatz der Arbeitnehmerprivilegierung aus Art. 18 § 2 k.p.

Die Unwirksamkeit betrifft auch Handlungen des Arbeitnehmers, die die Umgehung des Verbots zum Ziel haben[1027].

Aufgrund dessen bleibt der Arbeitgeber weiterhin verpflichtet, die Arbeitsvergütung an den Arbeitnehmer auszuzahlen[1028]. Allerdings kann die Geltendmachung der Vergütungszahlung durch den Arbeitnehmer trotz unwirksamen Verzichts unter bestimmten Umständen einen Rechtsmissbrauch gem. Art. 8 k.p. darstellen[1029].

Ein Verstoß gegen Art. 84 k.p. stellt schließlich gem. Art. 282 § 1 Nr. 1 k.p. eine mit Bußgeld bewährte Ordnungswidrigkeit dar.

1023 SN, Urt. v. 16.10.2009, Az. I PK 89/09.
1024 Jackowiak/*Piankowski*, Kommentar zu k.p., Art. 84, Anm. 5.
1025 SA in Warschau, Urt. v. 28.03.1996, Az. III Apr 11/96; Góral/Nowak, Wynagrodzenie za pracę, S. 149; Świątkowski, Kommentar zu k.p., Art. 84 k.p., Rn. 1.
1026 SA in Warschau, Urt. v. 28.03.1996, Az. III Apr 11/96; Jackowiak/*Piankowski*, Kommentar zu k.p., Art. 84, Anm. 3; einführend zum Begriff »*nieważność względna*« vgl. Ernst/Rachwał/Zoll, S. 162.
1027 Małyszek, S. 137, Rn. 337.
1028 Jaśkowski/Maniewska/*Maniewska*, Kommentar zu k.p., Art. 84, Ziff. 2; Małyszek, S. 137, Rn. 337.
1029 SN, 16.10.2009, Az. I PK 89/09.

b) *Folgen für die Vorfinanzierung von Arbeitsentgelt*

Das Verbot des Art. 84 k.p. verhindert die vertragliche Übertragung der Arbeitsentgeltansprüche auf einen finanzierungsbereiten Dritten. Eine Abtretung der zukünftigen oder bereits fälligen Arbeitsentgeltansprüche zur Sicherung eines Darlehensanspruchs (Kreditierungsverfahren) oder im Rahmen eines Forderungskaufs ist daher nicht möglich.

Der Zweck des Übertragungsverbots liegt darin, dass dem Arbeitnehmer sein Arbeitsentgeltanspruch als Existenzgrundlage belassen wird. Es wäre deshalb zu überlegen, ob das gesetzliche Übertragungsverbot nicht durch teleologische Reduktion eingeschränkt werden müsste, soweit ein Dritter eine Leistung real erbringt, deren Erhalt das Übertragungsverbot sicherstellen will, so dass die Bedürfnisse des Arbeitnehmers, deren Schutz das Übertragungsverbot bezweckt, befriedigt werden. Der BGH hat für das deutsche Recht aus den gleichen Gründen eine teleologische Reduktion der gesetzlichen Abtretungsbeschränkung aus § 400 BGB bejaht[1030].

Eine teleologische Reduktion des Art. 84 k.p. ist allerdings nicht erforderlich, wenn das polnische Recht eine andere Möglichkeit zur Übertragung der Arbeitsentgeltansprüche zwecks Vorfinanzierung bietet.

IV.   Die Legalzession *(subrogacja)*

Gem. Art. 518 § 1 k.c. erwirbt ein Dritter, der den Gläubiger befriedigt, kraft Gesetzes (*ex lege*) die Forderung in Höhe der vorgenommenen Zahlung, wenn einer der in Art. 518 § 1 Nr. 1–4 k.c. abschließend[1031] genannten Tatbestände vorliegt. Entscheidende Rolle spielt der Umstand, dass der Gläubiger befriedigt wird.[1032]

Für die in dieser Vorschrift normierten Fälle der Legalzession ist noch die Bezeichnung der gesetzlichen Subrogation (*subrogacja ustawowa*) geläufig, um sie von der früher im Gesetz über Schuldverhältnisse (*kodeks zobowiązań*) geregelten vertraglichen Subrogation (*wstąpienie umowne*) abzugrenzen.

Bei den in Art. 518 geregelten Fällen handelt es sich um dispositives Recht[1033].

Liegt keiner dieser Tatbestände vor, führt die Erfüllung der Forderung zu ihrem Erlöschen. Der leistende Dritte kann dann lediglich Rechte aus dem seiner

---

1030 Vgl. grundlegend BGH NJW 1952, 337 ff. sowie für das Arbeitsrecht BAG, Urt. v. 21. 11. 2000, Az. 9 AZR 692/99 (juris).

1031 Ciszewski/*Sikorski*, Kommentar zu k.c., Art. 518, Anm. 1.

1032 Vgl. Szpunar, Wstąpienie, S. 21.

1033 Szpunar, Wstąpienie, S. 57 unter Verweis auf Radwański, SPC, Band III, Teil 2, 1976, S. 1076.

Leistung zugrundeliegenden Rechtsgeschäft, wegen ungerechtfertigter Bereicherung[1034] oder Geschäftsführung ohne Auftrag geltend machen.[1035]

Zweck des Rechtsinstituts der *subrogacja* ist es, dem leistenden Dritten einen zusätzlichen Schutz in Form des Forderungserwerbs zu geben[1036]. Das Recht des leistenden Dritten gegenüber dem Schuldner soll dadurch gestärkt werden[1037]. Eine andere Ansicht vertritt Szpunar, wonach Zweck der *subrogacja* die Legalzession selbst sei, sie könne aber auch anderen Zwecken dienen[1038].

Es ist allgemein anerkannt, dass das polnische Zivilrecht *de lege lata* in Art. 518 k.c. nicht eine vertragliche, sondern nur noch die gesetzliche Subrogation zulässt[1039].

Die Wesensmerkmale der gesetzlichen Subrogation liegen darin, dass der Eintritt in die Rechte des Gläubigers kraft Gesetzes in dem Umfang erfolgt, in dem der Leistende die fremde Schuld bezahlt, sowie, dass bei nur teilweiser Befriedigung dem ursprünglichen Gläubiger vorrangige Befriedigung bezüglich der Restforderung zukommt[1040].

Gegenstand des Erwerbs durch den Dritten ist dieselbe Forderung, die dem befriedigen Gläubiger zustand[1041], wobei allgemein anerkannt ist, dass es sich um eine Geldforderung handeln muss[1042].

1.   Überblick über die gesetzlichen Tatbestände der *subrogacja*

Der erste Tatbestand umfasst die Bezahlung einer fremden Schuld durch einen Dritten, für die er persönlich oder dinglich mit bestimmten Vermögensgegen-

---

1034 Czachórski/Radwański/*Łętowska*, SPC 1981, Band III, Teil 1, S. 918.

1035 Rzetecka-Gil, Kommentar zu k.c., Art. 518, Anm. 2; Kawałko/Witczak, pr. cywilne, S. 581, Rn. 5.

1036 Czachórski/Radwański /*Łętowska*, SPC 1981, Band III, Teil 1, S. 918.

1037 Pietrzykowski/*Mojak*, Kommentar zu k.c., Art. 518, Ziff. IV. 2; Czachórski/Brzozowski, Zobowiązania, S. 338.

1038 Szpunar, Wstąpienie, S. 52–53.

1039 Pietrzykowski/Mojak, Kommentar zu k.c., Art. 518, Rn. 2; Szpunar, Wstąpienie, S. 42–43; ders., Rejent 2000, Heft 2 (106), S. 13 ff. (17–18); Ohanowicz, Wstąpienie osoby trzeciej, S. 230; Gniewek/Machnikowski/*Zagrobelny*, Kommentar zu k.c., Art. 518, Rn. 6; Czachórski/Radwański/*Łętowska*, SPC 1981, Band III, Teil 1, S. 919. Nach Ansicht von Bieniek/*Ciepła*, Kommentar zu k.c., Band 1, Art. 518, Anm. 5; Czachórski/Brzozowski, Zobowiązania, S. 365; Kawałko/Witczak, S. 581, Rn. 5; Wilejczyk, SPrP, Heft 1 2016, S. 3 ff. (21) soll allerdings eine vertragliche Subrogation auf Grundlage der Privatautonomie (*zasada swobody umów*) möglich sein.

1040 Pietrzykowski/*Mojak*, Kommentar zu k.c., Art. 518, Ziff. II.

1041 SN, Urt. v. 31.05.1985, Az. III CRN 148/85; SN, Urt. v. 17.07.2003, Az. III CZP 43/03; Pietrzykowski/*Mojak*, Kommentar zu k.c., Art. 518, Ziff. II.

1042 Gniewek/Machnikowski/*Zagrobelny*, Kommentar zu k.c., Art. 518, Rn. 2; Szpunar, Rejent 2000, Heft 2 (106), S. 13 ff. (21); a. A. Ohanowicz, Wstąpienie osoby trzeciej, S. 227 ff (233).

ständen haftet (Art. 518 § 1 Nr. 1 k.c.). Darunter fallen insbesondere Bürgschaft, Pfandrecht, Hypothek[1043].

Gem. Nr. 2 der Vorschrift erwirbt der Leistende die Forderung, wenn ihm ein Recht zusteht, vor dem die beglichene Forderung vorrangig zu begleichen war, sog. *ius offerendi et succedendi*. Erfasst werden damit insbesondere Fälle bei einer höherrangigen Hypothek[1044].

Drittens tritt Forderungsübergang ein, wenn der Zahlende mit schriftlicher Zustimmung des Schuldners zwecks Eintritts in die Rechte des Gläubigers handelt (sog. Konversion, *konwersja*). Die Schriftform ist dabei ein Wirksamkeitserfordernis (Form *ad solemnitatem*). Dieser Fall der *subrogacja* war ursprünglich im Gesetz über Schuldverhältnisse vertraglicher Natur[1045].

Gem. Nr. 4 der Vorschrift erwirbt der Ditte schließlich die erfüllte Forderung, wenn dies besondere Vorschriften vorsehen. Als Hauptbeispiel wird hier Art. 828 k.c. (Regress des Versicherers) genannt[1046].

Gem. Art. 518 § 2 k.c. kann der Gläubiger bei Vorliegen eines der o.g. Tatbestände die Annahme einer schon fälligen Leistung nicht ablehnen. Dem Dritten steht insoweit ein *ius offerendi* (Recht zur Befriedigung bzw. ein Ablösungsrecht) zu[1047].

Ist die Forderung jedoch noch nicht fällig, bedarf der Rechtseintritt zu seiner Wirksamkeit bei allen o.g. Tatbeständen der Zustimmung des Gläubigers[1048].

2.   Speziell zu Art. 518 § 1 Nr. 3 k.c. *(konwersja długu)*

Für die Entwicklung der Möglichkeit einer Vorfinanzierung des Arbeitsentgelts durch einen Dritten ist der in Art. 518 § 1 Nr. 3 k.c. genannten Tatbestand der *konwersja*[1049] von Bedeutung.

Im Unterschied zu den Tatbeständen in Nr. 1 und 2 ist im Fall der *konwersja* eine Zustimmung des Schuldners und damit ein Willenselement erforderlich[1050]. Anders als im Fall des Art. 518 § 1 Nr. 1 k.c. erfasst die *konwersja* Situationen, in

---

1043 Vgl. näher dazu Pietrzykowski/*Mojak*, Kommentar zu k.c., Art. 518, Ziff. III.1–2.
1044 Vgl. näher dazu Pietrzykowski/*Mojak*, Kommentar zu k.c., Art. 518, Ziff. III.3–4.
1045 Ohanowicz, Wstąpienie osoby trzeciej, S. 234; Pietrzykowski/*Mojak*, Kommentar zu k.c., Art. 518, Ziff. III.5.
1046 Pietrzykowski/*Mojak*, Kommentar zu k.c., Art. 518, Rn. 12.
1047 Rzetecka-Gil, Kommentar zu k.c., Art. 518, Anm. 6; Pietrzykowski/*Mojak*, Kommentar zu k.c., Art. 518, Rn. 6; Czachórsk/Radwański/*Łętowska*, SPC 1981, Band III, Teil 1, S. 920.
1048 Gniewek/Machnikowski/*Zagrobelny*, Kommentar zu k.c., Art. 518, Rn. 4.
1049 Der Begriff »*konwersja*« wird nicht einheitlich verwendet, vgl. Szpunar, Wstąpienie, S. 121. In der Wirtschaft bedeutet *konwersja* gewöhnlich eine Schuldumwandlung, vgl. Szpunar, Rejent 2000, Nr. 2 (106), S. 13.
1050 SN, Urt. v. 28.11.2003, Az. IV CK 232/02 (Leitsatz); kritisch zum Zustimmungserfordernis Wilejczyk, SPrP 2016, S. 3ff. (25–26).

denen der Dritte nicht für die Schuld haftet[1051]. Damit handelt es sich um eine Fallgruppe der Legalzession, in der der Forderungsübergang als Folge einer freiwilligen Leistung angeordnet wird. Im deutschen Recht stellt die Anordnung eines Forderungsübergangs als Folge einer freiwilligen Leistung einen Ausnahmefall der Legalzession dar[1052].

Ziel der *konwersja* ist es, die Schuld günstiger für den Schuldner zu gestalten[1053]. Die Verbindlichkeit soll in eine für den Schuldner erträglichere Variante umgewandelt werden, z. B. durch geringere Zinsen, längerfristige Zahlungsziele etc.[1054]

Szpunar weist jedoch darauf hin, dass der Dritte neben dem o.g. Beweggrund, den Schuldner zu entlasten, parallel auch eigene Interessen verfolgen kann, die ihn zum Ausgleich der fremden Schuld bewogen haben[1055]. Indem eine (schriftliche) Zustimmung des Schuldners zur Schuldtilgung erforderlich ist, wird sichergestellt, dass die Konversion im Interesse des Schuldners erfolgt. Auch kann die Konversion im Interesse aller drei Beteiligten liegen, wie dies vor allem bei einer Vorfinanzierung der Fondsleistungen der Fall wäre. Zuzustimmen ist daher Szpunars Ansicht, wonach die Fallgruppe der Konversion weit zu fassen sei, so dass sie im Interesse des Schuldners, des Dritten oder beider Seiten liegen kann[1056].

Die Zustimmung des Schuldners kann vor oder nach der Zahlung erfolgen (Art. 63 § 1 k.c.)[1057].

3.   Voraussetzung der Übertragbarkeit der Forderung *(przenoszalność)*

Die Voraussetzung der Übertragbarkeit der Forderung bei der Subrogation wird aus der analogen Anwendung des Art. 509 § 1 a.E. k.c. abgeleitet[1058]. Danach ist eine Abtretung (und damit analog die Legalzession) nur zulässig, wenn sie nicht im Widerspruch zum Gesetz, zur vertraglichen Abrede (*pactum de non cedendo*) oder zu der Eigenschaft der Forderung steht. Szpunar äußert allerdings Zweifel an der Voraussetzung der Übertragbarkeit, weil mit Erfüllung der Schuld regelmäßig auch der Schutzzweck des Abtretungsverbotes entfalle[1059]. Er sieht die

---

1051 Szpunar, Wstąpienie, S. 123; ders., Rejent 2000, Heft 2 (106), S. 13 ff. (19).

1052 Hawellek, Die persönliche Surrogation, S. 41; vgl. z.B. § 1607 Abs. 3 BGB.

1053 Czachórski/Radwański/*Łętowska*, SPC 1981, Band III, Teil 1, S. 920.

1054 Ohanowicz, Wstąpienie osoby trzeciej, S. 232; Pietrzykowski/*Mojak*, Kommentar zu k.c., Art. 518, Ziff. III. 5.

1055 Szpunar, Wstąpienie, S. 122.

1056 Szpunar, Wstąpienie, S. 123.

1057 Szpunar, Wstąpienie, S. 124; ders., Rejent 2000, Heft 2 (106), S. 13 ff. (20).

1058 Pietrzykowski/*Mojak*, Kommentar zu k.c., Art. 518, Rn. 22. Für die Voraussetzung der Übertragbarkeit spricht sich auch Wilejczyk, SPrP 2016, S. 3 ff. (24) aus.

1059 Szpunar, Wstąpienie, S. 181.

Voraussetzung der Übertragbarkeit insbesondere dann als nicht erforderlich an, wenn der Dritte persönlich oder dinglich für die fremde Schuld hafte. Etwas anderes soll jedoch für die Fallgruppe der *konwersja* gelten, weil dort der Forderungsübergang dem Gläubiger in gewisser Weise aufgezwungen werde.[1060]

Da es vorliegend um die Frage geht, ob Arbeitsentgeltforderungen bei einer Subrogation in Form der Konversion auf den Dritten übergehen können, ist auf die Übertragbarkeit der Ansprüche näher einzugehen.

a)   Begriff der Übertragbarkeit

Die Unterscheidung von Rechten in übertragbare (*przenoszalne*) und nicht übertragbare (*nieprzenoszalne*) Rechte beruht darauf, dass damit der Wechsel des Inhabers zugelassen oder aber ausgeschlossen werden soll[1061]. Die Entscheidung darüber findet ihren Ausdruck im Gesetz oder ergibt sich aus der Eigenschaft der Forderung[1062]. Macht das Gesetz dazu keine eindeutigen Angaben, ist aus der Funktion, dem Sinn und Zweck des Rechts zu entnehmen, ob es übertragbar sein soll oder nicht[1063].

Dabei gilt der allgemeine Grundsatz, wonach immaterielle Rechte (*prawa niemajątkowe*) unübertragbar und Vermögensrechte (*prawa majątkowe*) übertragbar und vererbbar sein sollen[1064].

Des Weiteren kann die Unübertragbarkeit bzw. Übertragbarkeit der subjektiven Rechte entweder absolut sein oder sich auf bestimmte Situationen oder auf bestimmte Arten der Übertragung beschränken[1065].

Eine Rechtsübertragung kann durch Rechtsgeschäft oder durch Gesetz erfolgen.

b)   Subsumtion (Art. 509 § 1 a.E. k.c. analog)

aa)   Kein Widerspruch zur vertraglichen Absprache (zastrzeżenie umowne)
Gem. Art. 509 § 1 k.c. analog ist eine Übertragung nicht zulässig, wenn sie gegen eine vertragliche Abrede (*zastrzeżenie umowne*) verstößt. Der Abschluss eines vertraglichen Übertragungsverbotes kann jedoch auf die Subrogation keine Auswirkungen haben.

Eine solche Abrede entfaltet lediglich eine Wirkung *inter partes* und deshalb

---

1060 Szpunar, Wstąpienie, S. 181.
1061 Czachórski/Grzybowski/*Ignatowicz*, SPC 1985, Band I, Allg. Teil, S. 227.
1062 Czachórski/Grzybowski/*Ignatowicz*, SPC 1985, Band I, Allg. Teil, S. 227.
1063 Radwański, Prawo cywilne (2004), S. 98.
1064 Safjan/*Pyziak-Szafnicka*, SPP, Band 1, XI. Abschnitt, Rn. 65 (legalis); Radwański, Prawo cywilne (2004), S. 98.
1065 Czachórski/Grzybowski/*Ignatowicz*, SPC 1985, Band I, Allg. Teil, S. 227.

kann sie nicht gegenüber einem zahlenden Dritten wirken[1066]. Ein vertraglicher Ausschluss der Übertragung berührt daher die Wirksamkeit einer Subrogation nicht.

bb)   *Kein Widerspruch zu der Eigenschaft der Forderung* (właściwość zobowiązania)

Die Eigenschaft einer Forderung (*właściwość zobowiązania*) schließt ihre Übertragung dann aus, wenn durch den Inhaberwechsel eine Änderung der Identität der Forderung eintreten würde[1067].

Eine Änderung der Forderung tritt bei der Subrogation grundsätzlich nicht ein, weil sie lediglich Geldforderungen erfasst, deren Eigenschaft durch einen Inhaberwechsel nicht berührt wird[1068]. Etwas anderes soll aber für Geldforderungen gelten, die eng mit der Person des Gläubigers verbunden sind[1069].

Der Arbeitsentgeltanspruch gehört zu den Vermögensrechten (*prawa majątkowe*). Vermögensrechte sind Rechte, die unmittelbar durch das wirtschaftliche Interesse des Rechtsinhabers bedingt sind[1070]. Die Arbeitsentgeltleistung verliert nicht ihre Eigenschaft als Geldleistung dadurch, dass sie von einem Dritten anstatt des Arbeitgebers bewirkt wird.

Fraglich ist jedoch, ob die Arbeitsentgeltforderung eine solche, mit der Person des Arbeitnehmers eng verbundene Geldforderung darstellt und deshalb wegen dieser Eigenschaft nicht übergehen kann.

(1)   *Geldforderungen mit enger Verbindung zur Person des Gläubigers*
       (wierzytelności majątkowe ściśle związane z osobą wierzyciela)

Es muss ein enger persönlicher Bezug zur Person des Rechtsinhabers vorliegen (*wierzytelność o ściśle osobistym chrakterze*[1071]/*wierzytelność ściśle związana z osobą wierzyciela*[1072]). Das Recht muss mit dem Inhaber so eng verknüpft sein, dass der Leistungszweck nur erreicht werden kann, wenn an den Gläubiger geleistet wird[1073]. Die Leistung ist an individuellen Interessen und Bedürfnissen des Gläubigers orientiert[1074].

1066 Szpunar, Wstąpienie, S. 181; Gniewek/Machnikowski/*Zagrobelny*, Kommentar zu k.c., Art. 518, Rn. 9 a.E.; Pietrzykowski/*Mojak*, Kommentar zu k.c., Art. 518, Rn. 22.

1067 Czachórski/Radwański/*Łętowska*, SPC 1981, Band III, Teil 1, S. 906; Gniewek/Machnikowski/*Zagrobelny*, Kommentar zu k.c., Art. 509, Rn. 30.

1068 Szpunar, Wstąpienie, S. 180–181; Gniewek/Machnikowski/*Zagrobelny*, Kommentar zu k.c., Art. 518, Rn. 9; Pietrzykowski/*Mojak*, Kommentar zu k.c., Art. 518, Rn. 24.

1069 Kidyba/*Kozieł*, Kommentar zu k.c. (zobowiązania – część ogólna), Art. 518, Anm. 27; Pietrzykowski/*Mojak*, Kommentar zu k.c., Art. 518, Rn. 24.

1070 Wolter/Ignatowicz/Stefaniuk, Prawo cywilne, S. 138.

1071 Gniewek/Machnikowski/*Zagrobelny*, Kommentar zu k.c., Art. 509, Rn. 31.

1072 Kidyba/*Kozieł*, Kommentar zu k.c. (zobowiązania – część ogólna), Art. 509, Anm. 34.

1073 Gniewek/Machnikowski/*Zagrobelny*, Kommentar zu k.c., Art. 509, Rn. 31; Olejniczak/

Eine enge Verknüpfung wird beispielsweise bei dem Recht auf Unterhalt (Art. 128 k.r.o.)[1075] und dem Recht auf Rente (Art. 903 k.c.)[1076] bejaht. Zu den unübertragbaren Forderungen zählt Rzetecka-Gil auch Forderungen aus den entgeltlichen Aufträgen, den Arbeitsverträgen sowie den Werkverträgen[1077].

Auch öffentlich-rechtliche Geldforderungen (z.B. Steuern) sind mit dem Rechtsinhaber eng verbunden. Sie können wegen ihrer öffentlich-rechtlichen Eigenschaft nicht kraft Gesetzes gem. Art. 518 k.c. übergehen[1078]. Das wird damit begründet, dass ein Wechsel vom Gläubiger des öffentlichen Rechts zum Gläubiger des Privatrechts eine Änderung der Forderung von öffentlich-rechtlicher zu privat-rechtlicher Art zur Folge hätte.

(2) Die Arbeitsentgeltforderung als personengebundener Anspruch?

Nach Ansicht des Obersten Gerichts[1079] stellt die Zahlung des Arbeitsentgelts eine Leistung dar, die wegen ihrer Eigenschaft nur vom Arbeitgeber in Person erfüllt werden könne. Demzufolge findet der in Art. 356 § 1 k.c. enthaltene Grundsatz, wonach die Leistung nicht vom Schuldner in Person erbracht werden muss, auf die Arbeitsverhältnisse keine Anwendung. Das Oberste Gericht befasst sich in seinem Urteil zwar mit dem Anwendungsbereich des Art. 356 k.c. Danach ist die Leistung durch einen Dritten insbesondere dann ausgeschlossen, wenn sich dies aus der Eigenschaft der Leistung ergibt. Die Frage nach der Eigenschaft der Arbeitsentgeltforderung bzw. Arbeitsentgeltzahlungspflicht stellt sich auch im Hinblick auf Art. 518 i.V.m. Art. 509 § 1 k.c.

Das Gericht begründet seine Ansicht damit, dass aufgrund der besonderen

---

Zawada, SPP, Band 6, S. 1342, § 49, IV, Rn. 26 (legalis); Osajda/Sobolewski, Kommentar zu k.c., Art. 509, Rn. 10; Rzetecka-Gil, Kommentar zu k.c., Art. 509, Anm. 65.

1074 Gutowski/Mularski, Kommentar zu k.c., Art. 509, Rn. 33.

1075 Pietrzykowski/Mojak, Kommentar zu k.c., Art. 518, Rn. 14; Gutowski/Mularski, Kommentar zu k.c., Art. 509, Rn. 33; Kidyba/Kozieł, Kommentar zu k.c. (zobowiązania – część ogólna), Art. 509, Anm. 34. Strittig ist allerdings, ob die Unübertragbarkeit auch für die einzelnen bereits fälligen Unterhaltsansprüche gilt, vgl. Gniewek/Machnikowski/Zagrobelny, Kommentar zu k.c., Art. 509, Rn. 31 (überwiegend verneinend).

1076 Gutowski/Mularski, Kommentar zu k.c., Art. 509, Rn. 33; Rzetecka-Gil, Kommentar zu k.c., Art. 509, Anm. 65; Kidyba/Kozieł, Kommentar zu k.c. (zobowiązania-część ogólna), Art. 509, Anm. 34; strittig ist die Unübertragbarkeit in Bezug auf die einzelnen fälligen Rentenansprüche (überwiegend jedoch verneinend).

1077 Rzetecka-Gil, Kommentar zu k.c., Art. 509, Anm. 65.

1078 SN, Urt. v. 17.06.1980, Az. IV CR 210/80; zustimmend Szpunar, Wstąpienie, S. 46–47; Pietrzykowski/Mojak, Kommentar zu k.c., Art. 518, Rn. 23. Teilweise werden diese Ansprüche nicht unter dem Gesichtspunkt der Eigenschaft der Forderung verortet, sondern allgemein unter dem Gesichtspunkt, dass die Zessionsvorschriften nur zivilrechtliche, nicht aber. öffentlich-rechtliche Forderungen erfassen, vgl. Gutowski/Mularski, Kommentar zu k.c., Art. 509, Rn. 21; Gniewek/Machnikowski/Zagrobelny, Kommentar zu k.c., Art. 509, Rn. 36. Anders ist es im deutschen Recht bei einer Legalzession, vgl. BGH, Urt. v. 18.06.1979, Az. VII ZR 84/78 (juris) sowie Staudinger/Löwisch/Bittner, § 268, Rn. 18.

1079 SN, Urt. v. 13.03.2014, Az. I PK 157/13 (lex).

Eigenschaft des Arbeitsverhältnisses sowohl der Arbeitnehmer seine Leistung in Form von Arbeit als auch spiegelbildlich dazu der Arbeitgeber seine Leistung in Form der Arbeitsentgeltzahlung in Person zu erbringen hätten. Der besondere Schutz der Vergütung schließe die Möglichkeit aus, dass Vorschriften des *kodeks cywilny* über die Erfüllung durch einen Dritten auf Arbeitsentgeltansprüche angewendet werden können[1080].

Weiter argumentiert das Gericht, dass die Zahlung des Arbeitsentgelts durch einen Dritten zu erheblichen Komplikationen in der Beziehung zwischen dem Gläubiger (Arbeitnehmer), dem Schuldner (Arbeitgeber) und dem leistenden Dritten führen könne, vor denen gerade der Arbeitnehmer geschützt werden soll.

Aus der Zusammenschau des Verzichts- und Übertragungsverbots (Art. 84 k.p.), der beschränkten Möglichkeit, mit Arbeitsentgelt zu verrechnen (Art. 87 ff. k.p.) sowie den Vergütungszahlungspflichten des Arbeitgebers gem. Art. 85 und Art. 86 k.p. sei zu folgern, dass Art. 356 k.c. auf Arbeitsverhältnisse nicht anwendbar sei.

Zusammengefasst führt das Gericht die besonderen Eigenschaften der Arbeitsentgeltleistung und den Grundsatz des Arbeitsentgeltschutzes gegen die Möglichkeit der Erfüllung des Arbeitsentgeltanspruchs durch einen Dritten an.

(3)   Stellungnahme und Ergebnis

Die Ansicht des Obersten Gerichts ist im Ergebnis nicht überzeugend.

Die persönliche Erbringung der Entgeltleistung durch den Arbeitgeber wird in der Literatur nicht als eine besondere Eigenschaft des Arbeitsverhältnisses aufgeführt.

Im Vordergrund der Arbeitsentgeltleistung steht nicht die Person des Arbeitgebers, sondern die Geldleistung an sich. Die Entgeltlichkeit ist ein konstitutives Merkmal des Arbeitsverhältnisses[1081]. Der eigentliche Wert der Leistung liegt für den Arbeitnehmer darin, dass er für seine geleistete Arbeit entlohnt wird. Von nachrangiger Bedeutung ist es für ihn regelmäßig, von wem das Arbeitsentgelt gezahlt wird.

Der Zweck der Arbeitsentgeltzahlung liegt darin, dass der Unterhalt des Arbeitnehmers und seiner Familie sichergestellt wird. Dieser Zweck wird auch bei der Leistung durch einen Dritten erfüllt. Die Leistung des Dritten soll dem Arbeitnehmer die Zahlungen zur Verfügung stellen, die ihm rechtlich zustehen.

Etwas anderes ergibt sich auch nicht aus dem Grundsatz des Arbeitsentgeltschutzes.

Mularski schlägt aufgrund der unklaren Kriterien für das Vorliegen eines

---

1080 SN, Urt. v. 13.03.2014, Az. I PK 157/13 (lex).
1081 Baran/*Skąpski*, Kommentar zu k.p., Art. 84, Ziff. 2.

persönlichen Vermögensrechts vor, sich an die Definition des Art. 922 § 2 k.c. hinsichtlich der Rechte, die eng mit der Person des Verstorbenen verbunden sind (*prawa ściśle związane z osobą zmarłego*), zu halten[1082]. Das würde zu dem Ergebnis führen, dass grundsätzlich alle diejenigen subjektiven Rechte nicht übertragbar sind, die wegen ihrer persönlichen Struktur auch nicht vererblich sind. Einzelne, durchsetzbare und grundsätzlich fällige Forderungen, die Bestandteil eines subjektiven, nicht vererblichen Rechts sind, blieben übertragbar.[1083] Für diese Ansicht sprechen die Rechtssicherheit und der Grundsatz der Widerspruchsfreiheit innerhalb der Rechtsordnung.

Da Arbeitsentgeltansprüche grundsätzlich vererblich sind, zählen sie, der Ansicht von Mularski folgend. nicht zu den unübertragbaren persönlichen Vermögensrechten.

Ein Widerspruch der Übertragung zur Eigenschaft der Arbeitsentgeltforderung ist daher zu verneinen.

cc)   *Kein Widerspruch zum Gesetz*
Die Übertragung darf schließlich nicht gegen das Gesetz verstoßen.

Hier verortet die polnische Literatur das in Art. 84 k.p. normierte Übertragungsverbot[1084]. Szpunar vertritt die Auffassung, dass Art. 84 k.p. eine Ausnahme von dem Grundsatz der Zulässigkeit der Subrogation darstelle, weil diese Vorschrift ein unabdingbares Abtretungsverbot enthalte[1085].

Bei der Beantwortung der Frage, ob die Übertragung im Widerspruch zum Gesetz steht, ist danach zu differenzieren, ob die im Gesetz normierte Unübertragbarkeit absolut oder nur auf bestimmte Situationen oder Arten der Übertragung beschränkt ist.

Führt diese Differenzierung zu dem Ergebnis, dass nur ein beschränktes Übertragungsverbot vorliegt, oder ist es nicht eindeutig, ist als Zweites zu untersuchen, ob eine Übertragung mit dem Sinn und Zweck des Gesetzes vereinbar ist.

Eine pauschalierte Betrachtungsweise, wonach Forderungen, die nicht übertragbar sind, auch nicht durch Subrogation übergehen können, verbietet sich damit[1086].

Wie oben zu Art. 84 k.p. bereits herausgearbeitet, enthält Art. 84 k.p. ein rechtsgeschäftliches Übertragungsverbot.

Die Unübertragbarkeit ist daher auf die Situation beschränkt, in der der

---

1082 Gutowski/*Mularski*, Kommentar zu k.c., Art. 509, Rn. 33.
1083 Gutowski/*Mularski*, Kommentar zu k.c., Art. 509, Rn. 33.
1084 Vgl. Olejniczak/*Zawada*, SPP, Band 6, S. 1339, § 49, Rn. 16; Rzetecka-Gil, Kommentar zu k.c., Art. 509, Anm. 47.
1085 Szpunar, Wstąpienie, S. 181.
1086 Szpunar, Wstąpienie, S. 181.

Arbeitnehmer seinen Anspruch rechtsgeschäftlich übertragen will. Es handelt sich mithin um eine beschränkte Übertragbarkeit, die den Übergang kraft Gesetzes nicht umfasst.

Aus dem Zweck der Legalzession, die darin liegt, die offenen Arbeitsentgelte der Arbeitnehmer zu bezahlen und dadurch ihre Existenz zu sichern, ist ebenfalls zu folgern, dass die Legalzession die unabtretbaren Arbeitsentgeltforderungen erfasst.

Ein Widerspruch zum Gesetz ist daher zu verneinen.

Diese differenzierte Betrachtung des in Art. 84 k.p. geregelten Übertragungsverbots, indem zwischen Abtretung und Subrogation unterschieden wird, spiegelt sich in der gesetzlichen Trennung beider Rechtsinstitute wieder.

Für dieses Ergebnis streitet auch die in Art. 23 Abs. 1 u.o.r.p. normierte gesetzliche Übertragung der Arbeitsentgeltansprüche auf den Fonds. Die Annahme des lediglich beschränkten Übertragungsverbots von Arbeitsentgeltansprüchen führt dazu, dass sich der Inhalt des Art. 23 Abs. 1 u.o.r.p. mit dem Grundsatz der Widerspruchsfreiheit und Einheitlichkeit der Rechtsordnung vereinbaren lässt. Eine Begründung dahingehend, dass es sich bei der in Art. 23 Abs. 1 u.o.r.p. normierten Subrogation um einen Ausnahmefall zu Art. 518 k.c. handele, wie dies Tomanek anspricht[1087], ist dann nicht erforderlich.

dd)   Zwischenergebnis
Die Voraussetzung der Übertragbarkeit ist bei den Arbeitsentgeltansprüchen erfüllt. Art. 84 k.p. statuiert lediglich ein beschränktes Übertragungsverbot in Bezug auf rechtsgeschäftliche Übertragungen und ist nicht auf Legalzessionen auszuweiten.

4.   Haftung des Erstgläubigers

Das Gesetz regelt nicht die Frage, ob der Erstgläubiger (hier Arbeitnehmer) für das Bestehen der Forderung und für etwaige Rechtsmängel haftet[1088]. In Frage käme insoweit eine analoge Anwendung des Art. 516 S. 1 k.c., wonach der Zedent gegenüber dem Zessionar dafür haftet, dass ihm die Forderung zusteht. Gem. Art. 516 S. 2 k.c. haftet er für die Zahlungsfähigkeit des Schuldners im Zeitpunkt der Abtretung nur insoweit, als er eine solche Haftung übernommen hat.

Zu berücksichtigen ist bei der Subrogation jedoch, dass der Übergang ohne Teilnahme des Gläubigers und auch gegen seinen Willen erfolgen kann. Eine

---

1087 Vgl. Tomanek, Anmerkung zum Urt. v. 27.07.2006, Az. III CSK 88/06, OSP 2007/7–8, S. 546ff., Fußnote 6.
1088 Ohanowicz, Wstąpienie osoby trzeciej, S. 232 (a.E.)-233; Szpunar, Wstąpienie, S. 52.

analoge Anwendung des Art. 516 k.c., der eine vertragliche Haftung regelt, ist deshalb abzulehnen[1089]. Auch Ohanowicz sieht keine Rechtsgrundlage für eine Haftung des Erstgläubigers wegen Gewährleistung[1090].

Eine Haftung wegen ungerechtfertigter Bereicherung (Art. 405 ff. k.c.) sowie unerlaubter Handlung (Art. 415 ff. k.c.) bleiben jedoch unberührt[1091].

5. Rechtsfolgen der Legalzession

Die Subrogation bewirkt einen Wechsel der Vertragsparteien auf der Gläubigerseite. Die Forderung besteht dann zwischen dem Schuldner und dem leistenden Dritten als neuen Gläubiger fort.[1092]

a) Grundsätzliches

Der Forderungserwerb erfolgt im Moment[1093] und infolge[1094] der Bezahlung durch den Dritten. Die erworbene Forderung gegen den Schuldner wird etwas missverständlich als »Rückanspruch (*roszczenie zwrotne*[1095])« bezeichnet, denn die Identität der Forderung mit der ursprünglichen bleibt gleich[1096]. Der Erwerber erhält weder mehr noch weniger Rechte als sein Vorgänger. Insbesondere wird der Lauf der Verjährung durch den Rechtsübergang weder unterbrochen noch gehemmt[1097].

Es handelt sich um eine Legalzession (*cessio legis*) in Form einer *cessio necessaria*[1098].

Wird die Forderung durch den Dritten nur zum Teil erfüllt, erwirbt dieser, anders als bei der Abtretung, nur den erfüllten Teil[1099].

Für den verbleibenden Rest steht dem Gläubiger eine vorrangige Befriedigung vor der Forderung zu, die in Folge der teilweisen Bezahlung auf den Dritten übergegangen ist, Art. 518 § 3 k.c. (*nemo subrogat contra se*[1100]).

1089 Pietrzykowski/*Mojak*, Kommentar zu k.c., Art. 518, Rn. 27.
1090 Ohanowicz, Wstąpienie osoby trzeciej, S. 233.
1091 Pietrzykowski/*Mojak*, Kommentar zu k.c., Art. 518, Rn. 27.
1092 Kawałko/Witczak, pr. cywilne, S. 580, Rn. 5.
1093 Gniewek/Machnikowski/*Zagrobelny*, Kommentar zu k.c., Art. 518, Rn. 7.
1094 Szpunar, Rejent 2000, Heft Nr. 2 (106), S. 13 ff. (19).
1095 Szpunar, Wstąpienie, S. 125.
1096 Szpunar, Rejent 2000, Heft Nr. 2 (106), S. 13 ff. (19).
1097 Szpunar, Wstąpienie, S. 128; ders. Rejent 1998, Heft 6 (86), S. 89 ff. (92).
1098 SN, Beschl. v. 12. 06. 1996, Az. III CZP 58/96; Ciszewski/*Sikorski*, Kommentar zu k.c., Art. 518, Anm. 1. Im römischem Recht sprach man von *cessio necessaria* in Fällen, in denen der Gläubiger, der durch einen Dritten befriedigt wurde, verpflichtet war, die erfüllte Forderung an den Dritten zu übertragen (s. Szpunar, Wstąpienie, S. 20).
1099 Gniewek/*Machnikowski*, Kommentar zu k.c., Art. 518, Rn. 7.
1100 Pietrzykowski/*Mojak*, Kommentar zu k.c., Art. 518, Anm. 3.

b)   *Entsprechende Anwendbarkeit der Art. 509ff. k.c.*

Für die Folgen des Rechtseintritts ex lege sind die Vorschriften über die Abtretung entsprechend anzuwenden[1101].

Hier ist insbesondere die Anwendbarkeit des Art. 509 § 2 k.c. von Interesse. Nach dieser Vorschrift gehen mit der Forderung alle mit ihr verbundenen Rechte, insbesondere ein Anspruch auf rückständige Zinsen, auf den Erwerber über. Der Dritte erwirbt damit nicht nur die erfüllte Forderung, sondern auch die mit ihr verbundenen Rechte gem. Art. 509 § 2 k.c. (analog)[1102].

Der Übergang aller mit der Forderung verbundenen Rechte auf den Erwerber stimmt mit dem Zweck der Subrogation überein, dem Dritten gegenüber dem Schuldner eine stärkere Rechtsposition einzuräumen als er hätte, wenn die Forderung durch die Erfüllung erloschen wäre. Würde der leistende Dritte demgegenüber lediglich die bloße Forderung ohne Nebenrechte erwerben, hätte der Erwerb für ihn oftmals keine wirtschaftliche Bedeutung. Dies gilt insbesondere dann, wenn beim Schuldner Zahlungsunfähigkeit vorliegt[1103].

c)   *Folgen für den Fondsanspruch*

Vor diesem Hintergrund ist zu fragen, ob der zum Arbeitsentgeltanspruch akzessorische Fondsanspruch gem. Art. 509 § 2 k.c. analog auf den Vorfinanzierenden übergeht.

Der Ausdruck »mit der Forderung verbundenen Rechte« (*związane z wierzytelnością prawa*) wird weiter als die übliche Definition der verbundenen Rechte verstanden[1104]. Nach dem üblichen Verständnis liegt ein verbundenes Recht vor, wenn Inhaber dieses Rechts nur sein kann, wer zugleich Inhaber des Hauptrechts ist. Die verbundenen Rechte können nur gemeinsam mit dem Hauptrecht übertragen werden.[1105]

Der akzessorische Fondsanspruch stellt damit bereits nach diesem Verständnis ein verbundenes Recht i. S. d. Art. 509 § 2 k.c. dar.

Zwar fehlt es an einer Norm wie der in § 170 Abs. 1 SGB III, wonach der Insolvenzgeldanspruch dem Dritten zusteht, soweit der Arbeitnehmer vor der Stellung des Antrags auf Insolvenzgeld Ansprüche auf Arbeitsentgelt einem Dritten übertragen hat. Diese Vorschrift hat jedoch wegen der grundsätzlichen

---

1101 SN, Urt. v. 01.06.2011, Az. II CSK 548/2010; Ciszewski/*Sikorski*, Kommentar zu k.c., Art. 518, An. 9, 11; Pietrzykowski/*Mojak*, Kommentar zu k.c., Art. 518, Ziff. IV.2.

1102 SN, Beschl. v. 29.07.1998 r., Az. II CKN 864/97 (lex); Gniewek/*Machnikowski,* Kommentar zu k.c., Art. 518, Rn. 8; Szpunar, Wstąpienie, S. 179–180.; Ciszewski/*Sikorski*, Kommentar zu k.c., Art. 518, Anm. 11.

1103 Pietrzykowski/*Mojak*, Kommentar zu k.c., Art. 518, Rn. 17.

1104 Olejniczak/*Zawada*, SPP, Band 6, S. 1363, § 48, Rn. 81 (legalis).

1105 Radwański, Prawo cywilne (2004), S. 100; Safjan/*Pyziak-Szafnicka*, SPP, Band 1, Abschnitt XI., Rn. 110 (legalis).

Akzessorietät des Insolvenzgeldanspruchs zum Arbeitsentgeltanspruch nur einen deklaratorischen Charakter.

Der Fondsanspruch ist ein arbeitsrechtlicher Anspruch. Die Unübertragbarkeit von öffentlich-rechtlichen Ansprüchen[1106] lässt ihn daher unberührt.

Nach herrschender Ansicht in der Literatur gehen akzessorische Rechte bei der Subrogation mit dem Hauptanspruch gem. Art. 509 § 2 k.c. (analog) über[1107]. Ein Dritter, der gem. Art. 518 § 1 Nr. 3 k.c. eine fremde Schuld erfüllt, erwirbt die Forderung bis zur bezahlten Höhe sowie alle mit ihr verbundenen Rechte[1108].

Folglich geht der Fondsanspruch mit dem Arbeitsentgeltanspruch kraft Gesetzes über.

6. Vergleich zur Legalzession im deutschen Recht

Im deutschen internationalen Privatrecht wird bei der Legalzession zwischen der Cessio legis im eigentlichen Sinn und der Subrogation[1109] unterschieden.

Bei der Cessio legis findet ein gesetzlicher Forderungsübergang unabhängig davon statt, ob der zur Leistung Verpflichtete die Leistung bereits erbracht hat (z. B. § 169 SGB III sieht den Übergang schon mit dem Antrag vor)[1110]. Subrogation setzt demgegenüber voraus, dass der zur Leistung Verpflichtete bereits gezahlt hat[1111].

Aus dem Blickwinkel des deutschen internationalen Privatrechts ist die Regelung des Forderungsübergangs gem. § 169 SGB III eine Cessio legis und die Regelung des Forderungsübergangs gem. Art. 23 u.o.r.p. eine Subrogation.

Im deutschen Recht wird generell von einer Legalzession bzw. Cessio legis gesprochen, unabhängig davon, ob die Forderung erst mit Leistungserfüllung oder schon vorher übergeht. Es werden grundsätzlich zwei Fallgruppen der Legalzession unterschieden.

Die erste Fallgruppe erfasst die Konstellation, in der ein Gläubiger mehrere Schuldner hat, deren Leistungen das gleiche wirtschaftliche Interesse des

---

1106 Vgl. SN, Urt.v. 17.06.1980, Az. IV CR 210/80; Urt. v. 14.01.2013, Az. I PK 171/12; SA in Gdańsk, Urt. v. 22.01.2015, Az. V ACa 778/14 (lex).

1107 Osajda/*Sobolewski*, Kommentar zu k.c., Art. 518, Anm. 19; Pietrzykowski/*Mojak*, Kommentar zu k.c., Art. 518, Rn. 17; Szpunar, Wstąpienie, S. 179–180; Gniewek/Machnikowski/*Zagrobelny*, Kommentar zu k.c., Art. 518, Anm. 8; Ciszewski/*Sikorski*, Kommentar zu k.c., Art. 518, Anm. 11.

1108 SN, Beschl. v. 29.07.1998 r., Az. II CKN 864/97 (lex).

1109 Zum Begriff der Subrogation und Surrogation s. Schlegelberger/Wengler, Rechtsvergleichendes Handwörterbuch, 6. Band, S. 460ff.

1110 Birk, Schadensersatz und sonstige Restitutionsformen im intern. Privatrecht, S. 66.

1111 Birk, Schadensersatz und sonstige Restitutionsformen im intern. Privatrecht, S. 66.

Gläubigers abdecken und von denen er deshalb nur einmal Leistung verlangen kann (z. B. §§ 421, 426 Abs. 2 BGB)[1112].

Die zweite Fallgruppe erfasst Fälle, in denen jemand auf eine fremde Forderung zahlt, ohne dazu verpflichtet zu sein und durch seine Leistung einen drohenden Rechtsverlust für sich selbst abwendet. Er löst den bisherigen Gläubiger in seinem Recht ab (Ablösungsrecht aufgrund eines drohenden Rechtsverlustes, z. B. § 268 BGB).[1113]

Eine Ausnahme von diesen beiden Fallgruppen bildet im deutschen Recht ein Fall der Legalzession, der einen Forderungsübergang als Folge einer freiwilligen Leistung anordnet[1114]. Als Beispiel ist hier § 1607 Abs. 3 BGB zu nennen, der einen gesetzlichen Übergang des Unterhaltsanspruchs eines Kindes vorsieht, wenn ein anderer anstelle des Elternteils den Unterhalt des Kindes zahlt.[1115] Es handelt sich um eine Ausnahme, weil eine freiwillige Leistung durch Dritte dem in § 267 BGB enthaltenen Grundsatz unterliegt, wonach die Bewirkung der Leistung durch einen Dritten zum Erlöschen der Forderung führt.

§ 412 BGB bestimmt, dass auf die Legalzession die Vorschriften der Abtretung gem. §§ 399 bis 404, 406 bis 410 BGB entsprechend anzuwenden sind.

Das deutsche Recht sieht (anders als das polnische Recht in Art. 518 k.c.) vor, dass es nur Legalzessionen gibt, wenn sie im Gesetz ausdrücklich geregelt sind[1116].

Ausdrücklich im Gesetz geregelte Legalzessionen werden im polnischen Recht als eine Fallgruppe angesehen und unter Art. 518 § 1 Nr. 4 k.c. gefasst.

Der Forderungsübergang nach § 169 SGB III sowie nach Art. 23 u.o.r.p. gehört aus der Perspektive des deutschen Rechts der Konstellation an, in der ein Gläubiger mehrere Schuldner besitzt, deren Leistungen das gleiche wirtschaftliche Interesse des Gläubigers abdecken und von denen er deshalb nur einmal Leistung verlangen kann.

Der Arbeitnehmer hat nach dem deutschen Recht sowohl einen Arbeitsentgeltanspruch gegen den Arbeitgeber als auch einen Insolvenzgeldanspruch gegen die BA. Nach dem polnischen Recht hat der Arbeitnehmer einen Arbeitsentgeltanspruch gegen den Arbeitgeber und einen Fondsanspruch gegen den Fonds.

1112 Hawellek, Die persönliche Surrogation, S. 41.

1113 Hawellek, Die persönliche Surrogation, S. 41.

1114 Hawellek, Die persönliche Surrogation, S. 41.

1115 Hawellek, Die persönliche Surrogation, S. 46. Im Vergleich dazu sieht das polnische Recht in Art. 140 § 1 k.r.o. (des polnischen Familien- und Betreuungsgesetzbuchs) im Fall der Unterhaltsleistung durch einen nicht verpflichteten Dritten keinen Übergang des Unterhaltsanspruchs kraft Gesetzes vor. Der Unterhaltsanspruch ist im polnischen Recht nicht veräußerbar und nicht übertragbar (vgl. Pietrzykowski/*Mojak*, Kommentar zu k.c., Art. 518, Anm. 8.

1116 Staudinger/Löwisch/*Busche*, BGB § 412, Rn. 3.

Es wird sowohl in der deutschen als auch in der polnischen Konstellation das gleiche Interesse des Arbeitnehmer-Gläubigers zweifach abgesichert. Die doppelte Absicherung beruht darauf, dass der Gesetzgeber die Versorgung des Arbeitnehmers sicherstellen wollte. In beiden Rechten ist die Garantieinstitution nachrangig zur Leistung verpflichtet.

Aus der polnischen Perspektive heraus handelt es sich bei der Regelung des § 169 SGB III und des Art. 23 Abs. 1 u.o.r.p. um einen Fall des Art. 518 § Nr. 4 k.c.

Die Regelung des § 268 Abs. 3 BGB ähnelt in Bezug auf Fälle, in denen die erfüllte Forderung höherrangig gegenüber dem Recht des Dritten war, dem Tatbestand des Art. 518 § 1 Nr. 2 k.c.

Einen Rechtsübergang durch freiwillige Leistung regelt Art. 518 § 1 Nr. 3 k.c.

7. Anwendbarkeit des Art. 518 k.c. im Arbeitsverhältnis

Entgegen der Ansicht des Obersten Gerichts im Urteil vom 13. 03. 2014, Az. I PK 157/13 ist die Arbeitsentgeltzahlung durch die Person des Arbeitgebers kein besonderes Merkmal des Arbeitsverhältnisses, das es von anderen Rechtsverhältnissen unterscheidet.

Der Grundsatz des Arbeitsentgeltschutzes steht der Erfüllung von Arbeitsentgeltansprüchen bei Zahlungsunfähigkeit eines Arbeitgebers durch Dritte nicht entgegen.

Die Anwendbarkeit des Art. 518 k.c. auf Arbeitsverhältnisse ist daher zu bejahen.

8. Ergebnis

Die einzelnen fälligen Arbeitsentgeltansprüche können durch einen Dritten im Wege der Subrogation gem. Art. 518 § 1 Nr. 3 k.c. i. V. m. Art. 300 k.p. erfüllt werden. Mit den erfüllten Arbeitsentgeltansprüchen gehen die Fondsansprüche auf den Dritten über.

V. Schlussfolgerungen für die Entwicklung der Vorfinanzierung von Arbeitsentgelten

Der Sinn und Zweck des Art. 84 k.p. gebietet es, das Übertragungsverbot nicht auf Subrogationsfälle auszuweiten. Die Erfüllung des Arbeitsentgeltanspruchs durch Dritte sichert die Existenz des Arbeitnehmers und seiner Familienangehörigen.

In Fällen, in denen der Arbeitnehmer von einem Dritten mit schriftlicher

Zustimmung des Arbeitgebers das rückständige Arbeitsentgelt tatsächlich erhält, muss die Vorschrift des Art. 518 Abs. 1 § 3 k.c. Anwendung finden.

Das Rechtsinstitut der Subrogation sollte nicht im Arbeits- und Sozialversicherungsrecht ausgeschlossen werden[1117].

1.   Erfüllung der Arbeitsentgeltansprüche

Bei der Anwendung des Art. 518 Abs. 1 § 3 k.c. stellt sich die Frage, wie sich die
Erfüllung der Arbeitsentgeltansprüche auf die Zahlungspflicht des Fonds auswirkt.

Art. 12 Abs. 1 u.o.r.p. bestimmt, dass der Fonds unerfüllte Arbeitnehmeransprüche (*niezaspokojone roszczenia pracownicze*) aus den Fondsmitteln erfüllen muss. Vorliegend wurden allerdings die Ansprüche des Arbeitnehmers
durch den Dritten bereits erfüllt.

a)   Erfüllung durch den Arbeitgeber oder Konkursverwalter
Zunächst wird die Konstellation betrachtet, was wäre, wenn nicht ein Dritter,
sondern der Arbeitgeber selbst bzw. der Konkursverwalter die Arbeitsentgeltansprüche erfüllt hätte.

Die Erfüllung der Arbeitsentgeltansprüche durch den Arbeitgeber führt zu
deren Erlöschen. Die Erfüllung der Ansprüche hat gleichzeitig zur Folge, dass
die Verpflichtung des Arbeitgebers zur Zahlung untergeht. `

Die Pflicht des Fonds liegt darin, die Schuld des Arbeitgebers zu tilgen.
Entfällt die Schuld des Arbeitgebers (etwa durch Zahlung) muss folgerichtig
auch die Pflicht des Fonds, diese Schuld zu tilgen, entfallen[1118] bzw. sie gelangt
nicht zur Entstehung.

Das Oberste Gericht hatte über einen Fall zu entscheiden, in dem ein Konkursverwalter die Arbeitnehmeransprüche (teilweise) aus der Konkursmasse
beglich, nachdem sein Antrag auf Fondsleistungen abgelehnt wurde[1119].

Der Konkursverwalter verlangte nach erfolgter Zahlung die Erstattung der
bezahlten Arbeitsentgelte durch Bezahlung der Fondsleistungen in die Konkursmasse.   `

Das Oberste Gericht verneinte die Zahlungspflicht des Fonds. Es führte aus,
dass sich die Pflicht des Fonds ausschließlich auf die Auszahlung von Mitteln für
unerfüllte Arbeitnehmeransprüche beziehe. Erlange der Arbeitgeber selbst Finanzmittel, die es ihm erlauben, die offenen Arbeitsentgelte (teilweise) zu begleichen, könne er vom Fonds keine Zahlung mehr verlangen. Der Konkurs-

---

1117 So auch Szpunar, Wstąpienie, S. 47.
1118 SN, Urt. v. 23.08.2005, Az. I PK 43/05 (lex).
1119 SN, Urt. v. 23.08.2005, Az. I PK 43/05 (lex).

verwalter sei Vertreter des Arbeitgebers und handle in dessen Namen. Die Auszahlung der Arbeitsentgelte durch ihn aus der Konkursmasse steht daher der Erfüllung der Arbeitsentgeltansprüche durch den Arbeitgeber gleich.

b)   Erfüllung durch Subrogation

In Bezug auf die Erfüllung der Arbeitnehmeransprüche durch einen Dritten im Wege der Subrogation stellt sich die Frage, ob sie der Zahlung durch den Arbeitgeber ebenfalls gleichzusetzen ist.

Die Subrogation bewirkt, dass der Dritte in die Rechte des Arbeitnehmers-Gläubigers eintritt.

Das Oberste Gericht hebt in dem o.g. Urteil vom 23.08.2005 den Grundsatz des Art. 6. Abs. 1 des Fondsgesetzes 19993 (heutiger Art. 12 u.o.r.p.) hervor, wonach nur unerfüllte Arbeitnehmeransprüche aus den Fondsmitteln erfüllt werden dürfen. Der gesetzlich bestimmte Verwendungszweck der Fondsmittel sei ausschließlich auf die Erfüllung unerfüllter Arbeitnehmeransprüche beschränkt. Die Mittel können nicht für andere Zwecke wie etwa der Begleichung anderer Schulden des Arbeitgebers oder der Konkursverfahrenskosten eingesetzt werden.

Anders als es bei der Erfüllung durch den Arbeitgeber der Fall ist, bewirkt die Erfüllung der Arbeitnehmeransprüche durch einen Dritten nicht, dass die Arbeitsentgeltansprüche untergehen. In der Hand der Arbeitnehmer gelten die Ansprüche zwar als erfüllt. Der Arbeitgeber bleibt jedoch Schuldner dieser Ansprüche, die sich nunmehr in der Hand des Vorfinanzierenden befinden.

Fraglich ist, ob Art. 12 u.o.r.p. verlangt, dass die unerfüllten Arbeitnehmeransprüche in der Hand der Arbeitnehmer vorliegen müssen. Oder anders ausgedrückt: Ändert sich an der Pflicht des Fonds, die Schuld des Arbeitgebers zu tilgen, dadurch etwas, dass dieselbe Schuld nicht mehr gegenüber Arbeitnehmern, sondern gegenüber einem Dritten besteht?

Aus dem Wortlaut des Fondsgesetzes lässt sich nicht ableiten, dass der Fonds ausschließlich verpflichtet sei, an Arbeitnehmer zu leisten. In Art. 12 u.o.r.p. ist die Rede von Arbeitnehmeransprüchen (*roszczenia pracownicze*), nicht jedoch von Ansprüchen der Arbeitnehmer (*roszczenia pracownika*). Der Wortlaut der Vorschrift stellt auf die Art der Ansprüche und nicht auf deren Inhaber ab.

Allerdings sind wegen des in Art. 84 k.p. normierten Übertragungs- und Verzichtsverbots die Arbeitnehmeransprüche eng mit der Person des Arbeitnehmers verknüpft.

Bei diesen Überlegungen darf jedoch nicht außer Acht gelassen werden, dass die Auslegung nicht dazu führen darf, dass der Schutzzweck des Fondsgesetzes, die Begünstigung der Arbeitnehmer, hinterrücks wieder vereitelt wird.

Lehnt man die Zahlung der Fondsleistungen an den Dritten aus den Gründen ab, dass nur Arbeitnehmer geschützt seien, führt dies zu Rückzahlungsansprüchen des Dritten gegenüber den Arbeitnehmern.

Der Schutzzweck des Fondsgesetzes, wonach ausschließlich Arbeitnehmer zu begünstigen sind[1120], bedeutet nicht, dass mit Bezahlung der Arbeitsentgelte durch einen Dritten dieser Gesetzeszweck nicht mehr erfüllt werden könne. Durch diesen Zweck soll verhindert werden, dass andere Schulden außer rückständige Arbeitsentgelte aus den Fondsmittel getilgt werden.

Auch wenn die Fondsleistungen an einen Dritten bezahlt werden, ist nicht der Dritte der eigentliche Begünstigte, sondern die Arbeitnehmer. Denn durch die Einschaltung des Dritten, der auf die Schuld des Arbeitgebers zahlt, erhalten die Arbeitnehmer einen zusätzlichen Vorteil.

c)   Ergebnis

Ausgehend vom Sinn und Zweck des Fondsgesetzes ist Art. 12 u.o.r.p. dahin gehend auszulegen, dass das Vorliegen unerfüllter Arbeitnehmeransprüche (*niespełnione roszczenia pracownicze*) auch dann zu bejahen ist, wenn sie in der Hand eines Dritten unerfüllt sind.

2.   *Nemo subrogat contra se* gem. Art. 518 § 3 k.c.

Art. 518 § 3 k.c. bestimmt, dass dem Gläubiger, dessen Forderung durch einen Dritten nur zum Teil beglichen wurde, hinsichtlich des verbliebenen Teils vorrangige Befriedigung vor der Forderung zusteht, die in Folge der teilweisen Bezahlung auf den Dritten übergegangen ist (*pierwszeństwo wierzytelności powstającej przy pierwszym wierzycielu*). In dieser Vorschrift ist der Grundsatz *nemo subrogat contra se* enthalten, der eine große Bedeutung bei der Zwangsvollstreckung in das Vermögen des Schuldners erlangen kann[1121].

Fraglich ist, ob dieser Grundsatz auch im Gesamtvollstreckungsverfahren Anwendung findet. Sollte das der Fall sein, hätte der Arbeitnehmer hinsichtlich der durch den Dritten nicht erfüllten Forderung im Konkursverfahren Vorrang vor der Forderung des Fonds.

Art. 518 Abs. 3 k.c. ist jedoch ausschließlich in Fällen der Einzelzwangsvollstreckung anzuwenden[1122], da das Konkurs- und Restrukturierungsrecht für die Gläubigerbefriedigung spezielle Regelungen vorsieht (*lex specialis*).

Bei Konkursverfahren sieht Art. 344 Abs. 2 p.u. für das Verhältnis zwischen Forderungen der Arbeitnehmer und Rückerstattungsansprüchen des Fonds

---

1120 SN, Urt. v. 23.08.2005, Az. I PK 43/05 (lex).
1121 Rzetecka-Gil, Kommentar zu k.c., Art. 518, Anm. 13.
1122 Tomanek, Stosunki pracy, S. 340–341.

explizit vor, dass diese Forderungen nach dem Proportionalitätsgrundsatz (*reguła proporcjonalności*) zu erfüllen sind[1123].

3. Missbrauchsrisiko

Eine privatrechtliche Vorfinanzierung der Arbeitsentgelte im Rahmen der hier befürworteten Anwendung des Art. 518 § 1 Nr. 3 k.c. könnte aufgrund fehlender Kontrolle, die es im deutschen Recht durch die Zustimmungsvoraussetzung (§ 170 Abs. 4 SGB III) gibt, dazu führen, dass ein solches Instrument für einzelne Gläubigerinteressen, für an Unternehmen beteiligte Personen oder zur Hinauszögerung des Insolvenzantrags missbraucht werden könnte.

Zwecke wie Erhöhung der Masse für dinglich gesicherte Gläubiger, das Hinauszögern des Konkurs- bzw. Restrukturierungsverfahrens zur Ausplünderung der Masse, Einsatz der vorfinanzierten Arbeitsentgelte als Maßnahme zur Abwendung einer sonst unumgänglichen Ablehnung des Konkurs- bzw. Restrukturierungsantrags wegen nicht ausreichender Finanzmittel sind genauso wenig wie im deutschen Recht[1124] nicht vom Schutzzweck des Fondsgesetzes umfasst.

Mangels einer entsprechenden gesetzlichen Regelung im polnischen Recht kann das Missbrauchsrisiko de lege lata nur dadurch minimiert werden, dass die Vorfinanzierung der Arbeitsentgelte nur bei sog. vorbereiteten Liquidationen im Konkursverfahren eingesetzt wird.

1123 Tomanek, Stosunki pracy, S. 340–341.
1124 Vgl. zum deutschen Recht Mutschler/*Schmidt*, Kommentar zum SGB III, § 170, Rn. 27.

Teil VI:
Wesentliche Untersuchungsergebnisse und Entwicklungsideen

Abschließend werden die wesentlichen, aus den Einzeluntersuchungen erzielten Erkenntnisse zusammengefasst und Ideen zur Entwicklung des polnischen Rechts de lege ferenda und der polnischen Rechtspraxis de lege lata aufgezeigt.

I. Bessere Sanierungschancen im deutschen Recht durch die Insolvenzgeldvorfinanzierung

Das deutsche Recht ermöglicht durch die Insolvenzgeldvorfinanzierung bessere Sanierungschancen im Insolvenzverfahren als das polnische Recht. Insoweit zeigt das deutsche Insolvenzrecht einen deutlichen Standortvorteil für Unternehmenssanierungen[1125].

Deutsch-Polnische Unternehmensinsolvenzen zeigen jedoch, dass die Sanierungsfreundlichkeit des deutschen Insolvenzgeldrechts an nationale Grenzen stößt. Das neue polnische Insolvenzrecht kann in bestimmten Konstellationen wegen der kurzen bzw. fehlenden Eröffnungsverfahren die Insolvenzgeldvorfinanzierung im Inland torpedieren.

II. Keine Nutzungsmöglichkeit der Vorschüsse auf die Fondsleistungen und Änderungsvorschläge de lege ferenda

Die Vorschussregelung des Art. 15a u.o.r.p. wäre von ihrer Rechtsstruktur her geeignet, eine Vorfinanzierung der Arbeitsentgelte durch private Dritte im Konkursverfahren zu ersetzen. Die praktische Umsetzung scheitert jedoch an der langen Bearbeitungsdauer (ein bis zwei Monate gem. Art. 35 § 3 k.p.a.).

Ein wesentlicher, die Sanierung unterstützender Unterschied zur deutschen

---

1125 Hützen/Poertzgen, ZInsO 2010, S. 1719 ff. (1726), der dieselbe Schlussfolgerung nach einem Vergleich zum niederländischen Insolvenzgeldrecht zieht.

Vorschussregelung des § 168 SGB III ist, dass Art. 15a u.o.r.p. nicht die Beendigung des Arbeitsverhältnisses verlangt.

Die Nutzung des Sanierungseffekts der Vorschusszahlungen entspräche darüber hinaus der Ratio des Fondsgesetzes, sowohl Arbeitnehmer- als auch Arbeitgeberinteressen zu schützen.

Die die Sanierung erschwerenden Unterschiede zum deutschen Lohnausfallersatzrecht liegen neben der langen Bearbeitungsdauer in der Beschränkung der Vorschusszahlung auf die minimale Arbeitsvergütung (Art. 14a Abs. 1 u.o.r.p.) sowie in der Privilegierung der Regressansprüche (Art. 342 Abs. 3 p.r.).

Das deutsche Recht ist durch die Stellung bzw. Herabstufung der übergegangenen Arbeitsentgeltansprüche als Insolvenzforderungen massefreundlicher. Es entsteht ein Effekt der Massemehrung, während die Privilegierung der Ansprüche in Polen nur einen Kreditierungseffekt der Vorschusszahlungen zur Folge hätte.

Als Alternative zur Entwicklung einer Vorfinanzierung kommt die Vorschussregelung des Art. 15a u.o.r.p. nur in geänderter Gestalt in Betracht.

Es wird vorgeschlagen, de lege ferenda die Vorschussregelung auf das Vergleichs- und Sanierungsverfahren zu erweitern.

Dabei ist Art. 15a u.o.r.p. von der Regelung des Art. 35 § 3 k.p.a. abzukoppeln und eine eigenständige Fristenregelung zu treffen. Diese sollte kürzere Fristen als die insolvenzrechtlichen Instruktionsfristen enthalten. Um einem Missbrauch der Vorschüsse für einzelne Gläubigerinteressen oder für an Unternehmen beteiligte Personen vorzubeugen, ist die Vorschusszahlung in Anlehnung an das deutsche Recht von einer positiven Prognose über den Arbeitsplatzerhalt abhängig zu machen. Ferner ist die Antragsberechtigung auf den vorläufigen Gerichtsaufseher bzw. Zwangsverwalter zu beschränken.

III.   Die Insolvenzgeldvorfinanzierung als Denkmodell

Das Rechtsinstrument der Insolvenzgeldvorfinanzierung ist mit dem europäischen Beihilferecht konform und eignet sich als ein Denkmodell für die Entwicklung einer Sanierungshilfe im polnischen Recht.

Es kann nicht in das polnische Rechtssystem rezipiert werden.

Eine Rezeption scheitert am Übertragungs- und Verzichtsverbot der Arbeitsentgeltansprüche im polnischen Arbeitsrecht gem. Art. 84 k.p.

Das deutsche Recht schützt die Arbeitnehmer zwar ebenfalls vor der Übertragung von Arbeitsentgeltansprüchen mittelbar über § 400 BGB. Allerdings wird diese Vorschrift bei erfolgter gleichwertiger Gegenleistung für die Arbeitsentgeltansprüche teleologisch reduziert.

In Anlehnung an das deutsche Recht könnte über eine teleologische Reduktion des Art. 84 k.p. nachgedacht werden.

Sie ist jedoch aufgrund der Möglichkeit eines gesetzlichen Rechtsübergangs (*subrogacja*) gem. Art. 518 k.c. nicht erforderlich.

IV. Wesentliche rechtsvergleichende Ergebnisse zu den Arbeitsentgeltersatzleistungen

1. Rechtsverhältnis zwischen der Garantieeinrichtung und den Arbeitnehmern (Fonds- und Insolvenzgeldanspruch)

Die Zahlungsverpflichtung des Fondsverfügungsberechtigten gegenüber den Arbeitnehmern basiert auf einem arbeitsrechtlichen Schuldverhältnis mit Garantiehaftung für fremde Schuld.

Die Bundesagentur für Arbeit haftet demgegenüber für ihre eigene Verpflichtung aus einem öffentlich-rechtlichen Schuldverhältnis.

Der Fondsanspruch (*roszczenie o wypłatę świadczeń pracowniczych z Funduszu*) ist ein gesetzlicher Anspruch arbeitsrechtlicher Art des Arbeitnehmers gegen den Fondsverfügungsberechtigten auf Erfüllung einer fremden Schuld und zwar auf Erfüllung der Pflicht des Arbeitgebers zur Arbeitsentgeltzahlung. Es handelt sich um ein einseitig abhängiges, akzessorisches Sicherungsrecht. Aufgrund seiner Akzessorietät kann es nicht einzeln auf einen Dritten übertragen werden.

Der Insolvenzgeldanspruch ist ein öffentlich-rechtlicher Leistungsanspruch der Arbeitnehmer gegen die Bundesagentur für Arbeit, der neben dem Arbeitsentgeltanspruch steht und mit dem er bis zum Insolvenzgeldantrag akzessorisch verknüpft ist.

Das deutsche Recht hält damit einen öffentlich-rechtlichen Anspruch auf Zahlung von Sozialleistungen vor, der teils akzessorisch neben dem Arbeitsentgeltanspruch steht.

Das polnische Recht sieht einen akzessorischen arbeitsrechtlichen Anspruch auf Erfüllung des Arbeitsentgeltanspruchs durch den Fondsverfügungsberechtigten als Dritten vor (Anspruch auf Drittleistung).

Durch die Insolvenzgeldzahlung wird der parallele und teilakzessorische Insolvenzgeldanspruch erfüllt.

Durch die Fondsleistung wird der Arbeitsentgeltanspruch selbst erfüllt, entweder indem die Finanzmittel direkt an den Berechtigten ausgezahlt oder indem sie zur Auszahlung an den Arbeitgeber übermittelt werden.

In beiden Rechtsordnungen handelt es sich um ein Sicherungsmittel zu Gunsten des Arbeitnehmers.

Für die gerichtliche Durchsetzung des Fondsanspruchs ist gem. Art. 20 Abs. 2 u.o.r.p. das Arbeitsgericht zuständig.

In Deutschland gehören entsprechende Rechtsstreitigkeiten vor das Sozialgericht.

2.   Rechtsverhältnis zwischen der Garantieeinrichtung und dem Arbeitgeber (Anspruchsübergang und Regressanspruch)

In beiden Rechtssystemen gehen die durch den Arbeitgeber nicht erfüllten Arbeitsentgeltansprüche auf die Garantieeinrichtung über.

Im polnischen Recht entsteht durch den Übergang ein zivilrechtliches und im deutschen Recht ein öffentlich-rechtlichen Rechtsverhältnis zwischen dem Arbeitgeber und der Garantieeinrichtung.

Das im polnischen Recht entstandene zivilrechtliche Rechtsverhältnis beinhaltet einen arbeitsrechtlichen Regressanspruch, da der auf den Fonds übergegangene Arbeitsentgeltanspruch mit dem Übergang zum arbeitsrechtlichen Regressanspruch geworden ist.

Der Rechtsübergang erfolgt im polnischen Recht erst mit der Auszahlung bzw. der Übermittlung der Fondsleistungen (*subrogacja*, Art. 23 Abs. 1 u.o.r.p.).

Im deutschen Recht führt bereits die Stellung des Antrags auf Insolvenzgeld zum gesetzlichen Übergang des Arbeitsentgeltanspruchs auf die BA (*cessio legis*, § 169 Abs. 1 SGB III). Dadurch wird eine weitere Verfügung des Arbeitnehmers über den Arbeitsentgeltanspruch verhindert.

Der Arbeitsentgeltanspruch geht im polnischen Recht mit der Erfüllung durch den Fonds nicht unter, sondern kraft Gesetzes auf den Fonds als Zahlenden über (Art. 23 Abs. 1 u.o.r.p. in Verbindung mit Art. 518 Abs. 1 Nr. 4). Es findet ein Gläubigeraustausch statt.

Der polnische Weg über die Subrogation vermeidet das dem deutschen Insolvenzgeldrecht immanente Risiko der doppelten Inanspruchnahme durch den Arbeitnehmer bzw. der Bereicherung durch Doppelleistung.

Im deutschen Recht musste daher zur Vermeidung der doppelten Inanspruchnahme eine komplizierte Konstruktion durchbrochener Akzessorietät entwickelt werden (§§ 170 Abs. 1, 171 SGB III), wonach bis zum Insolvenzgeldantrag eine grundsätzliche[1126] Akzessorietät des Insolvenzgeldanspruchs zum Arbeitsentgeltanspruch besteht, die nach der Antragstellung aufgehoben wird.

Ein weiterer wesentlicher Unterschied beider Rechte liegt in der Handhabung

---

1126 Es ist keine ausnahmslose Akzessorietät, weil die Pfändung des Insolvenzgeldanspruchs vor dem Insolvenzgeldantrag zwar unwirksam ist, aber mit dem Antrag die Unwirksamkeit geheilt wird.

der übergegangenen Rechte im Insolvenzverfahren. Während die übergegangenen Arbeitsentgeltansprüche im deutschen Recht einfache Insolvenzforderungen darstellen, werden sie im polnischen Recht privilegiert.

V. Für die Vorfinanzierung der Arbeitsentgelte bedeutsame Ergebnisse

Die Entwicklung einer Vorfinanzierung der Arbeitsentgelte erfordert einen Paradigmenwechsel in Bezug auf die Einsatzmöglichkeiten des Eröffnungsverfahrens und des Lohnausfallersatzrechts bei der Unternehmenssanierung. Die Ausrichtung der polnischen Eröffnungsverfahren auf den Sicherungszweck und die Antragsprüfung ist um den Zweck der Restrukturierung/ Sanierung zu erweitern.

Die beste Einsatzmöglichkeit der Vorfinanzierung bietet sich im Pre-pack-Verfahren (*przygotowana likwidacja*, Art. 56a – h p.u.) an. Das Vorliegen eines potentiellen Erwerbers für das Unternehmen reduziert das Missbrauchsrisiko der Vorfinanzierung für einzelne Gläubigerinteressen bzw. Unternehmensbeteiligte und prognostiziert den Erhalt von Arbeitsplätzen.

Des Weiteren ist die Vorfinanzierung de lege ferenda von einer positiven Prognose über den Arbeitsplatzerhalt abhängig zu machen, um einen eventuellen Missbrauch zu verhindern.

Ein Ausfallrisiko für den finanzierungsbereiten Dritten durch Rücknahme des Konkursantrags sollte durch den Abschluss einer Vereinbarung zwischen ihm und dem Schuldner minimiert werden, in welcher die Schuldtilgung nur bei Stellung eines Eigenantrags (bei Konkursverfahren) und der Verpflichtung des Schuldners, den Antrag nicht zurückzunehmen, erfolgt.

Die vorgesehenen kurzen Instruktionsfristen für die Eröffnungsverfahren machen eine Vorfinanzierung insgesamt weniger effektiv als in Deutschland. Bei Einhaltung der Instruktionsfristen[1127] kann der mögliche Garantiezeitraum von drei Monaten nicht voll ausgeschöpft werden.

Eine Vorfinanzierung bedeutet jedoch die Aufnahme einer finanziellen Komponente in das Insolvenzverfahren, die zu höheren Sanierungschancen führt.

Das polnische Lohnausfallersatzrecht verfolgt neben dem Arbeitnehmer- auch den Arbeitgeberschutz, der für die Akzeptanz der Vorfinanzierung mehr in den Blickpunkt zu rücken ist.

1127 Zweifel an der Einhaltung der Instruktionsfristen in der Praxis äußert Lipowicz, Doradca restrukturyzacyjny, Nr. 2, 2015, S. 4 ff. (10); kritisiert werden sie auch von Horobiowski, Doradca restrukturyzacyjny, Nr. 2, 2015, S. 32 ff. Dagegen argumentiert Miczek, Doradca restrukturyzacyjny, Nr. 1, 2016, S. 94 (95).

Rechtstechnisch lässt sich die Vorfinanzierung von Arbeitsentgelten de lege lata durch das Rechtsinstrument der Subrogation in Gestalt der Konversion (*konwersja*) realisieren. Der Arbeitsentgeltanspruch lässt sich bei Zahlung eines finanzierungsbereiten Dritten kraft Gesetzes gem. Art. 518 § 1 Nr. 3 k.c. übertragen.

Dieser Rechtskonstruktion steht Art. 84 k.p. nicht entgegen, weil er nur rechtsgeschäftliche Übertragungen verbietet und der darin normierte Zweck des Arbeitnehmerschutzes trotz bzw. gerade durch die Zulassung der Subrogation auf Arbeitsentgeltforderungen bei Zahlungsunfähigkeit des Arbeitgebers gewahrt bleibt.

Der Fondsanspruch ist ein einseitig abhängiges, akzessorisches Sicherungsrecht, der gem. Art. 509 § 2 k.c. analog (i. V. m. Art. 518 § 1 Nr. 3 k.c.), Art. 300 k.p. als ein mit dem Arbeitsentgeltanspruch verbundenes Recht auf den finanzierungsbereiten Dritten übergeht.

Ausgehend vom Sinn und Zweck des Fondsgesetzes ist Art. 12 u.o.r.p. dahin gehend auszulegen, dass die Voraussetzung des Vorliegens unerfüllter Arbeitnehmeransprüche (*niezaspokojone roszczenia pracownicze*) auch dann zu bejahen ist, wenn die Arbeinehmeransprüche in der Hand eines Dritten unerfüllt sind.

Die Vorfinanzierung der Arbeitsentgelte wird im Vergleich zum deutschen Recht nicht den gleichen Sanierungseffekt erzielen können. Grund dafür ist die privilegierte Rangstellung der Rückzahlungsansprüche des Fondsverfügungsberechtigten im polnischen Insolvenzverfahren.

Die Vorfinanzierung wird sich in Polen daher als eine Kreditierungshilfe erkennbar zeigen, während die deutsche Vorfinanzierung einen (teilweise kritisierten) Subventionierungscharakter hat.

VI.   Gesamtergebnis

Die Entwicklung der Vorfinanzierung von Arbeitsentgelten in der Rechtspraxis hängt im Wesentlichen davon ab, ob die Rechtsprechung der hier vertretenen Ansicht folgt und die Anwendbarkeit des Art. 518 § 1 Nr. 3 k.c. auf die Arbeitsentgeltansprüche und ihnen anhaftende Fondsansprüche bejaht.

Den größten Sanierungserfolgt verspricht die Vorfinanzierung bei Konkursverfahren mit vorbereiteter Liquidation (Pre-pack-Verfahren).

Gleichwohl wird eine Vorfinanzierung von Arbeitsentgelten nicht den gleichen Sanierungseffekt wie in der deutschen Praxis haben. Grund dafür sind die Privilegierung der Regressansprüche im Insolvenzverfahren sowie die kurzen Instruktionsfristen der Vorverfahren.

Insgesamt bestätigt das Ergebnis, dass – wie Szpunar bereits festgestellt hat[1128] – die Subrogation in Gestalt der Konversion in der Marktwirtschaft – anders als in der Planwirtschaft – eine immer größere Rolle spielen wird, weil die Verwertung von Forderungen aufgrund ihres Vermögenswertes eine hohe finanzielle Relevanz hat, die gerade in Insolvenzverfahren nicht außer Acht gelassen werden sollte.

1128 Szpunar, Wstąpienie, S. 123; ders., Rejent 2000, Heft Nr. 2 (106), S. 13 ff. (14). Auch Ohanowicz erwähnt, dass die Konversion »*w systemie kapitalistycznym* (im kapitalistischen Wirtschaftssystem)« eine wichtige Rolle spielte, vgl. Ohanowicz, Wstąpienie osoby trzeciej, S. 232.

Literaturverzeichnis

Adamus, Rafał. Prawo restrukturyzacyjne. Komentarz, 1. Auflage, Warschau 2015.
–. Prawo upadłościowe. Komentarz, 1. Auflage, Warschau 2016.
Ahrens, Martin; Gehrlein, Markus; Ringstmeier, Andreas (Hrsg.). Fachanwaltskommentar Insolvenzrecht, 3. Auflage, Köln 2016.
Allerhand, Maurycy. Prawo układowe. Komentarz, orzecznictwo, Bielsko-Biała 1999.
Andres, Dirk; Leithaus, Rolf; Dahl, Michael. Kommentar Insolvenzordnung, 3. Auflage, München 2014.
Aumann, Annemarie. Ausgewählte Probleme des polnischen Mindestlohns, Zeitschrift für ausländisches und internationales Arbeits- und Sozialrecht, 2013, S. 18–31.
Bar, Christian von; Wudarski, Arkadiusz (Red.). Deutschland und Polen in der europäischen Rechtsgemeinschaft, München 2012.
Baran, Krzysztof W. (Red.). Kodeks Pracy. Komentarz, 3. Auflage, Warschau 2016.
–. Prawo Pracy i Ubezpieczeń Społecznych, Warszawa 2013.
Beck, Siegfried; Depré, Peter. Praxis der Insolvenz. Ein Handbuch für die Beteiligten und ihre Berater, 2. Auflage, München 2010.
Biała, Agnieszka. Plan restrukturyzacji: Sporządzenie i ewaluacja w trakcie negocjacji z wierzycielami. Postępowanie restrukturyzacyjne Biomed-Lublin SA, Doradca restrukturyzacyjny, Nr. 4, 2016, S. 125–145.
Bieniek, Gerard (Red.). Komentarz do kodeksu cywilnego. Księga trzecia. Zobowiązania. Band 1. Art. 353–534, 10. Auflage, Warschau 2011.
–. Komentarz do kodeksu cywilnego. Księga trzecia. Zobowiązania. Band 2, 10. Auflage, Warschau 2011.
Birk, Rolf. Das Konkursausfallgeld. Ein rechtsvergleichender Überblick über die Insolvenzversicherung für Arbeitnehmerforderungen. Rabels Zeitschrift für ausländisches und internationales Privatrecht, Heft 39, 1975, S. 605–646.
–. Schadensersatz und sonstige Restitutionsformen im internationalen Privatrecht, Kollisionsrechtliche Fragen zum Inhalt und Bestand subjektiver Rechte, dargestellt an den Fällen der unerlaubten Handlung, Karlsruhe 1969.
Brand, Jürgen (Hrsg.). Sozialgesetzbuch, Arbeitsförderung, SGB III, Kommentar, 7. Auflage, München 2015.
Braun, Eberhard (Hrsg.). Insolvenzordnung. Kommentar, 6. Auflage, München 2014.
Braun, Hans-Dieter; Wierzioch, Erwin. Neue Entwicklungen beim Insolvenzgeld, Zeitschrift für Wirtschaftsrecht, 2003, S. 2001–2009.

Bundesagentur für Arbeit. Insolvenzgeld Durchführungsanweisungen, 16. Ergänzung, Stand: 01.06.2015, Nürnberg 2015.

Bunk, Artur. Die Insolvenzeröffnungsgründe und die zivil- und steuerrechtliche Haftung der Geschäftsführer polnischer GmbH unter besonderer Berücksichtigung der Art. 299 KSH und Art. 116 OP, Zeitschrift für das gesamte Insolvenzrecht 2011, S. 1136–1141.

–. Zunahme grenzüberschreitender Insolvenzen im deutsch-polnischen Rechtsverkehr, Europäische Zeitschrift für Wirtschaftsrecht 2009, 478.

Całka, Daniel. Jakie roszczenia mogą zostać zaspokojone z Funduszu Gwarantowanych Świadczeń Pracowniczych? Veröffentlichung in der juristischen Datenbank des Verlags Wolters Kluwer Lex, Stand 11.01.2015.

Ciszewski, Jerzy (Red.). Kodeks Cywilny. Komentarz, 2. Auflage, Warschau 2014.

Cranshaw, Friedrich L. Anmerkung 1 zu BSG Urteil vom 01.07.2010 – B 11 AL 6/09 R, jurisPR-InsR 3/2011.

–. Anmerkung 1 zu BVerfG Nichtannahmebeschluss vom 02.02.2009–1 BvR 2553/08, jurisPR-InsR 9/2009.

–. Anmerkung 1 zu EuGH Urteil vom 16.07.2009 – Rs. C-69/08, jurisPR-InsR 18/2009.

–. Anmerkung 2 zu BSG Urteil vom 29.05.2008 – B 11a AL 61/06 R, jurisPR-InsR 4/2009.

–. Anmerkung 5 zu BSG Beschluss vom 17.20.2007 – B 11a AL 75/07B, jurisPR-InsR 4/2008.

–. Anmerkung 6 zu LSG Stuttgart Urteil vom 12.10.2006 – Az. L 1 U 4519/04, jurisPR-InsR 21/2006.

–. Bemerkungen zur Vorfinanzierung von Insolvenzgeld, ZInsO 2013, S. 1493–1505.

–. Einflüsse des Europäischen Rechts auf das Insolvenzverfahren, Baden-Baden 2006.

Cybulska, Agnieszka; Biel, Tomasz. Metoda wyceny majątku przedsiębiorcy w kontekście nowego brzmienia przesłanki niewypłacalności wynikającej z nadmiernego zadłużenia, Doradca Restrukturyzacyjny, Heft Nr. 2, 2015, S. 71–87.

Cyman, Damian. Prawo w diagramach. Prawo upadłościowe i naprawcze, 3. Auflage, Warschau-Bielsko-Biala 2010.

Czachórski, Witold; Brzozowski, Adam. Zobowiązania. Zarys wykładu, 10. Auflage, Warschau 2007.

Czachórski, Witold; Grzybowski, Stefan (Red.). System Prawa Cywilnego, Część ogólna, Band I, Wrocław, Warszawa, Kraków, Gdańsk, Łódz 1985.

Czachórski, Witold; Radwański, Zbigniew (Red.). System Prawa Cywilnego, Prawo zobowiązań, Część ogólna, Band III,Teil 1, Wrocław Warszawa Kraków Gdańsk Łódź 1981.

Czornik, Anna; Koczwara, Paulina. Postępowanie o otwarcie postępowania snacyjnego z wniosku wierzyciela – zagadnienia praktyczne, Doradca restrukturyzacyjny, Nr. 4, 2016, S. 115–124.

Dauses, Manfred A. (Hrsg.). Handbuch des EU-Wirtschaftsrechts, Band 1, (39. Ergänzungslieferung), München 2016.

Denck, Johannes. Verteilungskampf im Arbeits- und Sozialrecht – Notwendigkeit einer Ordnung, Neue Zeitschrift für Arbeitsrecht 1987, S. 433–472.

Drosik, Jacek; Kubiczek, Marcin. Podatkowe skutki zbycia przedsiębiorstwa lub jego zorganizowanej części a zasada optymalizacji w postępowaniu upadłościowym, Doradca restrukturyzacyjny, Heft 7, 2017, S. 72–83.

Duursma-Kepplinger, Henriette-Christine; Duursma, Dieter; Chalupsky, Ernst. Europäische Insolvenzverordnung Kommentar, Wien 2002.

Ehricke, Ulrich; Ries, Julian. Die neue Europäische Insolvenzverordnung, Juristische Schulung 2003, S. 313–320.

Eicher, Wolfgang; Schlegel, Rainer (Hrsg.). SGB III – Arbeitsförderungsrecht. Kommentar mit Nebenrecht, 145. Aktualisierung, München 2016.

Ernst, Ulrich; Rachwał, Anna; Zoll, Fryderyk. Prawo cywilne. Część ogólna, 2. Auflage, Warschau 2013.

Flaga-Gieruszyńska, Kinga (Red.). Biegły w postępowaniu cywilnym i karnym. Komentarz praktyczny, orzecznictwo, wzory pism procesowych i orzeczeń, Warschau 2017.

Florek, Ludwik (Red.). Kodeks pracy. Komentarz, 6. Auflage, Warschau 2011.

Florek, Ludwik; Zieliński, Tadeusz. Prawo pracy, 9. Auflage, Warschau 2007.

Franzen, Martin; Gallner, Inken; Oetker, Hartmut (Hrsg.). Kommentar zum europäischen Arbeitsrecht, München 2016.

Gagel, Alexander (Begr.); Knickrehm, Sabine; Deinert, Olaf (Hrsg.). SGB II / SGB III, Grundsicherung und Arbeitsförderung, Band 1, Ergänzungslieferung 66 vom Juni 2016, München 2017.

Gagel, Alexander (Hrsg.). Die Bundesanstalt für Arbeit in der Insolvenzpraxis, Köln 1991.

Geiger, Rudolf; Khan, Daniel-Erasmus; Kotzur, Markus (Hrsg.). EUV/AEUV: Vertrag über die Europäische Union und Vertrag über die Arbeitsweise der Europäischen Union, Kommentar, 6. Auflage, München 2017.

Georges, Karl-Ernst; Baier, Thomas (Hrsg.). Der Neue Georges, Ausführliches lateinisch-deutsches Handwörterbuch, Zweiter Band, I – Z, 16. Auflage, 2013.

Gersdorf Małgorzata. Niewypłacalność pracodawcy w prawie pracy. Fundusz Gwarantowanych Świadczeń Pracowniczych jako instytucja ochrony roszczeń pracownika, Warschau 2002.

–. Glosa do uchwały SN z dnia 20 listopada 1996 r., Orzecznictwo Sądów Polskich 1997, Heft 9, S. 430ff.

–. Nowe reguły ochrony roszczeń pracowniczych (wybrane zagadnienia), Gdańskie Studia Prawnicze, Band XVII, 2007, S. 73–83.

–. O projekcie ustawy o zmianie ustawy o ochronie roszczeń pracowniczych w razie niewypłacalności pracodawcy (sygn. akt RL-0303–5/06), Przegląd Legislacyjny, Nr. 4 (56)/2006, S. 65–69.

–. Prawo pracy. Komentarz, Warschau 2004.

Gersdorf, Małgorzata; Raczkowski, Michał; Rączka, Krzysztof. Kodeks pracy. Komentarz, 3. Auflage, Warschau 2014.

Gil, Izabela. Postępowanie zabezpieczające na etapie poprzedzającym ogłoszenie upadłości, 1. Auflage, Warschau 2012.

Głowacki, Andrzej; Zalewski, Cezary (Red.). Postępowanie restrukturyzacyjne. Komentarz praktyczny. Wzory pism i przykłady postępowań restrukturyzacyjnych, 1. Auflage, Warschau 2016.

Gniewek, Edward; Machnikowski, Piotr (Red.). Kodeks cywilny. Komentarz, 7. Auflage, Warschau 2016.

Góral, Zbigniew; Nowak, Monika. Wynagrodzenie za pracę, Warschau 2014.

Grabitz, Eberhard; Hilf, Meinhard (Begr.); Nettesheim, Martin (Hrsg.). Das Recht der Europäischen Union, Band II EUV/AEUV, 60. Ergänzungslieferung, München 2016.

Grenda, Łukasz. Wniosek restrukturyzacyjny. Uwagi praktyczne – aspekty prawnicze, Doradca restrukturyzacyjny, Heft 2, 2015, S. 11–21.

–. Zakończenie likwidacji w ciągu 6 miesięcy od nia ogłoszenia upadłości zgodnie z art. 308 ust. 2 Ustawy prawo upadłościowe, Doradca restrukturyzacyjny, Nr. 4, 2016, S. 35–47.

Grepl, Maike. Die Funktionen des Insolvenzgeldes unter besonderer Berücksichtigung des europäischen Rechts, Hamburg 2008.

Groeben, Hans von der; Schwarze, Jürgen; Hatje, Armin (Hrsg.). Europäisches Unionsrecht. Vertrag über die Europäische Union. Vertrag über die Arbeitsweise der Europäischen Union. Charta der Grundrechte der Europäischen Union, Band 3: Art. 106 bis 173 AEUV, 7. Auflage, Baden-Baden 2015.

Groele, Bartosz; Koczwara, Paulina. Regulamin rady wierzycieli w postępowaniu restrukturyzacyjnym, Doradca restrukturyzacyjny, Nr. 1, 2016, S. 71–81.

Gudowski, Jacek (Red.). Kodeks cywilny. Komentarz. Księga trzecia. Zobowiązania, Band 2, Warszawa 2013.

Gurgul, Stanisław. Prawo upadłościowe. Prawo restrukturyzacyjne. Komentarz, 10. Auflage, Warschau 2016.

Gurynow, Aleksandra. Nowelizacja prawa upadłościowego a stosunek pracy, Monitor Prawa Pracy 2016, Heft Nr. 8, S. 406–411.

Gutowski, Maciej. Kodeks cywilny. Komentarz. Art. 1–449 (11), Band I, 1. Auflage, Warschau 2016.

–. Kodeks cywilny. Komentarz. Art. 450–1088, Band II, 1. Auflage, Warschau 2016.

Hakenberg, Waltraud. Europarecht, 7. Auflage, München 2015.

Hase, Peter. Vorfinanzierung von Ansprüchen auf Arbeitsentgelt, Gewährung von Insolvenzgeld an den Vorfinanzierenden und materielle Reichweite der Insolvenzausfallversicherung, Wertpapier-Mitteilungen 2000, S. 2231–2235.

Haß, Detlef; Huber, Peter; Gruber, Urs; Heiderhoff, Bettina. Kommentar zur Verordnung (EG) Nr. 1346/2000 über Insolvenzverfahren (EuInsVO), München, 1. Auflage 2005.

Hauck, Karl; Noftz, Wolfgang (Hrsg.). Sozialgesetzbuch. SGB III. Arbeitsförderung, Kommentar (drei Bände), 2. Auflage, Aktualisierung 3/6 2016, Berlin 2012.

Hawellek, Jeronimo. Die persönliche Surrogation, Tübingen 2010.

Heinichen, Friedrich A. Lateinisch-deutsches Schulwörterbuch: Ausgabe mit Berücksichtigung ausgewählter mittellateinischer Schriftsteller, 10. Auflage, Stuttgart 1993.

Herchen, Axel. Das Prioritätsprinzip im internationalen Insolvenzrecht, Zeitschrift für Wirtschaftsrecht 2005, S. 1401–1406.

Hoehl, Stefan. Anmerkung 2 zu BSG Urteil vom 29.05.2008 – B 11a AL 61/06R, jurisPR-SozR 19/2009.

–. Anmerkung 3 zu LSG Essen Urteil vom 28.04.2006 – L 4 U 81/04, jurisPR-SozR 9/2007.

Hoffman, Martyna; Hrycaj, Anna; Kubiczek, Marcin; Pilitowski, Bartosz; Tatara, Karol. Monitoring Prawa Restrukturyzacyjnego i Upadłościowego: Pre-pack – instytucja przygotowanej likwidacji w pierwszym roku obowiązywania w Polsce, Toruń 2017.

Horobiowski, Jarosław. Kluczowe osiągnięcia nowelizacji, Doradca restrukturyzacyjny, Heft 2, 2015, S. 32–38.

Hoyningen-Huene, Gerrick von. Anmerkung zum Urteil des 10. Senats des BSG vom 08.04.1992–10 RAr 12/91, Die Sozialgerichtsbarkeit, S. 622–627.

Hrycaj, Anna. Pokrzywdzenie wierzycieli jako przesłanka odmowy otwarcia postępowania restrukturyzacyjnego, Doradca restrukturyzacyjny, Nr. 1, 2016, S. 82–93.

Hrycaj, Anna; Filipiak, Patryk; Geromin, Maciej; Groele, Bartosz (Red.). Restrukturyzacja i upadłość przedsiębiorstw 2.0, 1. Auflage, Warschau 2016.

Hrycaj, Anna; Jakubecki, Andrzej; Witosz, Antoni. Prawo restrukturyzacyjne i upadłościowe, System Prawa Handlowego, Band 6, 1. Auflage, Warschau 2016.

Hrycaj, Anna; Sierakowski, Bartosz. Zagadnienie kosztów postępowania upadłościowego i innych zobowiązań masy upadłości, Doradca restrukturyzacyjny, Heft 5, 2016, S. 51–66.

Hützen, Peter; Poertzgen, Christoph. Insolvenzgeld für Arbeitnehmer in Deutschland beim ausländischen Insolvenzereignis am Beispiel der Niederlande, Zeitschrift für das gesamte Insolvenzrecht 2010, S. 1719–1726.

Icks, Annette; Kranzusch, Peter. Sanierungen in Insolvenzverfahren: Übertragende Sanierungen und insolvenzplanbasierte Eigensanierungen in NRW, IfM-Materialien, Nr. 195, 2010.

Immenga, Ulrich; Mestmäcker, Ernst-Joachim (Hrsg.). Wettbewerbsrecht, Band 3 Beihilfenrecht Sonderbereiche, 5. Auflage, München 2016.

Iwulski, Józef; Sanetra, Walerian. Kodeks pracy. Komentarz, 3. Auflage, Warschau 2013.

Jackowiak, Urszula (Red.). Kodeks pracy z komentarzem, 4. Auflage, Warschau 2004.

Janda, Paweł. Sprawozdanie tymczasowego nadzorcy sądowego o stanie przedsiębiorstwa dłużnika, Doradca restrukturyzacyjny, Heft Nr. 6, 2016, S. 63–70.

Jaśkowski, Kazimierz; Maniewska, Eliza. Komentarz aktualizowany do Kodeksu pracy, 9. Auflage, Warschau 2016.

Kaleta, Joanna. Ustawa o ochronie roszczeń pracowniczych w razie niewypłacalności pracodawcy. Komentarz, Warszawa 2013.

Kappes, Aleksander. Odpowiedzialność członków zarządu za zobowiązania spółki z o.o., Warschau 2009.

Kartus, Karolina. Upadłość w Polsce jest rzadko wykorzystywanym narzędziem, Analiza Forum Obywatelskiego Rozwoju 05.07.2012, Nr. 10, 2012.

Kasten, Hartwig. Die deutsche Insolvenzgeldversicherung und EG-Recht, Leipzig 2003.

Kidyba, Andrzej (Red.). Kodeks cywilny. Komentarz. Band III. Zobowiązania – część ogólna, 2. Auflage, Warschau 2014.

–. Kodeks cywilny. Komentarz. Band III. Zobowiązania-część szczególna, 2. Auflage, Warschau 2014.

Kindler, Peter; Sakka, Samy. Die Neufassung der Europäischen Insolvenzverordnung, Europäische Zeitschrift für Wirtschaftsrecht 2015, S. 460–467.

Klüter, Kai Uwe. Die kollektive Vorfinanzierung von Arbeitsentgeltansprüchen in der Insolvenz des Arbeitgebers (Insolvenzgeldvorfinanzierung), Wertpapier-Mitteilungen, Zeitschrift für Wirtschafts- und Bankrecht 2010, S. 1483–1491.

Knickrehm, Sabine; Kreikebohm, Ralf; Waltermann, Raimund (Hrsg.). Kommentar zum Sozialrecht, 4. Auflage, München 2015.

Kocher, Eva. Europäisches Arbeitsrecht, 1. Auflage, Baden-Baden 2016.

Koenig, Christian; Kühling, Jürgen. Grundfragen des EG-Beihilferechts, Neue Juristische Wochenschrift 2000, S. 1065–1074.

Kolmann, Stephan. Kooperationsmodelle im Internationalen Insolvenzrecht – Empfiehlt sich für das deutsche internationale Insolvenzrecht eine Neuorientierung? Bielefeld 2001.

Kopp, Ferdinand O.; Ramsauer, Ulrich (Begr.); Ramsauer, Ulrich; Wysk, Peter (Hrsg.). Verwaltungsverfahrensgesetz. Kommentar, 17. Auflage, München 2016.

Kosikowski, Cezary. Ustawa o swobodzie działalności gospodarczej. Komentarz, 7. Auflage, Warschau 2013.

Kosztyła, Monika. Wynagrodzenie za pracę jako przedmiot ochrony prawnej a inne świadczenie związane z pracą, Edukacja Prawnicza, Nr. 3, 2017, S. 13–18.

Kowalczyk, Aneta. Ochrona wynagrodzenia za pracę. Prawo rzymskie a współczesne regulacje prawa pracy, Zeszyty Naukowe Uniwersytetu Rzeszowskiego. Seria prawnicza, Heft 82/2014, S. 66–77.

Kozub, Grzegorz. Rada wierzycieli w postępowaniach upadłościowym i restrukturyzacyjnym – najważniejsze zmiany wprowadzone ustawą z 15 maja 2015 r. – Prawo restrukturyzacyjne, Doradca restrukturyzacyjny, S. 40–47.

Krajewski, Andrzej. Ochrona roszczeń pracowniczych. Komentarz do ustawy z dnia 29 grudnia 1993 r. o ochronie roszczeń pracowniczych w razie niewypłacalności pracodawcy, Zielona Góra 1994.

Kruczalak-Jankowska, Joanna. Tendencje zmian regulacji prawnych niewypłacalności przedsiębiorców w prawie polskim, Przegląd Prawa Handlowego 2016, Heft 1, S. 5–10.

Krüger, Frank. Insolvenzrecht, 8. Auflage, Altenberge 2016.

Krystek, Ulrich; Moldenhauer, Ralf. Handbuch Krisen- und Restrukturierungsmanagement, Generelle Konzepte, Spezialprobleme, Praxisberichte, Stuttgart 2007.

Kubiczek, Marcin; Sokół, Bartosz. Metodyka badania płynnościowej przesłanki niewypłacalności w świetle jej prawnej definicji, Doradca restrukturyzacyjny, Heft Nr. 1, 2016, S. 104–115.

–. Przesłanki prowadzenia postępowania restrukturyzacyjnego w świetle jego celu, Doradca restrukturyzacyjny, Heft 2, 2015, S. 22–31.

Kubiczek, Marcin; Sokół, Bartosz. Metodyka badania majątkowej przesłanki niewypłacalności w świetle jej normatywnej definicji, Doradca restrukturyzacyjny, Heft 5, 2016, S. 87–99.

Kubiczek, Marcin; Tatara, Karol. Przygotowana likwidacja (pre-pack) – wstępne uwagi na temat funkcjonowania instytucji, Doradca restrukturyzacyjny, Heft 4, 2016, S. 106–121.

Kuhn, Georg; Uhlenbruck, Wilhelm. Konkursordnung, Kommentar, 10. Auflage, München 1985.

Küttner, Wolfdieter (Begr.), Röller, Jürgen (Hrsg.). Personalbuch 2016, Arbeitsrecht, Lohnsteuerrecht, Sozialversicherungsrecht, 23. Auflage, München 2016.

Lakies, Thomas. Der Anspruch auf Insolvenzgeld (§ 183 SGB III), Neue Zeitschrift für Arbeitsrecht 2000, S. 565–569.

Łapiak, Karolina. Postępowanie upadłościowe członków grupy przedsiębiorstw w świetle nowego rozporządzenia upadłościowego – uwagi wstępne, Doradca restrukturyzacyjny, Heft 7, 2017, S. 93–100.

Latos-Miłkowska, Monika. Zakres podmiotowy ustawy o ochronie roszczeń pracowniczych w razie niewypłacalności pracodawcy, Praca i Zabezpieczenie Społeczne 08/2009, S. 22–29.

Lic, Jan. Spółka cywilna. Problematyka podmiotowości prawnej, Warszawa 2013.

Liersch, Oliver. Deutsches Internationales Insolvenzrecht, Neue Zeitschrift für das Recht der Insolvenz und Sanierung 2003, S. 302–311.

Lipowicz, Łukasz. Analiza wniosku restrukturyzacyjnego przez sąd – próba określenia przyszłej praktyki sądowej, Doradca restrukturyzacyjny, Heft 2, 2015, S. 4–10.

Liszcz, Teresa. Prawo Pracy, 5. Auflage, Warschau 2008.

Machowska, Aleksandra. Zbieg wniosków restrukturyzacyjnych i wniosków o ogłoszenie upadłości – niektóre problemy praktyki sądowej, Doradca restrukturyzacyjny, Heft 7, 2017, S. 4–14.

Majewska, Renata. Potrącenia z wynagrodzeń i zasiłków. Egzekucja i potrącenia dobrowolne, 2. Auflage, Warschau 2015.

Małysz, Franciszek. Dochodzenie roszczeń pracowniczych w razie niewypłacalności pracodawcy, Służba Pracownicza, Nr. 8/2011, S. 18–22.

Małyszek, Sławomir. Polnisches Arbeits- und Sozialversicherungsrecht, Band 8, Warschau 2009.

Maurer, Hartmut. Allgemeines Verwaltungsrecht, 18. Auflage, München 2011.

Maydell, Bernd, Baron von; Zieliński, Tadeusz (Hrsg.). Die Sozialordnung in Polen und Deutschland in einem zusammenwachsenden Europa, Gedächtnisschrift für Czesław Jackowiak, Warschau 1999.

Meder, Walter (Hrsg.). Zivilgesetzbuch der Volksrepublik Polen, Berichte des Osteuropa-Instituts an der Freien Uniersität Berlin, Berlin 1965.

Merczyński, Bartosz; Bartosiewicz, Paweł. Interes wierzycieli a wstrzymanie wniosku o ogłoszenie upadłości dłużnika w restrukturyzacji, Doradca restrukturyzacyjny, Heft 7, 2017, S. 35–39.

Miczek, Zbigniew. Przepisy intertemporalne w Prawie restrukturyzacyjnym, Doradca restrukturyzacyjny, Heft 2, 2015, S. 43–47.

Miroszewski, Leon. Czy spółka cywilna jest pracodawcą? Praca i Zabezpieczenie Społeczne 2000, Heft 9, S. 33–40.

Missala, Witold. Dobre praktyki rachunkowości w postępowaniach upadłościowych, Doradca restrukturyzacyjny, Heft 7, 2017, S. 63–68.

Misztal-Konecka, Joanna; Konecki, Janusz. Kilka uwag o statusie prawnym Funduszu Gwarantowanych Świadczeń Pracowniczych w postępowaniu upadłościowym, Monitor Prawniczy 2003, Nr. 7.

Mojak, Jan. Obrót wierzytelnościami, 3. Auflage, Warschau 2011.

Morawski, Lech. Wstęp do prawoznawstwa, 10. Auflage, Toruń 2006.

Münchener Kommentar; Kirchhof, Hans-Peter; Eidenmüller, Horst; Stürner, Rolf (Hrsg.). Münchener Kommentar zur Insolvenzordnung, Band 1, §§ 1–79 InsO, InsVV, 3. Auflage, München 2013.

–. Münchener Kommentar zur Insolvenzordnung, Band 4, EuInsVO 2000, Art. 102 und 102a EGInsO, EuInsVO 2015, Länderberichte, 3. Auflage, München 2016.

Münchener Kommentar; Säcker, Franz Jürgen; Rixecker, Roland; Oetker, Hartmut (Hrsg.). Münchener Kommentar zum BGB, Band 11, Internationales Privatrecht II, Internationales Wirtschaftsrecht, Einführungsgesetz zum Bürgerlichen Gesetzbuch (Art. 25–248), 6. Auflage, München 2015.

Muras, Zdzisław. Podstawy prawa, 3. Auflage, Warschau 2015.

Muschiol, Paul. Insolvenzgeldvorfinanzierung – unter besonderer Würdigung der Eigenverwaltung (§ 270a InsO) und des Schutzschirmverfahrens (§ 270b InsO), Zeitschrift für das gesamte Insolvenzrecht 2016, S. 248–261.

Muszalski, Wojciech (Red.). Kodeks pracy. Komentarz, Warschau 2015.

Mutschler, Bernd; Schmidt-De Caluwe, Reimund; Coseriu, Pablo. Sozialgesetzbuch III, Arbeitsförderung, 5. Auflage, Baden-Baden 2013.

Nielandt, Dörte. Das SGB III als Konfliktfeld von Sozial- und Wettbewerbsrecht. Die Beihilfenrelevanz von SGB-III-Maßnahmen unter Berücksichtigung des Vergaberechts, Berlin 2006.

Obermüller, Manfred; Kuder, Karen. Insolvenzrecht in der Bankpraxis, 8. Auflage, Köln 2011.

Oetker, Hartmut; Preis, Ulrich (Hrsg.). Europäisches Arbeits- und Sozialrecht, Teil B Systematische Darstellungen, Gesamtausgabe, 171. Aktualisierung November 2012.

Ohanowicz, Alfred. Wstąpienie osoby trzeciej w prawa zaspokojonego wierzyciela, Studia Cywilistyczne : Zbiór rozpraw z zakresu prawa cywilnego, prawa międzynarodowego prywatnego, prawa pracy oraz prawa procesowego cywilnego, Heft 13–14, S. 227–237.

Olejniczak, Adam (Red.). System Prawa Prywatnego, Prawo zobowiązań – część ogólna, Band 6, 2. Auflage, Warschau 2014.

–. System Prawa Prywatnego, Prawo zobowiązań – część ogólna, Band 6, Ergänzungsband, Warschau 2010.

Oplustil, Krzysztof. Obowiązek złożenia wniosku o ogłoszenie upadłości oraz odpowiedzialność za jego niezłożenie w świetle znowelizowanego prawa upadłościowego (część II), Przegląd Prawa Handlowego 2016, Heft 2, S. 5–11, Heft 3, S. 15–23.

Osajda, Konrad (Red.). Kodeks cywilny Komentarz, 16. Auflage, Warschau 2017.

Osajda, Konrad. Uwagi o pojęciu niewypłacalności w świetle nowelizacji prawa upadłościowego, Przegląd Prawa Handlowego 2016, Heft 1, S. 11–16.

Palandt, Otto (Begr.). Bürgerliches Gesetzbuch, Kommentar, 76. Auflage, München 2017.

Pannen, Klaus (Hrsg.). Europäische Insolvenzverordnung, Kommentar, Berlin 2007.

Paulus, Christoph G. Änderungen des deutschen Insolvenzrechts durch die Europäische Insolvenzverordnung, Zeitschrift für Wirtschaftsrecht 2002, S. 729–737.

–. Die europäische Insolvenzverordnung und der deutsche Insolvenzverwalter, Neue Zeitschrift für das Recht der Insolvenz und Sanierung 2001, S. 505–516.

–. Europäische Insolvenzordnung, Kommentar, Berlin, 4. Auflage 2013.

Peters-Lange, Susanne. Konsequenzen der EuGH-Rechtsprechung für den Insolvenzgeldanspruch nach §§ 183 ff. SGB III, Zeitschrift für Wirtschaftsrecht 2003, S. 1877–1879.

–. Sozialrecht in der Insolvenz, Sozialrechtliche Leistungen, Sozialversicherungsbeiträge, Altersteilzeit und Insolvenz, München 2005.

Piasecki, Kazimierz (Red.). Komentarze do międzynarodowego postępowania cywilnego w stosunkach między Państwami Członkowskimi Unii Europejskiej, 5. Auflage, Warschau 2013.

Pierzchlewicz, Monika. Die neue Institution der vorbereiteten Liquidation im polnischen Insolvenzrecht, WiRO 2017, Heft 8, S. 230–233.

Pietrzykowski, Krzysztof (Red.). Kodeks cywilny. Komentarz. Art. 450–1088, Band II, 8. Auflage, Warschau 2015.

Pisarczyk, Łukasz. Pracodawca wewnętrzny, Monitor Prawa Pracy 2004, Heft Nr 12.

Porzycki, Marek. Prawo restrukturyzacyjne a zakres zastosowania unijnego prawa upadłościowego, Monitor Prawniczy 2015, Heft Nr. 20, S. 1073–1076.

–. Stosowanie unijnego prawa upadłościowego do polskich postępowań upadłościowych i restrukturyzacyjnych, Doradca restrukturyzacyjny, Nr. 8, 2017, S. 70–75.

Przybysz, Piotr. Kodeks postępowania administracyjnego. Komentarz, 11. Auflage, Warschau 2014.

Radwański, Zbigniew. Prawo cywilne – część ogólna, 7. Auflage, Warschau 2004.

Ranacher, Christian; Staudigl, Fritz; Frischhut, Markus (Hrsg.). Einführung in das EU-Recht, Institutionen, Recht und Politiken der Europäischen Union, 3. Auflage 2015.

Rebhahn, Robert. Ziele und Probleme der Arbeitsrechtsvergleichung in Europa, Zeitschrift für Europäisches Privatrecht 2002, S. 436–465.

Reithmann, Christoph; Martiny, Dieter (Hrsg.). Internationales Vertragsrecht. Das internationale Privatrecht der Schuldverträge, 8. Auflage, Köln 2015.

Riesenhuber, Karl. Europäisches Arbeitsrecht, Heidelberg 2009.

Roos, Elke. Umfang des Anspruchsübergangs nach § 187 SGB III a. F./§ 169 n. F. SGB III bei im EU-Ausland zu versteuerndem Arbeitsentgelt, Neue Zeitschrift für Insolvenz- und Sanierungsrecht 2015, S. 55–58.

Rosenkranz, Noah. Postępowanie upadłościowe w prawie Unii Europejskiej (tzw. upadłość transgraniczna) – część II, Monitor Prawniczy 2011, Heft Nr. 11, S. 578–587.

–. Postępowanie upadłościowe w prawie Unii Europejskiej (tzw. upadłość transgraniczna)-część I, Monitor Prawniczy 2011, Heft Nr. 10, S. 516–524.

Rzetecka-Gil, Agnieszka. Kodeks cywilny. Komentarz. Zobowiązania – część ogólna, Warschau 2011.

Safjan, Marek (Red.). System Prawa Prywatnego, prawo cywilne – część ogólna, Band 1, 2. Auflage, Warschau 2012.

Safjan, Marek; Bosek, Leszek (Red). Konstytucja RP. Komentarz, Art. 1–86, Band 1, Warschau 2016.

Schiek, Dagmar. Europäisches Arbeitsrecht, 3. Auflage, Baden-Baden 2007.

Schlachter, Monika; Heinig, Michael (Hrsg.). Enzyklopädie Europarecht, Band 7: Europäisches Arbeits- und Sozialrecht, 1. Auflage, Baden-Baden 2016.

Schlegelberger, Franz (Hrsg.). Rechtsvergleichendes Handwörterbuch für das Zivil- und Handelsrecht des In- und Auslandes, 6. Band, Berlin 1938.

Schmidt, Annette. Insolvenzschutz für Schadensersatzansprüche des Arbeitnehmers nach EU-Richtlinie 80/987/EWG, Anmerkung 1 zu EuGH Urteil vom 12. 12. 2002 – C-442/00, jurisPR-SozR 7/2004.

Schmidt, Karsten (Hrsg.). Insolvenzverordnung, InsO mit EuInsVO, 19. Auflage, München 2016.

Schmidt, Karsten; Uhlenbruck, Wilhelm (Hrsg.). Die GmbH in der Krise, 4. Auflage, Köln 2009.

Schrader, Peter; Straube, Gunnar. Insolvenzarbeitsrecht. Praxisbuch mit Beispielen, Formularen und Mustern, München 2008.

Schürmeyer, Jolanta. Der polnische Lohnausfallschutz bei Insolvenz des Arbeitgebers, Osteuropa Recht 2015, S. 138–156.

–. Polen: Gesetz über den Schutz der Arbeitnehmeransprüche bei Zahlungsunfähigkeit des Arbeitgebers, Teil 1 und Teil 2, Wirtschaft und Recht in Osteuropa 2015, S. 20–23; S. 54–60.

Schüssler, Reinhard; Klose, Georg. Wirkungen der Vorfinanzierung von Arbeitsentgelten in der Insolvenzgeldversicherung, Endbericht, Basel, Februar 2010.

Sieradzka, Małgorzata; Zdyb, Marian. Ustawa o swobodzie działalności gospodarczej. Komentarz, Warschau 2013.

Sierakowski, Bartosz. Ustawa z 15 maja 2015 r. – Prawo restrukturyzacyjne, Teil 1, Dziennik Gazeta prawna Nr. 184 vom 22. 09. 2015.

Słowik, Patryk. Pre-pack: Instytucja przygotowanej likwidacji firm zdaje egzamin, Dziennik Gazeta prawna Nr. 132 vom 11. 07. 2016.

–. Upadek turystyki upadłościowej, Dziennik Gazeta prawna Nr. 126 vom 03. 07. 2017.

Sobczyk, Arkadiusz. Prawo pracy w świetle Konstytucji RP, Band I: Teoria publicznego i prywatnego indywidualnego prawa pracy, Warschau 2013.

Staudinger/Löwisch, Manfred (Red.). Kommentar zum Bürgerlichen Gesetzbuch mit Einführungsgesetz und Nebengesetzen, Buch 2 Recht der Schuldverhältnisse §§ 397–432, Berlin 2012.

–. Kommentar zum Bürgerlichen Gesetzbuch mit Einführungsgesetz und Nebengesetzen, Buch 2 Recht der Schuldverhältnisse §§ 255–304 (Leistungsstörungsrecht 1), Berlin 2014.

Streinz, Rudol. Begriff der Beihilfe – Nachlass bei Sozialversicherungsbeiträgen, Juristische Schulung 2000, S. 390–392.

Suzdorf, Janina. Pracodawca niewypłacalny, Infor Poradnik Prawny, Warszawa 1995.

–. Ustawa o ochronie roszczeń pracowniczych w razie niewypłacalności pracodawcy, Służba Pracownicza Nr. 2, 1994, S. 3–7.

Świątkowski, Andrzej Marian. Prawo pracy Unii Europejskiej, Warschau 2015.

–. Prawo pracy. Komentarz, 5. Auflage, Warschau 2016.

Świeboda, Zdzisław. Prawo upadłościowe i naprawcze. Komentarz, 3. Auflage, Warschau 2006.

Święcicki, Maciej. Prawo pracy, Warschau 1970.

–. Prawo wynagrodzenia za pracę, Warszawa 1963.

Szajkowski, Andrzej (Red.). System Prawa Prywatnego. Prawo spółek osobowych, Band 16, Warschau 2008.

Szpunar, Adam. Poręczenie w nowym prawie bankowym, Rejent 1998, Heft Nr. 6 (86), S. 89–102.

–. Uwagi o tak zwanej konwersji długu, Rejent 2000, Nr. 2 (106), S. 13–25.

–. Wstąpienie w prawa zaspokojonego wierzyciela, Krakau 2000.

Szurgacz, Herbert (Red.). Europejskie prawo pracy i prawo socjalne a prawo polskie, Breslau 1998.

Tatara, Karol; Trela, Łukasz, Królik, Adam. Postępowanie o zatwierdzenie układu – wybrane problemy praktyczne, Doradca restrukturyzacyjny, Nr. 1, 2017, S. 36–46.

Tatara, Karol; Trela, Łukasz; Kaliński, Mateusz. Doradca restrukturyzacyjny, Nr. 4, 2016, S. 76–89. Przeniesienie praw i obowiązków z umów związanych z prowadzeniem przedsiębiorstwa w związku z jego sprzedażą w trakcie postępowania upadłościowego, w szczególności w ramach przygotowanej likwidacji (pre-pack). Doradca restrukturyzacyjny, Nr. 4, 2016, S. 76–89.

Thole, Christoph. Die Reform der Europäischen Insolvenzverordnung – Zentrale Aspekte des Kommissionsvorschlags und offene Fragen -, Zeitschrift für Europäisches Privatrecht 2014, S. 38–76.

Tomanek, Artur. Glosa – Wyrok Sądu Najwyższego – Izba Cywilna z dnia 27 lipca 2006 r., Orzecznictwo Sądów Polskich, 2007/7–8, S. 546 ff.

–. Stosunki pracy w razie likwidacji i upadłości pracodawcy, Warszawa 2012.

Torbus, Andrzej; Witosz, Aleksander Jerzy; Witosz, Antoni. Prawo restrukturyzacyjne. Komentarz, Warschau 2016.

Trubalski, Artur. Prawne aspekty implementacji prawa UE do systemu prawnego RP, Warschau 2016.

Uhlenbruck, Wilhelm; Hirte, Heribert; Vallender, Heinz (Hrsg.). Kommentar zur Insolvenzordnung, 14. Auflage, München 2015.

Virgos, Miguel, Schmit, Etienne. Erläuternder Bericht zum EU-Übereinkommen über Insolvenzverfahren, 1996.

Voelzke, Thomas. Schutz bei Zahlungsunfähigkeit für Entlassungsentschädigung, Anmerkung 1 zu EuGH Urteil vom 07.09.2006 – C-81/05, jurisPR-SozR 14/2007.

Vries, Tina de. Polen – Rechtsentwicklung 2015, Jahrbuch für Ostrecht, 1. Halbband, Band 57/2016, S. 117–120.

Wąż, Piotr. Koncepcja pracodawcy rzeczywistego w świetle art. 3 KP, Monitor Prawa Pracy 2007, Nr. 3, S. 120–125.

Westpfahl, Lars; Goetker, Uwe; Wilkens, Jochen. Grenzüberschreitende Insolvenzen, Köln 2008.

Wilejczyk, Magdalena. Interwencja osoby trzeciej w stosunek zobowiązaniowy a problem zgody dłużnika, Studia Prawa Prywatnego 2016, S. 3–27.

Wimmer, Klaus. Die Reform der EuInsVO, Anmerkung 1, jurisPR-InsR 13/2012.

Winner, Martin; Cierpial-Magnor, Romana (Hrsg.). Dingliche Kreditsicherheiten in der Insolvenz in Mittel- und Osteuropa, Wien 2016.

Witosz, Aleksander Jerzy; Witosz, Antoni (Red.). Prawo upadłościowe i naprawcze. Komentarz, 5. Auflage, Warschau 2014.

Witosz, Antoni (Red.). Prawo upadłościowe i naprawcze. Komentarz, 2. Auflage, Warschau 2009.

Włodkowska, Ewa. Prawa majątkowe ze stosunku pracy po zmarłym pracowniku, Praca i Zabezpieczenie Społeczne 2001, Heft 10, S. 9–15.

Wołowski, Przemysław. Charakterystyka uproszczonych postępowań restrukturyzacyjnych, Monitor Prawniczy Nr. 8, 2016, S. 399–406.

Wolter, Aleksander; Ignatowicz, Jerzy; Stefaniuk, Krzysztof. Prawo cywilne. Zarys części ogólnej, 2. Auflage, Warschau 2007.

Wratny, Jerzy. Kodeks pracy. Komentarz, 6. Auflage, Warschau 2016.

Wratny, Jerzy; Kotowska, Danuta; Szczot, Jacek. Nowy Kodeks Pracy z komentarzem, Warschau 1996.

Wróbel, Andrzej (Red.). Traktat o funkcjonowaniu Unii Europejskiej. Komentarz. Band II (Art. 90–222), 1. Auflage, Warschau 2012.

Zalewski, Cezary. Sprawność postępowania upadłościowego – uwagi praktyczne, Doradca restrukturyzacyjny, Heft Nr. 5, 2016, S. 4–11.

–. Zarząd własny dłużnika w postępowaniu sanacyjnym, Doradca restrukutryzacyjny, Nr. 4, 2016, S. 56–62.

Zedler, Feliks. Prawo upadłościowe i naprawcze w zarysie, Warszawa 2. Ausgabe 2009.

Zieliński, Maciej. Wykładnia prawa, zasady, reguły, wskazówki, 6. Auflage, Warschau 2014/2015.

Zimmermann, Piotr. Prawo upadłościowe. Komentarz, 4. Auflage, Warschau 2016.

Zimmermann, Piotr; Danielak, Wiktor. Obowiązkowe ubezpieczenie OC syndyka. Ustawa o licencji syndyka – zagadnienia intertemporalne, Doradca restrukturyzacyjny, Heft 2, 2015, S. 48–54.

Zoll, Fryderyk. Wpływ wejścia w życie nowego prawa o działalności gospodarczej na toczące się postępowania upadłościowe wobec spółek cywilnych, Przegląd Prawa Handlowego 2001, Heft 7, S. 36–38.

Zoll, Fryderyk; Kraft, Anton; Thurner, Mario. Polnisches Insolvenzrecht, Wien 2002.